SCHOLASTIC

¡Matemáticas al MÁXIMO!

Guía del profesor B

K

Karren Schultz-Ferrell • Shara Hammet • Duriya Aziz

Para mayor información con respecto a los permisos, diríjase a:
Scholastic Education International (Singapore) Pte Ltd
81 Ubi Avenue 4, #02-28 UB.ONE, Singapore 408830
Email: education@scholastic.com.sg

Para solicitudes de venta, diríjase a:

América Latina y el Caribe, Europa (excepto el Reino Unido), Oriente Medio y África
Scholastic International
557 Broadway, New York, NY 10012, USA
Email: intlschool@scholastic.com

Nueva Zelanda
Scholastic New Zealand Ltd
Private Bag 94407, Botany, Auckland 2163
Email: orders@scholastic.co.nz

India
Scholastic India Pvt. Ltd.
A-27, Ground Floor, Bharti Sigma Centre,
Infocity-1, Sector 34, Gurgaon 122001, Haryana, India
Email: education@scholastic.co.in

Scholastic Filipinas
Penthouse 1, Prestige Tower, F. Ortigas Jr. Road,
Ortigas Center, Pasig City 1605
Email: educteam@scholastic.com.ph
Teléfono : (+632) 944-7323

Australia
Scholastic Australia Pty Ltd
PO Box 579, Gosford, NSW 2250
Email: scholastic_education@scholastic.com.au

Asia (excepto India y Filipinas)
Scholastic Asia
Plaza First Nationwide, 161, Jalan Tun H S Lee,
50000 Kuala Lumpur, Wilayah Persekutuan
Kuala Lumpur, Malaysia
Email: international@scholastic.com

Resto del mundo
Scholastic Education International (Singapore) Pte Ltd
81 Ubi Avenue 4, #02-28 UB.ONE, Singapore 408830
Email: education@scholastic.com.sg

Visite nuestro sitio web: www.scholastic.com.sg

Primera edición 2018

ISBN 978-981-4822-03-9

Impreso en Colombia por QuadGraphics 168

QuadGraphics Colombia S.A
Calle 17 No. 41-34
Bogotá, Colombia

1 2 3 4 5 6 7 8 9 10 27 26 25 24 23 22 21 20 19 18

Sobre las autoras

Karren Schultz-Ferrell es una ex profesora de escuela primaria con experiencia docente con niños desde los 2 años hasta estudiantes de quinto grado. Antes de jubilarse, fue especialista en enseñanza elemental integrada en las escuelas públicas del condado de Montgomery, Maryland, donde colaboraba en la creación de planes de estudios de matemáticas del distrito homologados con los *Common Core Standards*, de kindergarten a quinto grado.

Karren es consultora de matemáticas, así como también coautora de *Math Misconceptions, PreK-Grade 5: From Misunderstanding to Deep Understanding*, y de *Introduction to Reasoning and Proof* (Pre K, grados 2 a 5 y grados 6 a 8), que forman parte de la serie de Heinemann *Math Process Standards*.

Comenzó a involucrarse en la escritura del programa ¡Matemáticas AL MÁXIMO! porque le encantan los desafíos... ¡y enseñar matemáticas a los niños pequeños! Karren también forma parte del equipo de autores del Programa de Resolución de problemas.

Shara Sights Hammet tiene una vasta experiencia trabajando en escuelas públicas y privadas en los Estados Unidos, brindando desarrollo profesional a superintendentes, directores de planes de estudios, directores de escuela, profesores y padres. Gracias a su trabajo en estos entornos, las escuelas y los distritos potencialmente interesados en el contenido y la pedagogía de Singapur aprecian sus indicaciones y sugerencias para estudiantes y profesores.

Las labores previas de Shara incluyen las de Directora del Desarrollo Profesional de Matemáticas de Singapur, Gerente de Productos de Desarrollo Profesional de Matemáticas y Ciencias, Instructora de Desarrollo Profesional, coautora y profesora.

Shara ha viajado a Singapur para crear una serie de servicios de desarrollo profesional de calidad para escuelas y distritos que adopten las matemáticas de Singapur en los Estados Unidos. Tuvo la iniciativa de crear un Modelo de Desarrollo Profesional que se centra en mejorar la eficacia de los profesores y el rendimiento de los estudiantes mediante el uso de las matemáticas de Singapur.

Recientemente, Shara fue Instructora de Enseñanza de Matemáticas de Escuela Primaria en la escuela Isidore Newman de Nueva Orleans, Louisiana, donde trabajó con profesores y con la administración para estandarizar las mejores prácticas de enseñanza de matemáticas, supervisó la implementación del plan de estudios de matemáticas de Singapur, y dirigió sesiones de desarrollo profesional sobre temas y tendencias clave. Actualmente, es la directora de la División de Escuela Primaria de la Academy of the Sacred Heart en Nueva Orleans, Louisiana. Además, trabaja como consultora y autora de Scholastic International, aportando su experiencia en la implementación de las matemáticas de Singapur en los salones de clase de los Estados Unidos.

Duriya Aziz S W PhD
A pesar de ser una especialista en lenguaje, la educación en matemáticas llegó a su puerta, y la Dra. Aziz pasó casi 20 años desarrollando programas de planes de estudios basados en principios y prácticas en pedagogía de matemáticas de Singapur para más de 20 países, en distintos idiomas, y trabajó con ministerios, escuelas y profesores en la implementación de estos programas (particularmente en los Estados Unidos, Australia, Nueva Zelanda, India, América Latina y partes de Asia). En Singapur, ha trabajado como editora, directora de proyectos y autora en proyectos dirigidos y desarrollados por el Ministerio para prácticamente todas las materias de los planes de estudios desde la década de 1990. La Dra. Aziz ha dirigido el desarrollo de casi todos los programas de matemáticas de Singapur que se utilizan actualmente en los Estados Unidos. Ha pasado casi veinte años trabajando con profesores y con distritos en la implementación de programas en todo el mundo y observando la interacción dinámica entre la pedagogía de las matemáticas de Singapur y los contextos culturales y sociales en los que se pone en práctica. Le apasiona el desarrollo y el aprendizaje profesional continuo de los profesores y ha realizado numerosos seminarios y talleres sobre distintos temas. El enfoque de Duriya ha estado puesto en el desarrollo y la implementación de programas que incorporen las mejores prácticas globales, pero que sean a la vez cultural y contextualmente adecuados, para producir un cambio sostenible en los sistemas que incluya el desarrollo de las competencias, el conocimiento y la independencia de los profesores.

Contenido

Información sobre ¡Matemáticas al MÁXIMO! K

Bienvenido a **¡Matemáticas al MÁXIMO! K de Scholastic.**

¡Matemáticas al MÁXIMO! K de Scholastic es un programa innovador y de gran calidad que se focaliza en el desarrollo de las primeras destrezas de aritmética y resolución de problemas y que está basado en las eficaces prácticas de enseñanza y aprendizaje utilizadas en los países con el mejor desempeño del mundo en este campo: Singapur, la República de Corea y Hong Kong. Está comprobado que su enfoque y el diseño de su enseñanza son eficaces en el desarrollo del dominio de los conceptos y la fluidez de los procesos, y están diseñados para permitir que los profesores evalúen continuamente el aprendizaje e identifiquen las áreas que requieren refuerzo, si fuera necesario.

El contenido de **¡Matemáticas al MÁXIMO! K de Scholastic** se presenta en el marco de cuatro ejes matemáticos: Números y operaciones, Medición, Geometría y Análisis de datos. El programa incluye dos Guías del profesor, A y B, acompañadas por Libros del estudiante, que se utilizan de forma consecutiva. La Guía del profesor ofrece planes detallados para las lecciones y cuenta con un desarrollo profesional incorporado para mejorar el conocimiento pedagógico, la enseñanza y la evaluación por parte de los profesores. Además, se han desarrollado 20 Superlibros y Libros de lectura, acompañados por Resolución de problemas: Guía del profesor, para dar la oportunidad a profesores y estudiantes de aplicar los conceptos aprendidos en escenarios de la vida real adaptados a la edad, lo cual desarrolla una mentalidad lista para la resolución de problemas.

Modelo de enseñanza

¡Matemáticas al MÁXIMO! K de Scholastic ha sido diseñado de acuerdo a un modelo pedagógico que asegura que la enseñanza y el aprendizaje sean eficaces, y se puedan medir y diagnosticar.

Ejercicios del capítulo

Cada capítulo termina con **Ejercicios del capítulo** y **Actividades para los Centros de intereses** que consolidan los conceptos que se ven en el capítulo.

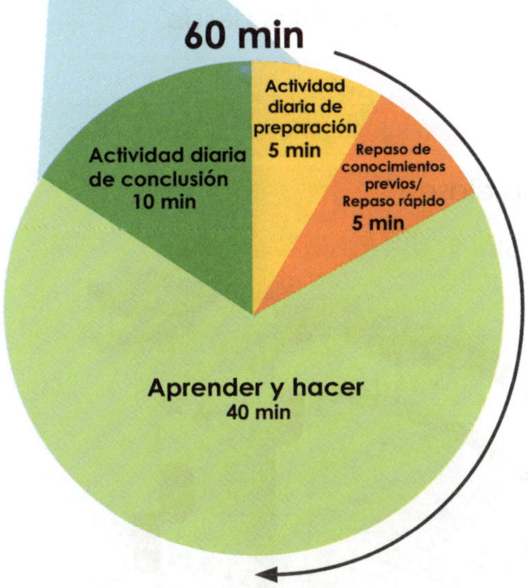

La enseñanza de cada día incluye cuatro partes: **Actividad diaria de preparación, Repaso de conocimientos previos/ Repaso rápido, Aprender y hacer** y **Actividad diaria de conclusión.**

Los **Superlibros** y **Libros de lectura** de **Resolución de problemas** deben usarse en las lecciones luego de los **Ejercicios del capítulo** y las **Actividades para los Centros de intereses** para que los estudiantes puedan ver cómo se aplican los conceptos que aprendieron en contextos atractivos guiados por personajes.

Cómo usar la Guía del profesor

La Guía del profesor de **¡Matemáticas al MÁXIMO! K de Scholastic** está diseñada para brindarle ayuda a usted, el profesor o la profesora, a la hora de implementar el programa de una manera sencilla y eficaz.

- **Planifique eficazmente** con un resumen de los conceptos y las destrezas que se enseñan en cada lección, los detalles de los objetivos diarios y los materiales y recursos necesarios, así como una guía detallada de la lección diaria.
- **Dé lecciones de alta calidad** con la ayuda de planes detallados para cada lección, que explican la pedagogía y la metodología para enseñar cada concepto y, de ese modo, le permiten profundizar la comprensión conceptual y contar con los medios para dar lecciones con plena confianza.
- **Identifique necesidades de refuerzo** mediante la evaluación formativa constante durante las actividades de la clase y el trabajo de práctica individual. Se incluyen sugerencias de refuerzo para asegurar que todos los estudiantes alcancen el dominio deseado.

Esta Guía del profesor incluye

- una secuencia del desarrollo que muestra cómo progresan los estudiantes desde kindergarten hasta primer y segundo grado.
- un plan de trabajo detallado
- planes detallados y con guiones de las lecciones
- respuestas para todas las actividades
- materiales para fotocopiar y usar en las actividades de la clase

Planificar

El **Desarrollo del currículo** aparece al comienzo de la Guía del profesor. Ofrece el plan general con las metas de aprendizaje desde kindergarten hasta segundo grado. Los profesores pueden consultarla para comprender la forma en que los capítulos de kindergarten sientan las bases para los grados 1 al 6 de **¡Matemáticas al MÁXIMO!**.

Los ejes están clasificados por color para ayudar a los profesores a relacionar distintos temas.

Números y operaciones
Medición
Geometría
Análisis de datos

El **Plan de trabajo** al comienzo de cada capítulo ha sido diseñado para ayudar en la preparación del plan de estudios para todo el año y para preparar la enseñanza de capítulos individuales.

La enseñanza diaria representa 1 hora de instrucción. El ritmo recomendado para cada unidad lo ayuda a utilizar su tiempo de forma eficaz. Los profesores pueden ajustar el ritmo según su calendario escolar y según el ritmo de las clases individuales.

Guía del profesor

4 Separar y formar 4 y 5

Plan de trabajo

Duración total: 10 días (1 día = 1 hora)

Lección	Objetivos	Materiales	Recursos	Vocabulario
Lección 1: Separar y formar 4				**4 días**
Separar 4	• Separar 4 objetos en dos partes de varias maneras	• bolsas de fichas de 2 colores, 1 bolsa por mesa • vaso, 1 por pareja • hojas grandes de papel • crayones (rojos y amarillos), 1 conjunto por pareja	• LE, págs. 62–64 • Hileras de cuadrados (RM 4.1), 8 tiras de 4 cuadrados por pareja	• separar • parte • todo
Separar y formar 4	• Separar 4 objetos en dos partes de varias maneras • Formar 4 con dos partes • Usar un número (del 0 al 4) para mostrar la cantidad de objetos que hay en cada parte al descomponer 4	• cubos interconectables (4 rojos y 4 azules), 8 cubos por pareja	• LE, págs. 65–66 • Tablero de parte-parte-todo (RM 4.2), 2 por estudiante	• separar • parte • todo • formar
Separar y formar 4 usando grupos de números relacionados	• Separar 4 objetos en dos partes de varias maneras • Escribir números relacionados para formar 4	• barras de 4 cubos interconectables, 1 barra por estudiante • hojas grandes de papel	• LE, pág. 67 • Tablero de parte-parte-todo (RM 4.2), 1 por estudiante	• grupo de números relacionados
Completar grupos de números de relacionados para formar 4	• Separar 4 objetos en dos partes de varias maneras • Nombrar la parte que falta para formar 4	• hojas grandes de papel, 2 hojas • 4 cubos interconectables, 1 barra • cadenas de 4 anillos interconectables (del mismo color), 1 cadena por estudiante	• LE, págs. 68–69 • Hoja de registro de números relacionados (RM 4.3), 1 por estudiante	• grupo de números relacionados
Lección 2: Separar y formar 5				**4 días**
Separar 5	• Separar 5 objetos en dos partes de varias maneras	• bolsas de fichas de 2 colores, 1 bolsa por mesa • vaso, 1 por pareja • hojas grandes de papel, 2 hojas • crayones (rojos y amarillos), 1 conjunto por pareja	• LE, págs. 70–71 • Hileras de cuadrados (RM 4.1), 8 tiras de 5 cuadrados por pareja	• separar • parte • todo
Separar y formar 5	• Separar 5 objetos en dos partes de varias maneras • Formar 5 con dos partes • Usar un número (del 0 al 5) para mostrar la cantidad de objetos que hay en cada parte al descomponer 5	• cubos interconectables, 5 por estudiante	• LE, págs. 72–74 • Tablero de parte-parte-todo (RM 4.2), 2 por estudiante • Recortables para separar 5 (RM 4.4), 1 por estudiante	• separar • parte • todo • formar
Separar y formar 5 usando grupos de números relacionados	• Separar 5 objetos en dos partes de varias maneras • Escribir grupos de números relacionados para formar 5	• barras de 5 cubos interconectables, 1 barra por estudiante • hojas grandes de papel, 2 hojas	• LE, pág. 75 • Tablero de parte-parte-todo (RM 4.2), 2 por estudiante	• grupo de números relacionados
Completar grupos de números relacionados para formar 5	• Separar 5 objetos en dos partes de varias maneras • Nombrar la parte que falta para formar 5	• hojas grandes de papel • 5 cubos interconectables, 1 barra • cadenas de 5 anillos interconectables (del mismo color), 1 cadena por estudiante	• LE, págs. 76–77 • Hoja de registro de números relacionados (RM 4.3), 1 por estudiante	• grupo de números relacionados
Ejercicios del capítulo y actividades para los Centros de intereses				**1 día**
Ejercicios del capítulo	• Separar conjuntos de 4 y 5 objetos en dos partes de varias maneras • Usar un número (del 0 al 5) para mostrar la cantidad de objetos que hay en cada parte al descomponer 4 y 5		• LE, pág. 78	
Actividad 1		• bolsas de 20 cubos interconectables (del mismo	• LE, pág. 79	

La lista de **objetivos** indica qué se enseñará en cada unidad.

Los **materiales** muestran qué necesitarán los profesores para enseñar cada lección de la unidad.

Los **recursos** indican a los profesores las páginas que los estudiantes usarán en el Libro del estudiante, así como los recursos que se encuentran en la Guía del profesor.

Vocabulario nuevo

Cada capítulo comienza con una Introducción que identifica las ideas matemáticas clave del capítulo, y describe lo que aprenderán los estudiantes mientras trabajan en el capítulo, así como la forma en que sentará las bases de futuros conceptos matemáticos.

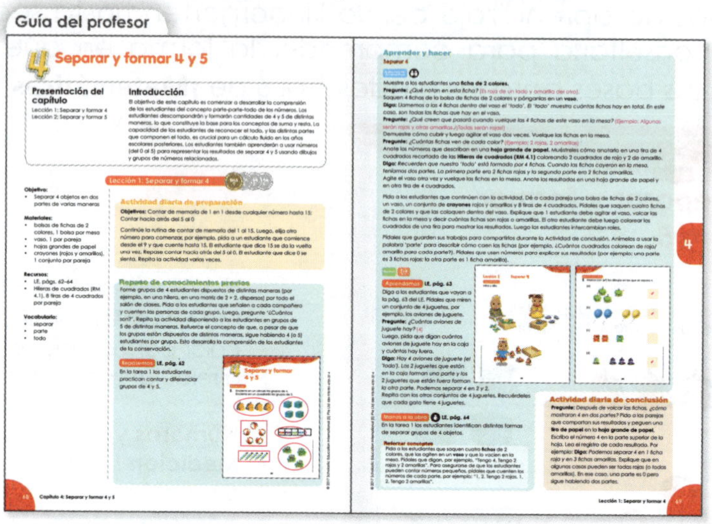

Enseñar

Actividad diaria de preparación

La enseñanza diaria comienza con una rutina rápida de cinco minutos diseñada para obtener fluidez y seguridad en las matemáticas. Las rutinas incluyen:

- **Contar de memoria:** incluye contar desde un determinado número que no sea 1, lo cual constituye un concepto básico para seguir contando, y va incrementando en dificultad a lo largo del año.
- **Recolección de datos:** refuerza el vocabulario matemático, desarrolla el sentido de los números y refuerza conceptos numéricos.
- **Subitizar:** fortalece la capacidad de los estudiantes para desarrollar imágenes mentales de los números, lo que los ayuda a desarrollar la fluidez y a reforzar su comprensión del concepto parte-parte-todo.
- **Frasco de comparaciones:** refuerza la comparación de dos o tres números para determinar el número que es mayor o menor y promueve el uso de objetos y de cintas de números para respaldar las ideas y el razonamiento de los estudiantes.
- **Frasco de números:** respalda la capacidad de los estudiantes para hacer predicciones y comentar resultados y comienza a desarrollar la comprensión de los estudiantes de la magnitud de los números.

Comprobar la preparación para aprender

El **Repaso de conocimientos previos** y el **Repaso rápido** requieren que los estudiantes recuerden conocimientos necesarios. Cada tarea ha sido cuidadosamente diseñada para comprobar la preparación para aprender nuevos conocimientos antes de que se presenten los nuevos conceptos.

El **Repaso de conocimientos previos** resume la enseñanza de un capítulo anterior del programa.

El **Repaso rápido** recuerda a los estudiantes los conceptos que se vieron en la lección del día anterior y evalúa su preparación para seguir adelante.

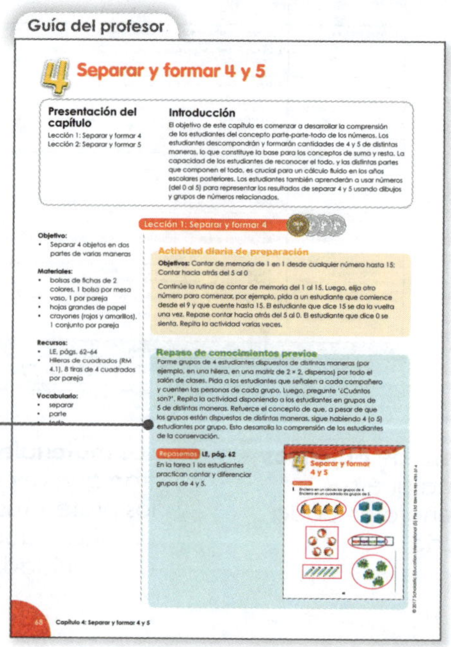

Aprender y hacer: Desarrollar la comprensión conceptual

Cada capítulo se enseña en el transcurso de varias lecciones y cada lección se enfoca en un concepto o una parte de él. Algunas lecciones pueden enseñarse en un solo día, mientras que otras se reparten en varios días. La enseñanza diaria sigue una estructura de dos partes de introducción de conceptos en **Aprendamos** y una práctica guiada y evaluación formativa en **Manos a la obra**.

Los conceptos de **Aprendamos** se enseñan usando el enfoque concreto-pictórico-abstracto de tres etapas para desarrollar una comprensión conceptual profunda. Se brindan instrucciones claras para dirigir el aprendizaje de los estudiantes en cada etapa.

En la Guía del profesor, se sugieren preguntas para encaminar a los estudiantes, y se anima a los estudiantes a comunicarse, explicar y reflexionar al dar sus respuestas.

Guía del profesor

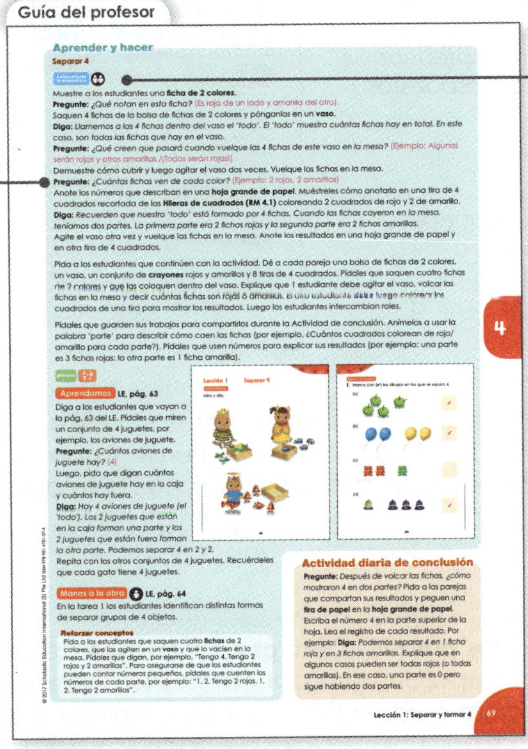

Los íconos indican las etapas del modelo de enseñanza de liberación gradual de la responsabilidad.

- : toda la clase
- : grupos pequeños
- : trabajo en parejas
- : trabajo independiente

Con frecuencia, se presentan nuevos conceptos con una actividad práctica. Esta es la etapa concreta del camino hacia el aprendizaje. Los estudiantes trabajan en grupos o en parejas para participar en experiencias concretas de matemáticas. El profesor guía la investigación y lleva a los estudiantes a explorar, investigar y hallar sus propias respuestas.

➤

En la etapa pictórica, se guía a los estudiantes para que entiendan las ideas matemáticas que se presentan visualmente en el Libro del estudiante. Esta etapa intermedia es un vínculo fundamental entre la experiencia concreta y la representación abstracta, y sirve para sentar una base sólida.

➤

2+2 Una vez que se desarrolla la comprensión conceptual, se avanza a la siguiente etapa, donde el concepto o la destreza se representa con números y símbolos matemáticos.

La sección **Manos a la obra** refuerza el aprendizaje y desarrolla el dominio de los estudiantes a través de tareas guiadas, que varían sistemáticamente y que son asequibles para los niños. Estas tareas han sido diseñadas para permitir observaciones inmediatas y valiosas sobre si los estudiantes han progresado a lo largo del enfoque de tres etapas y dominan el concepto, o si se necesita algún refuerzo.

Después de enseñar un concepto en **Aprendamos**, asigne tareas de **Manos a la obra** para que los estudiantes las completen individualmente. Comente las respuestas de los estudiantes y refuerce si es necesario. El objetivo de cada tarea de **Manos a la obra** queda claramente establecido, lo que permite que los profesores comprueben la comprensión de los estudiantes. Se brindan respuestas para todas las actividades.

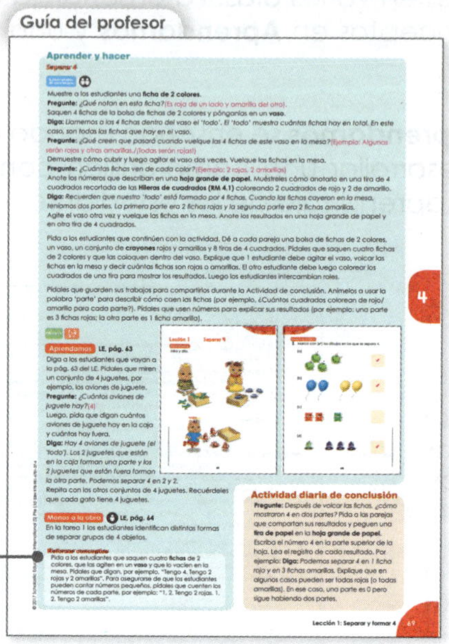

La sección Reforzar conceptos se enfoca en cada tarea específica para permitir el refuerzo de cualquier laguna en la comprensión.

La **Actividad diaria de conclusión** ayuda a los estudiantes a darse cuenta de cuánto han aprendido y a solidificar el aprendizaje para lecciones futuras. Es un paso fundamental para ayudar a los estudiantes a recordar y aplicar la información que han aprendido.

Consolidar

Los **Ejercicios del capítulo y actividades para los Centros de intereses** aportan una lección de una hora al final de cada capítulo y sirven para consolidar conceptos aprendidos en el capítulo. Los profesores cuentan con preguntas para guiar la lección y para animar a los estudiantes a hablar sobre los conceptos que sirven de base para los Ejercicios del capítulo y para evaluar la comprensión.

Cada uno de los **Ejercicios del capítulo** consiste en una ilustración para comentar en clase, y luego siguen tres actividades para los centros de intereses.

La actividad 1 es una actividad de Piensa y conversa con un compañero, cuyo objetivo es promover la conversación en parejas, cuestionar las ideas erróneas comunes y afianzar el pensamiento matemático.

La actividad 2 es un juego que brinda un contexto motivador para que los estudiantes practiquen lo que han aprendido, y la actividad 3 es una actividad individual, ideal para la evaluación formativa.

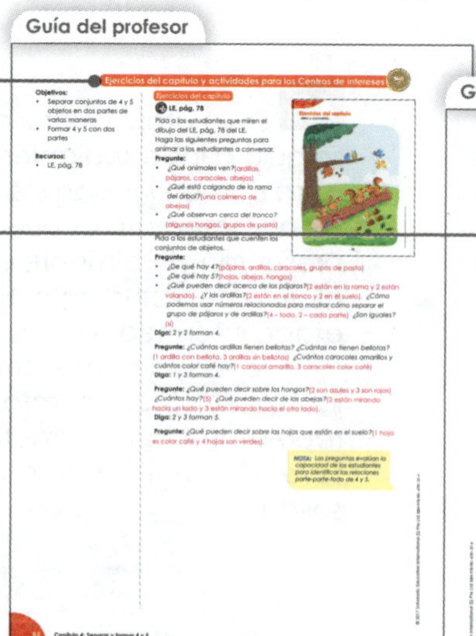

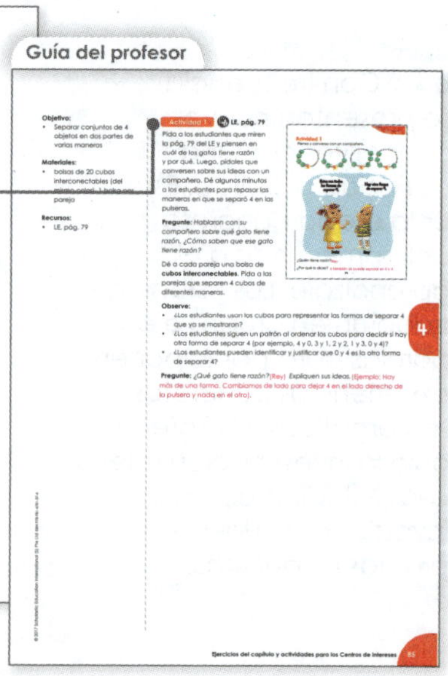

Los Superlibros y los materiales que los acompañan están diseñados para ser usados en una lección de una hora luego de terminar cada capítulo. Se dan más detalles en Resolución de problemas: Guía del profesor.

Desarrollo del currículo

	Año/Grado K	Año/Grado 1	Año/Grado 2
NÚMEROS Y OPERACIONES			
Números enteros / Valor posicional	Contar de memoria hasta 100 de 1 en 1 y de 10 en 10.	Contar hasta 100.	Contar hasta 1000.
	Leer y escribir del 0 al 100 (el número y su correspondiente palabra).	Leer y escribir un número del 0 al 100 (el número y su correspondiente palabra).	Leer y escribir números del 0 al 1000 (el número y su correspondiente palabra).
	Identificar el último número contado como la cantidad de objetos que hay en el grupo.	Seguir contando y contar hacia atrás hasta 100.	Usar anotaciones numéricas y valores posicionales (centenas, decenas, unidades).
	Seguir contando y contar hacia atrás hasta 10.	Usar anotaciones numéricas y valores posicionales (decenas, unidades).	Comparar y ordenar números hasta 1000.
	Contar grupos de hasta 20 objetos en distintas disposiciones.	Estimar la cantidad de objetos de un grupo de menos de 100 objetos.	Usar los símbolos '>' y '<' para comparar números.
	Comparar la cantidad de objetos en dos grupos.	Comparar la cantidad de objetos de dos o más grupos.	Hallar el número que es 1, 10 ó 100 más que (o menos que) un número dado hasta 1000.
	Comparar y ordenar números hasta 20.	Comparar y ordenar números hasta 100.	
	Entender que el número que va después es 1 más.	Hallar el número que es 1 ó 10 más que (o menos que) un número dado hasta 100.	
	Separar de 4 a 10 objetos en dos partes.	Crear una historia numérica para ilustrar un grupo de números relacionados que forman de 5 a 10.	
	Formar de 4 a 10 con dos partes.	Escribir un grupo de números relacionados que forman de 5 a 10.	
	Escribir un grupo de números relacionados que forman de 4 a 10.	Nombrar una posición usando un número ordinal del 1° al 10° y palabras de posición.	
	Usar números ordinales del 1° al 10° para indicar posición.		
	Estimar la cantidad de objetos de un grupo de menos de 10 objetos.		
	Subitizar hasta 6 objetos.		
	Componer y descomponer números del 10 al 19 en 10 unidades y algunas unidades más.		
Suma / Resta	Sumar y restar hasta 10.	Usar recortables de dibujos (u otros materiales manipulables) para ilustrar los significados de la suma y la resta.	Sumar o restar hasta 1000.

	Año/Grado K	Año/Grado 1	Año/Grado 2
NÚMEROS Y OPERACIONES (continuación)			
Suma / Resta (continuación)	Representar historias de suma y resta para ilustrar su significado.	Crear una historia de números para un enunciado de suma o resta.	Usar un modelo de barras de partes-todo o un modelo de barras comparativo para representar una situación de suma o resta.
	Crear historias de suma y resta con las ilustraciones dadas.	Escribir un enunciado numérico para una situación que incluya suma o resta.	Resolver problemas de palabras de hasta 2 pasos que incluyan suma y resta.
	Contar todo para sumar dos cantidades hasta 10.	Observar propiedades de identidad y conmutativa de la suma.	Hallar la parte que falta en un enunciado de suma.
	Ilustrar historias de suma y resta con grupos de números relacionados.	Observar la respuesta cuando se resta 0 a un número.	Hallar la parte que falta o el todo en un enunciado de resta.
	Usar dibujos para representar historias de suma y resta.	Escribir una familia de cuatro operaciones de suma o resta para un grupo dado de números relacionados.	Sumar mentalmente: - un número entero de 1 dígito a un número entero de 2 dígitos reagrupando - números enteros de 2 dígitos sin reagrupar - unidades, decenas o centenas a números enteros de 3 dígitos - 98 ó 99 a un número de hasta 3 dígitos.
	Escribir operaciones de suma y resta hasta 5.	Identificar operaciones con dobles.	Restar mentalmente: - un número entero de 1 dígito de un número entero de 2 dígitos reagrupando - un número entero de 2 dígitos de otro número entero de 2 dígitos sin reagrupar - unidades, decenas y centenas a un número entero de 3 dígitos - 98 ó 99 a un número entero de 3 dígitos.
	Seguir contando y contar hacia atrás para restar hasta 10	Sumar o restar hasta 100.	
	Escribir un enunciado numérico para un problema de suma o resta.	Resolver problemas de palabras de 1 paso que incluyan suma y resta de números hasta 20.	
		Sumar mentalmente: - dos o tres números enteros de 1 dígito - un número entero de 1 dígito a un número entero de 2 dígitos - decenas a un número entero de 2 dígitos	
		Restar mentalmente: - un número entero de 1 dígito de otro número entero de 1 dígito - un número entero de 1 dígito de un número entero de 2 dígitos - decenas de un número entero de 2 dígitos	

	Año/Grado K	Año/Grado 1	Año/Grado 2
NÚMEROS Y OPERACIONES (continuación)			
Multiplicación / División			Reconocer grupos iguales y hallar la cantidad total de grupos con sumas repetidas.
			Usar lenguaje matemático como '4 tres' y '2 grupos de 5' para describir grupos iguales.
			Usar materiales manipulables para ilustrar el significado de la multiplicación y los conceptos de división de repartir y agrupar.
			Crear una historia de números para un enunciado de multiplicación específico.
			Escribir un enunciado numérico para una situación dada de multiplicación o división.
			Resolver una operación de multiplicación hasta 40 mediante sumas repetidas.
			Resolver un problema de dibujos de 1 paso de multiplicación o división.
			Escribir una familia de cuatro operaciones de multiplicación y división.
			Contar de dos en dos, de tres en tres, de cuatro en cuatro, de cinco en cinco y de diez en diez.
			Escribir una suma de dobles como una operación de multiplicación.
			Observar las propiedades conmutativa y distributiva de la multiplicación.
			Formar las tablas de multiplicar de 2, 3, 4, 5 y 10 y aprender las multiplicaciones de memoria.
			Usar una multiplicación relacionada para dividir.
			Multiplicar o dividir números de las tablas de multiplicación de 2, 3, 4, 5 y 10.
			Usar un modelo de barras de partes-todo para representar una situación de multiplicación o división con las tablas de multiplicación de 2, 3, 4, 5 y 10.
			Resolver un problema de 1 paso de multiplicación o división con las tablas de multiplicación de 2, 3, 4, 5 y 10.

	Año/Grado K	Año/Grado 1	Año/Grado 2
NÚMEROS Y OPERACIONES (continuación)			
Fracciones / Conceptos		Reconocer y nombrar la mitad de un todo que está dividido en 2 partes iguales.	Reconocer y nombrar una unidad fraccionaria de hasta $\frac{1}{12}$.
		Reconocer y nombrar un cuarto de un todo que está dividido en 4 partes iguales.	Reconocer y nombrar una fracción de un todo que se divide en partes iguales.
			Hallar la fracción que debe sumarse a otra fracción para formar un todo.
			Comparar y ordenar unidades fraccionarias.
MEDICIÓN			
Longitud	Describir un objeto con las palabras 'largo', 'alto', 'bajo' y 'corto'.	Comparar la longitud de dos o más objetos.	Comprender la necesidad de unidades estándar para medir longitud.
	Comparar un máximo de 3 objetos.	Ordenar objetos según su longitud.	Comprender que un metro es mayor que un centímetro.
	Medir usando un máximo de 10 unidades no convencionales.	Estimar y medir la longitud de un objeto en unidades no convencionales.	Estimar y medir longitud en metros y centímetros.
			Comparar longitudes en metros o centímetros.
			Elegir una unidad de medida apropiada al medir longitudes.
			Medir la longitud de un segmento de recta en centímetros.
			Trazar un segmento de recta de una longitud determinada.
			Resolver problemas de palabras de hasta 2 pasos que incluyan longitud.
Masa	Describir un objeto con las palabras 'pesado' y 'liviano'.	Comparar la masa de dos objetos.	Comprender la necesidad de unidades estándar para medir la masa.
	Comparar un máximo de 3 objetos.	Comparar y ordenar las masas de tres objetos.	Medir la masa en kilogramos o gramos.
	Pesar para explorar la masa.	Estimar y medir la masa de un objeto en unidades no convencionales.	Comparar masas en kilogramos o gramos.
	Medir con una balanza de platillos usando un máximo de 10 unidades no convencionales.		Resolver problemas de palabras de hasta 2 pasos que incluyan masa.
	Explorar la estimación.		
	Comprender que un objeto grande no necesariamente es más pesado que uno pequeño.		

	Año/Grado K	Año/Grado 1	Año/Grado 2
MEDICIÓN (continuación)			
Tamaño	Describir un objeto como grande' o 'pequeño'.		
	Comparar hasta 3 objetos.		
Volumen	Comparar el volumen de líquidos en 2 recipientes idénticos.		
Tiempo: Calendario	Nombrar los días de la semana en orden.	Leer un calendario.	Saber la cantidad de días en un mes y en un año.
	Relacionar días específicos con actividades conocidas.	Nombrar los días de la semana.	Entender la relación entre 1 hora, 1 día, 1 semana, 1 mes y 1 año.
	Nombrar los meses del año en orden.	Nombrar los meses del año.	
	Relacionar eventos conocidos con los meses.	Leer y escribir una fecha.	
	Contar los días de un mes.		
	Ordenar actividades con 'mañana', 'tarde' y 'noche'.		
	Medir y comparar periodos cortos de tiempo de manera informal y usando 'más largo', 'más corto', 'más rápido' y 'más despacio'.		
Hora: Reloj		Decir la hora en punto y la hora y media.	Decir y escribir la hora en intervalos de 5 minutos.
		Relacionar la hora con actividades del día.	Usar a. m. y p. m. al decir la hora.
		Ordenar momentos según la hora del día.	Relacionar la hora con momentos del día.
		Describir el tiempo estimado según la hora y la media hora.	Hallar la duración de un intervalo de tiempo.
		Comparar duraciones usando 'más largo' y 'más corto'.	Desarrollar un sentido de la duración de las actividades diarias.
			Resolver problemas de palabras con la hora.
Dinero	Reconocer y nombrar las monedas de uno, cinco, diez, veinte y cincuenta centavos.	Reconocer y nombrar las monedas de cinco, diez y cincuenta centavos y de un dólar.	Contar y decir la cantidad de dinero que hay en un grupo de billetes y monedas.
	Contar y decir la cantidad de dinero en monedas de un centavo hasta veinte centavos.	Reconocer y nombrar los billetes de cinco, diez y cincuenta dólares.	Leer y escribir una cantidad de dinero en notación decimal.
	Comparar dos cantidades de dinero entre uno y diez centavos.	Contar y decir la cantidad de dinero en - un grupo de monedas de hasta $1 - un grupo de billetes de hasta $100	Cambiar dólares y centavos a centavos y viceversa.

	Año/Grado K	Año/Grado 1	Año/Grado 2
MEDICIÓN (continuación)			
Dinero (continuación)	Sumar o restar cantidades de dinero: - de un centavo hasta 10 centavos y representar el resultado con dibujos.	Cambiar dinero.	Comparar cantidades de dinero en dólares y centavos.
		Contar y decir la cantidad de dinero que hay en un conjunto de billetes y monedas.	Cambiar dinero.
		Formar una cantidad de dinero usando un conjunto de billetes y monedas.	Dar cambio por una compra pagada con $1.
		Comparar cantidades de dinero en dólares y en centavos.	Resolver un problema de palabras de 1 paso que incluya dinero.
		Sumar o restar cantidades de dinero: - en centavos hasta $1 - en dólares hasta $100	

GEOMETRÍA

	Año/Grado K	Año/Grado 1	Año/Grado 2
Figuras planas	Reconocer y nombrar cinco figuras planas básicas: círculo, triángulo, rectángulo, cuadrado y hexágono.	Reconocer y nombrar las cuatro figuras planas básicas: círculo, triángulo, rectángulo y cuadrado.	Identificar un semicírculo y un cuarto de círculo.
	Contar los lados y las esquinas de una figura.	Describir un objeto por su forma.	Identificar y nombrar figuras básicas que forman una nueva figura.
	Desarrollar conciencia de los atributos: forma, tamaño y color.	Contar los lados y las esquinas de una figura.	Unir recortables de figuras para formar una figura nueva.
	Clasificar y agrupar (y volver a clasificar) según atributos: forma, tamaño y color.	Clasificar una figura plana según cada uno de estos atributos: forma, tamaño y color.	Copiar una figura en una cuadrícula de puntos o de cuadrados.
	Describir la ubicación de figuras planas usando palabras de posición y de dirección.	Continuar un patrón de figuras planas según uno o dos de estos atributos: forma, tamaño y color.	Continuar un patrón de figuras planas según uno o dos de estos atributos: forma, tamaño, color y orientación.
	Identificar figuras planas en objetos reales.	Unir piezas adecuadas para formar una figura plana.	
	Usar figuras planas para crear una nueva figura y objetos que se encuentran normalmente en el entorno.		
Figuras sólidas	Reconocer y nombrar figuras sólidas básicas: esfera, cilindro, cono y cubo.	Reconocer y nombrar cubos, cuboides (paralelepípedos u otros prismas de 6 caras), conos, cilindros y esferas.	Identificar superficies planas y curvas de un objeto sólido con forma de cubo, cuboide, cono, cilindro o esfera.
	Describir los atributos de las figuras sólidas: se deslizan, se apilan, ruedan.	Clasificar figuras sólidas según cada uno de estos atributos: forma, tamaño y color.	Identificar las caras, los bordes y los vértices de un objeto sólido con forma de cubo, cuboide, cono, cilindro o esfera.

	Año/Grado K	Año/Grado 1	Año/Grado 2

GEOMETRÍA (continuación)

	Año/Grado K	Año/Grado 1	Año/Grado 2
Figuras sólidas (continuación)	Identificar objetos reales como figuras sólidas.	Identificar figuras sólidas que pueden deslizarse, apilarse o rodar.	Usar figuras sólidas para formar otras figuras sólidas diferentes.
	Describir la ubicación de figuras sólidas usando palabras de posición y dirección.	Describir la posición relativa de una figura sólida usando palabras de posición.	Continuar un patrón de figuras sólidas según uno o dos de estos atributos: forma, tamaño, color y orientación.
	Identificar figuras planas en figuras sólidas.	Continuar un patrón de figuras sólidas según dos o tres de estos atributos: forma, tamaño y color.	
	Usar figuras sólidas para crear y comparar dos estructuras.		
Patrones	Identificar patrones visuales en el entorno.		
	Describir, copiar y extender patrones de figuras, sonidos y acciones AB, ABC y AAB.		
	Transferir patrones a un formato diferente.		
Segmentos de recta			Identificar un segmento de recta y una curva.

ANÁLISIS DE DATOS

	Año/Grado K	Año/Grado 1	Año/Grado 2
Tablas de conteo		Clasificar objetos o personas según un estándar predeterminado y contar los números de cada categoría.	Usar una tabla de conteo para reunir datos y representarlos en una gráfica con dibujos.
		Hacer y leer una tabla de conteo.	
Gráficas	Clasificar y agrupar hasta 10 objetos por color o patrón.	Crear una gráfica con dibujos simple usando la representación uno a uno.	Usar una tabla de conteo para recolectar datos y representarlos en una gráfica con dibujos.
	Participar en encuestas de la clase para reunir datos.	Leer e interpretar una gráfica con dibujos.	Hacer una gráfica con dibujos a escala.
	Clasificar y contar datos para crear una gráfica con dibujos de 3 columnas o 3 hileras de hasta 10 objetos por categoría.		Leer e interpretar una gráfica con dibujos a escala.
	Comparar datos visualmente.		Resolver problemas usando datos presentados en una gráfica con dibujos.

10 Figuras planas

Plan de trabajo

Lección	Objetivos
Lección 1: Figuras planas	
Nombrar figuras planas	• Nombrar figuras planas básicas: círculo, cuadrado, rectángulo, triángulo • Describir las figuras de un plano como 'planas'
Lección 2: Comparar figuras planas	
Comparar figuras planas	• Analizar y comparar figuras planas y explicar en qué se parecen o se diferencian usando un lenguaje informal • Explicar la diferencia entre un cuadrado y un rectángulo; reconocer y explicar por qué un cuadrado es un rectángulo especial • Presentar el hexágono
Lección 3: Clasificar	
Figuras: Iguales y diferentes	• Crear conciencia de los atributos: color, forma y tamaño • Unir con una línea objetos e imágenes basados en la correspondencia uno a uno de los atributos (objeto-objeto, objeto-imagen, imagen-imagen)
Clasificar en grupos por forma	• Clasificar y agrupar hasta 10 objetos según color, forma y tamaño
Clasificar de diferentes maneras	• Clasificar y agrupar objetos según 2 atributos: color, forma o tamaño
Clasificar más y volver a clasificar	• Clasificar y volver a clasificar las figuras y explicar la regla para cada clasificación

Duración total: 10 días (1 día = 1 hora)

Materiales	Recursos	Vocabulario
		1 día
• bolsas de bloques de atributos de varios colores y tamaños (conjunto de un círculo, un triángulo, un rectángulo y un cuadrado), 1 bolsa por estudiante • hojas grandes de papel • papel para dibujar, 1 hoja por estudiante	• LE, págs. 1–6	• forma • curva • recta • círculo • triángulo • cuadrado • rectángulo • lado • esquina
		1 día
• conjuntos de bloques de atributos (círculo, triángulo, cuadrado, rectángulo y hexágono), 1 conjunto por estudiante • figuras grandes de papel de construcción: cuadrado, rectángulo, círculo, triángulo, hexágono	• LE, págs. 7–9	• forma • curva • recta • círculo • triángulo • cuadrado • rectángulo • hexágono • lado • esquina • igual/mismo/ parecido • diferente
		4 días
• conjuntos de bloques de atributos (círculo, triángulo, rectángulo y cuadrado), 1 conjunto por estudiante • regla • 1 conjunto de bloques de atributos de varios colores, formas y tamaños	• LE, pág. 10 • Tarjetas de 5 puntos (RM 12.7)	• color • forma • tamaño • unir • igual/mismo/ parecido • diferente
• 1 conjunto de bloques de atributos de varios colores, formas y tamaños • bolsa de bloques de atributos (4 cuadrados amarillos grandes y 5 cuadrados amarillos pequeños), 1 bolsa • bolsas de bloques de patrones (cantidades mezcladas de triángulos y cuadrados), 1 bolsa por pareja	• LE, pág. 11 • Tarjetas de 3 puntos (RM 12.5) • Tarjetas de 4 puntos (RM 12.6) • Tarjetas de 5 puntos (RM 12.7) • copias de la Hoja con nubes (RM 10.1), 2 copias por pareja	• color • forma • tamaño • unir • igual/mismo/ parecido • diferente
• 1 conjunto de libros pequeños y grandes • recipientes de bloques de atributos (sin hexágonos), 1 recipiente por mesa • hojas grandes de papel • bolsa de bloques de atributos, 1 bolsa para la actividad de toda la clase • rótulo: AZUL y TRIÁNGULOS • rótulo: ROJO y CÍRCULOS	• LE, págs. 12–13 • copias de la Hoja con nubes (RM 10.1), 2 copias por pareja	• color • forma • tamaño • igual/mismo/ parecido • diferente • clasificar • regla • más • menos
• bandas elásticas, 1 por estudiante • geoplanos, 1 por estudiante • bolsas de 10 bloques de atributos (de diferentes colores, formas y tamaños), 1 bolsa por pareja • papel de construcción, 2 hojas grandes	• LE, pág. 14 • Tarjetas de 3 puntos (RM 12.5) • Tarjetas de 4 puntos (RM 12.6) • Tarjetas de 5 puntos (RM 12.7) • copias de la Hoja con nubes (RM 10.1), 2 copias por pareja	• clasificar • regla • lados • esquinas

Lección	Objetivos
Lección 4: Palabras de posición y dirección	
Palabras de posición y dirección ¿Dónde está la figura? Halla la figura	• Describir la ubicación de las figuras planas en el salón de clase con palabras de posición y dirección
Lección 5: Figuras planas en objetos reales	
Hallar figuras planas en objetos reales	• Identificar figuras planas en objetos reales
Ejercicios del capítulo y actividades para los Centros de intereses	
Ejercicios del capítulo Actividad 1 Actividad 2 Actividad 3	• Nombrar figuras planas básicas: círculo, cuadrado, rectángulo, triángulo, hexágono • Describir las figuras de un plano como 'planas' • Crear conciencia de los atributos: color, forma, tamaño, uso/función • Clasificar y agrupar hasta 10 objetos según color, forma o tamaño • Clasificar y volver a clasificar las figuras y explicar la regla para cada clasificación • Analizar y comparar figuras planas y explicar en qué se parecen o se diferencian las figuras usando un lenguaje informal • Explicar la diferencia entre un cuadrado y un rectángulo; reconocer y explicar por qué un cuadrado es un rectángulo especial • Unir con una línea objetos e imágenes basados en la correspondencia uno a uno de los atributos (objeto-objeto, objeto-imagen) • Describir la ubicación de las figuras planas usando palabras de posición y dirección, como encima, debajo, en, sobre, por encima, por debajo, arriba, abajo, junto a, enfrente, detrás, al lado, cerca, lejos, hacia adelante, hacia y hacia atrás • Identificar figuras planas en objetos reales
Resolución de problemas	

Materiales	Recursos	Vocabulario
		1 día
• hoja de cartulina • 4 trozos de papel • 1 conjunto de bloques de atributos (triángulo, cuadrado, rectángulo y círculo) • 4 sobres grandes	• LE, págs. 15–18 • Tarjetas de 3 puntos (RM 12.5) • Tarjetas de 4 puntos (RM 12.6) • Tarjetas de 5 puntos (RM 12.7) • Buscadores de figuras (RM 10.2–10.3), 1 por estudiante	• encima • debajo • en • sobre • por encima • por debajo • arriba • abajo • junto a • entrente • detrás • al lado • cerca • lejos • hacia adelante • hacia atrás • hacia
		1 día
• conjuntos de objetos sólidos reales con caras planas (por ejemplo, lata de sopa, caja de cereal, cubo numerado, recipiente hexagonal, pelota, cometa), 1 artículo por pareja • lupas (opcional), 1 por pareja • hojas de papel, varias hojas por estudiante • lápices	• LE, pág. 19 • Buscadores de figuras (RM 10.2–10.3), 1 por estudiante	• encima • debajo • en • sobre • por encima • por debajo • arriba • abajo • junto a • enfrente • detrás • al lado • cerca • lejos • hacia adelante • hacia atrás • hacia
		1 día
	• LE, pág. 20	
• conjuntos de bloques de atributos (un rectángulo y un cuadrado, mismo tamaño o color), 1 conjunto por pareja	• LE, pág. 21	
• conjuntos de bloques de atributos, 1 conjunto por pareja	• LE, pág. 22	
• hojas grandes de papel	• LE, pág. 23	
		1 día
	• Resolución de problemas: Superlibro 10 y Libro de lectura 10 • Resolución de problemas: Guía del profesor	

10 Figuras planas

Presentación del capítulo

Lección 1: Figuras planas
Lección 2: Comparar figuras planas
Lección 3: Clasificar
Lección 4: Palabras de posición y dirección
Lección 5: Figuras planas en objetos reales

Introducción

Los estudiantes exploran figuras 'planas' en actividades prácticas, describen y comparan sus atributos, e identifican figuras en objetos reales. Comienzan a elaborar generalizaciones geométricas, como que un triángulo es siempre un triángulo porque tiene 3 lados y 3 esquinas, sin importar su orientación o tipo, y que un cuadrado es un rectángulo especial. El uso de las palabras de posición y dirección por parte de los estudiantes para describir la ubicación de objetos o personas los ayuda a entender su entorno. Estas palabras se repasarán en los capítulos 15 y 16.

Lección 1: Figuras planas DÍA 1

Objetivos:

- Nombrar figuras planas básicas: círculo, cuadrado, rectángulo, triángulo
- Describir las figuras de un plano como 'planas'

Materiales:

- bolsas de bloques de atributos de varios colores y tamaños (conjunto de un círculo, un triángulo, un rectángulo y un cuadrado), 1 bolsa por estudiante
- hojas grandes de papel
- papel para dibujar, 1 hoja por estudiante

Recursos:

- LE, págs. 1–6

Vocabulario:

- forma
- curva
- recta
- círculo
- triángulo
- cuadrado
- rectángulo
- lado
- esquina

Actividad diaria de preparación

Objetivo: Contar de memoria hacia atrás juntos desde el 15 al 0
Cuando un estudiante diga 0, pida a los estudiantes que chasqueen sus dedos o aplaudan. Luego, pídales que cuenten de memoria hacia atrás desde un número diferente de 15 (por ejemplo, 8, 11, 13) y chasqueen sus dedos o aplaudan cada vez que lleguen a 0.

Repaso de conocimientos previos

Repasemos **LE, pág. 1**

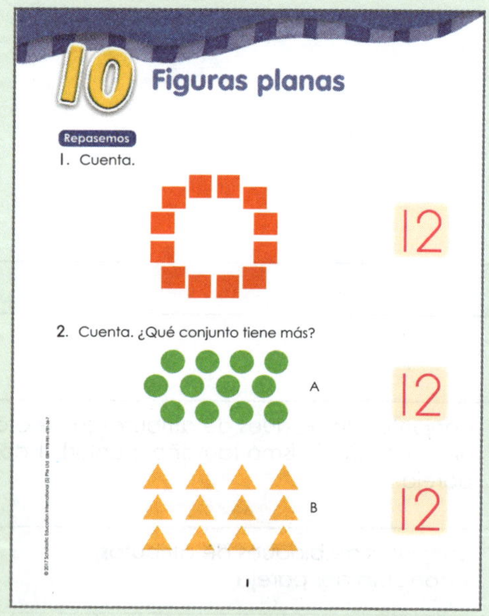

En las tareas 1 y 2 se repasan conceptos numéricos de conteo, cardinalidad, conservación, 'mayor que' e 'igual a'. Aunque las figuras básicas no han sido presentadas formalmente aún, esta es una oportunidad de descubrir lo que los estudiantes ya saben de estas.
Pregunte: *¿Qué conjunto tiene una mayor cantidad de figuras?*
Pida a los estudiantes que compartan sus predicciones (sin contar) y expliquen su razonamiento. Los estudiantes pueden predecir que el Conjunto B tiene más figuras porque las figuras ocupan más espacio. A medida que los estudiantes comparten sus predicciones y cuentan los conjuntos, refuerce el concepto de cardinalidad preguntando "¿Cuántos hay?" después de que completan cada conteo.
Pregunte: *¿Qué descubrieron acerca de la cantidad de figuras en cada conjunto?*
(Ejemplo: Ambos tienen 12. Las figuras están dispuestas de diferentes maneras, pero siguen habiendo 12 figuras en ambos conjuntos./Ambos conjuntos tienen la misma cantidad).

 ISBN 978-981-4822-03-9

Aprender y hacer

Nombrar figuras planas

Laboratorio de matemáticas | Observa

Aprendamos LE, págs. 2–5

Dé una bolsa de **bloques de atributos** a cada estudiante y pídales que pongan los bloques en una línea enfrente de ellos.
Trace una línea recta y una línea curva en una **hoja grande de papel** o en el pizarrón blanco. Señale la línea curva.
Pregunte: *¿Qué notan acerca de esta línea?*
Si los estudiantes usan lenguaje informal para describir una línea curva (por ejemplo, torcida), valide el uso de este lenguaje y presente el vocabulario de línea 'curva'. Señale la línea recta y pida a los estudiantes que describan lo que notaron acerca de esta. Presente el vocabulario de una línea 'recta' si es necesario.
Dibuje varios ejemplos más de líneas rectas y líneas curvas en diferentes orientaciones y longitudes para asegurarse del entendimiento de los estudiantes. Repase 'más largo' y'más corto'.
Sostenga en alto un triángulo de los bloques de atributos.
Pregunte: *¿Qué figura creen que es?* (un triángulo) *¿Qué notan acerca del triángulo?* (Ejemplo: Tiene 3 lados. Los lados no se doblan. Son rectos. Hay 3 cosas puntiagudas). Pida a los estudiantes que busquen sus triángulos de los bloques de atributos.
Si los estudiantes describen una esquina como 'una punta' etc., presente el vocabulario de 'esquina': es donde 2 lados se encuentran o tocan. Pida a los estudiantes que pasen los dedos por 2 lados hasta que se encuentren en 1 de las esquinas de su triángulo.
Pida a los estudiantes que vayan a la pág. 2 del LE.
Pregunte: *¿En qué se parecen estas figuras?* (Ejemplo: Todas tienen 3 lados/3 lados rectos/3 esquinas).
Diga: *Tienen razón. Todas tienen 3 lados rectos y 3 esquinas. Esto significa que todas estas figuras son triángulos.*
Pregunte: *¿En qué se diferencian estos triángulos?* (Ejemplo: tamaños diferentes, colores diferentes, los lados son más largos en algunos triángulos)

Sostenga en alto un círculo de los bloques de atributos.
Pregunte: *¿Qué figura es esta? ¿Pueden hallar un círculo entre los bloques de atributos en sus bolsas? ¿Qué notan acerca del círculo?* (Ejemplo: ¡Es como un panqueque! Es una gran línea curva. No tiene líneas rectas).

NOTA: *Comience una lista de vocabulario de geometría en una* ***hoja grande de papel****. Escriba 'triángulo'. Pida a un estudiante que trace el contorno del triángulo de los bloques de atributos cerca de la palabra triángulo. Escriba varias palabras para describir los atributos del triángulo: 3 lados, lados rectos, 3 esquinas. Pida a otros estudiantes que ilustren los atributos, por ejemplo, pida a un estudiante que dibuje una línea recta arriba de la palabra 'recta' y que otro estudiante dibuje una 'esquina' arriba de la palabra esquina. Repita esto con las otras figuras.*
A medida que los estudiantes participan en más actividades prácticas a lo largo del capítulo, agregue más ejemplos de diferentes tipos de triángulos, en varias orientaciones y tamaños, así como cuadrados, rectángulos y círculos.

Explique que un círculo es una figura curva. Un círculo no tiene lados rectos porque se forma dibujando una línea curva.
Pida a los estudiantes que vayan a la pág. 3 del LE.
Pregunte: *¿En qué se parecen estas figuras?* (Ejemplo: Todos son círculos/tienen un lado curvo/no tienen esquinas). *¿En qué se diferencian?* (Ejemplo: tamaños diferentes, colores diferentes) *Aunque son de colores y tamaños diferentes, ¿todos son círculos?* (sí)
Pregunte: *¿Qué figura es un cuadrado?*
Pregunte: *¿Qué notan acerca del cuadrado?* (Ejemplo: Tiene líneas rectas. Tiene 4 lados. Todos los lados parecen iguales.)
Sostenga en alto un cuadrado grande de los bloques de atributos.

 ISBN 978-981-4822-03-9

Diga: *Ustedes dijeron que esto es un cuadrado.* Sostenga una esquina del cuadrado apuntando hacia abajo.

Pregunte: *¿Qué figura es ahora? Expliquen sus ideas.* (Ejemplo: Parece un diamante, pero no lo es. Todavía es la misma figura que usted dijo. Es un cuadrado, pero lo está sosteniendo de otra manera. Todavía tiene 4 lados. Los lados todavía tienen la misma longitud).

NOTA: Cuando un cuadrado se pone de punta, los estudiantes a menudo piensan que es un diamante, lo cual no es un término matemático para una figura geométrica. Refuerce la idea de que un cuadrado es un cuadrado sin importar en qué posición esté. Para una descripción de vocabulario, explique que un cuadrado es una figura con 4 lados que tienen la misma longitud.

Pida a los estudiantes que vayan a la pág. 4 del LE.

Pregunte: *¿En qué se parecen estas figuras?* (Ejemplo: Todas tienen 4 lados. Todos los lados son rectos. Todos los lados son iguales. Todos son cuadrados). *¿En qué se diferencian?* (Ejemplo: Algunos cuadrados están puestos de diferentes maneras. Hay cuadrados grandes y pequeños. Son de colores diferentes).

Pregunte: *¿Cuál de las figuras es un rectángulo?*

Pregunte: *¿Qué notan acerca del rectángulo?* (Ejemplo: Tiene 4 lados también. Todos los lados son rectos como un cuadrado. Los lados no son de la misma longitud, algunos son más cortos).

NOTA: Evite describir un rectángulo diciendo que siempre tiene 2 lados cortos y 2 lados largos. Esta definición crea confusión en los estudiantes más tarde, cuando aprenden que un cuadrado es un rectángulo especial. Para la descripción de vocabulario, explique que un rectángulo es una figura con 4 lados.

Pida a los estudiantes que vayan a la pág. 5 del LE.

Pregunte: *¿En qué se parecen estas figuras?* (Ejemplo: Todas tienen 4 lados. Todos los lados son rectos. Tienen lados cortos y largos). *¿En qué se diferencian?* (Ejemplo: Están puestas de maneras diferentes. Algunas son grandes y son de colores diferentes).

Diga: *Todas las formas que acaban de describir se llaman figuras 'planas'.*

Reparta **papel para dibujar** y pida a los estudiantes que tracen el contorno de cada figura. Cuando terminen, explique a los estudiantes que las figuras que han dibujado se llaman figuras planas porque son planas sobre el papel (definición informal). Señale las figuras dibujadas en la lista de vocabulario para mostrar que estas figuras también son figuras planas. Anote el título *Figuras planas* para la lista de vocabulario.

10

Manos a la obra LE, pág. 6

Explique la tarea 1 a los estudiantes. Van a hallar, colorear y contar la cantidad que hay de cada figura.

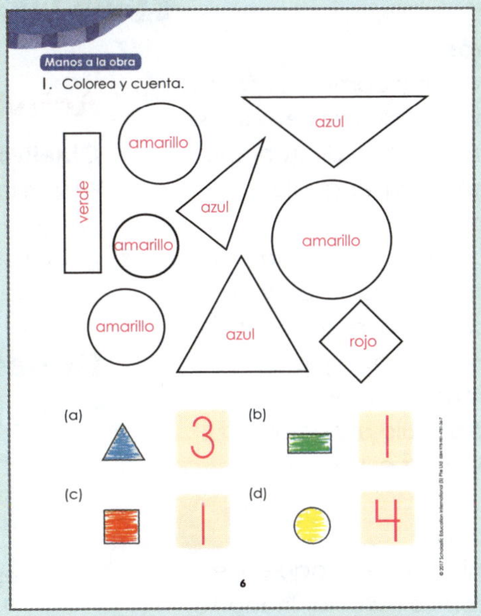

Reforzar conceptos

Revise el nombre de cada figura y su correspondiente bloque de atributos. Pida a los estudiantes que repitan después de usted. Luego, pida a los estudiantes que señalen cada bloque de atributos y recuerden el nombre de la figura.

Actividad diaria de conclusión

Pida a cada estudiante que traiga un **bloque de atributos** a un área central. Explique que se les dará una pista para describir la figura. Los estudiantes sostendrán en alto sus bloques si coincide con la pista.

Diga: *La figura 1 es curva.*

Pregunte: *¿Qué figura es?* (un círculo) *Algunos de ustedes están sosteniendo en alto círculos que son de colores diferentes. ¿Todas las figuras siguen siendo círculos? Algunos de los círculos son de diferentes tamaños. ¿Siguen siendo círculos?*

Diga: *Hay 3 esquinas en la Figura 2.*

Pregunte: *¿Qué figura es?* (un triángulo) *¿Cuántos lados tiene un triángulo? Pongan su triángulo al revés. ¿Siguen siendo un triángulo? Pónganlo de costado. ¿Siguen siendo un triángulo? Veo que algunos de los triángulos son de tamaños y colores diferentes. ¿Siguen siendo triángulos?*

Repita las pistas con cuadrados y rectángulos.

***NOTA:** Hacer estas preguntas ayuda a los estudiantes a comprender que el tamaño, el color y la orientación no son atributos definitorios de una figura. El atributo definitorio en esta lección es la cantidad de lados de cada figura.*

Lección 2: Comparar figuras planas

DÍA 1

Objetivos:

- Analizar y comparar figuras planas y explicar en qué se parecen o se diferencian usando un lenguaje informal
- Explicar la diferencia entre un cuadrado y un rectángulo; reconocer y explicar por qué un cuadrado es un rectángulo especial
- Presentar el hexágono

Materiales:

- conjuntos de bloques de atributos (círculo, triángulo, cuadrado, rectángulo y hexágono), 1 conjunto por estudiante
- figuras grandes de papel de construcción: cuadrado, rectángulo, círculo, triángulo, hexágono

Recursos:

- LE, págs. 7–9

Vocabulario:

- forma
- curva
- recta
- círculo
- triángulo
- cuadrado
- rectángulo
- hexágono
- lado
- esquina
- igual/mismo/parecido
- diferente

Actividad diaria de preparación

Objetivo: Contar de memoria juntos del 1 al 31

Pida a los estudiantes que cuenten varias veces desde un número dado que no sea 1 (por ejemplo: 9, 15, 20). Cada vez que lleguen a 31, pida a todos que pisen fuerte.

Repaso rápido

Repase la sección Aprendamos en el LE, págs. 2–5 de la lección previa para recordar las figuras y sus nombres.

***NOTA:** Los estudiantes a menudo tienen la idea equivocada de que un cuadrado no es un rectángulo antes de ingresar a la escuela. Esta lección se enfoca en cómo ayudar a los estudiantes a comenzar a entender que un cuadrado es un rectángulo especial.*

Aprender y hacer

Comparar figuras planas

Laboratorio de matemáticas

Dé a cada estudiante un conjunto de **bloques de atributos**.

Sostenga en alto el **rectángulo de papel** y pida a los estudiantes que también sostengan en alto un bloque de rectángulo.

Diga: *Pongan el dedo en uno de los lados rectos del rectángulo. Contemos los lados juntos. Muevan el dedo a cada lado a medida que cuentan. ¿Cuántos lados tiene en un rectángulo?* (4)

Señale una esquina.

Diga: *Pongan el dedo en esta esquina del rectángulo.* Compruebe que los estudiantes lo hagan correctamente. Recuerde a los estudiantes que cuando 2 lados se tocan, forman una esquina. Haga una demostración.

Diga: *Pongan el dedo en una de las esquinas del rectángulo. Contemos las esquinas juntos.*

Pregunte: *¿Cuántas esquinas hay?* (4)

Sostenga en alto el **cuadrado de papel**.

Diga: *Aquí hay otro rectángulo.* (¡Es probable que los estudiantes se sorprendan!) Sostenga en alto el rectángulo en su otra mano.

Pregunte: *¿Son las 2 figuras iguales o diferentes?* (diferentes) *¿En qué se diferencian?* (Ejemplo: el color, el tamaño, los lados se ven diferentes)

Diga: *Contemos juntos los lados rectos de esta figura* (cuadrado). *Pongan el dedo en cada lado a medida que contamos. Contemos las esquinas. Pongan el dedo en cada esquina a medida que contamos.*

Pregunte: *¿Son planas las dos figuras?*

Si los estudiantes dicen que un cuadrado no es un rectángulo, guíelos para que comprendan las similitudes entre un cuadrado y un rectángulo.

Pregunte: *¿En qué se parecen un cuadrado y un rectángulo?* (Ejemplo: Ambos tienen 4 lados. Ambos tienen 4 lados rectos y 4 esquinas.)

Diga: *Tienen razón. Esta figura se llama cuadrado, pero se parece a un rectángulo porque tiene la misma cantidad de lados y esquinas.*

***NOTA:** Si a los estudiantes les cuesta entender que un cuadrado es un rectángulo especial, una analogía puede clarificarlo. Muéstreles una imagen de varios tipos de flores. Explique que las flores son como los rectángulos. Señale una flor y explique que es una clase especial de flor (por ejemplo, una margarita). Diga, "Esta flor se llama margarita. Todas son flores, pero esta es una flor especial llamada margarita".*

Un cuadrado es un rectángulo especial porque sus 4 lados son de la misma longitud o iguales.

Sostenga en alto el **círculo de papel** y pida a los estudiantes que también sostengan en alto sus círculos.

Pregunte: *¿Podemos contar los lados en este círculo? ¿Por qué?* (Ejemplo: No hay lados en un círculo. Es una figura curva porque no tiene nada recto).

Diga: *¡Tienen razón!*

__NOTA:__ El enfoque de esta lección es comparar los diferentes atributos definitorios de cada figura, en lugar del tamaño y el color, que no son definitorios. El atributo del grosor no se enfatiza.

Sostenga en alto el **triángulo de papel** y pida a los estudiantes que sostengan en alto sus triángulos.

Pregunte: *¿Qué notan acerca de esta figura?* (Ejemplo: Es un triángulo. Tiene 3 lados rectos).

Pida a los estudiantes que cuenten los lados y las esquinas de sus triángulos.

Presente el hexágono. Escriba la palabra en el pizarrón. Sostenga en alto el **hexágono de papel** y pida a los estudiantes que hallen el bloque que se parece.

Pregunte: *¿Qué notan acerca de esta figura?* (Ejemplo: Tiene más lados. Hay 6 lados y 6 esquinas).

Cuente a los estudiantes que esta figura se denomina hexágono.

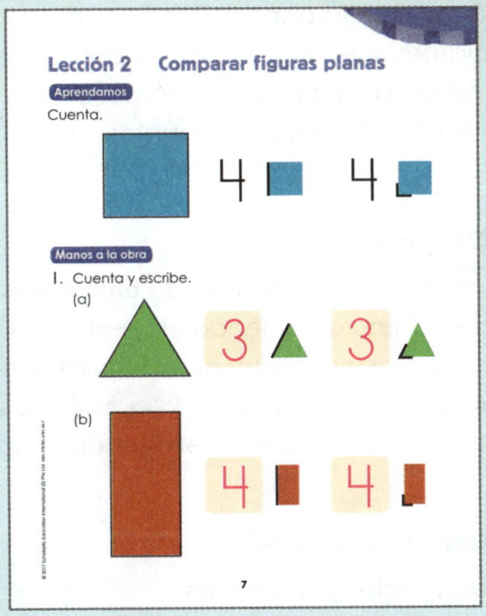

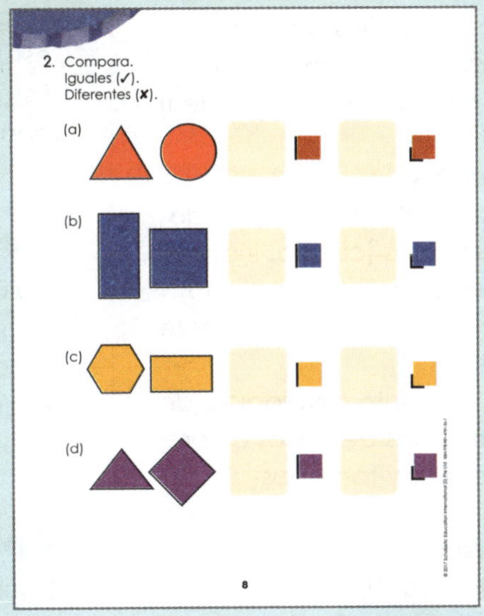

Sostenga en alto el triángulo y el rectángulo de papel.

Pregunte: *¿En qué se parecen estas figuras?* (Ejemplo: Tienen lados rectos). *¿En qué se diferencian?* (Ejemplo: El triángulo tiene 3 lados y el rectángulo tiene 4 lados). Repita con otras combinaciones de 2 figuras.

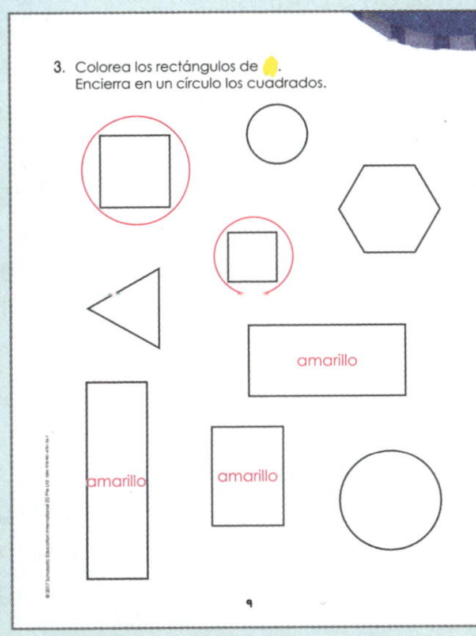

Observa

Aprendamos **LE, pág. 7**

Vea el ejemplo con toda la clase. Guíe a los estudiantes para que comprendan que la línea negra representa un lado y que las 2 líneas que se tocan representan una esquina.

Manos a la obra **LE, págs. 7–9**

Explique la tarea 1 a los estudiantes. Van a contar la cantidad de lados y esquinas en cada figura.

En la tarea 2, los estudiantes comparan la cantidad de lados y esquinas de los pares de figuras. Tildan la casilla si el número es el mismo o la tachan si es diferente.

En la tarea 3, los estudiantes colorean todos los rectángulos de amarillo y luego encierran en un círculo los rectángulos que son cuadrados. Esta tarea refuerza la idea de que un cuadrado es un tipo especial de rectángulo.

Reforzar conceptos

En la tarea 1, pida a los estudiantes que marquen cada lado y esquina mientras cuentan para que sepan lo que contaron o no. En la tarea 2, pídales que cuenten y anoten la cantidad de lados y esquinas de cada figura de la página antes de comparar. En la tarea 3, recuerde a los estudiantes colorear *todos* los rectángulos de amarillo.

Actividad diaria de conclusión

Sostenga en alto el **rectángulo** y el **cuadrado de papel**.

Pregunte: *Hoy aprendimos que un cuadrado es un rectángulo especial. ¿Cómo explicarían esto a un amigo de otra clase? Conversen con un compañero para decidirlo.*

Deles tiempo para compartir su explicación.

Pregunte: *¿En qué se parece un cuadrado a un rectángulo?* (Ambos tienen 4 lados y 4 esquinas, todos los lados son rectos).

Pregunte: *¿Qué hace a un cuadrado un rectángulo especial?* (Sus lados son todos iguales o de la misma longitud).

Lección 3: Clasificar

DÍA 1 DÍA 2 DÍA 3 DÍA 4

Objetivos:

- Crear conciencia de los atributos: color, forma y tamaño
- Unir con una línea objetos e imágenes basados en la correspondencia uno a uno de los atributos (objeto-objeto, objeto-imagen, imagen-imagen)

Materiales:

- conjuntos de bloques de atributos (círculo, triángulo, rectángulo y cuadrado), 1 conjunto por estudiante
- regla
- 1 conjunto de bloques de atributos de varios colores, formas y tamaños

Recursos:

- LE, pág. 10
- Tarjetas de 5 puntos (RM 12.7)

Vocabulario:

- color
- forma
- tamaño
- unir
- igual/mismo/parecido
- diferente

Actividad diaria de preparación

Objetivo: Subitizar hasta 5 objetos

La cantidad de puntos en las **Tarjetas de 5 puntos (RM 12.7)** es más difícil de subitizar. Muestre cada nueva disposición de puntos durante 3 segundos, luego muestre la disposición de puntos durante otros 3 segundos. Pida a los estudiantes que digan cuántos puntos ven y cómo están dispuestos. Haga esto para cada nueva Tarjeta de puntos que muestre. Mezcle las tarjetas con las otras Tarjetas de 5 puntos.

Repaso rápido

Dé un conjunto de **bloques de atributos** a cada estudiante.
Repase las figuras diciendo el nombre en voz alta, y pida a los estudiantes que busquen y sostengan en alto la figura correcta.
Recuerde las líneas 'rectas' y 'curvas' con la ayuda de estudiantes voluntarios que dibujen cada una en el pizarrón. Proporcione una **regla** si es necesario.

Aprender y hacer

Figuras: Iguales y diferentes

Laboratorio de matemáticas

Muestre a los estudiantes 2 triángulos de los **bloques de atributos** que sean del mismo color pero de diferentes tamaños, por ejemplo, un triángulo grande azul y un triángulo pequeño azul.
Pregunte: *¿Qué pueden decir acerca de los 2 triángulos?*
Si los estudiantes no usan el vocabulario de 'mismo' y 'diferente', demuestre este vocabulario volviendo a decir lo que ellos notan. (Ejemplo: Estudiante: Ambos son triángulos. Maestro: Sí, los triángulos son parecidos porque tienen la misma forma).
Pregunte: *¿En qué se diferencian los 2 triángulos?* (Son de diferentes tamaños).
Muestre 2 cuadrados que sean del mismo tamaño, pero de colores diferentes, por ejemplo, un cuadrado azul grande y un cuadrado rojo grande.
Pregunte: *¿En qué se parecen estas 2 figuras?* (Ambas tienen 4 lados. Tienen la misma forma. Son cuadrados. Tienen el mismo tamaño).
Pregunte: *¿En qué se diferencian?* (en su color)

Muestre a los estudiantes una hilera de 4 bloques de atributos en el siguiente orden: dos rectángulos grandes azules, seguido de un triángulo grande azul y por último otro rectángulo grande azul.
Pregunte: *¿Qué figuras están en la hilera de bloques?* (rectángulos y un triángulo)
Pregunte: *¿Qué figura es diferente de las otras? Expliquen sus ideas.* (Ejemplo: el triángulo porque tiene una forma diferente)
Muestre a los estudiantes varias filas más de bloques de atributos y varíe la diferencia, ya sea por color o tamaño, por ejemplo: por tamaño, disponga un cuadrado rojo grande, un cuadrado rojo pequeño y 2 cuadrados rojos grandes más. Asegúrese de que, en cada línea de bloques de atributos, la diferencia sea solo un atributo (color, forma o tamaño).
Disponga 3 círculos grandes amarillos en una línea. Muestre a los estudiantes otros 2 círculos, un círculo amarillo grande y un círculo azul grande.
Pregunte: *¿Qué círculo es igual a los otros círculos?* (el círculo amarillo grande)

Dé tiempo a los estudiantes para conversar con un compañero y procesar esta pregunta. Pida a los estudiantes que expliquen su razonamiento.

Disponga 3 cuadrados rojos pequeños en una línea. Muestre a los estudiantes otros 2 cuadrados, un cuadrado rojo grande y un cuadrado rojo pequeño.

Pregunte: *¿Qué cuadrado es diferente y no coincide con los otros cuadrados?* (el cuadrado rojo grande) *Expliquen sus ideas.*

Observa

Aprendamos LE, pág. 10

Pida a los estudiantes que miren el LE, pág. 10

Pregunte: *¿En qué se parecen estas figuras?* (misma forma: cuadrada, mismo tamaño)

¿En qué se diferencia 1 figura? (un cuadrado es de color diferente, verde)

Diga: *El cuadrado verde es diferente. Los otros cuadrados son azules.*

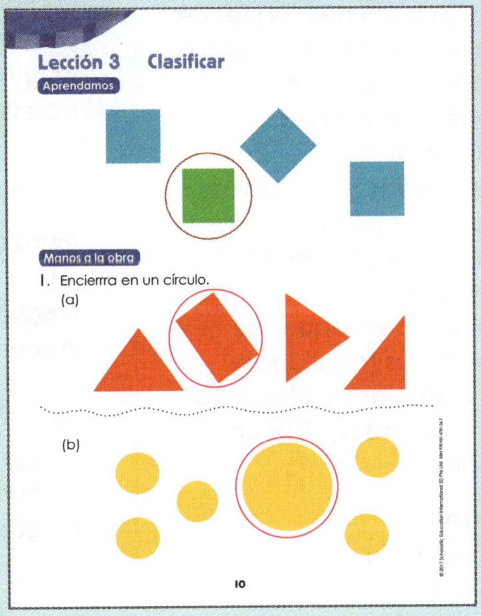

Observa

Manos a la obra LE, pág. 10

Explique la tarea 1 a los estudiantes. Van a encerrar en un círculo la figura que es diferente de las otras.

Reforzar conceptos

Pregunte en qué se parecen las figuras y luego, pregunte en qué se diferencian. En la tarea 1 (a), pida a los estudiantes que miren las figuras, y cuenten los lados y las esquinas.

Actividad diaria de conclusión

Muestre a los estudiantes los siguientes **bloques de atributos**: círculo, cuadrado, triángulo, rectángulo y hexágono.

Pregunte: *¿Qué figura es tu favorita?*

Dé a los estudiantes varios minutos para compartir y explicar por qué la figura es su favorita.

Objetivo:
- Clasificar y agrupar hasta 10 objetos según color, forma o tamaño

Materiales:
- 1 conjunto de bloques de atributos de varios colores, formas y tamaños
- bolsa de bloques de atributos (4 cuadrados amarillos grandes y 5 cuadrados amarillos pequeños), 1 bolsa
- bolsas de bloques de patrones (cantidades mezcladas de triángulos y cuadrados), 1 bolsa por pareja

Recursos:
- LE, pág. 11
- Tarjetas de 3 puntos (RM 12.5)
- Tarjetas de 4 puntos (RM 12.6)
- Tarjetas de 5 puntos (RM 12.7)
- copias de la Hoja con nubes (RM 10.1), 2 copias por pareja

Vocabulario:
- color
- forma
- tamaño
- unir
- igual/mismo/parecido
- diferente

Actividad diaria de preparación

Objetivo: Subitizar hasta 5 objetos

Mezcle las **Tarjetas de 3, 4** y **5 puntos (RM 12.5–12.7)** y muestre cada tarjeta, una por una, durante 3 segundos.
Pregunte: *¿Cuántos puntos vieron y cómo estaban dispuestos?*
¿Alguien vio los puntos de manera diferente?
Muestre las tarjetas de puntos restantes y repita las preguntas.

Repaso rápido

Muestre a los estudiantes 2 **bloques de atributos**, por ejemplo, un cuadrado rojo grande y un triángulo rojo grande.
Pregunte: *¿En qué se parecen estas figuras?* (color, tamaño)
Pregunte: *¿En qué se diferencian?* (forma, uno es un cuadrado y el otro es un triángulo)
Muestre a los estudiantes 2 bloques de atributos más, por ejemplo, un círculo azul grande y un círculo azul pequeño.
Pregunte: *¿En qué se parecen estas figuras?* (forma, color)
Pregunte: *¿En qué se diferencian?* (tamaño, un círculo es grande y el otro es pequeño)

NOTA: *Pida a los estudiantes que expliquen sus ideas sobre los parecidos y diferencias entre los bloques, lo que promueve la conversación matemática y ayuda a los estudiantes a pensar de forma analítica en los atributos de las figuras (color, forma y tamaño).*

Aprender y hacer

Clasificar en grupos por forma

Laboratorio de matemáticas

Primero, demuestre cómo clasificar usando un cuadrado amarillo de los **bloques de atributos** y 2 **Hojas con nubes (RM 10.1)**. Muestre a los estudiantes los cuadrados.
Pregunte: *¿Qué notan acerca de estos bloques?* (todos son cuadrados)
¿Qué saben acerca de estos cuadrados? (tienen 4 lados/los lados son rectos/los lados tienen todos el mismo largo)
Pregunte: *¿Cómo podemos clasificar estos bloques en dos grupos o en las dos nubes?*
Pida a los estudiantes que piensen primero y luego, conversen con un compañero acerca de esta pregunta. (cuadrados grandes en una nube y cuadrados pequeños en la otra nube)
Diga: *Ahora contemos los cuadrados amarillos grandes de este grupo.*
Señale cada cuadrado mientras los estudiantes cuentan juntos. Pregunte "¿Cuántos hay...?" cuando los estudiantes terminen. Repita con los cuadrados amarillos pequeños en el otro grupo.

NOTA: *Cuando los estudiantes conversen sobre cómo clasificaron, también podrán conversar acerca de cuántas figuras hay en cada grupo. Es una excelente manera de integrar y reforzar los conceptos numéricos con la geometría. También contarán la cantidad de bloques de atributos de cada grupo y compararán sus cantidades (con el vocabulario 'más', 'menos' e 'igual a', presentado en el Capítulo 8: Contar más).*

Diga: *Cuando ponemos los cuadrados en dos grupos, clasificamos los cuadrados por tamaño. Los cuadrados amarillos grandes están en este grupo y los cuadrados amarillos pequeños están en el otro grupo.*
Pregunte: *¿Qué grupo tiene más cuadrados? ¿Cómo lo saben?*
Pregunte: *¿Qué grupo tiene menos cuadrados o no tantos bloques? Expliquen cómo lo saben.*
Dé una bolsa de **bloques de patrones** y 2 Hojas con nubes a cada pareja. Diferencie la cantidad de triángulos y cuadrados en cada bolsa para ajustarse a los niveles de comprensión de los estudiantes, por ejemplo, 6 triángulos y 9 cuadrados en una bolsa, 8 triángulos y 4 cuadrados en otra, etc. Dé tiempo a los estudiantes para compartir lo que notan acerca de los bloques.

Diga: *Trabajen con un compañero y clasifiquen las figuras en dos nubes. Cuando terminen, piensen acerca de cómo clasificaron y contaron la cantidad de bloques de patrones de cada grupo.*
Pregunte: *¿En qué se diferencian sus figuras?* (Ejemplo: formas diferentes – triángulos y cuadrados)
Pregunte: *Cuéntenme sobre las figuras que tienen en cada grupo.* (Ejemplo: Tenemos triángulos en este grupo. Los cuadrados están en otro grupo).
Pregunte: *¿Cómo hemos clasificado las figuras en grupos?* (Ejemplo: por forma – triángulos en un grupo, cuadrados en el otro)
Pida a los estudiantes que determinen cuál de los grupos tiene más. Pídales que alineen las figuras de cada grupo con otra para ver su correspondencia uno a uno. Pida a los estudiantes que compartan y comprueben sus respuestas. Recuérdeles que usen el vocabulario para comparar 'igual a','más' y 'menos'.
Si el tiempo lo permite, pida a las parejas que intercambien bolsas, para que puedan practicar contar y comparar nuevas cantidades.

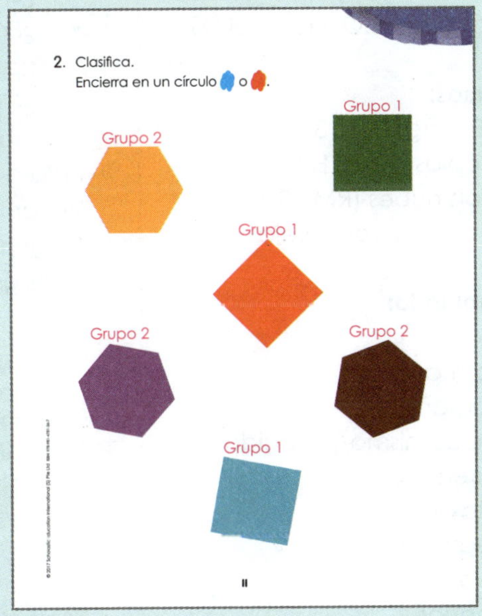

Manos a la obra **LE, pág. 11**

Explique la tarea 2 a los estudiantes. Van a clasificar las figuras en dos grupos (por forma – cuadrados y hexágonos) y encerrarán en un círculo un grupo con un lápiz azul y otro grupo con rojo. Todas las figuras deberán ser clasificadas en uno de los dos grupos. Esta tarea evalúa su habilidad para clasificar por forma y también su comprensión de que la orientación de una figura no cambia su cualidad o sus atributos.

Reforzar conceptos

Pida a los estudiantes que nombren las figuras que ven (cuadrados y hexágonos).
Pregunte: *¿Podemos clasificar las figuras en un grupo de cuadrados y en un grupo de hexágonos?* (sí) Converse con los estudiantes sobre por qué no pueden clasificar las figuras por color o tamaño.

Actividad diaria de conclusión

Pregunte: *¿Cómo clasificaron hoy?* (por forma y tamaño)
Pida a los estudiantes que piensen primero en esto. Dé varios minutos a los estudiantes para compartir lo que están pensando.
Pregunte: *¿Hay otra manera de clasificar?* (por color) Si los estudiantes no recuerdan, pida que vayan a la pág. 9 del LE.
Pregunte: *¿Cómo sabemos que una figura es un triángulo?* (Ejemplo: Si tiene 3 lados, es un triángulo).
Repita con el círculo, el cuadrado, el rectángulo y el hexágono.

Objetivo:
- Clasificar y agrupar objetos según 2 atributos: color, forma o tamaño

Materiales:
- 1 conjunto de libros pequeños y grandes
- recipientes de bloques de atributos (sin hexágonos), 1 recipiente por mesa
- hojas grandes de papel
- bolsa de bloques de atributos, 1 bolsa para la actividad de toda la clase
- rótulo: AZUL y TRIÁNGULOS
- rótulo: ROJO y CÍRCULOS

Recursos:
- LE, págs. 12–13
- copias de las Hojas con nubes (RM 10.1), 2 copias por pareja

Vocabulario:
- color
- forma
- tamaño
- igual/mismo/parecido
- diferente
- clasificar
- regla
- más
- menos

Actividad diaria de preparación

Objetivo: Contar de memoria juntos del 1 al 31

Pida a los estudiantes que cuenten varias veces desde un número dado que no sea 1 (por ejemplo: 8, 13, 19). Cuando lleguen a 31, todos deben guiñar el ojo. Pida a los estudiantes que cuenten de memoria hacia atrás de 15 a 0, y luego que cuenten de memoria hacia atrás desde un número que no sea el 15 (por ejemplo, 12, 10).

Repaso rápido

Reúna varios **libros** grandes y pequeños de la biblioteca del salón de clase.
Pregunte:
- *¿En qué se parecen estos objetos?* (Ejemplo: Todos son libros).
- *¿En qué se diferencian?* (Ejemplo: Algunos libros son grandes y otros son pequeños).
- *¿Cómo podemos clasificar los libros en dos grupos?* (Ejemplo: Podemos clasificarlos por tamaño, grandes y pequeños).

Pida a los estudiantes que clasifiquen los libros en dos grupos y que cuenten la cantidad de libros de cada grupo.
Pregunte: *¿Qué grupo tiene la cantidad más grande de libros, el grupo de los libros grandes o el grupo de los libros pequeños? Expliquen cómo lo saben.*

***NOTA:** Los bloques de atributos son generalmente de 3 colores: rojo, amarillo, azul: de 5 formas: triángulos, cuadrados, círculos, rectángulos, hexágonos; de 2 tamaños: grandes y pequeños y de dos grosores: gruesos y finos. En esta lección, el enfoque está en los 3 colores, las 4 formas (hexágonos excluidos) y el tamaño: grandes y pequeños.*

Aprender y hacer

Clasificar de diferentes maneras

Laboratorio de matemáticas

Coloque un recipiente de **bloques de atributos** en cada mesa. Dé varios minutos a los estudiantes para que exploren los bloques.
Pregunte: *¿Qué pueden decir sobre las figuras en sus mesas?*
Anote las observaciones de los estudiantes en una **hoja grande de papel**.
Prepare una bolsa de bloques de atributos. Incluya una mezcla de triángulos grandes y pequeños azules y círculos rojos. También incluya otras figuras en diferentes tamaños y colores. Pida a los estudiantes que se sienten en un círculo alrededor de la bolsa de bloques de atributos y 2 **Hojas con nubes (RM 10.1)**. Cada nube debería tener un **rótulo**. Dibuje triángulos azules grandes y pequeños en el rótulo de los triángulos azules, y círculos rojos grandes y pequeños en el rótulo de círculos rojos.
Diga: *Vamos a clasificar estos bloques usando 2 reglas. Una regla indica en qué sentido los bloques se parecen o son iguales en un grupo. Los bloques de esta nube serán azules. Los bloques también serán triángulos. Los bloques de esta nube serán rojos y también círculos.*
Pida a los estudiantes que se turnen para elegir un bloque de la bolsa y que trabajen con un compañero para decidir en qué nube deben ponerlo. Guíe a los estudiantes repasando las 2 reglas/rótulos a menudo.

Pregunte: *¿Es azul? ¿Es un triángulo? ¿Pueden poner un triángulo azul grande en esta nube? ¿Por qué? ¿Y un triángulo azul pequeño?* (sí) *¿Por qué un triángulo azul pequeño puede colocarse en esta nube?* (Ejemplo: Es azul y es un triángulo).

Quedarán algunos bloques fuera que no encajan con ninguna de las reglas de clasificación.

Pregunte: *¿Dónde ponemos estos bloques?* (Ejemplo: El cuadrado azul no puede ir en esta nube porque un cuadrado no es lo mismo que un triángulo). Explique que no importa tener bloques que sobren porque no coinciden con las reglas de clasificación.

Pida a los estudiantes que comparen la cantidad de bloques de cada grupo. Cuando un estudiante diga que hay más bloques en un grupo, pregunte cómo lo puede probar. (Ejemplo: cuento los bloques)

Refuerce el vocabulario de 'más', 'menos' e 'igual a'.

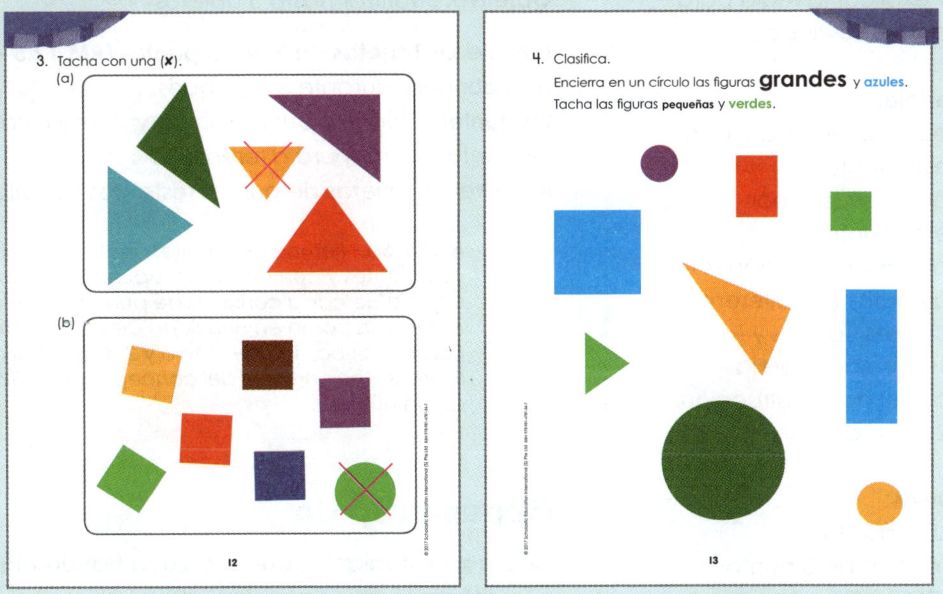

10

Manos a la obra

LE, págs. 12–13

En la tarea 3, las figuras se han clasificado, pero los estudiantes tienen que tachar las figuras que no pertenezcan. Pida a los estudiantes que expliquen las reglas para sus respuestas. (tamaño y forma: triángulos grandes/cuadrados pequeños)

Explique la tarea 4 a los estudiantes. Van a clasificar las figuras en el grupo correcto identificando la forma y encerrando en un círculo el color correcto. Esta tarea evalúa su habilidad para clasificar según 2 atributos, tamaño y color. Recuerde a los estudiantes que no todas las figuras pueden clasificarse en estos dos grupos.

Reforzar conceptos

Repase el vocabulario de los colores, y los nombres de las figuras y tamaños para asegurarse de que los estudiantes entienden las palabras e imágenes y que clasifiquen en consecuencia.

Actividad diaria de conclusión

Explique a las parejas que van a usar **bloques de atributos** amarillos y grandes para crear una imagen o diseño. Dé 5 minutos a los estudiantes para que trabajen juntos. Pida a los estudiantes que caminen por el salón de clase para ver las imágenes o diseños de cada pareja. Pida a las parejas que describan su imagen o diseño.

Lección 3: Clasificar

DÍA 1 DÍA 2 DÍA 3 DÍA 4

Objetivo:
- Clasificar y volver a clasificar las figuras y explicar la regla para cada clasificación

Materiales:
- bandas elásticas, 1 por estudiante
- geoplanos, 1 por estudiante
- bolsas de 10 bloques de atributos (de diferentes colores, formas y tamaños), 1 bolsa por pareja
- papel de construcción, 2 hojas grandes

Recursos:
- LE, pág. 14
- Tarjetas de 3 puntos (RM 12.5)
- Tarjetas de 4 puntos (RM 12.6)
- Tarjetas de 5 puntos (RM 12.7)
- copias de las Hojas con nubes (RM 10.1), 2 copias por pareja

Vocabulario:
- clasificar
- regla
- lados
- esquinas

Actividad diaria de preparación

Objetivo: Subitizar hasta 5 objetos

Mezcle las **Tarjetas de 3, 4** y **5 puntos (RM 12.5–12.7)** y muestre cada tarjeta, una por una, durante 3 segundos.
Pregunte: *¿Cuántos puntos vieron y cómo estaban dispuestos? ¿Alguien vio los puntos de manera diferente?*
Muestre las tarjetas de puntos restantes y repita las preguntas.

NOTA: Si el tiempo lo permite, anote las descripciones de los estudiantes y cómo vieron los puntos. Dibuje y anote los números debajo de cada conjunto de puntos, por ejemplo: 5 puntos dispuestos como en una ficha de dominó pueden anotarse como 2 arriba, 1 en el medio y 2 abajo. Esto se transforma en una representación visual del concepto parte/todo y la descomposición de un número.

Repaso rápido

Pida a los estudiantes que usen una **banda elástica** para hacer un cuadrado o un triángulo en su **geoplano**. Pídales que traigan la figura del geoplano a un área central.
Diga: *Nombren la figura que hicieron.*
Pregunte: *¿Cómo pueden describir la figura que hicieron?*
Es probable que sus cuadrados (o triángulos) se vean diferentes, por ejemplo, un estudiante puede hacer un cuadrado grande mientras que otro estudiante hace un cuadrado pequeño. Los estudiantes pueden reforzar que ambos son cuadrados porque tienen 4 lados que son de la misma longitud y tienen 4 esquinas. Los estudiantes pueden hacer figuras con diferentes orientaciones (sobre la base o sobre una esquina). Dé vuelta a los geoplanos para mostrar a los estudiantes las figuras en diferentes orientaciones. Refuerce los atributos definitorios de las figuras (lados y esquinas).

Aprender y hacer

Clasificar más y volver a clasificar

Laboratorio de matemáticas

Explique que los estudiantes clasificarán los **bloques de atributos** juntos. Pida a los estudiantes que se sienten en un círculo. Vacíe una bolsa de bloques de atributos entre dos hojas de **papel de construcción**.
Pregunte: *¿Cómo podemos clasificar estas figuras en dos grupos?*
Dé tiempo para que los estudiantes piensen antes de que compartan las ideas con toda la clase. Luego, clasifique las figuras en cada papel de construcción según a las sugerencias de los estudiantes. (Ejemplo: poner círculos en un grupo y todas las demás figuras en el otro) Pida a los estudiantes que expliquen sus ideas para clasificar. (Ejemplo: Podemos poner círculos en este grupo porque no tienen lados rectos. Estas figuras van en este grupo porque tienen lados rectos).

Dé a cada pareja una bolsa de bloques de atributos y 2 hojas previamente usadas de **Hojas con nubes (RM 10.1)**. Pida a los estudiantes que saquen bloques de sus bolsas y se los pongan delante.

Diga: *Piensen en una manera de clasificar las figuras en dos grupos. Recuerden, una regla nos dice cómo clasificar o cómo se colocaron las figuras en grupos. Las figuras de cada grupo son iguales o parecidas de alguna manera*

Haga preguntas a los estudiantes mientras están clasificando.

Pregunte:

- *¿Cómo pudieron clasificar las figuras en dos grupos?*
- *¿En qué se parecen todas las figuras de este grupo?*
- *¿En qué se parecen todas las figuras del otro grupo?*
- *¿En qué se diferencian los dos grupos de figuras?*
- *¿Qué regla crearon para clasificar las figuras?*

Cuando las parejas hayan completado una clasificación, explique que caminarán por el salón de clases para ver cómo sus amigos clasificaron sus bloques. Pida a los estudiantes que predigan las reglas para las diferentes clasificaciones sin que la pareja les diga cómo clasificaron los dos grupos.

Pregunte: *¿Cuál fue la regla que usaron tus amigos para clasificar estos dos grupos?*

Si los estudiantes tienen dificultades para nombrar una regla para la clasificación de un conjunto de figuras, pida a la pareja que clasificó originalmente los bloques que agregue varios bloques más que sigan su regla.

Pregunte: _______ *y* _______ *agregaron otra figura a este grupo. ¿Por qué pusieron esta figura en el grupo? ¿En qué se parecen las figuras en el grupo? ¿En qué se diferencian las figuras en el otro grupo? ¿Cuál creen que es su regla?*

Diga: *Clasifiquen sus bloques de atributos de nuevo con una regla diferente. Piensen en los tipos de figuras, así como en la cantidad de lados y esquinas de las diferentes figuras como ayuda para pensar en otra manera de clasificar.*

Dé tiempo a las parejas para que vuelvan a clasificar.

Observe:

- ¿Los estudiantes usan atributos definitorios para clasificar, como la cantidad de lados o esquinas?
- ¿Los estudiantes usan atributos no definitorios para clasificar, como el color o el tamaño?
- ¿Usan vocabulario de geometría para describir las figuras de cada grupo?
- ¿Pueden los estudiantes explicar su/s regla/s para clasificar?

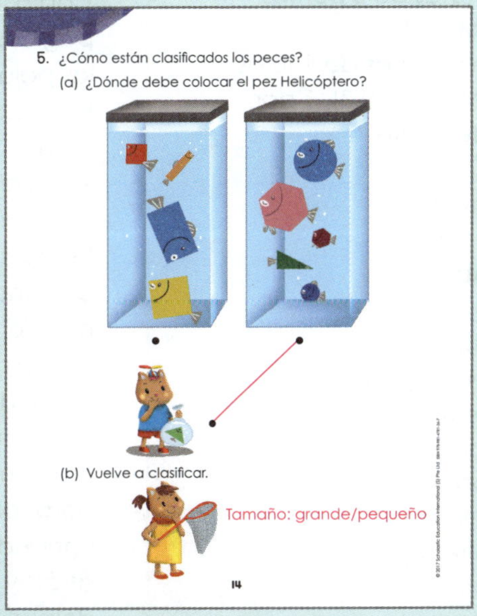

Manos a la obra **LE, pág. 14**

Explique la tarea 5 a los estudiantes. Van a determinar cómo los peces se clasificaron en las dos peceras. (pecera izquierda: rectángulos/4 lados/4 esquinas, pecera derecha: figuras que no son rectángulos/no tienen 4 esquinas y 4 lados) Luego, en la tarea (a), los estudiantes ayudan a Helicóptero a poner el pez triangular en la pecera correcta. En la tarea (b), los estudiantes ayudan a Bela a volver a clasificar los peces.
(por tamaño)

Reforzar conceptos

Repase los atributos definitorios de las figuras en cada pecera y anótelos en una **hoja grande de papel**. Esto ayuda a los estudiantes a ver las semejanzas y diferencias dentro y entre los dos grupos.

Actividad diaria de conclusión

Diga adivinanzas de figuras para que los estudiantes las resuelvan.

- **Adivinanza 1:** Esta figura tiene 4 lados. Esta figura tiene 4 esquinas. Esta figura es un rectángulo especial. ¿Qué figura es?
- **Adivinanza 2:** Esta figura es redonda. Esta figura tiene curvas. ¿Qué figura es?
- **Adivinanza 3:** Esta figura tiene lados rectos. Esta figura tiene esquinas. Esta figura tiene 6 lados. ¿Qué figura es?

Cree adivinanzas adicionales para el triángulo y el rectángulo.

 ISBN 978-981-4822-03-9

Lección 4: Palabras de posición y dirección

DÍA 1

Objetivo:
- Describir la ubicación de las figuras planas en el salón de clase con palabras de posición y dirección

Materiales:
- hoja de cartulina
- 4 trozos de papel
- 1 conjunto de bloques de atributos (triángulo, cuadrado, rectángulo y círculo)
- 4 sobres grandes

Recursos:
- LE, págs. 15–18
- Tarjetas de 3 puntos (RM 12.5)
- Tarjetas de 4 puntos (RM 12.6)
- Tarjetas de 5 puntos (RM 12.7)
- Buscadores de figuras (RM 10.2–10.3), 1 por estudiante

Vocabulario:
- encima
- debajo
- en
- sobre
- por encima
- por debajo
- arriba
- abajo
- junto a
- enfrente
- detrás
- al lado
- cerca
- lejos
- hacia adelante
- hacia atrás
- hacia

Actividad diaria de preparación

Objetivo: Subitizar hasta 5 objetos
Mezcle las **Tarjetas de 3, 4,y 5 puntos (RM 12.5–12.7)** y muestre cada tarjeta, una por una, durante 3 segundos.
Pregunte: *¿Cuántos puntos vieron y cómo estaban dispuestos? ¿Alguien vio los puntos de manera diferente?*
Muestre las Tarjetas de puntos restantes y repita las preguntas.

Repaso rápido

Pida a los estudiantes que vayan al LE, pág. 13 y conversen sobre las similitudes y diferencias entre las figuras en la pecera de la izquierda. Repita lo mismo con la pecera de la derecha.

Aprender y hacer

Palabras de posición y dirección

Observa

Aprendamos **LE, págs. 15–17**

Pida a los estudiantes que pasen las páginas y observen las imágenes. Enseñe las palabras. Cree oraciones sobre las figuras como las siguientes.

Diga:
- *El círculo está cerca de Bela.*
- *El círculo está lejos de Tito.*

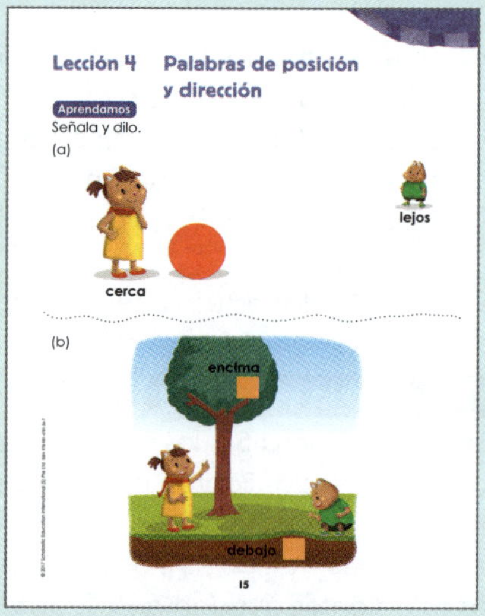

Refuerce el significado de cada palabra con una oración de ejemplo sobre la posición de algo en el salón de clase, por ejemplo, Estoy 'cerca' de la mesa. Estoy 'lejos' de la puerta. Pida a estudiantes voluntarios que también inventen oraciones. En (f), enseñe que otra frase para 'al lado' es 'junto a'. Demuestre el significado de 'hacia adelante', 'hacia atrás' y 'hacia'. Pida a un estudiante que demuestre cada palabra.

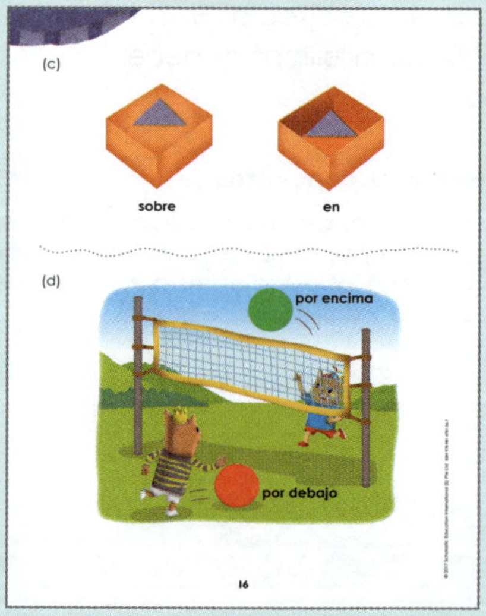

¿Dónde está la figura?

Laboratorio de matemáticas

Antes de la lección, prepare los **Buscadores de figuras (RM 10.2–10.3)**. Péguelos en **cartulina** y recórtelos. Escriba 1 pista en cada **trozo de papel** que describa dónde se ubica cada figura en el salón de clase. Coloque un **bloque de atributos** en cada **sobre**. Coloque las pistas 2–5 en los sobres. La pista 1 será leída por el maestro al comienzo de la clase.
Cree pistas como las siguientes.

- Pista 1: Mira cerca del fregadero. ¡Al lado del jabón hay otra pista!
- Pista 2: Camina hacia la puerta. ¡Por debajo de la puerta hay otra pista!
- Pista 3: ¡Sigue mirando! Mira encima del cesto de la basura. Sobre la pared hay otra pista.

- Pista 4: ¡Cada vez estás más cerca! Halla el estante de libros con un balde de bloques de patrones <u>sobre</u> este. <u>Debajo</u> del balde de bloques de patrones hay una pista ¡<u>en</u> un libro!
- Pista 5: ¡El misterio está a una pista de distancia! ¡Mira <u>detrás</u> del cartel! ¡Misterio resuelto!

Las pistas pueden ser modificadas de acuerdo a lo que hay en el salón de clase y dónde está ubicado.
Explique que las figuras están escondidas en el salón de clase y que las indicaciones los ayudarán a encontrarlas.

Opcional: Pida a los estudiantes que abran el Libro del estudiante en las págs. 15–17 para referirse a las palabras de posición y dirección antes de buscar cada sobre. Mientras leen las pistas, pida a los estudiantes que conversen acerca de dónde está el sobre, antes de que una pareja lo busque y lo traiga. Puede demostrar el significado de las palabras para reforzar la comprensión, por ejemplo: demuestre el significado de 'cerca' y 'al lado' pidiéndole a un estudiante que se pare junto a usted.

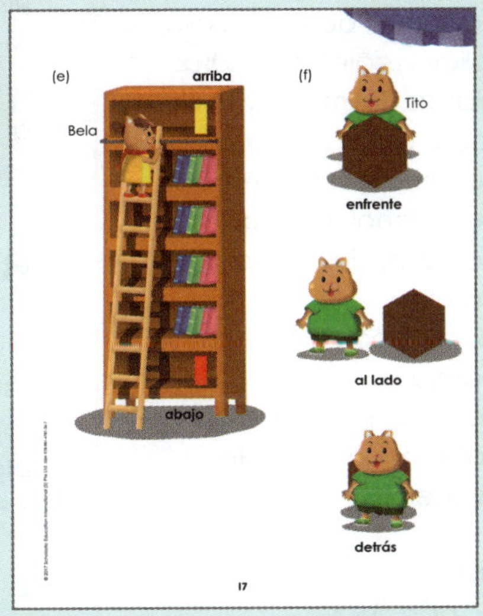

Diga: ______ *está parado/a cerca mío. Ella/él también está parado/o al lado mío. Otra palabra que significa 'al lado' es la palabra 'junto'.*
Demuestre 'hacia', 'debajo' y 'abajo' caminando hacia un estante y mirando hacia abajo y por debajo de este.
Demuestre 'encima' y 'sobre' pidiendo a los estudiantes que levanten las manos encima de la cabeza y que se coloquen un dedo sobre la nariz.

Halla la figura

Laboratorio de matemáticas

Dé **Buscadores de figuras** a cada mesa. Pida a cada estudiante que elija uno. Muestre cómo mirar a través de un Buscador de figuras como una lupa.

Diga: *Busquen una figura plana que tenga la forma de su buscador de figuras. Cuenten dónde hallaron esta figura plana.*
Pidales que busquen la figura en sus buscadores (Ejemplo: Un estudiante con un rectángulo en su buscador de figuras podría reconocer un rectángulo <u>arriba</u> del estante de libros. Un estudiante con un círculo podría ubicar un círculo <u>sobre</u> la Cinta de números).

> ***NOTA:*** *El hexágono no está incluido ya que es difícil hallarlo en objetos reales.*

Pregunte: *¿Qué hallaron con sus buscadores de figuras? ¿Dónde podemos hallar sus figuras en el salón de clase? Dennos indicaciones.*
Después de que los estudiantes describan donde están ubicadas sus figuras, pida a otros estudiantes que las hallen en el salón de clase basándose en las palabras de posición y dirección usadas por el estudiante.

Manos a la obra — LE, pág. 18

Explique la tarea 1. Van a encerrar en un círculo/dibujar la figura correcta según las indicaciones. Repasen los nombres de los artículos en el estante, como platos, frasco, pan, caja de cereal.

- Encierren en un círculo el triángulo en la caja.
- Encierren en un círculo el rectángulo enfrente de la caja de cereal.
- Encierren en un círculo el círculo encima del frasco de galletas.
- Encierren en un círculo el triángulo cerca de Bela. Es el triángulo más grande.
- Encierren en un círculo el hexágono arriba del cuadrado y del círculo.
- Encierren en un círculo el cuadrado detrás del frasco.
- Dibujen un tipo de rectángulo especial pequeño debajo del estante.

Reforzar conceptos

Repase los nombres de los artículos y las figuras de forma sistemática para asegurar la comprensión.
- Enseñe parejas de opuestos (por ejemplo, lejos/cerca).
- Haga juegos con un juguete/objeto favorito del salón de clase, e indique dónde colocarlo.

Actividad diaria de conclusión

Pida a los estudiantes que se paren en un círculo y representen las palabras de posición y dirección.
- *Den la mano a la persona de al lado.*
- *Toquen la parte de abajo de sus pantalones (o vestido).*
- *Coloquen sus manos por debajo de sus rodillas (si están sentados).*
- *Den dos pasos hacia el centro del círculo.*

 ISBN 978-981-4822-03-9

Objetivo:
- Identificar figuras planas en objetos reales

Materiales:
- conjuntos de objetos sólidos reales con caras planas (Ejemplo: lata de sopa, caja de cereal, cubo numerado, recipiente hexagonal, pelota, cometa), 1 artículo por pareja
- lupas (opcional), 1 por pareja
- hojas de papel, varias hojas por estudiante
- lápices

Recursos:
- LE, pág. 19
- Buscadores de figuras (RM 10.2–10.3), 1 por estudiante

Vocabulario:
- encima
- debajo
- en
- sobre
- por encima
- por debajo
- arriba
- abajo
- junto a
- enfrente
- detrás
- al lado
- cerca
- lejos
- hacia adelante
- hacia atrás
- hacia

Actividad diaria de preparación

Objetivo: Contar de memoria juntos del 1 al 31

Pida a los estudiantes que se paren y cuenten varias veces desde un número dado que no sea 1 (por ejemplo, 8, 13, 19). Cuando lleguen a 31, todos dan un salto. Pida a los estudiantes que cuenten de memoria hacia atrás de 15 al 0, y luego que cuenten de memoria hacia atrás desde un número que no sea el 15 (por ejemplo, 12, 10).

Repaso rápido

Repase las palabras de posición y dirección dando órdenes a los estudiantes. Pida a los estudiantes que se paren en un espacio abierto del salón de clase donde tengan espacio para moverse libremente.

Diga:
- *Caminen hacia mí.*
- *Caminen hacia atrás hacia ______.*
- *Párense al lado de un amigo.*
- *Párense enfrente de su mesa.*
- *Coloquen las manos sobre la cabeza.*

Aprender y hacer

Hallar figuras planas en objetos reales

Laboratorio de matemáticas

Señale la puerta del salón de clase.

Pregunte: *El frente de la puerta tiene una figura plana. ¿Qué figura es?* (rectángulo) Abra la puerta y muestre el marco de la puerta.

Pregunte: *¿Qué figura plana hay en esta parte de la puerta?* (rectángulo) Muestre el otro lado de la puerta y repita.

Diga: *La puerta no es plana, pero partes de la puerta están formadas de figuras planas.*

Dé a cada pareja **1 objeto sólido del mundo real**. Explique a las parejas que examinarán el objeto para ubicar una figura plana en él. Puede darles **lupas** para examinar los objetos de manera divertida y motivadora.

Dé a las parejas un minuto para examinar el objeto. Pida a las parejas que intercambien los objetos con otras parejas varias veces, para que los estudiantes tengan la oportunidad de hallar figuras planas en diferentes objetos reales. Dé a los estudiantes **papel** y **lápices** para trazar el contorno los objetos y explorar qué figuras planas pueden ver.

Pregunte: *¿Qué figuras planas hallaron tu compañero y tú en uno de los objetos que examinaron?*

Dé a los estudiantes varios minutos para nombrar una figura plana de alguno de los objetos que examinaron.

Dé **Buscadores de figuras (RM 10.2–10.3)** a cada mesa y pida a cada estudiante que elija uno. Explique a los estudiantes que van a ir a caminar por la escuela (dentro o fuera) y buscarán más figuras planas en los objetos.

 ISBN 978-981-4822-03-9

Diga: *Busquen una figura plana que sea como la figura de su Buscador de figuras.*
Los estudiantes compartirán dónde hallaron figuras planas en objetos reales durante la actividad de conclusión.

Manos a la obra **LE, pág. 19**

Explique la tarea 1 a los estudiantes. Van a unir con una línea las figuras planas que ven en los objetos con la figura correcta. Señale que algunos objetos pueden tener más de una figura en ellos, pero los estudiantes deberán unir la figura plana principal que ven.

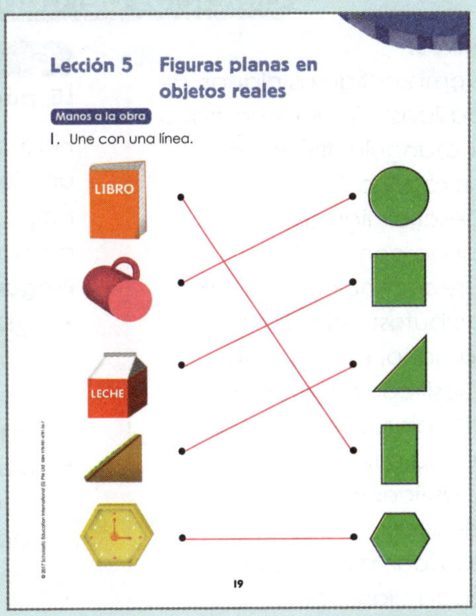

10

Reforzar conceptos

Dé acceso a los estudiantes a todos los **objetos del mundo real** para darles una referencia concreta. Tal vez también quiera mostrar a los estudiantes fotografías de los objetos de la página para ayudarlos a visualizar las figuras planas en los objetos.

Actividad diaria de conclusión

Pregunte: *¿Qué figura plana hallaron con su buscador de figuras? ¿Dónde podemos hallar la figura en la escuela (o fuera de la escuela)?*
Ayude a los estudiantes a usar palabras de posición y dirección para describir la ubicación de las figuras.

 ISBN 978-981-4822-03-9

Objetivos:

- Nombrar figuras planas básicas: círculo, cuadrado, rectángulo, triángulo, hexágono
- Describir figuras de un plano como 'planas'
- Crear conciencia de los atributos: color, forma, tamaño, uso/función
- Clasificar y agrupar hasta 10 objetos según color, forma o tamaño
- Clasificar y volver a clasificar las figuras y explicar la regla para cada clasificación
- Analizar y comparar figuras planas y explicar en qué se parecen o se diferencian usando un lenguaje informal

Recursos:

- LE, pág. 20

Ejercicios del capítulo

LE, pág. 20

Pida a los estudiantes que miren el dibujo en el LE, pág. 20.
Haga preguntas a los estudiantes para animarlos a conversar.

Pregunte:

- *¿De qué es este dibujo?* (una noria o rueda de la fortuna, árboles, una casa, un globo aerostático, Tito, figuras)
- *¿Qué momento del día es?* (de noche) *¿Por qué crees que es de noche?* (El cielo está oscuro./Se ve la Luna).

Pida a los estudiantes que se turnen para señalar y nombrar figuras, y que las describan por su color.

Pregunte:

- *¿Qué figuran ven? ¿De qué colores son?* (círculos verdes, triángulo rojo, rectángulo amarillo, etc.)
- *¿Cuántas figuras hay?* (15)
- *¿Cuántos círculos hay? ?* (6)
- *¿Cuántos cuadrados hay?* (1)
- *¿Cuántos rectángulos hay?* (5)
- *¿Cuántos triángulos hay?* (3)
- *¿Cuántos hexágonos hay?* (1)

Diga: *Clasifiquemos las figuras por tamaño.*
Pregunte: *¿Cuántas figuras son grandes?* (3) *¿Cómo se llaman las figuras grandes?* (círculo, rectángulo) *¿Cuántas figuras son pequeñas?* (5) *¿Cómo se llaman las figuras pequeñas?* (triángulo, cuadrado, rectángulo, círculo, hexágono)

Pregunte: *¿De qué otra forma podemos clasificar las figuras?* (por color)
Diga: *Clasifiquemos las figuras por color.*
Pregunte:

- *¿De qué colores son las figuras?* (verde, rojo, naranja , blanco, azul, amarillo)
- *¿Cuántas figuras verdes hay?* (5)

Repita las preguntas con los otros colores. (naranja = 2, blanco = 2, azul = 2, amarillo = 2, rojo = 2)

Señale los 2 círculos azules en la parte superior de la noria o rueda de la fortuna.
Pregunte: *¿Qué pueden decir de estos 2 círculos?* (Son de la misma forma, color y tamaño).

Señale los 2 triángulos en la noria o rueda de la fortuna.
Pregunte: *¿Qué pueden decir de estas 2 figuras? ¿En qué se parecen?* (Son de la misma forma y tamaño). *¿En qué se diferencian?* (Son de colores diferentes. Están dispuestas de manera diferente).

Pida a los estudiantes que conversen sobre las diferentes parejas o grupos de figuras, y que expliquen en qué se diferencian y en qué se parecen.

Objetivos:

- Explicar la diferencia entre un cuadrado y un rectángulo; reconocer y explicar por qué un cuadrado es un rectángulo especial
- Analizar y comparar figuras planas y explicar en qué se parecen o se diferencian las figuras usando un lenguaje informal

Materiales:

- conjuntos de bloques de atributos (un rectángulo y un cuadrado, mismo tamaño o color), 1 conjunto por pareja

Recursos:

- LE, pág. 21

10

Actividad 1 **LE, pág. 21**

Pida a los estudiantes que vayan al LE, pág. 21. Pida a los estudiantes que primero digan qué notan sobre las figuras. (Ejemplo: Hay un grupo de rectángulos en la caja. Hay 4 figuras más fuera de la caja: un triángulo, un hexágono, un círculo y un cuadrado). Pida a los estudiantes que describan cada figura, incluyendo los rectángulos, para identificar la cantidad de lados, puntas/esquinas y si los lados son rectos o curvos.

Explique que Bela y Rey están conversando sobre si hay otra figura que puede clasificarse con los rectángulos. Pida a los estudiantes que escuchen con atención mientras lee los globos de diálogo. Pídales que primero PIENSEN en quién tiene razón y por qué creen esto. Luego, pida a los estudiantes que CONVERSEN con un compañero sobre su razonamiento.

Diga: *Conversaron con un compañero sobre cuál de los gatos tiene razón. ¿Qué creen ustedes?* (Ejemplo: Creemos que el cuadrado puede ir en el grupo del rectángulo. Se parece un poco a los rectángulos).
Dé a cada pareja un rectángulo y un cuadrado de los **bloques de atributos**.
Diga: *CONVERSEN* con un compañero *de nuevo para pensar en una manera de probar por qué un cuadrado puede ir en el grupo de los rectángulos. Pueden comparar los bloques de rectángulos y cuadrados mientras conversan con su compañero.*

Diga: *Expliquen por qué tú y tu compañero creen que el cuadrado puede ir con los rectángulos.* (Ejemplo: Un cuadrado y un rectángulo son parecidos porque ambos tienen 4 lados y 4 esquinas. Los lados de un cuadrado son todos de la misma longitud. Incluso si el cuadrado se ve diferente de los rectángulos en este grupo, pensamos que el cuadrado pertenece al grupo de los rectángulos. Un cuadrado es como si fuera hermano del rectángulo).
Dé tiempo para que más parejas expliquen sus ideas. (Ejemplo: Un círculo no puede ir con los rectángulos porque no tiene lados rectos. Un hexágono no pertenece al grupo de los rectángulos porque tiene más lados que un rectángulo. Un triángulo no tiene lados suficientes para ir con los rectángulos. Nos queda el cuadrado. Tiene 4 lados y 4 esquinas, y los lados son rectos, como un rectángulo).

 ISBN 978-981-4822-03-9

Objetivos:

- Unir con una línea objetos e imágenes basados en la correspondencia uno a uno de los atributos (objeto-objeto, objeto-imagen)
- Analizar y comparar figuras planas y explicar en qué se parecen o se diferencian las figuras usando un lenguaje informal

Materiales:

- conjuntos de bloques de atributos, 1 conjunto por pareja

Recursos:

- LE, pág. 22

Actividad 2 — LE, pág. 22

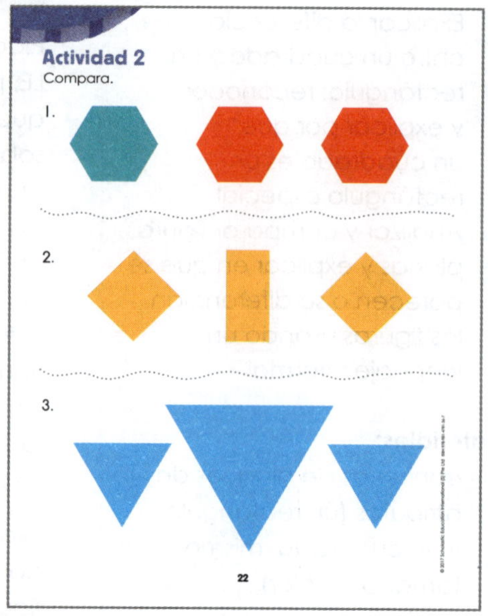

Pida a los estudiantes que vayan a la pág. 22 del LE. Dé los **bloques de atributos** a cada pareja. Explique cómo completar la actividad.

- Los compañeros se turnan para hacer la actividad.
- En la primera hilera, el Compañero A coloca un bloque de atributos (hexágono azul pequeño) sobre el contorno del hexágono azul para mostrar que esta figura es diferente de las otras figuras en la primera caja. El Compañero A explica que esta figura es diferente por el color.
- El Compañero B identifica las dos figuras que son parecidas en la primera hilera y coloca los bloques de atributos apropiados sobre sus contornos. El Compañero B explica qué tienen en común estas figuras. (ambas figuras son hexágonos rojos)
- Los compañeros continúan intercambiando roles a medida que completan las hileras que quedan de las figuras. En la hilera 2, las figuras son diferentes por su forma. (2 cuadrados y 1 rectángulo) En la hilera 3, las figuras son de diferente tamaño. (2 triángulos pequeños y 1 triángulo grande)

Objetivos:

- Nombrar figuras planas básicas: círculo, cuadrado, rectángulo, triángulo, hexágono
- Describir la ubicación de las figuras planas usando palabras de posición y dirección, como encima, debajo, en, sobre, por encima, por debajo, arriba, abajo, junto a, enfrente, detrás, al lado, cerca, lejos, hacia adelante, hacia y hacia atrás
- Identificar figuras planas en objetos reales

Materiales:

- hojas grandes de papel

Recursos:

- LE, pág. 23

Actividad 3 LE, pág. 23

Explique a los estudiantes que van a hallar y contar las figuras. Luego, van a encerrar en un círculo la palabra correcta que dice dónde está ubicado un objeto en la imagen.

Actividad 3

1. Cuenta.
(a) ● 6 (b) ■ 2
(c) ▲ 4 (d) ⬢ 7

2. Encierra en un círculo.
(a) encima / debajo (b) arriba / abajo

23

Actividad de conclusión del capítulo

Pida a los estudiantes que conversen sobre lo que aprendieron en el capítulo.

Pregunte:

- *¿Cuáles son algunas cosas que aprendieron sobre las figuras planas?* (Las respuestas variarán).
- *¿Qué saben del triángulo?* (Ejemplo: Los triángulos tienen 3 lados y 3 esquinas. Los lados del triángulo son rectos). *¿Todos los triángulos se ven iguales? Expliquen sus ideas.* (Ejemplo: Un triángulo puede tener lados que sean todos iguales, pero algunos triángulos tienen 2 lados largos y 1 corto. Puedes dar vuelta a un triángulo de diferentes maneras y aun así es un triángulo. También hay diferentes tamaños de triángulos).
- *¿Qué hace de un cuadrado un rectángulo especial?* (Ejemplo: Un cuadrado tiene 4 lados rectos y 4 esquinas como un rectángulo. Los lados de un cuadrado son todos de la misma longitud; eso lo hace especial).

Diga: *Conversen con un compañero sobre por qué estas figuras se llaman figuras planas.*

Señale un círculo, un cuadrado, un rectángulo, un triángulo y un hexágono dibujados en una **hoja grande de papel**. Dé tiempo para que los estudiantes compartan su razonamiento con la clase. Pida a los estudiantes que identifiquen cada figura y sus atributos, como la cantidad de lados y esquinas, lados rectos o curvos.

- *¿En qué se diferencia un hexágono de un círculo?* (Ejemplo: Un hexágono tiene más lados. Tiene 6 lados y un círculo no tiene lados. Un hexágono tiene lados rectos y un círculo tiene curvas). *¿En qué se parecen los hexágonos y los círculos?* (Ejemplo: ¡Los dos son figuras planas!)
- *¿Para qué les sirve conocer palabras como 'encima' o 'debajo'?* (Ejemplo: 'Encima' y 'debajo' me ayudan a hallar cosas. Puedo usar palabras como estas para decirle a mi hermana dónde puse su libro).

» Resolución de problemas (1 día)

Consulte los Recursos para Resolución de problemas, donde encontrará materiales y notas para la enseñanza.

11 Patrones

Plan de trabajo

Lección	Objetivos
Lección 1: Patrones que nos rodean	
Patrones que nos rodean Buscar patrones	• Identificar patrones visuales en el entorno
Lección 2: Patrones de sonidos y acciones	
Crear patrones de sonidos y acciones	• Describir, copiar y continuar patrones simples de sonidos y acciones (por ejemplo: un patrón AB de chasquido/aplauso que se repite)
Lección 3: Patrones de objetos y figuras	
Patrones de 3 objetos Patrones de 3 figuras	• Describir, copiar y continuar patrones de repetición simples AB y ABC
Más patrones de figuras Más patrones de sonidos y acciones	• Describir, copiar y continuar patrones de repetición más difíciles (por ejemplo: AAB, AABB) • Describir, copiar y continuar patrones más difíciles de sonidos y acciones (por ejemplo: AAB, AABB)
Lección 4: Patrones iguales de diferentes maneras	
Patrones de diferentes maneras Patrones de figuras y cubos interconectables	• Transferir patrones a un formato diferente (por ejemplo: convertir un patrón de sonidos en uno de figuras)
Ejercicios del capítulo y actividades para los Centros de intereses	
Ejercicios del capítulo	• Identificar patrones visuales en el entorno • Describir, copiar y continuar patrones de repetición simples (por ejemplo: AB y ABC) • Describir, copiar y continuar patrones de repetición más difíciles (por ejemplo: AAB) • Transferir patrones a un formato diferente
Actividad 1	
Actividad 2	
Actividad 3	
Resolución de problemas	

Duración total: 7 días (1 día = 1 hora)

Materiales	Recursos	Vocabulario
		1 día
• hojas grandes de papel • notas adhesivas, 1 color • fotografías de patrones en la naturaleza, en el hogar, al aire libre, por ejemplo, un pavo real, una acera, cortinas (opcional)	• LE, págs. 24–26 • Tarjetas con patrones (RM 11.1)	• patrón • repetir • seguir
		1 día
• notas adhesivas, 1 color • hojas grandes de papel	• LE, pág. 27	• patrón • repetir • sonido • seguir
		2 días
• notas adhesivas, 1 color • hojas grandes de papel • 6 marcadores, del mismo color • 6 lápices, sin punta • 6 crayones, del mismo color y del mismo largo • bolsas de bloques de patrones (6 triángulos, 6 cuadrados y 6 hexágonos), 1 bolsa por pareja	• LE, págs. 28–30	• patrón • repetir • seguir • figura • círculo • triángulo • cuadrado • rectángulo • hexágono
• notas adhesivas, 1 color • hojas grandes de papel • cartulina • bolsas de bloques de patrones (triángulos y cuadrados), 1 bolsa por pareja	• LE, pág. 31 • Recortables de figuras (RM 11.2–11.5), 1 conjunto • Mi hoja de patrones (RM 11.6), 1 por estudiante	• patrón • repetir • seguir • figura • círculo • triángulo • cuadrado • rectángulo • hexágono
		1 día
• baldes de cubos interconectables, 1 balde por pareja • bolsas de cubos interconectables (3 colores), 1 bolsa por estudiante	• LE, pág. 32 • Recortables de figuras (RM 11.2–11.5), 1 conjunto	• patrón • repetir • seguir • figura • círculo • triángulo • cuadrado • rectángulo • hexágono
		1 día
	• LE, pág. 33	
• bolsas de 10 bloques de atributos (triángulos y cuadrados, del mismo tamaño), 1 bolsa por pareja	• LE, pág. 34	
• cartulina • bolsas de cubos interconectables (todos los colores), 1 bolsa por pareja	• LE, pág. 35 • Cartas de patrones (RM 11.7–11.8)	
• crayones, 1 conjunto por estudiante	• LE, pág. 36	
		1 día
	• Resolución de problemas: Superlibro 11 y Libro de lectura 11 • Resolución de problemas 11: Guía del profesor	

11 Patrones

Presentación del capítulo

Lección 1: Patrones que nos rodean
Lección 2: Patrones de sonidos y acciones
Lección 3: Patrones de objetos y figuras
Lección 4: Patrones iguales de diferentes maneras

Introducción

En este capítulo, los estudiantes aplican y amplían lo aprendido acerca de la clasificación, los atributos y las figuras en los Capítulos 3 y 10, lo que los ayudará a describir, copiar, continuar y crear nuevos patrones. Estos conceptos y destrezas apoyan el desarrollo del razonamiento matemático y la comunicación de los estudiantes. Es esencial proporcionar experiencias variadas para que los estudiantes exploren diferentes tipos de patrones, lo que les permitirá más adelante hacer predicciones y generalizaciones con mayor facilidad.

Objetivo:
- Identificar patrones visuales en el ambiente

Materiales:
- hojas grandes de papel
- notas adhesivas, 1 color
- fotografías de patrones en la naturaleza, en el hogar, al aire libre, por ejemplo: un pavo real, una acera, cortinas (opcional)

Recursos:
- LE, págs. 24–26
- Tarjetas con patrones (RM 11.1)

Vocabulario:
- patrón
- repetir
- seguir

Lección 1: Patrones que nos rodean DÍA 1

Actividad diaria de preparación

Objetivo: Reunir y comprender datos
Antes de la lección, haga una gráfica de 2 columnas en una **hoja grande de papel.** Escriba *NIÑO* en la parte superior izquierda, *NIÑA* en la parte superior derecha y el título *¿Cuántos niños? ¿Cuántas niñas?* sobre cada una de las palabras. Pida a los estudiantes que escriban sus nombres en **notas adhesivas.** Puede hacer 3 copias más de la misma gráfica para usarlas durante las otras Actividades diarias de preparación de este capítulo.
Pida a los estudiantes que coloquen sus notas adhesivas en las columnas correspondientes. Pídales que conversen con un compañero durante 1 minuto acerca de los datos y que luego compartan sus ideas durante 2 ó 3 minutos. (Ejemplo: Hay más niñas en nuestra clase hoy. Conté 10 niños).
Ayude a los estudiantes para que usen lenguaje comparativo, como 'mayor que', 'menor que' e 'igual a'.
Cada día se creará una nueva gráfica durante la Actividad diaria de preparación, y los estudiantes podrán consultarla para comprender cómo los datos cambian o siguen iguales de un día a otro.

Repaso de conocimientos previos

Repasemos **LE, pág. 24**

Diga a los estudiantes que vayan a la pág. 24 del LE.
Pregunte: *Miren la tarea 1 (a). Estas figuras se parecen en un sentido. ¿En qué se parecen estas figuras? ¿Tienen el mismo color, la misma forma o el mismo tamaño?*
Diga: *Marquen la casilla correcta.*
Pregunte: *¿En qué se diferencian estas figuras?*
Diga: *Tachen con una cruz las casillas correctas.*
Pregunte: *Miren la tarea 1 (b). Estas figuras se parecen en dos sentidos. ¿En qué se parecen estas figuras?*
Diga: *Marquen las casillas correctas.*
Pregunte: *¿En qué se diferencian estas figuras?*
Diga: *Tachen con una cruz la casilla correcta.*

Aprender y hacer

Patrones que nos rodean

Observa

Aprendamos LE, pág. 25

Explique a los estudiantes que aprenderán sobre los patrones. Guíe a los estudiantes para que entiendan que un patrón tiene partes que se repiten una y otra vez. Pida a los estudiantes que miren la pág. 25 del LE.

Diga: *Si miran con atención, verán patrones en animales o en sus casas.*

Señale el Ejemplo (a), una cebra.

Pregunte: *¿Qué animal es este?* (cebra)

Pregunte: *¿Hay algo en la cebra que se repite una y otra vez?* (los colores: negro y blanco, patrón: negro y blanco, rayas)

Trabaje con los ejemplos (b) y (c).

Pregunte: *¿Qué hay en esta foto? ¿Hay un patrón? Describan el patrón. ¿Qué se repite una y otra vez?*

Pregunte: *En los ejemplos (a) y (b), los patrones van de izquierda a derecha. ¿Qué notan en la dirección de (c)?* (Va en todas las direcciones: hacia arriba y hacia abajo, de izquierda a derecha).

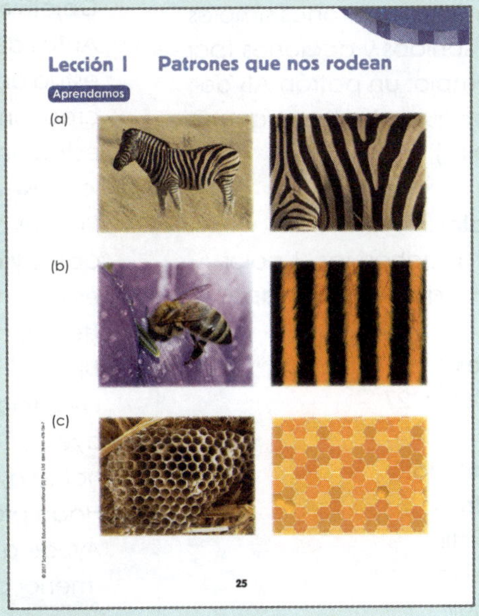

Buscar patrones

Laboratorio de matemáticas Observa

Antes de la lección, busque ejemplos de patrones dentro y fuera del salón de clase, y prepare **Tarjetas con patrones (RM 11.1)**.

Lleve a los estudiantes a dar una vuelta por la escuela para buscar patrones. Pídales que se detengan en los lugares donde están los ejemplos que usted vio antes y dígales que describan lo que se repite en los patrones.

Regresen al salón de clases y muestre algunas Tarjetas con patrones, y pida a los estudiantes que describan qué es lo que se repite en cada patrón. Deje algunas tarjetas sin usar para mostrarlas y comentarlas durante la Actividad diaria de conclusión.

Manos a la obra LE, pág. 26

Explique la tarea 1 a los estudiantes. Deben encerrar en un círculo las imágenes que tengan/sean patrones.

Reforzar conceptos

Explique por qué no hay ningún patrón en el conejo.

Diga: *Todo su pelaje es del mismo color. No se repite nada en el conejo.*

Pregunte: *¿Y en la bolsa azul?*

Conversen acerca de por qué el color de los lápices no forma un patrón.

Pregunte: *A la izquierda hay lápices rosados y rojos. ¿Se repiten?*

Actividad diaria de conclusión

Vea las respuestas de Manos a la obra en la pág. 26 del LE y comente por qué cada imagen es o no es un patrón. Muestre a los estudiantes **fotografías de patrones** que haya traído o las **Tarjetas con patrones** restantes y comente por qué cada una de ellas es un patrón.

Lección 2: Patrones de sonidos y acciones

DÍA 1

Objetivo:

- Describir, copiar y continuar patrones simples de sonidos y acciones (por ejemplo: un patrón AB de chasquido/aplauso que se repite)

Materiales:

- notas adhesivas, 1 color
- hojas grandes de papel

Recursos:

- LE, pág. 27

Vocabulario:

- patrón
- repetir
- sonido
- seguir

Actividad diaria de preparación

Objetivo: Reunir y comparar datos

Antes de la lección, coloque **notas adhesivas** en las mesas para que los estudiantes escriban sus nombres. Use una **hoja grande de papel** para crear una nueva gráfica con el mismo formato que la del Día 1. Pida a los estudiantes que pongan sus notas adhesivas en la gráfica antes de empezar la clase de matemáticas.

Pídales que conversen con un compañero durante 1 minuto acerca de los datos y que luego compartan sus ideas durante 1 ó 2 minutos. Pida a los estudiantes que recuerden la gráfica que hicieron el día anterior (téngala a mano).

Diga: *10 niños estuvieron aquí ayer.*

Pregunte: *¿Cuántos niños hay hoy? ¿Hoy hay una cantidad mayor de niños que ayer? ¿O la cantidad de niños que hay hoy es igual a la cantidad de niños que había ayer en la escuela? Expliquen sus ideas.*

Haga preguntas similares acerca de los datos sobre la asistencia de las niñas. Ayude a los estudiantes a usar lenguaje comparativo como, 'mayor que', 'menor que' e 'igual a'. Muestre la gráfica del Día 2 junto a la gráfica del Día 1.

Repaso rápido

Repase el significado de patrón: 'algo que se repite, que vuelve a pasar'.

Diga: *Conversen con un compañero acerca de lo que recuerdan sobre los patrones.*

Dé tiempo a los estudiantes para que compartan sus ideas con la clase.

Pregunte: *¿En qué parte del paseo vieron patrones?* (Las respuestas variarán). *¿En qué animales podemos ver patrones?* (abeja, cebra, pez, etc.)

Aprender y hacer

Crear patrones de sonidos y acciones

Laboratorio de matemáticas

Explique a los estudiantes que ahora harán un tipo de patrón diferente. Demuestre un patrón AB (patrón con 2 variables que se repiten) usando un sonido con una acción, y repita la unidad 3 veces (por ejemplo: aplauso/chasquido, aplauso/chasquido, aplauso/chasquido).

Diga: *Escuchen el patrón mientras yo hago un chasquido con los dedos y aplaudo.*

Pregunte: *¿Qué viene después del chasquido, para que siga el patrón? ¿Debo aplaudir o hacer un chasquido? ¿Cómo lo saben?*

Pida a los estudiantes que hagan lo mismo que usted y continúen el patrón AB. Deténgase en diferentes momentos para preguntar qué sonido/acción sigue (por ejemplo: aplauso/chasquido, aplauso... o aplauso/chasquido, aplauso/chasquido, ...).

Diga: *El patrón que hicimos es aplauso/chasquido.* Represente el patrón.

Pregunte: *¿Qué fue lo que repetimos una y otra vez?* (un patrón, aplauso/chasquido)

Diga: *Probemos un patrón diferente.*

Pida a la mitad de la clase que forme una fila. Pida al resto de los estudiantes que cierren los ojos mientras usted describe en voz baja o demuestra una acción para que cada estudiante de la fila haga, de modo que demuestren un patrón AB (por ejemplo: ponerse de pie/ponerse de rodillas, ponerse de pie/ponerse de rodillas, ...).

NOTA: *El enfoque de los patrones para los estudiantes es el sonido o la acción, y no las letras AB, las cuales no deben enseñarse.*

Pregunte: *Miren el patrón que hicieron sus compañeros. ¿Qué se repite en este patrón?* (ponerse de pie/ponerse de rodillas) *¿Qué hará el estudiante que sigue?*

Señale el final de la fila y pida a un voluntario (de los estudiantes restantes) que se ponga de pie o se ponga de rodillas para mostrar qué sigue en el patrón. Pida a varios estudiantes más que continúen el patrón. Luego pida a estos estudiantes que se sienten y pida a los otros estudiantes que formen una fila. Describa en voz baja o demuestre acciones para hacer un patrón AB diferente (por ejemplo: levantar las manos/ponerse las manos en la cintura). Haga preguntas similares a las que hizo para el patrón AB de ponerse de pie/ponerse de rodillas.

Explique a los estudiantes que trabajarán con un compañero para practicar más patrones. Pida a un voluntario que demuestre la actividad con usted.

- El Compañero A (maestra/maestro) demuestra un patrón AB (por ejemplo: tocarse la nariz/tocarse la cabeza) varias veces y luego le pide al Compañero B (estudiante) que se sume después de varias unidades.
- El Compañero B copia el patrón AB de tocarse la nariz/tocarse la cabeza.
- El Compañero A le pide al Compañero B que observe y detenga el patrón luego de varias unidades.
- El Compañero A le pregunta al Compañero B, "¿Qué viene ahora?"
- Los compañeros intercambian roles y el Compañero B ahora crea un patrón AB diferente usando sonidos y/o acciones.

Dé el tiempo suficiente para que las parejas completen varias rondas.

Manos a la obra **LE, pág. 27**

Explique la tarea 1 a los estudiantes. Deberán encerrar en un círculo la ilustración correcta que sigue, para continuar el patrón de acciones.

Reforzar conceptos

Converse con los estudiantes acerca de lo que está haciendo cada gato. Pida a 4 voluntarios que se levanten y representen el patrón y que lo repitan si es necesario. Luego, pida a algún estudiante que tenga dificultades para comprender el tema que represente o señale la ilustración correcta.

Actividad diaria de conclusión

Elija parejas para que representen frente a la clase los patrones de acciones que hayan creado antes.

II

 ISBN 978-981-4822-03-9

Lección 3: Patrones de objetos y figuras

DÍA 1 DÍA 2

Objetivo:

- Describir, copiar y continuar patrones de repetición simples AB y ABC

Materiales:

- notas adhesivas, 1 color
- hojas grandes de papel
- 6 marcadores, del mismo color
- 6 lápices, sin punta
- 6 crayones, del mismo color y del mismo largo
- bolsas de bloques de patrones (6 triángulos, 6 cuadrados y 6 hexágonos), 1 bolsa por pareja

Recursos:

- LE, págs. 28–30

Vocabulario:

- patrón
- repetir
- seguir
- figura
- círculo
- triángulo
- cuadrado
- rectángulo
- hexágono

Actividad diaria de preparación

Objetivo: Reunir y comparar datos

Antes de la lección, coloque **notas adhesivas** en las mesas para que los estudiantes escriban sus nombres. Use una **hoja grande de papel** para crear una nueva gráfica con el mismo formato que el de los 2 días anteriores. Pida a los estudiantes que pongan sus notas adhesivas en la nueva gráfica antes de empezar con la clase de matemáticas.

Pídales que conversen con un compañero durante 1 minuto acerca de los nuevos datos y que luego compartan sus ideas durante 1 ó 2 minutos. Señale las gráficas del Día 1 y el Día 2 para ayudarlos a hacer comparaciones.

Diga: ______ (cantidad) *niñas estuvieron aquí ayer.*

Pregunte: *¿Hay una mayor cantidad de niñas aquí hoy? Expliquen por qué piensan eso.*

Diga: ______ (cantidad) *niños estuvieron aquí ayer.*

Pregunte: *¿Cuántos niños hay hoy? ¿Hay menos niños hoy que ayer? ¿Cómo lo saben?*

Ayude a los estudiantes a usar lenguaje comparativo como, 'mayor que', 'menor que' e 'igual a'.

Muestre la gráfica del Día 3 junto a la gráficas del Día 1 y el Día 2.

Repaso rápido

Recuerde a los estudiantes que se pueden hacer patrones con sonidos. Demuestre un patrón de sonidos AB, de ruido de motor/ ruido de bocina de varias unidades.

Pregunte: *¿Qué sonido sigue en el patrón? ¿Cómo lo saben?*

Pida a las parejas que sugieran otros sonidos que puedan formar un patrón AB (repitiendo la unidad 3 veces) y guíe a la clase para que siga el patrón.

Aprender y hacer

Patrones con 3 objetos

Laboratorio de matemáticas

Explique a los estudiantes que aprenderán acerca de distintas clases de patrones. Demuestre un patrón ABC usando un **marcador**, un **lápiz** y un **crayón**. Repita con 2 unidades más.

Pregunte: *¿Qué se repite en este patrón?* (marcador/lápiz/crayón)

Pregunte: *¿Cuál viene primero en el patrón?* (marcador) *Expliquen sus ideas.*

Pregunte: *¿Qué sigue después del marcador? ¿Qué sigue después del crayón? ¿Cómo lo saben?*

Continúe el patrón ABC con toda la clase usando los marcadores, lápices y crayones restantes. Luego, pida a los estudiantes que digan el patrón en voz alta: marcador/lápiz/crayón, marcador/lápiz/crayón, etc.

Pregunte: *¿Cuáles fueron los 3 objetos de este patrón que se repitieron una y otra vez?* (primero, el marcador; segundo, el lápiz; y tercero, el crayón)

Patrones de 3 figuras

Laboratorio de matemáticas

Muestre a los estudiantes los **bloques de patrones**.

Pregunte: *¿Qué figuras ven?* (triángulos, cuadrados, hexágonos)

Pregunte: *¿Cómo podemos hacer un patrón usando los triángulos, los cuadrados y los hexágonos?*

Dé a los estudiantes el tiempo suficiente para que conversen entre ellos.

Escuche a medida que los estudiantes comparten sus ideas y guíelos para que creen una unidad de patrón que contenga cada una de las 3 figuras (por ejemplo: triángulo/cuadrado/hexágono). Pida a los estudiantes que describan juntos el patrón y que lo continúen con varias unidades más. Pida a los estudiantes que digan el patrón en voz alta (por ejemplo: triángulo/cuadrado/hexágono, triángulo/cuadrado/hexágono, ...).

Dé una bolsa de bloques de patrones a cada pareja. Explique que pueden elegir 2 ó 3 bloques diferentes para hacer un patrón. Luego, el compañero describe el patrón en voz alta y lo continúa.

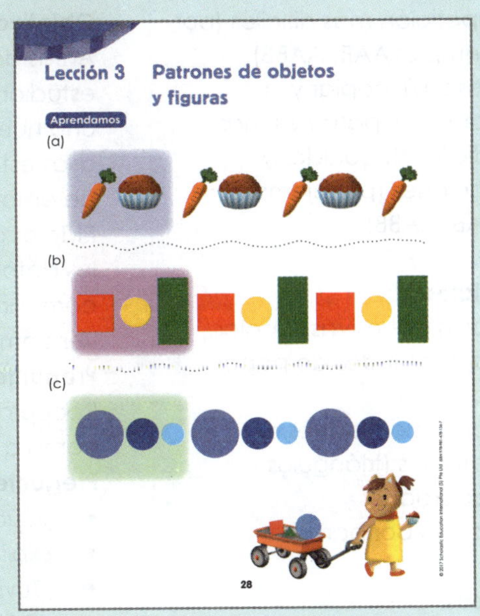

Observe:

- ¿Los estudiantes pueden observar en qué se parecen o se diferencian los bloques para copiar y continuar un patrón?
- ¿Pueden identificar y describir la parte/unidad que se repite?
- ¿Tienen dificultades para crear un nuevo patrón?
- ¿Pueden describir un patrón en voz alta?

Haga preguntas para ayudar a quienes tengan dificultades; por ejemplo, "¿Qué bloques repetirán? ¿Están repitiendo 2 bloques? ¿3 bloques? ¿Qué viene después del hexágono? Expliquen sus ideas".

Observa

Aprendamos

LE, pág. 28

Muestre los patrones de la página. Señale los fondos coloreados que identifican la unidad de cada patrón. Lea en voz alta las unidades de cada patrón, con una pausa corta entre las unidades (por ejemplo: zanahoria/bizcochito [pausa], zanahoria/bizcochito [pausa], zanahoria/bizcochito). Elija a estudiantes para que continúen cada patrón con una figura del carrito de Bela o con lo que ella tiene en la mano.

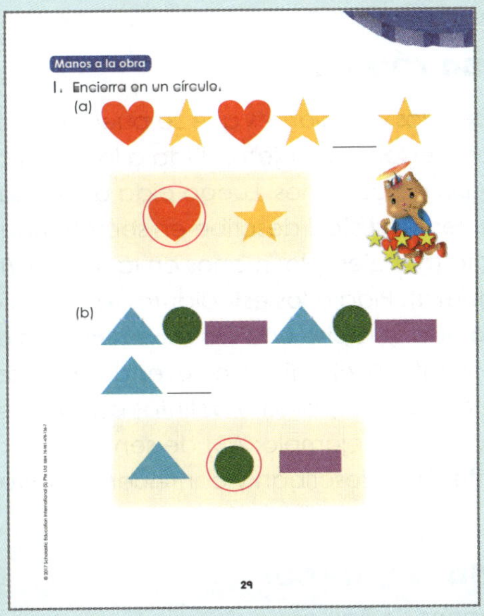

Pregunte: *¿Hay alguna figura en el carrito de Bela que no pertenece a los patrones de (b) y (c)?* (el triángulo verde pequeño)

Manos a la obra

LE, págs. 29–30

En la tarea 1, los estudiantes encierran en un círculo el objeto correcto para continuar cada patrón. Explique la tarea 2 a los estudiantes. En 2 (a), los estudiantes hacen su propio patrón AB con 2 crayones de colores diferentes y en 2 (b) hacen un patrón ABC con 3 crayones de colores diferentes.

Reforzar conceptos

Para la tarea 1, divida cada patrón en sus unidades y encierre la unidad en un círculo para que los estudiantes puedan verla.
Diga: *El patrón es corazón/estrella. Encierren en un círculo la unidad de corazón/estrella que sigue.*
Pregunte: *¿Qué falta en el grupo que sigue?*
Para la tarea 2, dé a los estudiantes 3 múltiplos de los mismos 2 y luego, 3 **crayones** para que primero puedan crear los patrones con los crayones (concretos) antes de colorear las figuras.

Actividad diaria de conclusión

Pida a los estudiantes que compartan los patrones que crearon en la pág. 30 del LE. Guíelos para que usen vocabulario como 'patrón', 'repetir', 'seguir'.
Pídales que describan qué sigue en cada uno de los patrones.

Objetivos:

- Describir, copiar y continuar patrones de repetición más difíciles (por ejemplo: AAB, AABB)
- Describir, copiar y continuar patrones más difíciles de sonidos y acciones (por ejemplo: AAB, AABB)

Materiales:

- notas adhesivas, 1 color
- hojas grandes de papel
- cartulina
- bolsas de bloques de patrones (triángulos y cuadrados)
  1 bolsa por pareja

Recursos:

- LE, pág. 31
- Recortables de figuras (RM 11.2–11.5), 1 conjunto
- Mi hoja de patrones (RM 11.6), 1 por estudiante

Vocabulario:

- patrón
- repetir
- seguir
- figura
- círculo
- triángulo
- cuadrado
- rectángulo
- hexágono

Lección 3: Patrones de objetos y figuras

DÍA 1 DÍA 2

Actividad diaria de preparación

Objetivo: Reunir y comparar datos

Antes de la lección, coloque **notas adhesivas** en las mesas para que los estudiantes escriban sus nombres. Use una **hoja grande de papel** para crear una nueva gráfica con el mismo formato que el de los 3 días anteriores. Pida a los estudiantes que pongan sus notas adhesivas en la nueva gráfica antes de empezar con matemáticas.

Pídales que conversen con un compañero durante 1 minuto acerca de los datos de la gráfica del Día 4. Dé 1 ó 2 minutos para que los estudiantes compartan sus ideas. Recuérdeles que pueden mirar las otras gráficas para ver cómo cambió la información de un día a otro.

Pregunte: *¿Cuántos niños y niñas hay hoy aquí?* (Ejemplo: la misma cantidad)

Recuerde a los estudiantes que pueden usar una estrategia de conteo como ayuda para decidir si la cantidad de niños es igual a la de niñas.

Pregunte:

- *¿Cuántas niñas hay hoy aquí?*
- *Expliquen por qué no es necesario contar a los niños.*
- *¿Tuvimos la misma cantidad de niños y niñas cada día?*
- *¿Cómo cambió cada día la cantidad de niños y de niñas?*

Repaso rápido

Recuerde a los estudiantes que se pueden hacer patrones con sonidos, acciones, personas u objetos. Pida a la mitad de la clase que demuestre un patrón ABC de acciones. Luego pida a los estudiantes restantes que cierren los ojos mientras usted describe en secreto una acción para que haga cada estudiante (por ejemplo: manos en las rodillas/manos en los hombros/manos en la cabeza). Pida a los estudiantes restantes que describan el patrón y qué es lo que se repite una y otra vez. Pídales que digan qué sigue en el patrón y continúe el patrón incluyendo a varios voluntarios más. Si el tiempo lo permite, cambie y pida a distintos estudiantes que demuestren otro patrón de acciones (por ejemplo: AB) de sentarse/ponerse de pie y pídales a otros estudiantes que describan y continúen el patrón.

Aprender y hacer

Más patrones de figuras

Laboratorio de matemáticas

Antes de la lección, prepare un conjunto de **Recortables de figuras (RM 11.2–11.5)** en una **cartulina**.

Explique a los estudiantes que aprenderán cómo hacer patrones más complejos.

Con los Recortables de figuras, demuestre el patrón: cuadrado/cuadrado/triángulo, cuadrado/cuadrado/triángulo

Pregunte: *¿Qué notan en este patrón?*

Pida a los estudiantes que primero piensen y que luego conversen entre ellos. Dé un minuto para que compartan sus ideas. (Ejemplo: Son 2 cuadrados y un triángulo que se repiten; ¡cuadrado/cuadrado/triángulo!)

Pregunte: *¿Qué viene después del último triángulo?* (cuadrado) *Expliquen cómo saben que después viene un cuadrado.*

Lea el patrón junto con los estudiantes. Señale cada figura a medida que la leen y añada el cuadrado después del triángulo (cuadrado/cuadrado/triángulo, cuadrado/cuadrado/triángulo, cuadrado).

 ISBN 978-981-4822-03-9

Pregunte: *¿Cuáles creen que serán las 2 figuras que siguen?* (Ejemplo: otro cuadrado y otro triángulo) *¿Cómo lo saben?* (Ejemplo: Los estudiantes señalan los primeros 2 cuadrados y el triángulo en el patrón para mostrar que se siguen repitiendo en el patrón).

Demuestre otro patrón AAB (por ejemplo: triángulo/triángulo/círculo). Haga preguntas similares para animar a los estudiantes a describir y continuar el patrón.

Comience a demostrar un patrón AABB usando círculos y triángulos: círculo/círculo/triángulo/triángulo (repita 2 unidades de círculo/círculo/triángulo/triángulo). Pida a los estudiantes que describan qué es lo que se repite en el patrón y que predigan qué figuras vienen después. Cuando la unidad del patrón se haya repetido 4 veces, pida a los estudiantes que lean el patrón (círculo/círculo/triángulo/triángulo, círculo/círculo/triángulo/triángulo, ...).

Más patrones de sonidos y acciones

Laboratorio de matemáticas

Elija a 6 estudiantes y deles un patrón AAB para que lo representen. Luego, pida a voluntarios que se sumen y continúen el patrón, y que expliquen a la clase la razón por la cual hacen esas acciones. Repita con otro ejemplo y diferentes estudiantes. Para terminar, divida a la clase en 2 grupos para que creen su propio patrón AAB. Pida a cada grupo que represente su patrón. Invite a los estudiantes restantes a que continúen el patrón y compartan la razón por la cual hacen esas acciones.

Manos a la obra

LE, pág. 31

En la tarea 1, los estudiantes continuarán los patrones coloreando los ositos con los colores correctos.

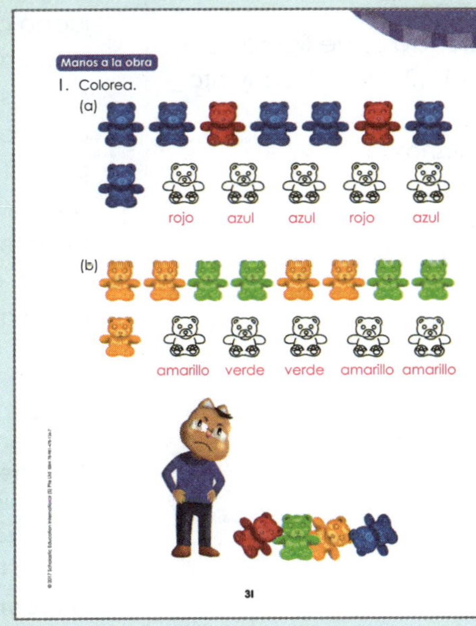

Dé a cada estudiante una copia de **Mi hoja de patrones (RM 11.6)**. Los estudiantes trazan **bloques de patrones** de triángulos y cuadrados para crear sus propios patrones AAB o AABB. Explique a los estudiantes que tienen que hacer un patrón con 3 ó 4 figuras en una unidad que se repite. Recuérdeles que deben trabajar en cada línea de izquierda a derecha.

Reforzar conceptos

Para los estudiantes que tengan dificultades para completar el patrón de los ositos, explicar cada unidad que se repite y dibujar círculos alrededor las unidades los ayudará a 'ver' el patrón y continuarlo. **Pregunte:** *¿Qué es diferente/lo que cambia en el patrón?* (el color)
Usted también puede usar **fichas de ositos** para demostrar y repasar los patrones AB para asegurarse de que los estudiantes comprenden esto antes de comenzar con patrones más complejos.

Actividad diaria de conclusión

Pida a los estudiantes que compartan el trabajo de **Mi hoja de patrones** y comprueben el trabajo de los compañeros.

Lección 4: Patrones iguales de diferentes maneras

DÍA 1

Objetivo:

- Transferir patrones a un formato diferente (por ejemplo: convertir un patrón de sonidos en uno de figuras)

Materiales:

- baldes de cubos interconectables, 1 balde por pareja
- bolsas de cubos interconectables (3 colores), 1 bolsa por estudiante

Recursos:

- LE, pág. 32
- Recortables de figuras (RM 11.2–11.5), 1 conjunto

Vocabulario:

- patrón
- repetir
- seguir
- figura
- círculo
- triángulo
- cuadrado
- rectángulo
- hexágono

Actividad diaria de preparación

Objetivo: Repasar los patrones AB y las palabras de posición y de dirección

Pida a los estudiantes que recuerden dónde ven patrones a su alrededor y que describan el patrón, por ejemplo, una cebra: líneas/rayas negras y blancas.

Pida a los estudiantes de toda la clase que representen juntos un patrón AB de acciones.

Diga: *Pónganse las manos sobre la cabeza, luego pongan las manos en la mesa*. Esto los ayudará a repasar vocabulario de posición como 'sobre' y 'en'. Cree otros patrones con palabras de posición y de dirección según el tiempo disponible y pida a los estudiantes que describan las acciones.

Repaso rápido

Demuestre un patrón AB golpeando el suelo con los pies suavemente y luego con fuerza. Repita esta unidad del patrón varias veces. Pida a los estudiantes que describan el patrón y que luego lo copien y lo continúen: golpe suave/golpe fuerte, golpe suave/golpe fuerte etc.

Demuestre un patrón ABC: golpe suave/golpe fuerte/aplauso, golpe suave/golpe fuerte/aplauso, etc. Pida a los estudiantes que describan el patrón y que luego lo copien y lo continúen.

Demuestre un patrón AABB: golpe suave/golpe suave/golpe fuerte/golpe fuerte, golpe suave/golpe suave/golpe fuerte/golpe fuerte, etc. Pida a los estudiantes que lo describan y luego que lo copien y lo continúen.

Aprender y hacer

Patrones de diferentes maneras

Laboratorio de matemáticas

Pida a los estudiantes que se sienten en un círculo con los **cubos interconectables** en el medio.

Diga: *Escuchen este patrón.*

Demuestre un patrón AB de sonidos: aplauso/chasquido, aplauso/chasquido, aplauso/chasquido.

Pregunte: *¿Pueden hacer este mismo patrón usando los cubos interconectables?*

Diga: *Conversen con su compañero acerca de cómo podrían hacer esto.*

Dé a los estudiantes cerca de un minuto para que conversen.

Pregunte: *¿Qué se repitió en el patrón una y otra vez?* (aplauso/chasquido) *¿Cuántas acciones/sonidos diferentes hay?* (2)

Elija un cubo interconectable azul.

Diga: *Si un cubo azul es un aplauso, ¿de qué color sería el cubo de un chasquido?* (cualquier otro color menos el azul)

Diga: *Piensen en colores diferentes de cubos interconectables para hacer un patrón de aplauso/chasquido.*

> ***NOTA:*** *Transferir el mismo tipo de patrón a otra forma requiere que los estudiantes piensen de manera analítica.*

Dé tiempo a las parejas para que transfieran el patrón AB de aplauso/chasquido a un patrón AB de 2 colores con cubos.

Diga: *Veo que ______ y ______ hicieron un patrón rojo/verde con los cubos interconectables. Veamos su patrón.*

Señale los cubos, uno por uno, y pida a los estudiantes que copien el patrón aplauso/chasquido nuevamente.

Pregunte: *¿En qué se parecen los patrones de cubo rojo/cubo verde y el de aplauso/chasquido?* (Ejemplo: En el patrón de aplauso/chasquido, 2 sonidos diferentes se repiten una y otra vez, mientras que en el patrón rojo/verde, son 2 colores los que se repiten una y otra vez).
Diga: *Veamos el patrón de ______ y______.*
Pida a los estudiantes que aplaudan/hagan un chasquido para representar el patrón AB otra vez. Esta vez, cuando señale los cubos de uno en uno, pida a los estudiantes que digan el color de los cubos.
Repita varias veces para demostrar preguntas similares con los patrones de cubos interconectables de otros estudiantes y lea los patrones de cubos interconectables de los estudiantes con la clase.

Patrones de figuras y de cubos interconectables

Laboratorio de matemáticas

Demuestre un patrón ABC usando el conjunto de **Recortables de figuras (RM 11.2–11.5)** (por ejemplo: cuadrado/círculo/rectángulo). Repita la unidad del patrón 3 veces. Pida a los estudiantes que describan la unidad que se repite en el patrón usando **cubos interconectables.**
Diga: *Trabajen con un compañero y usen los cubos interconectables para hacer el mismo patrón.*
Pregunte: *¿Cuántas figuras diferentes hay?* (3) *¿Entonces cuántos cubos de diferentes colores necesitan?* (3)
Dé tiempo a los estudiantes para que compartan sus patrones de cubos interconectables y anime a los estudiantes para que decidan en qué se parecen al patrón de figuras (cuadrado/círculo/rectángulo).
Si el tiempo lo permite, demuestre un patrón AAB de círculo/círculo/rectángulo y pida a los estudiantes que usen los cubos interconectables para hacerlo.

Manos a la obra **LE, pág. 32**

Dé a cada pareja una bolsa de **cubos interconectables**. En la pág. 32 del LE, los estudiantes primero transferirán los patrones a los cubos interconectables. Luego transferirán los patrones de colores a los cuadrados coloreando los cuadrados del mismo color que sus cubos.
La tarea 1 (a) es un patrón AB que requiere 2 colores diferentes que se repiten. La tarea 1 (b) es un patrón AAB que requiere que el primer color se repita una vez, seguido por un segundo color (por ejemplo: amarillo/amarillo/azul, amarillo/amarillo/azul, amarillo/amarillo/azul).

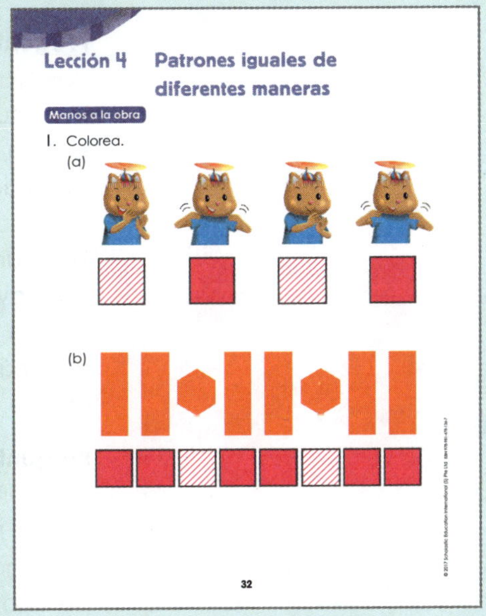
Lección 4 Patrones iguales de diferentes maneras
Manos a la obra
1. Colorea.
(a)
(b)
32

Reforzar conceptos

Para la tarea 1 (a), haga preguntas para ayudar a los estudiantes que tengan dificultades.
Pregunte: *¿Qué está haciendo Helicóptero?* (Aplaude y se pone las manos sobre los hombros) *¿Cuántas acciones hay allí?* (2) *¿Cuántos tipos diferentes de **cubos interconectables** necesitamos?* (2)
Diga: *Sí; 1 color por cada acción. Azul es para aplaudir y rojo es para poner las manos en los hombros.*
Pídales que coloreen los 2 primeros cuadrados y que completen el patrón.
De la misma manera, haga preguntas a los estudiantes para la tarea 1 (b).
Pregunte: *¿Cuántas figuras diferentes hay?* (2) *¿Cuántos colores de cubos necesitamos?* (2) *¿Hay una figura que se repite?* (sí)

Actividad diaria de conclusión

Demuestre un patrón AAB con **cubos interconectables**. Pida a voluntarios que transfieran el patrón a los **Recortables de figuras**.

Objetivos:

- Identificar patrones visuales en el entorno
- Describir, copiar y continuar patrones de repetición simples (por ejemplo: AB y ABC)
- Describir, copiar y continuar patrones de repetición más difíciles (por ejemplo: AAB)

Recursos:

- LE, pág. 33

Ejercicios del capítulo

LE, pág. 33

Pida a los estudiantes que miren el dibujo de LE, pág. 33 del LE.
Haga las siguientes preguntas para animar a los estudiantes a conversar.

Pregunte:

- *¿De qué es este dibujo?* (Ejemplo: de una cocina/cocinar/hornear/ comer, pasteles/comida)
- *¿Qué momento del día es?* (de día) *¿Por qué creen que es de día?* (El cielo afuera está claro./ Cocinamos y comemos cuando es de día./Vemos el sol).

Dé a los estudiantes algunos minutos para que miren la ilustración y observen todos los patrones que ven.

Pregunte: *¿Qué tipo de patrón ven en las cortinas?* (círculo/cuadrado o cuadrado/círculo) *¿El patrón es el mismo en los dos lados?*
Los estudiantes tal vez digan que los patrones son diferentes porque el patrón de la cortina izquierda comienza con un círculo, mientras que el de la derecha comienza con un cuadrado. Explique a los estudiantes que, aunque el patrón de la derecha comienza con un cuadrado y luego tiene un círculo, el patrón es el mismo que el patrón del lado izquierdo. Para ayudar a que los estudiantes reconozcan esto, pídales que lean el patrón todos juntos. Comience por la parte superior de la cortina derecha y continúe leyendo desde la parte inferior de la cortina izquierda: cuadrado/ círculo, cuadrado/círculo, etc. Explique que se repiten las 2 mismas figuras.

Pregunte: *¿Qué otros patrones hay?* (Ejemplo: los libros: libro grande/libro pequeño/libro pequeño; las flores: flor naranja/flor amarilla/flor roja; la abeja: raya amarilla/raya negra; la hamburguesa de abajo arriba: tomate/ lechuga/carne; el muñeco de la cebra: raya negra/raya blanca; la bufanda: raya naranja/raya gris)

Diga: *Miremos los pastelitos.*
Pregunte: *¿Cómo puede Bela continuar el patrón? ¿Qué pastelito debería poner ahora en la bandeja?* (de chocolate)
Diga: *Sí; el patrón es chocolate/vainilla/chocolate/vainilla. Entonces, lo que sigue es chocolate.*

Diga: *Miremos el pastel.*
Pregunte: *¿Cómo puede Rey continuar el patrón en el pastel?*
Pida a los estudiantes que conversen con un compañero acerca de cómo se puede continuar el patrón. (Ejemplo: Patrón AB: fresa/cereza, fresa/ cereza; patrón AAB: fresa/fresa/cereza, fresa/fresa/cereza; Hay otros patrones adicionales posibles).

Pregunte: *Miren la colmena: ¿qué ven?* (hexágonos)
Diga: *Sí; la colmena está hecha de muchos hexágonos juntos.*

Objetivos:

- Describir, copiar y continuar patrones de repetición simples
- Transferir patrones a un formato diferente

Materiales:

- bolsas de 10 bloques de atributos (triángulos y cuadrados del mismo tamaño), 1 bolsa por pareja

Recursos:

- LE, pág. 34

Actividad 1

LE, pág. 34

Pida a los estudiantes que sigan el texto mientras lee las preguntas y los globos de pensamiento.
Pida a los estudiantes que primero PIENSEN en cuál de los gatos tiene razón y por qué piensan eso. Luego, pídales que CONVERSEN con un compañero para comentar lo que piensan.
Diga: *Conversaron con un compañero sobre cuál de los gatos tiene razón. CONVERSEN con su compañero otra vez para pensar una forma de demostrar cómo saben quién tiene razón.*
Dé una bolsa de **bloques de atributos** a cada pareja. Explíqueles que pueden usar los bloques como ayuda para demostrar su razonamiento.

Observe:

- ¿Los estudiantes copian el comienzo del patrón AB y lo continúan para nombrar la figura del 7° espacio en blanco?
- ¿Los estudiantes 'leen' (diciendo cuadrado, triángulo, cuadrado, triángulo, etc.) el patrón juntos y lo continúan hasta llegar al 7° espacio en blanco para nombrar la figura correcta?
- Si un estudiante insiste en que en el 7° espacio en blanco va un triángulo, ¿qué explicación da acerca de por qué piensa eso? (por ejemplo: Se ignora el 6° espacio en blanco porque los estudiantes se concentran en lo que viene inmediatamente después de un cuadrado).

Pregunte: *¿Quién tiene razón? Expliquen sus ideas.* (Ejemplo: Leímos el patrón juntos. Era cuadrado/triángulo, cuadrado/triángulo, cuadrado/triángulo, y en el 7° espacio en blanco, ¡va un cuadrado! Hicimos el patrón con bloques y seguimos hasta que pusimos un cuadrado en el 7° espacio en blanco).
Pregunte: *¿Qué se repite en este patrón?* (cuadrado/triángulo) *¿Cómo podemos hacer este patrón usando 2 sonidos que se repiten?*
Diga: *Conversen con un compañero acerca de sus ideas.* (Ejemplo: Nos gustan los gatos y los perros, así que nuestro patrón es maullido/ladrido, maullido/ladrido./¡Diremos 'sí/no' una y otra vez!)
Después de que las parejas describan los patrones de sonidos, pídales que representen los patrones para el resto de los estudiantes del grupo.
Pregunte: *¿Cómo podemos hacer este patrón que se repite con 2 acciones?*
Diga: *Conversen con un compañero sobre acciones que pueden usar para hacer un patrón que se repite.* (Ejemplo: saltar/ponerse de pie)
Pida a las parejas que representen su patrón para el resto del grupo.

 ISBN 978-981-4822-03-9

Objetivos:

- Describir, copiar y continuar patrones de repetición simples
- Describir, copiar y continuar patrones de repetición más difíciles
- Identificar patrones visuales en el entorno

Materiales:

- cartulina
- bolsas de cubos interconectables (de todos los colores), 1 bolsa por pareja

Recursos:

- LE, pág. 35
- Cartas de patrones (RM 11.7–11.8)

Actividad 2 **LE, pág. 35**

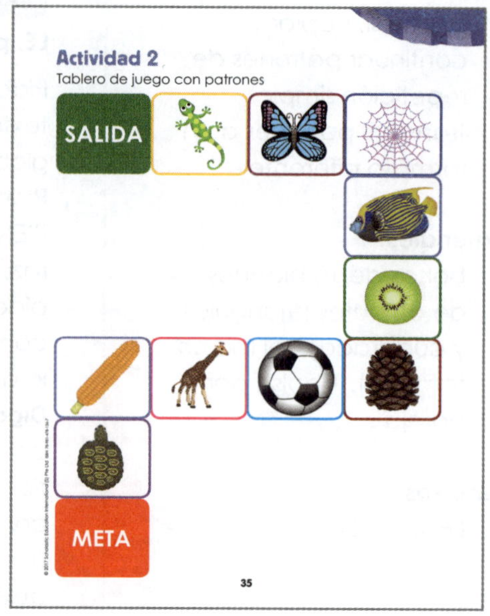

Antes de la lección, haga una copia de las **Cartas de patrones (RM 11.7–11.8)** en **cartulina**, recórtelas y coloree los patrones en las cartas de arriba a abajo de la siguiente manera.

Cartas de patrones (RM 11.7)

- rojo, azul, rojo, azul
- amarillo, azul, azul, amarillo, azul, azul
- verde, azul, amarillo, verde, azul, amarillo
- rojo, rojo, amarillo, rojo, rojo, amarillo
- verde, amarillo, amarillo, azul, verde, amarillo, amarillo

Cartas de patrones (RM 11.8)

- amarillo, azul, verde, amarillo, azul, verde
- verde, azul, verde, azul, verde
- azul, rojo, rojo, azul, rojo, rojo
- verde, amarillo, verde, amarillo, ______, amarillo
- amarillo, azul, amarillo, azul

Dé a cada pareja un conjunto de Cartas de patrones y una bolsa de **cubos interconectables**. Explique las reglas del juego.

- Cada compañero elige un cubo de color diferente para que sea su ficha.
- Las parejas mezclan las Cartas de patrones y las colocan boca abajo en una pila.
- El Estudiante A toma la primera carta y le describe el patrón a su compañero. El Estudiante A continúa el patrón usando los cubos correctos y los coloca en los espacios en blanco de la carta.
- El Estudiante B comprueba el trabajo de su compañero.
- El Estudiante A mueve su ficha la cantidad de casillas indicada por el número que está en un círculo en la Carta de patrones.
- Los compañeros intercambian roles y repiten el proceso hasta que un compañero llega a la casilla META. Diga a los estudiantes que si usan todas las cartas, antes de que un compañero llegue a la casilla META, las mezclen de nuevo.
- En cada casilla están representados animales y objetos que se hallan en el entorno. Explique a las parejas que hablarán acerca del tipo de patrón que se encuentra en el animal o el objeto que está ilustrado en la casilla en la que caen.

Objetivo:

- Describir, copiar y continuar patrones de repetición simples

Materiales:

- crayones, 1 conjunto por estudiante

Recursos:

- LE, pág. 36

Actividad 3 **LE, pág. 36**

Explique que en las tareas 1 (a) y (b), los estudiantes harán patrones usando los colores dados. En la tarea 2, los estudiantes crean y colorean su propio patrón en una bufanda usando los colores que quieran.

Cuando los estudiantes hayan completado la página, pídales que describan sus patrones a un compañero y que los lean juntos. Por ejemplo, en la tarea 1 (a), un estudiante puede leer el patrón AB de rojo/amarillo, rojo/amarillo, rojo/amarillo, rojo/amarillo. Otro estudiante puede haber hecho un patrón ABB: rojo/amarillo/amarillo, rojo/amarillo/amarillo, rojo/amarillo.

Actividad de conclusión del capítulo

Pida a los estudiantes que conversen sobre lo que aprendieron en el capítulo.

Pregunte:

- *¿Qué han aprendido acerca de los patrones?* Dé tiempo para que los estudiantes hablen primero con un compañero. Luego, deles tiempo para que compartan sus ideas. (Ejemplo: Las mismas cosas se repiten en un patrón. Se puede hacer un patrón con sonidos. ¡También se pueden hacer acciones para formar un patrón! También se pueden usar bloques. Algunos patrones son sencillos y otros son más complejos).
- *¿Ven en el salón de clases algo que tenga un patrón?* (Ejemplo: losas o baldosas en el suelo o azulejos en la pared, un patrón en un cartel, un patrón en los bordes de un tablero de anuncios)
- *¿En qué animales podemos ver patrones? Piensen en los animales y los objetos de las casillas del Tablero de juego con patrones para que les sea más fácil nombrar algunos animales.* (Ejemplo: hexágonos en el caparazón de una tortuga, manchas en una lagartija)

» Resolución de problemas (1 día)

Consulte los Recursos para Resolución de problemas, donde encontrará materiales y notas para la enseñanza.

 ISBN 978-981-4822-03-9

12 Separar y formar de 6 a 9

Plan de trabajo

Lección	Objetivos
Lección 1: Separar y formar 6	
Separar 6	• Separar 6 objetos en dos partes de más de una manera
Separar y formar 6	• Separar 6 objetos en dos partes de más de una manera • Formar 6 con dos partes • Usar un número (del 0 al 6) para mostrar la cantidad de objetos que hay en cada parte al descomponer 6
Completar los números relacionados que faltan para formar 6	• Separar 6 objetos en dos partes de más de una manera • Escribir un grupo de números relacionados para formar 6 • Nombrar la parte que falta para formar 6
Lección 2: Separar y formar 7	
Separar 7	• Separar 7 objetos en dos partes de más de una manera
Separar y formar 7	• Separar 7 objetos en dos partes de más de una manera • Formar 7 con dos partes • Usar un número (del 0 al 7) para mostrar la cantidad de objetos que hay en cada parte al descomponer 7
Completar los números relacionados que faltan para formar 7	• Separar 7 objetos en dos partes de más de una manera • Escribir un grupo de números relacionados para formar 7 • Nombrar la parte que falta para formar 7
Lección 3: Separar y formar 8	
Separar 8	• Separar 8 objetos en dos partes de más de una manera
Separar y formar 8	• Separar 8 objetos en dos partes de más de una manera • Formar 8 con dos partes • Usar un número (del 0 al 8) para mostrar la cantidad de objetos que hay en cada parte al descomponer 8

Duración total: 14 días (1 día = 1 hora)

Materiales	Recursos	Vocabulario
		3 días
• lápices, 5 por estudiante • bolsas con fichas de 2 colores, 1 bolsa por mesa • vasos, 1 por pareja • crayones (rojo y amarillo), 1 conjunto por pareja	• LE, págs. 37–39 • Hileras de 6 y 7 cuadrados (RM 12.1), 8 tiras por pareja	• separar • parte • todo
• hojas grandes de papel • cubos interconectables (6 rojos y 6 azules), 12 por pareja	• LE, págs. 40–41 • Tablero de parte-parte-todo (RM 12.2), 1 por pareja • Hoja de registro de parte-parte-todo (RM 12.3), 1 por pareja	• separar • formar • parte • todo
• bolsas de cubos interconectables (de 2 colores diferentes), 1 bolsa por mesa • hojas grandes de papel • barras de 6 cubos interconectables (del mismo color), 1 barra por estudiante • 2 vasos	• LE, págs. 42–43 • Hoja de registro para separar (RM 12.4), 1 por estudiante	• separar • formar • parte • todo
		3 días
• hojas grandes de papel • 6 cubos interconectables, 1 barra • bolsas con fichas de 2 colores, 1 bolsa por mesa • vasos, 1 por pareja • conjuntos de crayones (rojo y amarillo), 1 conjunto por pareja	• LE, págs. 44–45 • Hileras de 6 y 7 cuadrados (RM 12.1), 8 tiras por pareja	• separar • parte • todo
• barras de 7 cubos interconectables (del mismo color), 1 barra por pareja • cubos interconectables (7 rojos y 7 azules), 14 por estudiante	• LE, págs. 46–47 • Tablero de parte-parte-todo (RM 12.2), 1 por estudiante • Hoja de registro de parte-parte-todo (RM 12.3), 1 por pareja	• separar • parte • todo
• bolsas de cubos interconectables (de 2 colores diferentes), 1 bolsa por mesa • hojas grandes de papel • 2 vasos • barras de 7 cubos interconectables (del mismo color), 1 barra por estudiante	• LE, págs. 48–49 • Tarjetas de 6 puntos (RM 12.8) • Hoja de registro para separar (RM 12.4), 2 por estudiante	• separar • formar • parte • todo
		3 días
• bolsas con fichas de 2 colores, 1 bolsa por mesa • vasos, 1 por pareja • hojas grandes de papel • conjuntos de crayones (rojo y amarillo), 1 conjunto por pareja	• LE, págs. 50–51 • Tarjetas de 3 puntos (RM 12.5) • Tarjetas de 4 puntos (RM 12.6) • Tarjetas de 5 puntos (RM 12.7) • Tarjetas de 6 puntos (RM 12.8) • Hileras de 8 y 9 cuadrados (RM 12.9), 10 tiras por pareja	• separar • parte • todo
• barras de 8 cubos interconectables, 1 barra por pareja • cubos interconectables, 8 por pareja	• LE, págs. 52–53 • Tablero de parte-parte-todo de 8 puntos (RM 12.10), 1 por pareja • Tarjetas de puntos de parte-parte-todo del 0 al 10 (RM 12.11), 1 conjunto por pareja • Hoja de registro de parte-parte-todo (RM 12.3), 1 por estudiante • Tablero de parte-parte-todo (RM 12.2), 1 por estudiante	• separar • formar • parte • todo

12

Lección	Objetivos
Completar los números relacionados que faltan para formar 8	• Separar 8 objetos en dos partes de más de una manera • Escribir un grupo de números relacionados para formar 8 • Nombrar la parte que falta para formar 8
Lección 4: Separar y formar 9	
Separar 9	• Separar 9 objetos en dos partes de más de una manera
Separar y formar 9	• Separar 9 objetos en dos partes de más de una manera • Formar 9 con dos partes • Usar un número (del 0 al 9) para mostrar la cantidad de objetos que hay en cada parte al descomponer 9
Completar los números relacionados que faltan para formar 9	• Separar 9 objetos en dos partes de más de una manera • Escribir un grupo de números relacionados para formar 9 • Nombrar la parte que falta para formar 9
Ejercicios del capítulo y actividades para los Centros de intereses	
Ejercicios del capítulo	• Separar conjuntos de 6 a 9 objetos en dos partes de más de una manera • Representar los resultados de descomponer y juntar de 6 a 9 objetos con dibujos y grupos de números relacionados • Nombrar la parte que falta para formar 9 • Representar los resultados de descomponer de 6 a 9 objetos con grupos de números relacionados
Actividad 1	
Actividad 2	
Actividad 3	
Resolución de problemas	

Materiales	Recursos	Vocabulario
• barras de 8 cubos interconectables (del mismo color), 1 barra por estudiante • hojas grandes de papel • cubos interconectables, 8 por estudiante	• LE, págs. 54–55 • Tablero de parte-parte-todo (RM 12.2), 1 por estudiante • Tarjetas de dominó (12.12), 1 conjunto por pareja • Hoja de registro de números relacionados (RM 12.13), 2 por pareja	• separar • formar • parte • todo
		3 días
• bolsas con fichas de 2 colores, 1 bolsa por mesa • vasos, 1 por pareja • hojas grandes de papel, 2 hojas • conjuntos de crayones (rojo y amarillo), 1 conjunto por pareja	• LE, págs. 56–57 • Tarjetas de 3 puntos (RM 12.5) • Tarjetas de 4 puntos (RM 12.6) • Tarjetas de 5 puntos (RM 12.7) • Tarjetas de 6 puntos (RM 12.8) • Hileras de 8 y 9 cuadrados (RM 12.9), 2 tiras por pareja	• separar • parte • todo
• barras de 9 cubos interconectables, 1 barra por pareja • cubos interconectables, 9 por pareja	• LE, págs. 58–59 • Tablero de parte-parte-todo de 9 puntos (RM 12.14), 1 por pareja • Tarjetas de puntos de parte-parte-todo del 0 al 10 (RM 12.11), 1 conjunto por pareja • Hoja de registro de parte-parte-todo (RM 12.3), 1 por estudiante • Tablero de parte-parte-todo (RM 12.2), 1 por estudiante	• separar • formar • parte • todo
• barras de 9 cubos interconectables (del mismo color), 1 barra por estudiante • hojas grandes de papel • cubos interconectables, 9 por estudiante	• LE, págs. 60–62 • Tablero de parte-parte-todo (RM 12.2), 1 por estudiante • Tarjetas de dominó (RM 12.12), 1 conjunto por pareja • Hoja de registro de números relacionados (RM 12.13), 2 por pareja	• separar • formar • parte • todo
		1 día
	• LE, pág. 63	
• bolsas de 10 cubos interconectables (del mismo color), 1 bolsa por pareja	• LE, pág. 64	
• cubos interconectables, 8 por pareja • vasos, 1 por pareja • papel A4, media hoja por pareja	• LE, pág. 65	
	• LE, pág. 66	
		1 día
	• Resolución de problemas: Superlibro 12 y Libro de lectura 12 • Resolución de problemas: Guía del profesor	

12

12 Separar y formar de 6 a 9

Presentación del capítulo

Lección 1: Separar y formar 6
Lección 2: Separar y formar 7
Lección 3: Separar y formar 8
Lección 4: Separar y formar 9

Introducción

En este capítulo, los estudiantes continúan desarrollando su comprensión de las relaciones entre la parte y el todo mientras aprenden a visualizar que los números están formados de dos partes. Este es un logro conceptual crítico para los niños en sus primeras etapas de aprendizaje. Estas experiencias ayudan a los estudiantes a identificar la parte faltante de un todo y a sentar las bases para trabajar más adelante con el valor posicional, la suma y la resta, y otros conceptos numéricos.

Lección 1: Separar y formar 6

DÍA 1 DÍA 2 DÍA 3

Objetivo:

- Separar 6 objetos en dos partes de más de una manera

Materiales:

- lápices, 5 por estudiante
- bolsas de fichas de 2 colores, 1 bolsa por mesa
- vasos, 1 por pareja
- conjuntos de crayones (rojo y amarillo), 1 conjunto por pareja

Recursos:

- LE, págs. 37–39
- Hileras de 6 y 7 cuadrados (RM 12.1), 8 tiras por pareja

Vocabulario:

- separar
- parte
- todo

Actividad diaria de preparación

Objetivo: Contar de 10 en 10 hasta 50

Presente el conteo oral de 10 en 10 hasta 50. Los estudiantes están familiarizados con el vocabulario de las decenas de 10, 20 y 30 de cuando contaron de memoria del 1 al 31. Haga una conexión informal entre contar de 1 en 1 (1, 2, 3, 4, 5, ...) y contar de 10 en 10 (10, 20, 30, 40, 50, ...). Pida a los estudiantes que se paren en círculo. Cuente con ellos hasta que se familiaricen con el vocabulario de las decenas hasta 50. Comiencen con 10 y vayan contando alrededor del círculo hasta 50. Cuando alguien diga 50, pida a los estudiantes que digan: ¡Viva!

***NOTA:** Dibuje cinco cuadros de 10 en una columna (cada uno con 10 puntos), como apoyo visual para los estudiantes para que entiendan las decenas. Comience desde arriba y cuente mientras señala cada cuadro de 10. Pida a los estudiantes que repitan después de usted. Guarde esto para la actividad diaria de preparación del Día 3.*

Repaso de conocimientos previos

Pida a los estudiantes que muestren el número 5 usando **lápices**. Pídales que sostengan algunos lápices en una mano y algunos en la otra. Pida a los estudiantes que compartan con la clase cómo muestran el número 5, por ejemplo, 5 lápices en una mano y 0 en la otra, 3 lápices en una mano y 2 en la otra, 1 lápiz en una mano y 4 en la otra.

Repasemos **LE, pág. 37**

Diga a los estudiantes que vayan a la pág. 37 del LE. En la tarea 1 se practica que los estudiantes distingan la diferencia entre separar 5 y separar 4.

Aprender y hacer

Separar 6

Laboratorio de matemáticas

Coloque seis **fichas de 2 colores** en un **vaso**.
Diga: *Tengo 6 fichas dentro de este vaso.*
Sostenga en alto una ficha y recuerde a los estudiantes que uno de los lados es rojo y el otro, amarillo.
Pregunte: *¿Qué creen que pasará cuando vuelque las 6 fichas sobre la mesa?*
Dé tiempo para que los estudiantes conversen con un compañero y luego, pídales que compartan sus ideas con la clase. (Ejemplo: ¡Tal vez sean todas amarillas!/Algunas serán rojas y otras amarillas).
Vuelque las fichas sobre una mesa.
Pregunte: *¿Cuántas fichas rojas y amarillas ven?* (Ejemplo: Vemos 2 fichas rojas y 4 fichas amarillas).
Pregunte: *¿Todavía tenemos 6 fichas?* (sí)
Diga: *Cuando volqué las 6 fichas, separé 6 en dos partes, una parte con 2 fichas rojas y otra parte con 4 fichas amarillas. Cuando junto las partes, todavía tengo un todo de 6.*
Muestre cómo registrar este trabajo en una tira de 6 cuadrados recortada de las **Hileras de 6 y 7 cuadrados (RM 12.1)** coloreando 2 cuadrados de rojo y 4 cuadrados de amarillo.
Pregunte: *¿Qué creen que pasará cuando vuelque las fichas otra vez?*
Pida a algunos estudiantes que compartan sus ideas.

Distribuya una bolsa de fichas de 2 colores en cada mesa, y dé un conjunto de **crayones** y 1 vaso a cada pareja. Pida a los estudiantes que trabajen en parejas para contar y colocar 6 fichas en un vaso. Dé a cada pareja 8 tiras de 6 cuadrados de las Hileras de 6 y 7 cuadrados para registrar lo que observan cada vez que vuelcan las fichas.
Explique que el Estudiante A agita el vaso, vuelca las fichas y le dice al Estudiante B cuántas fichas rojas y amarillas ve. El Estudiante B luego colorea los cuadrados para mostrarlo. Luego, los estudiantes cambian roles y repiten el procedimiento. Si es necesario, pida a un estudiante que demuestre la actividad con usted.
Pida a los estudiantes que guarden estos registros para compartirlos durante la Actividad de conclusión.

12

Observa

Aprendamos **LE, pág. 38**

Diga a los estudiantes que vayan a la pág. 38 del LE. Pídales que miren uno de los conjuntos de 6 juguetes y que señalen la disposición, por ejemplo: 2 ovejas en la caja, 4 fuera de la caja.
Pregunte: *¿Cuántas ovejas hay en total?* (6)
Luego, pida a los estudiantes que identifiquen los juguetes en la caja como una parte y los juguetes fuera de la caja como otra parte.
Diga: *Los 2 juguetes en la caja son una parte y los 4 juguetes afuera son la otra parte. Hay 6 juguetes en total. Podemos separar 6 en 2 y 4.*
Repita con los otros conjuntos de 6 juguetes. Recuérdeles que cada gato tiene 6 juguetes.

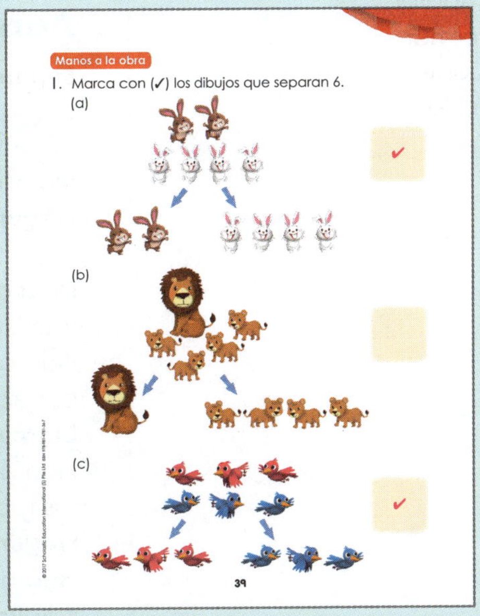

Manos a la obra **LE, pág. 39**

En la tarea 1 se practica que los estudiantes identifiquen la disposición de las partes que separan 6.

Reforzar conceptos

Dé una barra de 6 **cubos interconectables** a cada pareja. Recuerde a los estudiantes que la barra de 6 cubos forma un todo. Pídales que separen la barra en dos partes y que cuenten la cantidad de cubos de cada una. Pida a algunos que muestren maneras de separar la barra de 6 cubos.

Actividad diaria de conclusión

Diga: *Cuando volcamos las 6 fichas, separamos 6 en 2 partes. Cuando juntamos las partes, todavía tenemos un todo de 6.*
Pida a las parejas que lean sus registros en los cuadrados de 6 usando números. Si uno de los registros tiene 6 cuadrados del mismo color, léalo como "Podemos separar 6 en 6 y 0".

 ISBN 978-981-4822-03-9

Objetivos:

- Separar 6 objetos en dos partes de más de una manera
- Formar 6 con dos partes
- Usar un número (del 0 al 6) para mostrar la cantidad de objetos que hay en cada parte al descomponer 6

Materiales:

- hojas grandes de papel
- cubos interconectables (6 rojos y 6 azules), 12 por pareja

Recursos:

- LE, págs. 40–41
- Tablero de parte-parte-todo (RM 12.2), 1 por pareja
- Hoja de registro de parte-parte-todo (RM 12.3), 2 por pareja

Vocabulario:

- separar
- formar
- parte
- todo

Actividad diaria de preparación

Objetivo: Contar de 10 en 10 hasta 50

Continúe contando junto con los estudiantes para demostrar cómo contar por decenas hasta 50. Cuando digan 50, pida a los estudiantes que aplaudan.

Repaso rápido

Repase los registros de la Actividad de conclusión del día anterior. Asegúrese de que los estudiantes puedan verlos claramente.
Pregunte: *¿Creen que hallamos todas las formas de separar 6? ¿Cómo lo saben?*
Pida a los estudiantes que compartan sus ideas. Demuestre cómo organizar las tiras en una columna para comprobarlo. Tome una tira con 6 cuadrados amarillos y colóquela en la parte de arriba de una **hoja grande de papel**. A la derecha de la tira, escriba '6 y 0'. Luego, tome una tira con 5 cuadrados amarillos y 1 rojo y póngala debajo de la primera tira. Escriba '5 y 1' al lado. Continúe guiando a los estudiantes para que organicen las tiras hasta que hayan hallado siete maneras posibles.

NOTA: *Demostrar cómo ordenar las representaciones de separación de un número que se han registrado ayuda a los estudiantes a desarrollar la comprensión de los patrones relacionados con las combinaciones.*

Aprender y hacer

Separar y formar 6

Laboratorio de matemáticas

Muestre a los estudiantes el **Tablero de parte-parte-todo (RM 12.2)**.
Pregunte: *¿Qué recuerdan de este tablero?* (Ejemplo: Hay una casilla grande para el todo y una casilla pequeña para cada parte).
Diga a los estudiantes que separarán una barra de 6 **cubos interconectables** y los colocarán en el Tablero de parte-parte-todo.
Pida a los estudiantes que cuenten 3 cubos rojos y 3 cubos azules y que los conecten.
Diga: *Ahora tienen una barra entera de 6 cubos.*
Pida a los estudiantes que digan dónde colocarían esta barra de cubos en sus tableros.
Pregunte: *¿Cómo pueden separar esta barra en dos partes?*
Pida a los estudiantes que separen las barras.
Pregunte: *¿En qué lugar del tablero colocarán las dos partes para mostrar cómo separaron 6?*
Pida a los estudiantes que coloquen la barra de 6 cubos en la casilla de 'Todo'.
Diga: *Esta es una forma de separar 6.*
Pida a los estudiantes que separen la barra en dos partes usando los cubos rojos y azules, y que pongan los cubos de un color en cada casilla de 'Parte'.
Diga: *Podemos separar 6 en 3 y 3.*
Pregunte: *¿Cuántos cubos rojos hay?* (3) *¿Cuántos cubos azules hay?* (3)
Recuerde a los estudiantes que hay 3 cubos rojos en una parte y 3 cubos azules en la otra. Luego, pídales que pasen todos los cubos a la casilla de 'Todo'.

NOTA: *Separar un número de maneras diferentes ayuda a que los estudiantes comprendan que el todo sigue constante mientras que las partes cambian.*

Pida a los estudiantes que cuenten los cubos otra vez.
Pregunte: *¿Cuántos cubos hay?* (6)
Diga: *3 cubos rojos y 3 cubos azules forman 6 cubos.*
Explique cómo los estudiantes pueden registrar la forma en que separaron 6 con dibujos y números usando la **Hoja de registro de parte-parte-todo (RM 12.3)**.

Demuestre cómo registrar los resultados usando una de las formas sugeridas para separar 6, por ejemplo 3 cubos rojos y 3 cubos azules. En la casilla de 'Todo', dibuje 6 cuadrados y escriba el número 6. Luego, dibuje cuadrados en las casillas de 'Parte' para mostrar cómo separaron 6 y registrar los números que representan las cantidades de cada parte.
Repita a los estudiantes que se puede separar 6 en 3 y 3.
Dé 6 cubos interconectables rojos y 6 azules, 2 copias de la Hoja de registro de parte-parte-todo y un Tablero de parte-parte-todo a cada pareja. Explique a los estudiantes que deben encontrar al menos cuatro maneras diferentes de separar 6 y registrar esas maneras en las hojas de registro.

Observa

Aprendamos **LE, pág. 40**

Pida a los estudiantes que miren el dibujo en la pág. 40 del LE.
Pregunte: *¿Cuántos pingüinos hay en el grupo?* (6)
Pregunte: *¿Cuántos pingüinos están nadando?* (3) *¿Cuántos pingüinos no están nadando?* (3)
Diga: *Hay 6 pingüinos. 3 están nadando. 3 no están nadando.*
Explique que 6 es el todo, y que hay 3 en una parte y 3 en la otra.
Diga: *Podemos separar 6 en 3 y 3.*
Pregunte: *¿Cuántos pingüinos llevan bufanda?* (1) *¿Cuántos pingüinos no llevan bufanda?* (5)
Diga: *Hay 6 pingüinos. 1 lleva bufanda. 5 no llevan bufandas.*
Explique que el todo sigue siendo 6 ya que la cantidad de pingüinos es la misma. Hay 1 en una parte y 5 en la otra.
Diga: *1 y 5 forman 6.*
Repita estas preguntas para los 2 pingüinos grandes y los 4 pequeños, y para los 6 pingüinos y los 0 animales.

Manos a la obra **LE, págs. 40–41**

En la tarea 1 se practica que los estudiantes identifiquen diferentes maneras de separar el todo de 6 en dos partes y a usar números para representar el resultado de separar 6.

En la tarea 2 se practica usar dos colores para mostrar la separación de 6.

En la tarea 3 se practica formar 6 uniendo las dos partes.

Aprendamos
Mira y dilo.
Manos a la obra
1. Cuenta y escribe.
(a)
Podemos separar 6 en 2 y 4.
40

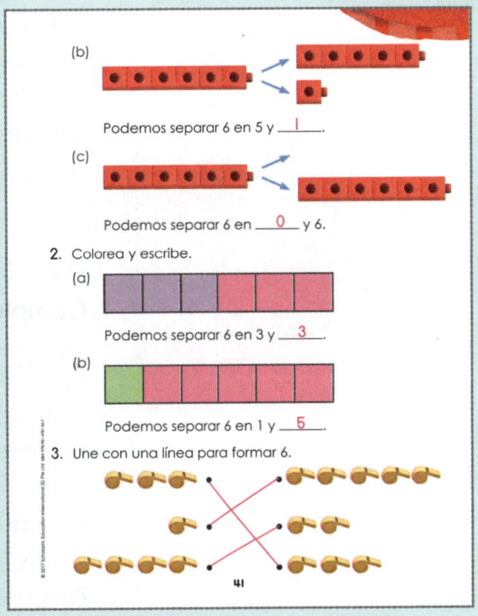
(b)
Podemos separar 6 en 5 y 1.
(c)
Podemos separar 6 en 0 y 6.
2. Colorea y escribe.
(a)
Podemos separar 6 en 3 y 3.
(b)
Podemos separar 6 en 1 y 5.
3. Une con una línea para formar 6.
41

Reforzar conceptos

Dé a cada pareja 6 **lápices**. Diga a los estudiantes que los 6 lápices forman el todo. Pídales que separen el grupo en dos partes y que cada estudiante sostenga una parte. Pregunte a los estudiantes cuántos lápices tiene cada uno. Recuérdeles que cada estudiante está sosteniendo una parte. Pida a una pareja que muestre cómo separaron 6.
Diga: *Separaron el grupo de 6 lápices en 2 partes. Uno de ustedes tiene ______ lápices. El otro estudiante tiene ______ lápices. Podemos separar 6 en ______ y ______.*

Actividad diaria de conclusión

Pida a los estudiantes que compartan sus **Hojas de registro de parte-parte-todo**. Mientras comparten, pida a los estudiantes que usen números para explicar qué hay en el todo y qué hay en cada parte.

Objetivos:

- Separar 6 objetos en dos partes de más de una manera
- Escribir un grupo de números relacionados para formar 6
- Nombrar la parte que falta para formar 6

Materiales:

- bolsas de cubos interconectables (de 2 colores diferentes), 1 bolsa por mesa
- hojas grandes de papel
- barras de 6 cubos interconectables (del mismo color), 1 barra por estudiante
- 2 vasos

Recursos:

- LE, págs. 42–43
- Hoja de registro para separar (RM 12.4), 2 por estudiante

Vocabulario:

- separar
- formar
- parte
- todo

Actividad diaria de preparación

Objetivo: Contar de 10 en 10 hasta 100

Presente el conteo oral de 10 en 10 hasta 100. Los estudiantes deben saber el vocabulario de las decenas hasta 50. Haga una conexión informal entre contar de 1 en 1 (1, 2, 3, 4, 5, ...) y contar de 10 en 10 (10, 20, 30, 40, 50, ...). Pida a los estudiantes que se paren en un círculo. Cuente con los estudiantes hasta que se familiaricen un poco más con el vocabulario de las decenas hasta 100. Comiencen con el 10 y vayan contando alrededor del círculo hasta 100. Cuando alguien diga 100, pida a los estudiantes que digan: ¡Viva!

NOTA: *Siga ampliando la columna de cuadros de 10 hasta que haya diez cuadros de 10 en una columna (cada uno con 10 puntos). Comience desde arriba y cuente mientras señala cada cuadro de 10 hasta que llegue a 100. Pida a los estudiantes que repitan después de usted. Cuando los estudiantes cuentan en forma oral de 10 en 10 hasta 100, practican para cuando sigan contando de 1 en 1 (por ejemplo, desde 31) hasta 100.*

Repaso rápido

Dé a cada mesa bolsas de **cubos interconectables** de 2 colores diferentes. Pida a los estudiantes que formen barras de 6 cubos. Dígales que pueden formar las barras del mismo color o pueden usar ambos colores.
Una vez que los estudiantes terminen, pídales que separen los cubos en 2 colores diferentes (por ejemplo, azul y amarillo).
Diga: *Junten los cubos azules con los azules y los amarillos con los amarillos.*
Pregunte: *¿Todavía tienen 6 cubos?* (sí)
Pida a los estudiantes que compartan cuántos cubos azules y amarillos tienen. Registre los diferentes números en una **hoja grande de papel**.
Explique que la cantidad de cubos azules forma una parte y que la cantidad de cubos amarillos forma la otra parte. Para cada variación, diga "Podemos separar 6 en ______ y ______".
Si un estudiante usó cubos de un solo color, diga "Podemos separar 6 en 6 y 0 ó 0 y 6".

Aprender y hacer

Completar los números relacionados que faltan para formar 6

Laboratorio de matemáticas

Antes de la lección, dibuje un Tablero de parte-parte-todo y un grupo de números relacionados al lado, en una **hoja grande de papel**.
Dé a cada estudiante 2 copias de la **Hoja de registro para separar (RM 12.4)**.
Coloque 2 **vasos** y 6 **cubos interconectables** donde los estudiantes puedan verlos fácilmente.
Pregunte: *¿Cuántos cubos hay en la mesa?* (6)
Diga: *Estos 6 cubos forman el todo.*
Coloque algunos cubos debajo de 1 vaso y algunos cubos debajo del otro vaso. Explique que cada vaso representa una parte y que los cubos que están debajo de cada vaso son la cantidad de cubos de cada parte.

Quite 1 vaso.
Pregunte: *¿Cuántos cubos hay debajo de este vaso?* (Ejemplo: 4)

 ISBN 978-981-4822-03-9

Diga: *Sabemos que 6 es el todo y que hay 4 cubos en una parte. Hallemos cuántos cubos hay en la otra parte.* Explique que la cantidad de cubos que están debajo del otro vaso es el número que hay en la otra parte. Recuerde a los estudiantes que pueden usar cubos interconectables para encontrar la parte que falta; por ejemplo, después de contar 6 cubos, pueden separar los 6 cubos de manera que queden 4 cubos en una parte. El resto de los cubos son la parte que falta.
Muestre a los estudiantes la cantidad de cubos que hay debajo del otro vaso y pídales que los cuenten.
Diga: *Hay 2 cubos debajo del otro vaso. Así que sabemos que 2 debe ser la otra parte.*
Diga: *Podemos dibujar para hallar la parte que falta.*
Muestre a los estudiantes el Tablero de parte-parte-todo y el grupo de números relacionados que preparó.
Diga: *Sabemos que 6 es el todo y que hay 4 cubos en una parte.*
Dibuje 6 cuadrados en la casilla de 'Todo' y 4 cuadrados en una de las casillas de 'Parte', y escriba los números al lado de cada dibujo. Luego, pida a los estudiantes que digan qué números hay que escribir en el grupo de números relacionados. Recuerde a los estudiantes que el círculo conectado a los otros círculos es el 'todo'.
Diga: *Todavía nos falta una parte.*
Señale la casilla de 'Parte' vacía en el tablero y el círculo vacío en el grupo de números relacionados.
Dibuje un círculo alrededor de 4 de los cuadrados en la casilla 'Todo' y dibuje una flecha hacia la casilla de 'Parte' con 4 cuadrados. Ahora dibuje un círculo alrededor de los 2 cuadrados restantes y una flecha hacia la casilla de 'Parte' que está vacía. Pida a los estudiantes que cuenten los cuadrados para identificar la parte que falta.
Pida a los estudiantes que lo registren en las Hojas de registro para separar.

Repita este procedimiento con diferentes formas de separar 6, por ejemplo 3 y 3, 6 y 0, 5 y 1. Pida a los estudiantes que registren más formas de separar 6.

Observa

Aprendamos **LE, pág. 42**

Diga a los estudiantes que vayan a la pág. 42 del LE. Señale la imagen de Bela sosteniendo los anillos conectados.
Pregunte: *¿Cuántos anillos conectados sostiene Bela?* (6)
Diga: *Las imágenes muestran cómo se puede separar la cadena de 6 anillos conectados.*
Pida a los estudiantes que cuenten los anillos y luego, que completen los grupos de números relacionados que faltan.

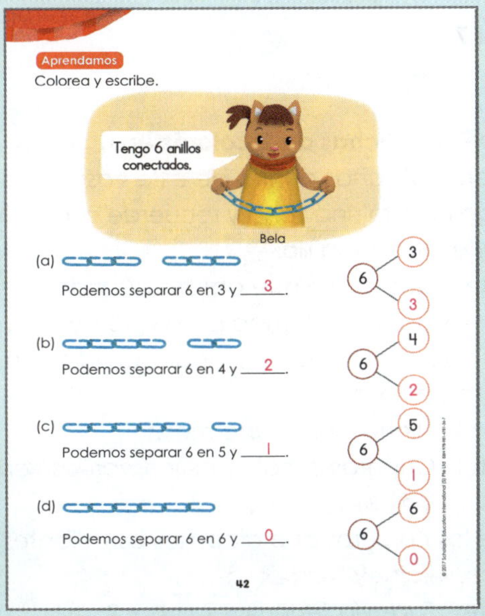

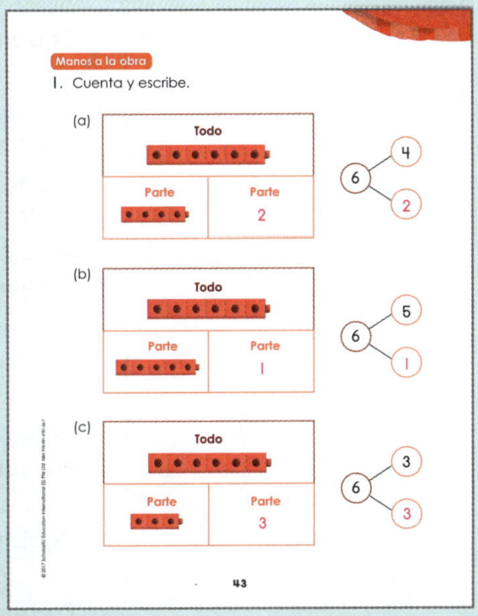

Manos a la obra **LE, pág. 43**

En la tarea 1 se practica identificar la parte que falta y usar los grupos de números relacionados para mostrar los resultados de separar 6.

Reforzar conceptos

Dé a cada estudiante una barra de 6 **cubos interconectables.** Pídales que separen la barra y que cuenten la cantidad de cubos que ven en cada tablero en la pág. 43 del LE. Luego, pida a los estudiantes que cuenten cuántos cubos les quedan para encontrar la parte que falta.

Actividad diaria de conclusión

Pida a los estudiantes que muestren 6 dedos usando las 2 manos.
Pídales que compartan cómo separaron 6 usando los dedos.

12

Objetivo:

- Separar 7 objetos en dos partes de más de una manera

Materiales:

- hojas grandes de papel
- 6 cubos interconectables, 1 barra
- bolsas de fichas de 2 colores, 1 bolsa por mesa
- vasos, 1 por pareja
- conjuntos de crayones (rojo y amarillo), 1 conjunto por pareja

Recursos:

- LE, págs. 44–45
- Hileras de 6 y 7 cuadrados (RM 12.1), 8 tiras por pareja

Vocabulario:

- separar
- parte
- todo

Actividad diaria de preparación

Objetivo: Contar de 10 en 10 hasta 100

Continúe contando junto con los estudiantes para demostrar el conteo por decenas hasta 100. Cuando alguien diga 100, pida a los estudiantes que aplaudan.

Repaso rápido

Dibuje un grupo de números relacionados en blanco en una **hoja grande de papel**. Muestre a los estudiantes una barra de 6 **cubos interconectables**. Explique que separará la barra detrás de su espalda. Muestre una de las partes. Pida a los estudiantes que digan cuántos cubos hay en el todo y en una parte (por ejemplo, 6 y 3). Pida a los estudiantes que conversen sobre qué números escribir en el grupo de números relacionados para mostrar lo que ya saben.
Pregunte: *¿Cuántos cubos hay en la parte que falta?*
Pida a los estudiantes que compartan sus ideas y cómo determinaron la cantidad de cubos de la parte que falta. Muéstreles la parte restante y pídales que cuenten los cubos de esa parte. Complete el último círculo del grupo de números relacionados.

Aprender y hacer

Separar 7

Laboratorio de matemáticas

Coloque siete **fichas de 2 colores** en un **vaso**.
Diga: *Tengo 7 fichas dentro de este vaso.*
Sostenga en alto una ficha y recuerde a los estudiantes que uno de los lados es rojo y el otro, amarillo.
Pregunte: *¿Qué creen que pasará cuando vuelque las 7 fichas sobre la mesa?*
Dé a los estudiantes tiempo para que conversen con un compañero y luego pídales que compartan sus ideas con la clase. (Ejemplo: Algunas serán rojas y otras serán amarillas).
Vuelque las fichas sobre una mesa.
Pregunte: *¿Cuántas fichas rojas y amarillas ven?* (Ejemplo: Veo 4 fichas rojas y 3 fichas amarillas).
Registre los números que dicen los estudiantes en una **hoja grande de papel**. (Ejemplo: 4 rojas y 3 amarillas)
Pregunte: *¿Todavía tenemos 7 fichas?* (sí)
Diga: *Cuando volqué las 7 fichas, separé 7, que es el todo, en dos partes. Una parte era un conjunto de 4 fichas rojas y la otra parte era un conjunto de 3 fichas amarillas.*
Muestre cómo registrar este trabajo en una tira de 7 cuadrados recortada de las **Hileras de 6 y 7 cuadrados (RM 12.1)** coloreando 4 cuadrados de rojo y 3 cuadrados de amarillo.
Pregunte: *¿Qué creen que pasará cuando vuelque las fichas otra vez?*
Pida a algunos estudiantes que compartan sus ideas.

Agite el vaso y vuelque las fichas otra vez. Pida a los estudiantes que describan los resultados usando números. Registre esos números usando la misma estructura de oración, por ejemplo: 'Una parte era un conjunto de 5 fichas rojas y la otra parte era un conjunto de 2 fichas amarillas'.

 ISBN 978-981-4822-03-9

Distribuya conjuntos de **crayones**, varios vasos y una bolsa de fichas de 2 colores en cada mesa. Pida a los estudiantes que trabajen en parejas para contar y colocar 7 fichas en un vaso. Dé a cada pareja 8 tiras de Hileras de 6 y 7 cuadrados para registrar lo que observan cada vez que vuelcan las fichas. Explique que el Estudiante A agita el vaso, vuelca las fichas y le dice al Estudiante B cuántas fichas rojas y amarillas ve. El Estudiante B luego colorea los cuadrados para mostrarlo. Luego, pida a los estudiantes que intercambien roles y repitan el procedimiento. Si es necesario, pida a un estudiante que demuestre la actividad con usted. Pida a los estudiantes que guarden estos registros para compartirlos durante la Actividad de conclusión.

Observa

Aprendamos LE, pág. 44

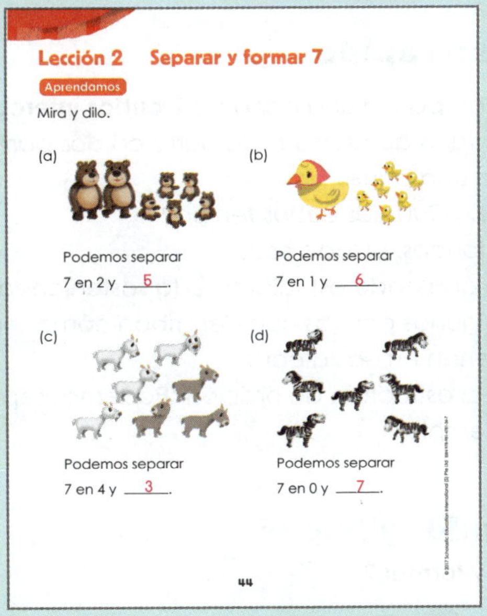

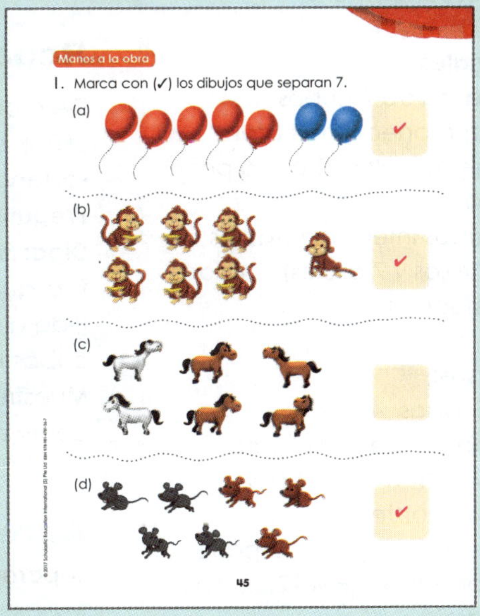

Diga a los estudiantes que vayan a la pág. 44 del LE. Pida a los estudiantes que miren cada grupo de 7 animales. Pídales que señalen el todo y las partes de cada grupo usando números, por ejemplo, 2 osos grandes, 5 osos pequeños.

Pregunte: *¿Cuántos osos hay en total?* (7)

Diga: *Hay 2 osos grandes en una parte y 5 osos pequeños en la otra parte. Hay 7 osos en total. Podemos separar 7 en 2 y 5.*

Pida a los estudiantes que completen la oración debajo de la imagen.

Repita con los otros grupos de animales y pregunte a los estudiantes cuántos animales hay en cada grupo para mostrar cómo separar 7.

Manos a la obra LE, pág. 45

En la tarea 1 se practica que los estudiantes identifiquen las disposiciones posibles de las partes en que se puede separar 7 y que reconozcan que el todo es 7 objetos.

Reforzar conceptos

Dé una barra de 7 **cubos interconectables** a cada pareja. Recuerde a los estudiantes que la barra de 7 cubos forma un todo. Pida a los estudiantes que separen la barra en dos partes. Luego, pídales que cuenten la cantidad de cubos en cada parte. Pida a algunas parejas que muestren diferentes maneras de separar la barra de 7 cubos.

Actividad diaria de conclusión

Pregunte: *¿Cómo separaron 7?*

Pida a las parejas que compartan uno de sus registros. Pegue los registros con cinta adhesiva en una **hoja grande de papel** rotulada *Formas de separar 7*. Pida a los estudiantes que lean cada registro a medida que los pega en la hoja. (Ejemplo: Podemos separar 7 en 2 y 5).

Pregunte: *¿Alguien tiene una tira de 7 cuadrados amarillos o 7 cuadrados rojos?*

Si es así, pida al estudiante que explique por qué los 7 cuadrados son del mismo color. Si no, cree tiras de 7 cuadrados amarillos. Lea este registro así: "Podemos separar 7 en 0 fichas rojas y 7 fichas amarillas".

Objetivos:

- Separar 7 objetos en dos partes de más de una manera
- Formar 7 con dos partes
- Usar un número (del 0 al 7) para mostrar la cantidad de objetos que hay en cada parte al descomponer 7

Materiales:

- barras de 7 cubos interconectables (del mismo color), 1 barra por pareja
- cubos interconectables (7 rojos y 7 azules), 14 por estudiante

Recursos:

- LE, págs. 46–47
- Tablero de parte-parte-todo (RM 12.2), 1 por estudiante
- Hoja de registro de parte-parte-todo (RM 12.3), 2 por pareja

Vocabulario:

- separar
- formar
- parte
- todo

Actividad diaria de preparación

Objetivo: Contar de memoria hacia atrás del 20 al 0

Cuente de memoria hacia atrás con los estudiantes del 20 al 0 varias veces. Luego, pida a los estudiantes que cuenten hacia atrás de memoria desde un número que no sea 20 (por ejemplo, 15, 18). Cuando los estudiantes lleguen a 0, pídales que levanten los dos brazos al aire.

Repaso rápido

Dé a cada pareja una barra de 7 **cubos interconectables**. Cuando dé una señal, pídales que separen la barra en dos partes y que cada estudiante sostenga una parte.

Pregunte: *¿Cuántos cubos tenían?* (7)

Diga: *Entonces, el todo es 7.*

Explique que cada estudiante está sosteniendo una parte.

Pida a algunas parejas que describan cómo separaron 7 diciendo cuántos cubos tienen en cada parte.

Muestre la estructura de oración 'Podemos separar 7 en ______ y ______' como ejemplo.

Aprender y hacer

Separar y formar 7

Laboratorio de matemáticas

Dé a cada estudiante 7 **cubos interconectables** rojos y 7 azules y un **Tablero de parte-parte-todo (RM 12.2)**. Diga a los estudiantes que separarán una barra de 7 cubos interconectables y los colocarán en el tablero.

Pídales que cuenten 3 cubos rojos y 4 cubos azules y que los conecten.

Diga: *Ahora tienen una barra entera de 7 cubos.*

Pregunte: *¿Dónde colocarán su barra con 7 cubos en el Tablero de parte-parte-todo para mostrar que 7 es el todo?*

Pida a los estudiantes que digan en qué parte del tablero colocarían esta barra de cubos.

Pregunte: *¿Cómo pueden separar esta barra en dos partes?*

Pida a los estudiantes que separen las barras.

Pregunte: *¿En qué lugar del tablero colocarán las dos partes para mostrar cómo separaron 7?*

Pídales que digan en qué lugar del tablero colocarían las dos partes.

Pida a los estudiantes que coloquen la barra de 7 cubos en la casilla de 'Todo'. Pídales que separen la barra en dos partes, un grupo de cubos rojos y un grupo de cubos azules, y que coloquen los cubos de un color en cada casilla de 'Parte'.

Diga: *Podemos separar 7 en 3 y 4.*

Pregunte: *¿Cuántos cubos rojos hay?* (3) *¿Cuántos cubos azules hay?* (4)

Recuerde a los estudiantes que hay 3 cubos rojos en una parte y 4 cubos azules en la otra. Luego, pídales que empujen todos los cubos hasta la casilla de 'Todo'.

Pida a los estudiantes que cuenten los cubos otra vez.

Pregunte: *¿Cuántos cubos hay?* (7)

Diga: *3 cubos rojos y 4 cubos azules forman 7 cubos.*

Muestre a los estudiantes una **Hoja de registro de parte-parte-todo (RM 12.3)**. Recuérdeles que ya han registrado maneras de separar 6 en esta hoja de registro.

 ISBN 978-981-4822-03-9

Muestre a los estudiantes cómo registrar los resultados usando una de las formas sugeridas para separar 7 (por ejemplo, 3 cubos y 4 cubos). En la casilla de 'Todo', dibuje 7 cuadrados y escriba el número 7. Luego, dibuje cuadrados en cada parte para mostrar cómo se separó 7 y registrar los números que representan las cantidades de cada parte.
Repita a los estudiantes que podemos separar 7 en 3 y 4.

Dé 2 copias de la Hoja de registro de parte-parte-todo por pareja. Explique a los estudiantes que deben encontrar al menos cuatro maneras diferentes de separar 7 y registrar esas maneras en las hojas de registro.

Observa

Aprendamos **LE, pág. 46**

Pida a los estudiantes que miren el dibujo en la pág. 46 del LE.
Pregunte: *¿Cuántos elefantes hay en el grupo?* (7)
Pregunte: *¿Cuántos elefantes están acostados?* (1) *¿Cuántos elefantes están jugando en el agua?* (6)
Diga: *Hay 7 elefantes. 1 está acostado. 6 están jugando en el agua.*
Pregunte: *¿Cuántos hay en el todo?* (7) *¿Cuántos hay en cada parte?* (1 y 6)
Diga: *Podemos separar 7 en 1 y 6.*
Pregunte: *¿Cuántos elefantes tienen colmillos?* (4) *¿Cuántos no tienen colmillos?* (3)
Diga: *Hay 7 elefantes. 4 tienen colmillos. 3 no tienen colmillos.*
Pregunte si la cantidad de elefantes sigue siendo la misma y pídales que expliquen cómo lo saben. Recuérdeles que el grupo de elefantes es el mismo y que no se agregaron ni se quitaron elefantes del grupo.
Diga: *3 y 4 forman 7.*
Repita estas preguntas para los 2 elefantes grandes y los 5 pequeños, y para los 7 elefantes y los 0 animales de otro tipo.

Manos a la obra **LE, págs. 46–47**

En la tarea 1 se practica que los estudiantes separen de maneras diferentes un todo de 7 en dos partes y que usen números para representar el resultado de separar 7.

En la tarea 2 se practica usar dos colores para mostrar la separación de 7.

En la tarea 3 se practica formar 7 uniendo las dos partes.

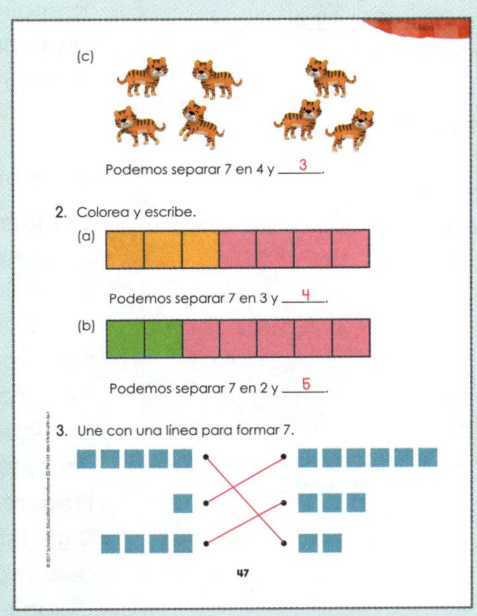

Reforzar conceptos

Dé a cada pareja 7 **cubos interconectables**. Diga a los estudiantes que estos 7 cubos forman el todo. Pídales que separen el grupo en dos partes y que cada estudiante sostenga una parte. Pregunte a los estudiantes cuántos cubos tiene cada uno. Recuérdeles que cada estudiante está sosteniendo una parte. Pida a 1 pareja que muestre cómo separaron 7.
Diga: *Separaron el grupo de 7 cubos en dos partes. Uno de ustedes tiene ______ cubos. El otro tiene ______ cubos. Podemos separar 7 en ______ y ______.*

Actividad diaria de conclusión

Pida a los estudiantes que compartan sus **Hojas de registro de parte-parte-todo**. Mientras comparten, pida a los estudiantes que usen números para explicar qué hay en el todo y qué hay en cada parte.

Lección 2: Separar y formar 7

DÍA 1 DÍA 2 DÍA 3

Objetivos:
- Separar 7 objetos en dos partes de más de una manera
- Escribir un grupo de números relacionados para formar 7
- Nombrar la parte que falta para formar 7

Materiales:
- bolsas de cubos interconectables (de 2 colores diferentes), 1 bolsa por mesa
- hojas grandes de papel
- 2 vasos
- barras de 7 cubos interconectables (del mismo color), 1 barra por estudiante

Recursos:
- LE, págs. 48–49
- Tarjetas de 6 puntos (RM 12.8)
- Hoja de registro para separar (RM 12.4), 2 por estudiante

Vocabulario:
- separar
- formar
- parte
- todo

Actividad diaria de preparación

Objetivo: Subitizar 6 objetos

Presente las **Tarjetas de 6 puntos (RM 12.8)** a la rutina de subitización. Comience con la tarjeta que muestra dos columnas de 3 puntos, ya que es una disposición conocida que se halla en dados y fichas de dominó. La cantidad de puntos en esta tarjeta es más difícil de subitizar. Muestre la tarjeta 3 segundos, luego por otros 3 segundos. Sostenga la tarjeta para que los estudiantes describan cómo están dispuestos los puntos.

Pregunte: *¿Cuántos puntos hay? ¿Cómo lo saben?* (Ejemplo: 6, porque veo 3 puntos y 3 puntos. 6 es lo mismo que 3 y 3).

Muestre la Tarjeta de 6 puntos con dos hileras de 3 puntos. Pregunte a los estudiantes cuántos puntos hay y cómo lo saben.

Repaso rápido

Dé a cada mesa bolsas de **cubos interconectables** de 2 colores diferentes. Pida a los estudiantes que trabajen en parejas para mostrar las diferentes formas de separar 7. Dé a cada pareja tiempo para hacer diferentes combinaciones.

Cuando los estudiantes terminen, pídales que organicen las barras comenzando con 7 cubos de 1 color (por ejemplo, 7 cubos azules, 0 cubos amarillos). Luego, pídales que busquen la barra con 1 cubo azul y 6 cubos amarillos. Pida a los estudiantes que continúen hasta que lleguen a la última combinación con todos los cubos amarillos. Pida a cada pareja que muestre una combinación. Indique a las parejas que conecten cubos para formar alguna combinación que no hayan compartido los otros estudiantes.

Aprender y hacer

Completar los números relacionados que faltan para formar 7

Laboratorio de matemáticas

Antes de la lección, dibuje un Tablero de parte-parte-todo y un grupo de números relacionados al lado, en una **hoja grande de papel**.

Dé a cada estudiante 2 copias de la **Hoja de registro para separar (RM 12.4)**.

Coloque 2 **vasos** y 7 **cubos interconectables** donde los estudiantes puedan verlos fácilmente.

Pregunte: *¿Cuántos cubos hay en la mesa?* (7)

Diga: *Estos 7 cubos forman el todo. Esconderé una parte de los cubos debajo de un vaso y la otra parte de los cubos debajo del otro vaso.*

Coloque algunos cubos debajo de 1 vaso y algunos cubos debajo del otro.

Quite 1 vaso.

Pregunte: *¿Cuántos cubos hay debajo de este vaso?* (Ejemplo: 3)

Diga: *Sabemos que 7 es el todo y que hay 3 cubos en una parte. Hallemos cuántos cubos hay en la otra parte.*

Explique a los estudiantes que la cantidad de cubos que hay debajo del otro vaso es el número de la otra parte. Recuerde a los estudiantes que pueden usar cubos interconectables como ayuda para hallar la parte que falta, por ejemplo, después de contar 7 cubos, pueden separar los 7 cubos de manera que queden 3 cubos en una parte. El resto de los cubos son la parte que falta.

Muestre a los estudiantes la cantidad de cubos que hay debajo del otro vaso y pídales que los cuenten.
Diga: *Hay 4 cubos debajo del otro vaso. Así que sabemos que 4 debe ser la otra parte.*
Diga: *Podemos dibujar para hallar la parte que falta.*
Muestre a los estudiantes el Tablero de parte-parte-todo y el grupo de números relacionados que preparó.
Diga: *Sabemos que 7 es el todo y que hay 3 cubos en una parte.*
Dibuje 7 cuadrados en la casilla de 'Todo' y 3 cuadrados en una de las casillas de 'Parte', y escriba los números al lado de cada dibujo. Luego, pida a los estudiantes que digan qué números hay que escribir en el grupo de números relacionados. Recuerde a los estudiantes que el círculo conectado a los otros círculos es el 'todo'.
Diga: *Todavía nos falta una parte.*
Señale la casilla de 'Parte' vacía en el tablero y el círculo vacío en el grupo de números relacionados.
Dibuje un círculo alrededor de 3 de los cuadrados en la casilla de 'Todo' y dibuje una flecha hacia la casilla de 'Parte' con 3 cuadrados. Ahora dibuje un círculo alrededor de los 4 cuadrados restantes y una flecha hacia la casilla vacía de 'Parte'. Pida a los estudiantes que cuenten los cuadrados para identificar la parte que falta.
Pida a los estudiantes que registren esto en las Hojas de registro para separar.

Dé a cada estudiante una barra de 7 cubos interconectables del mismo color. Repita este procedimiento con diferentes formas de separar 7 (por ejemplo, 2 y 5, 1 y 6, 7 y 0). Pida a los estudiantes que registren más formas de separar 7.

12

Observa

Aprendamos LE, pág. 48

Diga a los estudiantes que vayan a la imagen de la pág. 48 del LE.
Pregunte: *¿Cuántas manzanas tiene Bela?* (7)
Diga: *Las imágenes muestran cómo Bela puede separar el grupo de 7 manzanas.*
Pida a los estudiantes que miren cada conjunto de imágenes y que digan cómo están distribuidas las manzanas en dos partes.
(Ejemplo: Podemos separar 7 en 2 y 5).

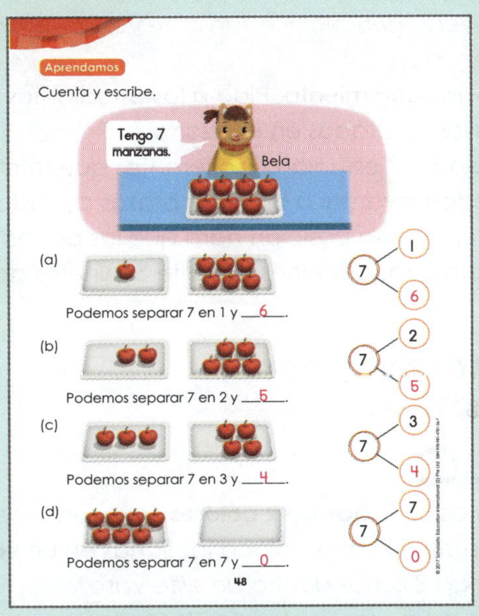

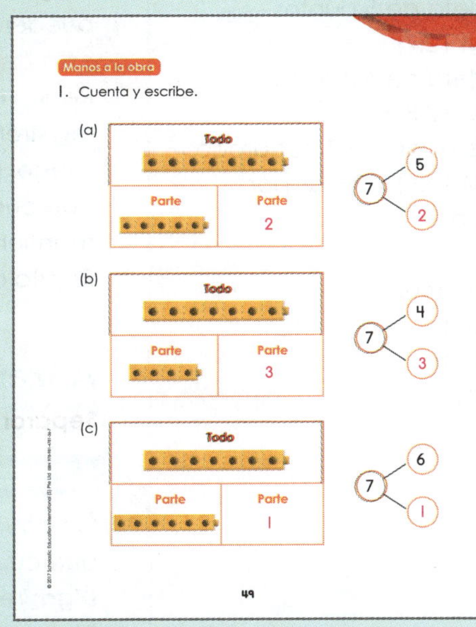

Pida a los estudiantes que cuenten las manzanas y luego, que completen con el número relacionado que falta.

Manos a la obra LE, pág. 49

En la tarea 1 se practica identificar la parte que falta y usar los grupos de números relacionados para mostrar los resultados de separar 7.

Reforzar conceptos

Dé a cada estudiante una barra de 7 **cubos interconectables**. Pídales que separen la barra y que cuenten la cantidad de cubos que ven en cada una de las casillas de 'Parte' en cada tablero de la pág. 49 del LE. Luego, pida a los estudiantes que cuenten cuántos cubos les quedan, para hallar la parte que falta.

Actividad diaria de conclusión

Repase la actividad de la parte que falta.
Pregunte: *¿Cómo supieron cuántos cubos había en la parte que faltaba?* (Ejemplo: Contamos 7 cubos y supimos cuántos cubos había en una parte, entonces los separamos. El resto de los cubos estaban en la parte que falta).

Lección 3: Separar y formar 8

DÍA 1 DÍA 2 DÍA 3

Objetivo:

- Separar 8 objetos en dos partes de más de una manera

Materiales:

- bolsas de fichas de 2 colores, 1 bolsa por mesa
- vasos, 1 por pareja
- hojas grandes de papel
- conjuntos de crayones (rojo y amarillo), 1 conjunto por pareja

Recursos:

- LE, págs. 50–51
- Tarjeta de 3 puntos (RM 12.5)
- Tarjeta de 4 puntos (RM 12.6)
- Tarjeta de 5 puntos (RM 12.7)
- Tarjeta de 6 puntos (RM 12.8)
- Hileras de 8 y 9 cuadrados (RM 12.9), 10 tiras por pareja

Vocabulario:

- separar
- parte
- todo

Actividad diaria de preparación

Objetivo: Subitizar hasta 6 objetos

Pida a los estudiantes que subiticen **Tarjetas de 3, 4** y **5 puntos (RM 12.5–12.7)** y **Tarjetas de 6 puntos (RM 12.8)** presentadas anteriormente. Mezcle las tarjetas y muéstrelas, de una en una, durante 3 segundos.

Pregunte: *¿Cuántos puntos vieron? ¿Cómo lo saben?*

Pregunte: *¿Alguien vio los puntos de manera diferente?*

Muestre las tarjetas de puntos restantes durante el tiempo que tenga disponible (5 minutos) y repita las preguntas.

Repaso rápido

Pida a 7 estudiantes (el todo) que formen una fila. Dígales que pueden pararse o sentarse cuando les dé una señal y que se queden en esa posición para que las partes puedan ser identificadas.

Diga: *¿Cuántos estudiantes hay en el todo?* (7)

Pregunte: *¿Cómo separaron 7 tus compañeros? ¿Qué partes del todo pueden ver?* (Ejemplo: 6 estudiantes están sentados y 1 estudiante está parado).

Repita el procedimiento. Pida a los estudiantes que identifiquen las partes y registren los resultados en el pizarrón.

Luego, pida a 7 estudiantes diferentes que formen una nueva fila. Explíqueles que pueden levantar o bajar los brazos cuando les dé la señal. Luego, se mantienen en esa posición para que las partes puedan ser identificadas.

Repita con otras acciones durante 5 minutos aproximadamente.

Aprender y hacer

Separar 8

Laboratorio de matemáticas

Coloque ocho **fichas de 2 colores** sobre una mesa. Pida a los estudiantes que cuenten mientras coloca las fichas en un **vaso**.

Diga: *Tengo 8 fichas dentro de este vaso.*

Recuerde a los estudiantes que las fichas en el vaso representan el todo.

Pregunte: *¿Qué creen que pasará cuando vuelque las 8 fichas sobre la mesa?* Dé a los estudiantes tiempo para que conversen con un compañero y luego pídales que compartan sus ideas con la clase. (Ejemplo: Algunas serán rojas y otras serán amarillas).

Vuelque las fichas sobre una mesa.

Pregunte: *¿Cuántas fichas rojas y amarillas ven?* (Ejemplo: Veo 4 fichas rojas y 4 fichas amarillas).

Registre los números que dicen los estudiantes en una **hoja grande de papel**. (Ejemplo: 8 es igual a 4 y 4).

Diga: *Cuando volqué las 8 fichas, separé 8 en dos partes. Una parte era un conjunto de 4 fichas rojas y la otra parte era un conjunto de 4 fichas amarillas.*

Muestre cómo registrar este trabajo en una tira de 8 cuadrados recortada de las **Hileras de 8 y 9 cuadrados (RM 12.9)** coloreando 4 cuadrados de rojo y 4 cuadrados de amarillo.

Agite el vaso y vuelque las fichas otra vez. Pida a los estudiantes que describan los resultados usando números. Registre estos números usando la misma estructura de oración; por ejemplo, 'Podemos separar 8 en 5 y 3'.

Distribuya una bolsa de fichas de 2 colores en cada mesa, y dé un conjunto de **crayones** y 1 vaso a cada pareja. Pida a los estudiantes que trabajen en parejas para contar y colocar 8 fichas en un vaso. Dé a cada pareja 10 tiras de Hileras de 8 y 9 cuadrados para registrar lo que observan cada vez que vuelcan las fichas. Explique que el Estudiante A agita el vaso, vuelca las fichas y le dice al Estudiante B cuántas fichas rojas y amarillas ve. El Estudiante B luego colorea los cuadrados para mostrar esto. Luego, pida a los estudiantes que intercambien roles y repitan el procedimiento. Si es necesario, pida a un estudiante que demuestre la actividad con usted. Pida a los estudiantes que guarden estos registros para compartirlos durante la Actividad de conclusión.

Observe:

- ¿Los estudiantes usan el vocabulario 'separar', 'todo', 'parte' para describir sus resultados?
- ¿Los estudiantes pueden explicar los resultados de sus registros usando números y describir cuántos hay en el todo y en cada parte?
- ¿Los estudiantes organizan las tiras completadas al azar o de forma sistemática?

12

Observa

Aprendamos **LE, pág. 50**

Diga a los estudiantes que vayan a la pág. 50 del LE. Pida a los estudiantes que miren cada estante. Explique que los artículos en cada estante forman el 'todo'.

Pregunte: *¿Cuántos artículos hay en el todo?* (8)

En cada conjunto de objetos, pida a los estudiantes que identifiquen las partes que forman el todo; por ejemplo, 3 bolsas rojas, 5 bolsas blancas.

Diga: *Podemos separar 8 en 3 y 5.*

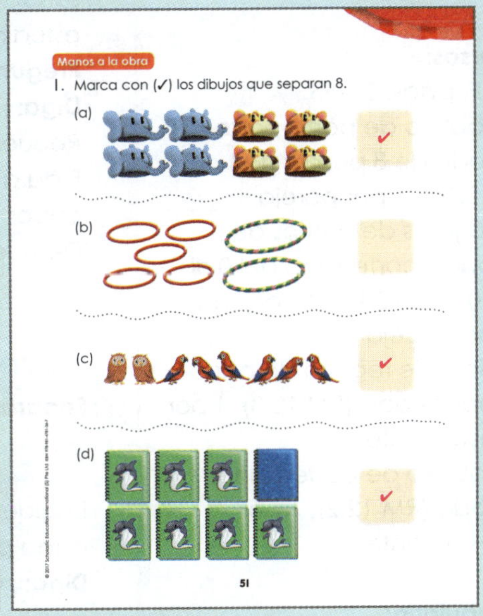

Manos a la obra

LE, pág. 51

En la tarea 1 se practica que los estudiantes identifiquen las disposiciones posibles de las partes en que se puede separar 8 y que reconozcan que el todo es 8 objetos.

Reforzar conceptos

Distribuya 8 **cubos interconectables** a cada pareja. Pida a los estudiantes que cuenten 7 cubos y que los conecten. Recuerde a los estudiantes que la barra de 7 cubos forma un todo. Pida a cada pareja que separe la barra en dos partes. Pida a algunas parejas que compartan cómo separaron 7. Luego, pida que conecten un cubo más a la barra. Pregúnteles cuántos cubos tienen en el todo ahora. Pida a los estudiantes que busquen diferentes formas de separar 8. Pida a algunas parejas que compartan la manera en que lo hicieron con la clase.

Actividad diaria de conclusión

Pregunte: *¿Cómo separaron 8?*

Pida a las parejas que compartan uno de sus registros. Pegue los registros con cinta adhesiva en una **hoja grande de papel** rotulada *Formas de separar 8*. Pida a los estudiantes que lean cada registro a medida que los pega en la hoja. (Ejemplo: Podemos separar 8 en 3 y 5).

Pregunte: *¿Alguien tiene una tira de 8 cuadrados amarillos u 8 cuadrados rojos?*

Si es así, pida al estudiante que explique por qué los 8 cuadrados son del mismo color. Si no, cree tiras con 8 cuadrados rojos. Lea este registro así: 'Podemos separar 8 en 8 fichas rojas y 0 fichas amarillas'.

 ISBN 978-981-4822-03-9

Lección 3: Separar y formar 8

Objetivos:

- Separar 8 objetos en dos partes de más de una manera
- Formar 8 con dos partes
- Usar un número (del 0 al 8) para mostrar la cantidad de objetos que hay en cada parte al descomponer 8

Materiales:

- barras de 8 cubos interconectables, 1 barra por pareja
- cubos interconectables, 8 por pareja

Recursos:

- LE, págs. 52–53
- Tablero de parte-parte-todo de 8 puntos (RM 12.10), 1 por pareja
- Tarjetas de puntos de parte-parte-todo del 0 al 10 (RM 12.11), 1 conjunto por pareja
- Hoja de registro de parte-parte-todo (RM 12.3), 1 por estudiante
- Tablero de parte-parte-todo (RM 12.2), 1 por estudiante

Vocabulario:

- separar
- formar
- parte
- todo

Actividad diaria de preparación

Objetivos: Contar de 10 en 10 hasta 100; Contar de 1 en 1 hasta 50

Pida a los estudiantes que se paren en círculo y que cuenten de 10 en 10 hasta 100. Cuente con los estudiantes hasta que estén familiarizados con el resto del vocabulario de las decenas. Comiencen con 10 y vayan contando alrededor del círculo hasta 100. Háganlo varias veces.
Luego, pida a los estudiantes que cuenten de 1 en 1 hasta 50. Explíqueles que al contar hasta 50, deben levantar la manos cuando digan 10, 20, 30, 40 y 50.

Repaso rápido

Dé a cada pareja una barra de 8 **cubos interconectables**. Cuando dé una señal, pida a cada pareja que separe la barra en dos partes y que cada estudiante sostenga una parte.
Pregunte: *¿Cuántos cubos tenían?* (8)
Diga: *Entonces, el todo es 8.*
Recuérdeles que cada estudiante está sosteniendo una parte.
Pida a algunas parejas que describan cómo separaron 8 diciendo cuántos cubos tienen en cada parte.
Demuestre la estructura de oración 'Podemos separar 8 en ____ y ____'.

Aprender y hacer

Separar y formar 8

Laboratorio de matemáticas

Explique a los estudiantes que harán un juego llamado '8 puntos'. Dé a cada pareja un **Tablero de parte-parte-todo de 8 puntos (RM 12.10)**.
Diga: *¿Qué ven en el Tablero de parte-parte-todo de 8 puntos?* (Ejemplo: El 8 está en la casilla de 'Todo'. Las dos casillas de 'Parte' están vacías).

Coloque las **Tarjetas de puntos de parte-parte-todo del 0 al 10 (RM 12.11)** en una mesa donde los estudiantes puedan verlas fácilmente.
Pregunte: *¿Qué notan sobre las Tarjetas de puntos?* (Ejemplo: Cada tarjeta tiene cantidades de puntos diferentes. Algunas tarjetas tienen la misma cantidad de puntos pero están en diferentes lugares).
Diga: *Las dos casillas de 'Parte' están vacías. Hallen una Tarjeta de puntos para poner en cada parte para que las dos partes formen un todo de 8.*
Recuerde a los estudiantes que miren la cantidad de puntos en la casilla de 'Todo' como ayuda para pensar en cómo separar 8.

Pida a los estudiantes que elijan una Tarjeta de puntos para colocar en las casillas de 'Parte', por ejemplo, una tarjeta con 1 punto.
Coloque una tarjeta con 1 punto en la primera casilla de 'Parte'.
Pregunte: *¿Qué Tarjeta de puntos deberíamos colocar en la otra casilla de 'Parte'? ¿Por qué creen eso?* (Ejemplo: 7, porque 7 y 1 forman 8/porque podemos separar 8 en 7 y 1).
Coloque una tarjeta con 7 puntos en la otra casilla de 'Parte'. Luego, muestre a los estudiantes una **Hoja de registro de parte-parte-todo (RM 12.3)**.
Diga: *Una vez que hayan colocado 2 Tarjetas de puntos, registren su trabajo en la Hoja de registro de parte-parte-todo.*

 ISBN 978-981-4822-03-9

Demuestre cómo usar números para mostrar el todo y las dos partes. Escriba 8 en la casilla de arriba y complete la primera oración de la siguiente manera: 'Podemos separar 8 en 1 y 7'.

Distribuya 8 **cubos interconectables** a cada pareja.

Diga: *Pueden usar estos cubos como ayuda para decidir qué Tarjeta de puntos colocarán en el tablero para mostrar otras formas de separar 8.*

Dé a cada pareja un conjunto de Tarjetas de puntos del 0 al 10, y a cada estudiante 1 Hoja de registro de parte-parte-todo y 1 **Tablero de parte-parte-todo (RM 12.2)**.

Diga: *Cuando hallen una forma de separar 8, muéstrenla en el tablero. Luego, regístrenlo en su hoja de registro antes de buscar otra forma de separar 8.*

Pida a cada pareja que halle al menos cuatro formas diferentes de separar 8 y que registren esas formas en las hojas de registro con dibujos y números.

Observa

Aprendamos LE, pág. 52

Pida a los estudiantes que miren el dibujo en la pág. 52 del LE.

Pregunte: *¿Cuántos monos hay en el grupo?* (8)

Pregunte: *¿Cuántos monos hay en la rama?* (5) *¿Cuántos hay en las cuerdas?* (3)

Pregunte: *¿Cuántos hay en el todo?* (8) *¿Cuántos hay en cada parte?* (5 y 3)

Diga: *Podemos separar 8 en 5 y 3.*

Pregunte: *¿Cuántos monos tienen plátanos?* (2) *¿Cuántos monos no tienen plátanos?* (6)

Diga: *2 monos tienen plátanos. 6 no tienen.*

Diga: *2 y 6 forman 8.*

Pregunte si la cantidad de monos sigue siendo la misma y pídales que expliquen cómo lo saben. Recuérdeles que la cantidad de monos sigue siendo la misma ya que no se sumaron ni se restaron monos del grupo.

Repita estas preguntas con los 4 monos grandes y los 4 pequeños, con el mono que se robó una gorra y los 7 monos que no lo hicieron, y con los 8 monos y los 0 otros animales.

Manos a la obra LE, págs. 52–53

En la tarea 1 se practica que los estudiantes separen de maneras diferentes un todo de 8 en dos partes y que usen números para representar el resultado de separar 8.

En la tarea 2 se practica formar 8 uniendo las dos partes.

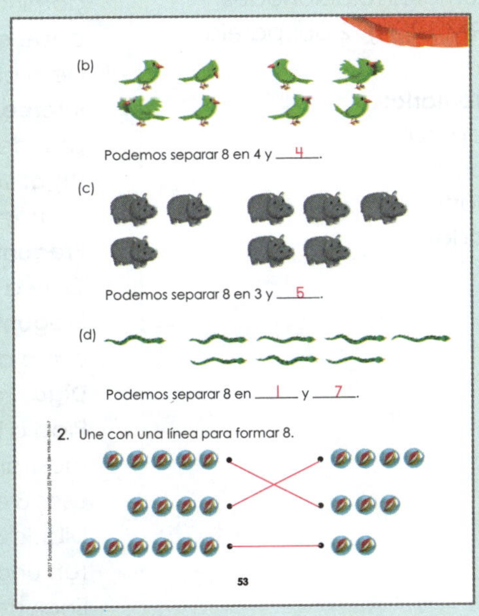

12

Reforzar conceptos

Dé a cada pareja barras de 2, 3, 5 y 6 **cubos interconectables**. Diga a los estudiantes que unan las partes para formar 8. Una vez que los estudiantes unan las partes, pídales que identifiquen el todo. Luego, pida a 2 parejas que usen números para explicar cómo se puede separar 8. (Ejemplo: 5 y 3 forman 8/Podemos separar 8 en 2 y 6). Diga a los estudiantes que ahora tienen barras de 8 cubos. Han hallado dos formas de separar 8. Pídales que sugieran otras 2 formas de separar la barra de 8 cubos (por ejemplo, 4 y 4, 8 y 0 o 1 y 7).

Actividad diaria de conclusión

Pida a los estudiantes que compartan sus **Hojas de registro de parte-parte-todo**. Pida a las parejas que elijan un registro para compartir con los demás estudiantes. Pida a los estudiantes que expliquen los números en sus registros usando un **Tablero de parte-parte-todo de 8 puntos** y un conjunto de **Tarjetas de puntos**.

Lección 3: Separar y formar 8

DÍA 1 DÍA 2 DÍA 3

Objetivos:

- Separar 8 objetos en dos partes de más de una manera
- Escribir un grupo de números relacionados para formar 8
- Nombrar la parte que falta para formar 8

Materiales:

- barras de 8 cubos interconectables (del mismo color), 1 barra por estudiante
- hojas grandes de papel
- cubos interconectables, 8 por estudiante

Recursos:

- LE, págs. 54–55
- Tablero de parte-parte-todo (RM 12.2), 1 por estudiante
- Tarjetas de dominó (RM 12.13), 1 conjunto por pareja
- Hoja de registro de números relacionados (RM 12.14), 2 por pareja

Vocabulario:

- separar
- formar
- parte
- todo

Actividad diaria de preparación

Objetivo: Contar de 1 en 1 hasta 50

Pida a los estudiantes que cuenten de 1 en 1 hasta 50. Explíqueles que al contar hasta 50, deben aplaudir una vez cuando digan 10, 20, 30, 40 y 50.

Pida a los estudiantes que cuenten a partir de un número que no sea 1 (por ejemplo, 25, 38) hasta 50.

Repaso rápido

Dé a cada pareja una barra de 8 **cubos interconectables.** Pida a los estudiantes que trabajen en parejas para separar una barra de 8 cubos interconectables. Cada estudiante sostiene una parte. Pida a los estudiantes que comprueben cuántos cubos tienen en cada parte, es decir, cuántos cubos sostiene cada estudiante (por ejemplo, 4 y 4).

Diga: *El todo es 8 cubos. Una parte tiene 4 cubos. La otra parte tiene 4 cubos.*

Pida a los estudiantes que continúen y que compartan algunas de las combinaciones que hallaron.

Aprender y hacer

Completar los números relacionados que faltan para formar 8

Laboratorio de matemáticas

Antes de la lección, dibuje un tablero de parte-parte-todo y un grupo de números relacionados al lado, en una **hoja grande de papel**. Dibuje un gran dominó con 4 puntos en la parte de arriba. La parte de abajo del dominó debe estar en blanco.

Dé a cada estudiante un **Tablero de parte-parte-todo (RM 12.2)** y 8 **cubos interconectables**. Muestre a los estudiantes el dominó que dibujó en la hoja grande de papel antes de la lección.

Diga: *Supuestamente hay 8 puntos en este dominó. Solo sabemos cuántos puntos hay en una parte.*

Pregunte: *¿Cuántos puntos hay en la otra parte para que el todo sea 8?*

Guíe a los estudiantes para que identifiquen la parte que falta.

Pregunte: *¿Cuántos puntos hay en el todo?* (8) *¿Cuántos puntos hay en esta parte del dominó?* (4)

Diga: *Sabemos que el todo es 8 y que hay 4 puntos en una parte.*

Pida a los estudiantes que primero pongan los cubos en sus tableros para mostrar lo que ya saben, (deben colocar 8 cubos en la casilla de 'Todo' y de esos 8 cubos, mover 4 hacia una casilla de 'Parte').

Dibuje 8 puntos en la casilla de 'Todo' en el tablero de parte-parte-todo (en una hoja grande de papel) para representar el todo. Escriba '8' al lado. Encierre 4 puntos en un círculo y dibuje una flecha hacia una de las casillas de 'Parte'. Escriba '4' para mostrar cuántos puntos hay en una parte del dominó. Pida a otros estudiantes que expliquen cómo escribir los números en el grupo de números relacionados para que concuerde con la información en sus tableros.

Diga: *Nos falta una parte.*

Pida a los estudiantes que miren sus tableros y los cubos.

Diga: *Movieron 4 cubos del todo de 8 cubos a una parte.*

Pregunte: *¿Cuántos cubos hay en la parte que falta?* (Ejemplo: Los 4 cubos que quedan son la parte que falta).

Señale el tablero de parte-parte-todo en la hoja grande de papel y pida a los estudiantes que cuenten los puntos que quedaron fuera del círculo. Pida

 ISBN 978-981-4822-03-9

a un estudiante que encierre en un círculo los 4 puntos restantes, que dibuje una flecha hacia la casilla de 'Parte' vacía y que escriba el número 4.

Diga: *La parte que falta es 4. Podemos separar 8 en 4 y 4.*

Pida a un estudiante que dibuje los 4 puntos restantes en la parte vacía del dominó grande y que compruebe si hay un todo de 8 puntos en el dominó. Luego, pida a los estudiantes que completen el círculo que falta en el grupo de números relacionados.

Dé a cada pareja un conjunto de Tarjetas de dominó (RM 12.13), sin la Tarjeta de dominó con 9 puntos, y 2 copias de la Hoja de registro de números relacionados (RM 12.14). Diga a los estudiantes que trabajarán en parejas para determinar cuántos puntos hay en la parte que falta y para completar los grupos de números relacionados para formar 8. Explique cómo se desarrolla la actividad.

- Las parejas deben mezclar las Tarjetas de dominó y colocarlas boca abajo en una pila.
- El Estudiante A elige la Tarjeta de dominó de arriba y le dice al Estudiante B cuántos puntos hay en una de las partes (por ejemplo, 4).
- El Estudiante B separa esa cantidad de cubos de una barra de 8 cubos interconectables y cuenta los que quedan para encontrar la parte que falta (por ejemplo, 4).
- Los estudiantes luego trabajan en parejas para representar la separación de 8 en sus Hojas de registro de números relacionados.

Observa

Aprendamos **LE, pág. 54**

Diga a los estudiantes que vayan a la pág. 54 del LE. Señale los cubos sobre la mesa.

Pregunte: *¿Cuántos cubos hay en la mesa?* (8)

Diga: *Las imágenes muestran cómo pueden separarse 8 cubos.*

Pida a los estudiantes que cuenten los cubos y luego, que completen el número relacionado que falta.

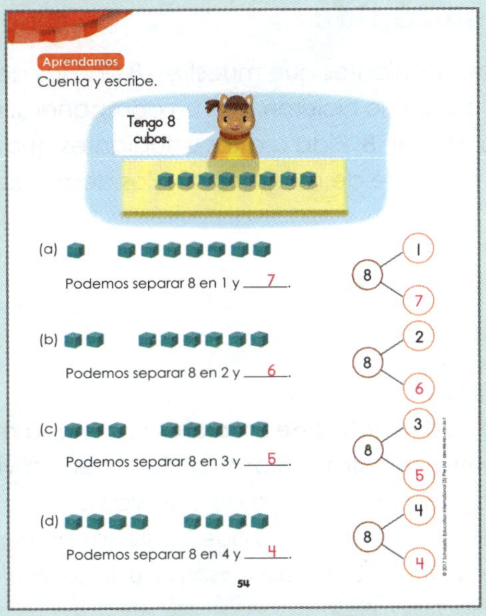

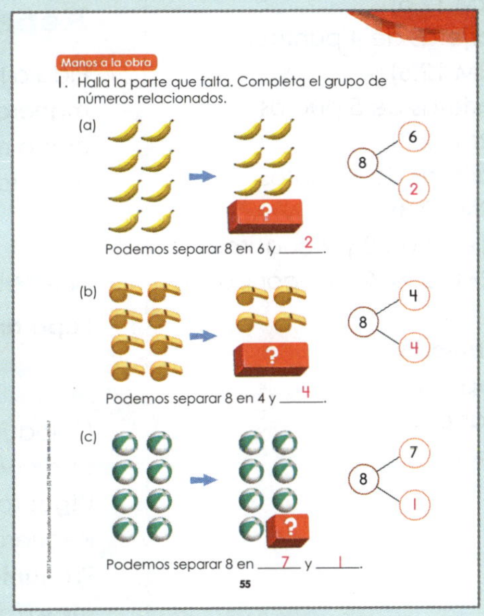

Manos a la obra

LE, pág. 55

En la tarea 1 se practica identificar la parte que falta y usar los grupos de números relacionados para mostrar los resultados de separar 8.

Actividad diaria de conclusión

Repase la actividad de la parte que falta.

Pregunte: *¿Cómo hallaron cuántos puntos había en la parte que falta?* (Ejemplo: Usamos los 8 cubos. Sabíamos cuántos había en una parte, entonces quitamos esa cantidad de cubos. Luego, contamos los cubos que quedaban).

Dé tiempo a los estudiantes para que compartan otras formas de identificar la parte que falta.

Reforzar conceptos

Dé a cada estudiante una barra de 8 **cubos interconectables**. Pídales que usen 1 cubo por objeto, que cuenten la cantidad de cubos de la parte que conocen y que los aparten a un lado. Luego, pida a los estudiantes que cuenten cuántos cubos les quedan, para hallar la parte que falta.

 ISBN 978-981-4822-03-9

Lección 4: Separar y formar 9

DÍA 1 DÍA 2 DÍA 3

Objetivo:

- Separar 9 objetos en dos partes de más de una manera

Materiales:

- bolsas de fichas de 2 colores, 1 bolsa por mesa
- vasos, 1 por pareja
- hojas grandes de papel, 2 hojas.
- conjuntos de crayones (rojo y amarillo), 1 conjunto por pareja

Recursos:

- LE, págs. 56–57
- Tarjetas de 3 puntos (RM 12.5)
- Tarjetas de 4 puntos (RM 12.6)
- Tarjetas de 5 puntos (RM 12.7)
- Tarjetas de 6 puntos (RM 12.8)
- Hileras de 8 y 9 cuadrados (RM 12.9), 2 tiras por pareja

Vocabulario:

- separar
- parte
- todo

Actividad diaria de preparación

Objetivo: Subitizar hasta 6 objetos

Pida a los estudiantes que subiticen las **Tarjetas de puntos de 3, 4, 5 y 6 (RM 12.5–12.8)**. Mezcle las tarjetas y muéstrelas, de una en una, durante 3 segundos.

Pregunte: *¿Cuántos puntos vieron y cómo estaban dispuestos? ¿Alguien vio los puntos de manera diferente?*

Muestre las tarjetas de puntos restantes durante el tiempo que tenga disponible (5 minutos) y repita las preguntas.

NOTA: *La subitización afianza la comprensión que tienen los estudiantes sobre el concepto de las partes y el todo. Los estudiantes identifican el todo, y mientras describen cómo vieron los puntos, descomponen las partes de diferentes maneras.*

Repaso rápido

Pida a los estudiantes que muestren 8 con los dedos y que compartan la manera en que lo hicieron con un compañero. Pida a 1 pareja que comparta cómo mostraron 8. Pida a otros estudiantes que compartan si tuvieron una manera diferente de mostrar 8 con los dedos. Repita con 5, 6 y 7.

Aprender y hacer

Separar 9

Laboratorio de matemáticas

Coloque nueve **fichas de 2 colores** sobre una mesa. Pida a los estudiantes que cuenten mientras coloca las fichas en un **vaso**.

Diga: *Tengo 9 fichas dentro de este vaso.*

Recuerde a los estudiantes que las fichas en el vaso representan el todo.

Pregunte: *¿Qué creen que pasará cuando vuelque las 9 fichas sobre la mesa?* (Ejemplo: Algunas serán rojas y otras serán amarillas).

Vuelque las fichas sobre una mesa.

Pregunte: *¿Cuántas fichas rojas y amarillas ven?* (Ejemplo: Veo 4 fichas rojas y 5 fichas amarillas).

Registre los números que dicen los estudiantes en una **hoja grande de papel**. (Ejemplo: 9 es igual a 4 y 5).

Diga: *Cuando volqué las 9 fichas, separé 9 en dos partes. Una parte era un conjunto de 4 fichas rojas y la otra parte era un conjunto de 5 fichas amarillas.*

Muestre cómo registrar este trabajo en una tira de 9 cuadrados recortada de las **Hileras de 8 y 9 cuadrados (RM 12.9)** coloreando 4 cuadrados de rojo y 5 cuadrados de amarillo.

Agite el vaso y vuelque las fichas otra vez. Pida a los estudiantes que describan los resultados usando números. Registre estos números usando la misma estructura de oración; por ejemplo, 'Podemos separar 9 en 6 y 3'.

Distribuya una bolsa de fichas de 2 colores en cada mesa, y dé un conjunto de **crayones** y 1 vaso a cada pareja. Pida a los estudiantes que trabajen en parejas para contar y colocar 9 fichas en un vaso. Dé a cada pareja 2 tiras de Hileras de 8 y 9 cuadrados para registrar lo que observan cada vez que vuelcan las fichas. Explique que el Estudiante A agita el vaso, vuelca las fichas y le dice al Estudiante B cuántas fichas rojas y amarillas ve. El Estudiante B luego colorea los cuadrados para mostrarlo. Luego, pida a los estudiantes que intercambien roles y repitan el procedimiento. Si es necesario, pida a un estudiante que demuestre la actividad con usted. Pida a los estudiantes que guarden estos registros para compartirlos durante la Actividad de conclusión.

Observe:

- ¿Los estudiantes usan el vocabulario 'separar', 'todo', 'parte' para describir sus resultados?
- ¿Los estudiantes pueden explicar los resultados de sus registros usando números y describir cuántos hay en el todo y en cada parte?
- ¿Los estudiantes organizan las tiras completadas al azar o de forma sistemática?

Observa

Aprendamos LE, pág. 56

Diga a los estudiantes que vayan a la pág. 56 del LE. Pida a los estudiantes que miren los artículos en el carrito de comida.

Pida a los estudiantes que identifiquen primero cada conjunto de 9 objetos, por ejemplo, los sándwiches y las hamburguesas forman un conjunto de 9.

Diga: *¿Cuántos artículos hay en el todo?* (9)

En cada conjunto de objetos, pida a los estudiantes que identifiquen las partes dentro del todo, por ejemplo, 4 hamburguesas, 5 sándwiches.

Diga: *Podemos separar 9 en 4 y 5.*

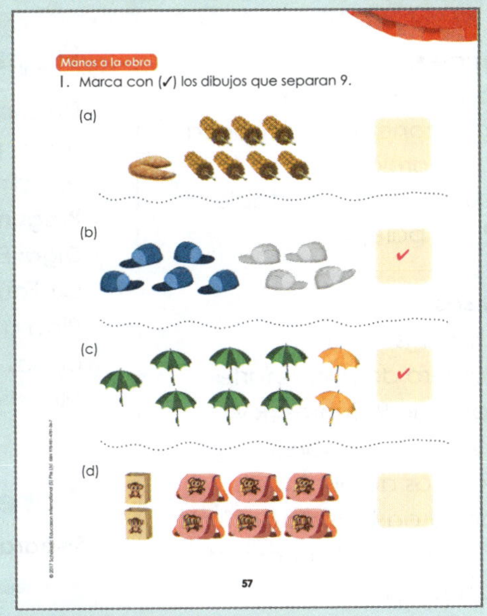

Manos a la obra LE, pág. 57

En la tarea 1 se practica que los estudiantes identifiquen las disposiciones posibles de las partes que forman 9 y que reconozcan que el todo es 9 objetos.

Actividad diaria de conclusión

Pregunte: *¿Cómo separaron 9?*

Pida a las parejas que compartan uno de sus registros. Pegue los registros con cinta adhesiva en una **hoja grande de papel** rotulada *Formas de separar 9*. Pida a los estudiantes que lean cada registro a medida que los pega en la hoja. (Ejemplo: Podemos separar 9 en 3 y 6).

Pregunte: *¿Alguien tiene una tira con 9 cuadrados amarillos o 9 cuadrados rojos?*

Si es así, pida al estudiante que explique por qué los 9 cuadrados son del mismo color. Si no, cree tiras con 9 cuadrados rojos. Lea este registro así: 'Podemos separar 9 en 9 fichas rojas y 0 fichas amarillas'.

Reforzar conceptos

Distribuya 9 **cubos interconectables** a cada pareja. Pida a los estudiantes que cuenten 8 cubos y que los conecten. Recuerde a los estudiantes que la barra de 8 cubos forma un todo. Pida a cada pareja que separe la barra en dos partes. Pida a algunas parejas que compartan cómo separaron 8. Luego, pida que conecten un cubo más a la barra. Pregúnteles cuántos cubos tienen en el todo ahora. Pida a los estudiantes que busquen diferentes formas de separar 9. Pida a algunas parejas que compartan la manera en que lo hicieron con la clase.

 ISBN 978-981-4822-03-9

Lección 4: Separar y formar 9

DÍA 1 DÍA 2 DÍA 3

Objetivos:
- Separar 9 objetos en dos partes de más de una manera
- Formar 9 con dos partes
- Usar un número (del 0 al 9) para mostrar la cantidad de objetos que hay en cada parte al descomponer 9

Materiales:
- barras de 9 cubos interconectables, 1 barra por pareja
- cubos interconectables, 9 por pareja

Recursos:
- LE, págs. 58–59
- Tablero de parte-parte-todo de 9 puntos (RM 12.12), 1 por pareja
- Tarjetas de puntos de parte-parte-todo del 0 al 10 (RM 12.11), 1 conjunto por pareja
- Hoja de registro de parte-parte-todo (RM 12.3), 1 por estudiante
- Tablero de parte-parte-todo (RM 12.2), 1 por estudiante

Vocabulario:
- separar
- formar
- parte
- todo

Actividad diaria de preparación

Objetivo: Contar de 1 en 1 hasta 70

Pida a los estudiantes que cuenten de 1 en 1 hasta 70. Pida a los estudiantes que truenen los dedos cuando digan 10, 20, 30, 40, 50, 60 y 70. Pida a los estudiantes que cuenten a partir de un número que no sea 1 (por ejemplo, 45, 59) hasta 70.

Repaso rápido

Dé a cada pareja una barra de 9 **cubos interconectables**. Cuando dé una señal, pida a cada pareja que separe la barra en dos partes y que cada estudiante sostenga una parte.
Pregunte: *¿Cuántos cubos tenían?* (9)
Diga: *Entonces, el todo es 9.*
Explique que cada estudiante está sosteniendo una parte.
Pida a algunas parejas que describan cómo separaron 9 diciendo cuántos cubos tienen en cada parte.
Muestre la estructura de oración '9 es igual a ______ y ______'.

Aprender y hacer

Separar y formar 9

Laboratorio de matemáticas

Explique a los estudiantes que jugarán a un juego llamado '9 puntos', el cual es parecido al juego '8 puntos' que jugaron antes. Dé a cada pareja un **Tablero de parte-parte-todo de 9 puntos (RM 12.12)**.
Pregunte: *¿Qué ven en el Tablero de parte-parte-todo de 9 puntos?* (Ejemplo: El 9 está en la casilla de 'Todo'. Las dos casillas de 'Parte' están vacías).
Coloque las **Tarjetas de puntos de parte-parte-todo del 0 al 10 (RM 12.11)** en una mesa donde los estudiantes puedan verlas fácilmente.
Diga: *Van a separar 9 en dos partes. Hallen una Tarjeta de puntos para poner en cada parte de manera que las dos partes formen un todo de 9.*
Recuerde a los estudiantes que miren la cantidad de puntos en la casilla de 'Todo' como ayuda para pensar en cómo separar 9.

Pida a los estudiantes que elijan una Tarjeta de puntos para colocar en una de las casillas de 'Parte', por ejemplo, una tarjeta con 4 puntos.
Coloque una tarjeta con 4 puntos en la primera casilla de 'Parte'.
Pregunte: *¿Qué Tarjeta de puntos deberíamos colocar en la otra casilla de 'Parte'? ¿Por qué creen eso?* (Ejemplo: 5, porque 4 y 5 forman 9/porque necesitamos 5 más cuando contamos del 4 al 9).
Coloque una tarjeta con 5 puntos en la otra casilla de 'Parte'. Luego, muestre a los estudiantes una **Hoja de registro de parte-parte-todo (RM 12.3)**.
Diga: *Una vez que hayan colocado dos Tarjetas de puntos, registren su trabajo en la Hoja de registro de parte-parte-todo.*

Demuestre cómo usar números para mostrar el todo y las dos partes. Escriba 9 en la casilla de arriba y complete la primera oración de la siguiente manera: 'Podemos separar 9 en 4 y 5'.

Distribuya 9 **cubos interconectables** a cada pareja.
Diga: *Pueden usar estos cubos como ayuda para decidir qué Tarjeta de puntos colocarán en el tablero para mostrar otras formas de separar 9.*
Dé a cada pareja un conjunto de Tarjetas de puntos de parte-parte-todo del 0 al 10, y a cada estudiante 1 Hoja de registro de parte-parte-todo y 1 **Tablero de parte-parte-todo (RM 12.2)**.
Diga: *Cuando hallen una forma de separar 9, muéstrenla en el tablero. Luego, regístrenlo en su hoja de registro antes de buscar otra forma de separar 9.*
Pida a cada pareja que halle al menos cuatro formas diferentes de separar 9 y que registren esas formas en las hojas de registro con dibujos y números.

Observa

Aprendamos **LE, pág. 58**

Pida a los estudiantes que miren el dibujo en la pág. 58 del LE.
Pregunte: *¿Cuántos pájaros hay en el grupo?* (9)
Pregunte: *¿Cuántos pájaros están volando hacia el suelo?* (3)
¿Cuántos hay en el árbol? (6)
Pregunte: *¿Cuántos hay en el todo?* (9) *¿Cuántos hay en cada parte?* (3 y 6)
Diga: *Podemos separar 9 en 3 y 6.*
Pregunte: *¿Cuántos pájaros son rosados?* (4) *¿Cuántos son azules?* (5)
Diga: *4 pájaros son rosados. 5 son azules.*
Diga: *4 y 5 forman 9.*
Pregunte si la cantidad de pájaros sigue siendo la misma y pídales que expliquen cómo lo saben. Recuérdeles que la cantidad de pájaros sigue siendo la misma ya que no se sumaron ni se restaron pájaros del grupo.

Repita estas preguntas con los 2 pájaros grandes y los 7 pequeños, 1 pájaro con una lombriz y 8 con nada, y 9 pájaros y 0 animales de otro tipo.

Manos a la obra **LE, págs. 58–59**

En la tarea 1 se practica que los estudiantes separen de maneras diferentes un todo de 9 en dos partes y que usen números para representar el resultado de separar 9.

En la tarea 2 se practica formar 9 uniendo las dos partes.

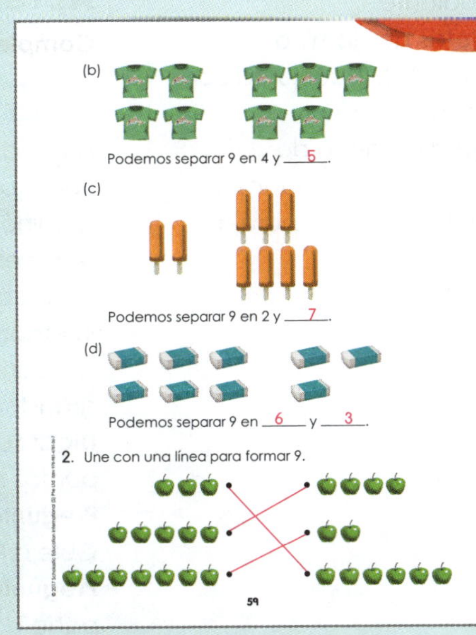

12

Reforzar conceptos

Dé a cada pareja barras de 3, 4, 5 y 6 **cubos interconectables**. Diga a los estudiantes que unan las partes para formar 9. Una vez que los estudiantes unan las partes, pídales que identifiquen el todo. Luego, pida a 2 parejas que usen números para explicar cómo se puede separar 9. (Ejemplo: 4 y 5 forman 9/podemos separar 9 en 3 y 6). Diga a los estudiantes que ahora tienen barras de 9 cubos. Han hallado dos formas de separar 9. Pídales que sugieran otras dos formas de separar la barra de 9 cubos (por ejemplo, 1 y 8, 2 y 7 ó 9 y 0).

Actividad diaria de conclusión

Pida a los estudiantes que compartan sus **Hojas de registro de parte-parte-todo**. Pida a las parejas que elijan un registro para compartir con los demás estudiantes. Pida a los estudiantes que expliquen los números en sus registros usando un **Tablero de parte-parte-todo de 9 puntos** y un conjunto de **Tarjetas de puntos**.

Lección 4: Separar y formar 9

DÍA 1 DÍA 2 DÍA 3

Objetivos:

- Separar 9 objetos en dos partes de más de una manera
- Escribir un grupo de números relacionados para formar 9
- Nombrar la parte que falta para formar 9

Materiales:

- barras de 9 cubos interconectables (del mismo color), 1 barra por estudiante
- hojas grandes de papel
- cubos interconectables, 9 por estudiante

Recursos:

- LE, págs. 60–62
- Tablero de parte-parte-todo (RM 12.2), 1 por estudiante
- Tarjetas de dominó (RM 12.12), 1 conjunto por pareja
- Hoja de registro de números relacionados (RM 12.13), 2 por pareja

Vocabulario:

- separar
- formar
- parte
- todo

Actividad diaria de preparación

Objetivo: Contar hacia atrás del 20 al 0
Pida a los estudiantes que cuenten hacia atrás del 20 al 0. Luego, pídales que cuenten hacia atrás desde un número que no sea 20 (por ejemplo, 11, 7, 17).

Repaso rápido

Dé a cada estudiante una barra de 9 **cubos interconectables**.
Pregunte: *¿Cuál es el todo?* (9)
Diga: *Les diré cuántos cubos hay en un parte. Usen la barra de cubos como ayuda para calcular cuántos hay en la otra parte.*
Completen el primer problema juntos.
Diga: *El todo es 9 cubos. Una parte tiene 7 cubos. ¿Cuántos cubos hay en la otra parte?*
Pida a los estudiantes que cuenten 7 cubos y que los separen de la barra de 9 cubos. Luego, pídales que cuenten los 2 cubos que quedan.
Vuelva a identificar una parte de 9 (por ejemplo, 0 y 9) para que los estudiantes identifiquen la otra parte. Repita la actividad varias veces.

Aprender y hacer

Completar los números relacionados que faltan para formar 9

Laboratorio de matemáticas

Antes de la lección, dibuje un Tablero de parte-parte-todo y un grupo de números relacionados al lado, en una **hoja grande de papel**. Dibuje un gran dominó con 6 puntos en la parte de arriba. La parte de abajo del dominó debe estar en blanco.
Dé a cada estudiante un **Tablero de parte-parte-todo (RM 12.2)** y 9 **cubos interconectables**. Pida a los estudiantes que cuenten los cubos y pregunte "¿Cuántos hay?". Muestre a los estudiantes el dominó que dibujó en la hoja grande de papel antes de la lección.
Diga: *Supuestamente hay 9 puntos en este dominó. Solo sabemos cuántos puntos hay en una parte.*
Pregunte: *¿Cuántos puntos hay en la otra parte para que el todo sea 9?*
Guíe a los estudiantes para que identifiquen la parte que falta.
Pregunte: *¿Cuántos puntos hay en el todo?* (9) *¿Cuántos puntos hay en esta parte del dominó?* (6)
Diga: *Sabemos que el todo es 9 y que hay 6 puntos en una parte.*
Pida a los estudiantes que primero coloquen los cubos en sus tableros para mostrar lo que ya saben, (deben colocar 9 cubos en la casilla de 'Todo' y mover 6 hacia una casilla de 'Parte').
Dibuje 9 puntos en la casilla de 'Todo' en el Tablero de parte-parte-todo (en una hoja grande de papel) para representar el todo. Escriba '9' al lado.
Encierre 6 puntos en un círculo y dibuje una flecha hacia una de las casillas de 'Parte'. Escriba '6' para mostrar cuántos puntos hay en una parte del dominó.
Pida a los estudiantes que digan qué números hay que escribir en el grupo de números relacionados para que coincida con la información de sus tableros.
Diga: *Nos falta una parte.*
Pida a los estudiantes que miren sus tableros y los cubos.
Pregunte: *Movieron 6 cubos del todo de 9 cubos a una parte. ¿Cuántos cubos hay en la parte que falta?* (Ejemplo: Los 3 cubos que quedan son la parte que falta).

Señale al Tablero de parte-parte-todo (en la hoja grande de papel) y pida a los estudiantes que cuenten los puntos que quedaron fuera del círculo. Pida a un estudiante que encierre en un círculo los 3 puntos restantes, que dibuje una flecha hacia la casilla vacía de 'Parte' y que escriba el número 3.

Diga: *La parte que falta es 3. Podemos separar 9 en 6 y 3.*

Pida a un estudiante que dibuje los 3 puntos restantes en la parte vacía del dominó grande y que compruebe si hay un todo de 9 puntos en el dominó. Luego, pida a los estudiantes que completen el círculo que falta en el grupo de números relacionados.

Dé a cada pareja un conjunto de Tarjetas de dominó (RM 12.12) y 2 copias de la Hoja de registro de números relacionados (RM 12.13). Diga a los estudiantes que trabajarán en parejas para saber cuántos puntos hay en la parte que falta y para completar los grupos de números relacionados para formar 9.

Explique cómo se desarrolla la actividad.

- Las parejas deben mezclar las Tarjetas de dominó y colocarlas boca abajo en una pila.
- El Estudiante A elige la Tarjeta de dominó de arriba y le dice al Estudiante B cuántos puntos hay en una de las partes (por ejemplo, 5).
- El Estudiante B separa esa cantidad de cubos de una barra de 9 cubos interconectables y cuenta los que quedan para hallar la parte que falta (por ejemplo, 9).
- Los estudiantes luego trabajan en parejas para representar la separación de 9 en sus Hojas de registro de números relacionados.

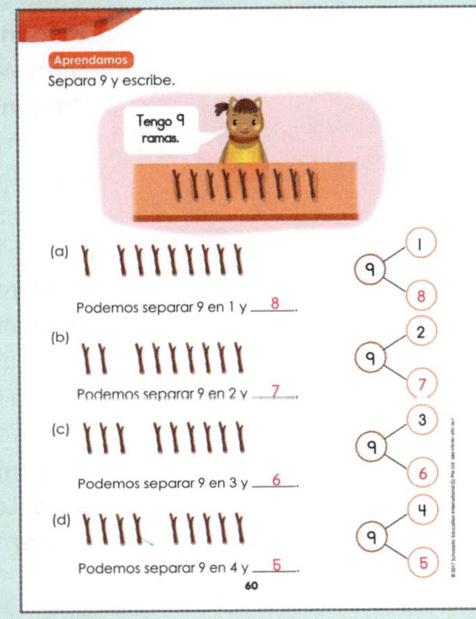

Observa

Aprendamos LE, pág. 60

Diga a los estudiantes que vayan a la pág. 60 del LE. Señale las ramas en la mesa.

Pregunte: *¿Cuántas ramas hay en la mesa?* (9)

Diga: *Los dibujos muestran cómo pueden separarse las 9 ramas.*

Pida a los estudiantes que cuenten las ramas y luego, completen con el número relacionado que falta.

Manos a la obra LE, págs. 61–62

En la tarea 1 se practica identificar los números que representan el todo y las partes en un grupo de números relacionados cuando se separa 9.

En la tarea 2 se practica identificar la parte que falta y usar los grupos de números relacionados para mostrar los resultados de separar 9.

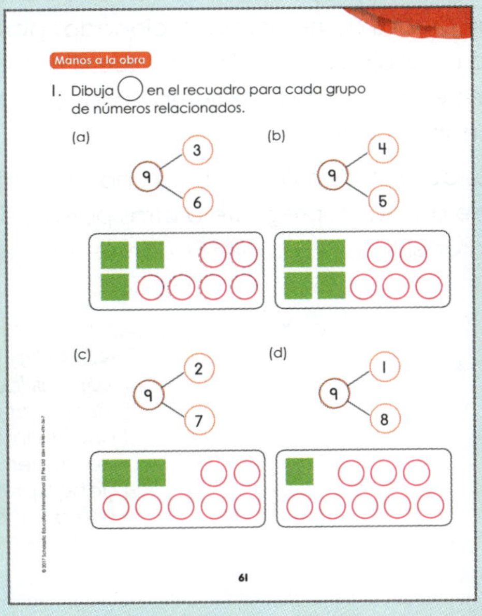

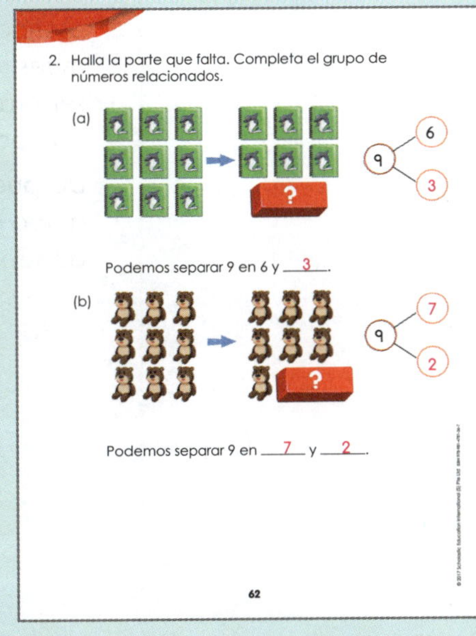

Reforzar conceptos

Dé a cada estudiante una barra de 9 **cubos interconectables**. Pídales que cuenten la cantidad de cubos que representan el todo (por ejemplo, 6 cubos) y que los separen en dos partes. Pida a los estudiantes que compartan cómo separaron el todo.

Actividad diaria de conclusión

Repase la actividad de la parte que falta.

Pregunte: *¿Cómo hallaron cuántos puntos había en la parte que falta?*

Dé tiempo a los estudiantes para que compartan otras formas de identificar la parte que falta.

Ejercicios del capítulo y actividades para los Centros de intereses

DÍA 1

Objetivos:

- Separar conjuntos de 6 a 9 objetos en dos partes de más de una manera
- Representar los resultados de descomponer y juntar de 6 a 9 objetos con dibujos y grupos de números relacionados

Recursos:

- LE, pág. 63

Ejercicios del capítulo

LE, pág. 63

Pida a los estudiantes que miren el dibujo de la pág. 63 del LE.
Haga las siguientes preguntas para animarlos a conversar.
Pregunte: *¿Qué animales pueden ver en el dibujo?* (pájaros, monos, elefantes y leones)

Primero pregunte a los estudiantes cuál es la cantidad total de animales en cada grupo.
Pregunte: *¿Cuántos elefantes hay?* (6)
Diga: *Miren el grupo de 6 elefantes.*
Pregunte: *¿Todos los elefantes tienen el mismo tamaño?* (no) *¿Cuántos son grandes y cuántos son pequeños?* (2 grandes y 4 pequeños)
Pida a los estudiantes que piensen en cómo pueden representar estos números en un grupo de números relacionados.
Pregunte: *¿Qué más notan en los elefantes? ¿Qué está haciendo uno de los elefantes?* (rociando agua) *¿Cuántos no están haciendo nada?* (5)
Pida a los estudiantes que piensen en cómo pueden representar estos números en un grupo de números relacionados.
Pregunte: *¿Todavía tenemos 6 elefantes?* (sí)
Diga: *Las cantidades en cada parte son diferentes. Podemos separar 6 de diferentes maneras. Podemos separar 6 en 2 y 4, y podemos separar 6 en 1 y 5.*

Pida a algunas parejas que miren el resto de los grupos de animales y escriban grupos de números relacionados para representar lo que se muestra en el dibujo. Recuérdeles que deben identificar el todo antes de separarlo en dos partes. Dé tiempo a los estudiantes antes de pedirles que compartan sus ideas.

Después de que identifiquen un grupo de números relacionados en cada grupo de animales, pregunte a otras parejas si tienen una manera diferente de separar el todo. (Ejemplo: Podemos separar los 8 monos en 2 monos de color café oscuro y 6 de color café claro, o 4 monos en los árboles y 4 en el suelo).

NOTA: *Las preguntas evalúan la capacidad de los estudiantes para identificar el todo y separarlo en dos partes antes de representarlas con grupos de números relacionados. Los estudiantes deben poder identificar similitudes y diferencias, y clasificar según las mismas.*

Objetivo:

- Nombrar la parte que falta para formar 9

Materiales:

- bolsas de 10 cubos interconectables (del mismo color), 1 bolsa por pareja

Recursos:

- LE, pág. 64

Actividad 1 LE, pág. 64

Pida a los estudiantes que escuchen con atención mientras lee los globos de diálogo.

Pida a los estudiantes que primero PIENSEN cuál de los gatos tiene razón y por qué. Luego, pídales que CONVERSEN con un compañero sobre su razonamiento.

Diga: *Conversaron con un compañero sobre qué gato tiene la razón. CONVERSEN con su compañero otra vez para explicar cómo lo saben.*

Distribuya una bolsa con 10 **cubos interconectables** por pareja. Pida a los estudiantes que usen los cubos y trabajen juntos para demostrar cómo hallaron la parte que faltaba.

Observe:

- ¿Los estudiantes arman barras de 9 cubos y luego quitan 4 para mostrar cuántos cubos quedan en la barra?
- ¿Los estudiantes arman una barra de 4 cubos y cuentan cubos adicionales hasta que llegan al 9? ¿Cuentan los cubos adicionales que necesitan para formar 9 y se dan cuenta de que esa es la parte que falta?
- ¿Usan otra forma de hallar la parte que falta, por ejemplo, con dedos, dibujos?
- ¿Los estudiantes saben cuál es la parte que falta sin usar los cubos?

Pregunte: *¿Qué gato tiene razón?* (Tito) *¿Por qué?* (Ejemplo: Contamos con los dedos. Yo levanté 4 dedos. Seguimos contando con los dedos de mi compañero hasta que llegamos al 9. Mi compañero levantó 5 dedos, entonces sabemos que hay 5 cubos debajo del vaso./Hicimos una barra de 4 cubos y seguimos contando cubos hasta que llegamos a los 9 cubos. Los 5 cubos adicionales muestran la cantidad de cubos que hay debajo del vaso./ Sabemos que son 5 cubos porque 9 es igual a 4 y 5).

Objetivos:

- Separar conjuntos de 7 y 8 objetos en dos partes de más de una manera
- Representar los resultados de descomponer de 7 a 8 objetos con grupos de números relacionados

Materiales:

- cubos interconectables, 8 por pareja
- vasos, 1 por pareja
- papel A4, media hoja por pareja

Recursos:

- LE, pág. 65

Actividad 2 **LE, pág. 65**

Dé a cada pareja 8 **cubos interconectables**, un **vaso** y media hoja de **papel A4**.

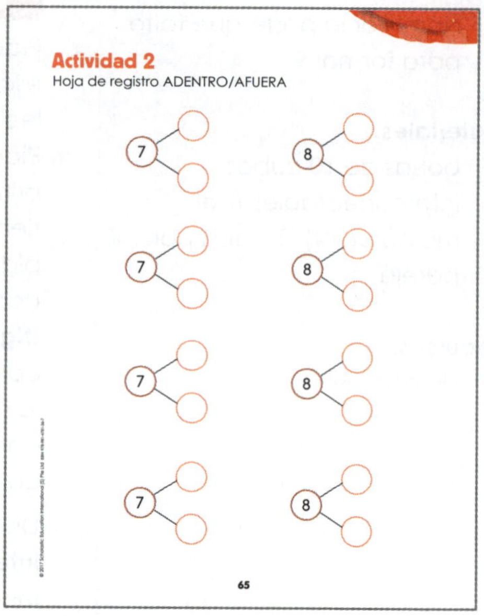
Actividad 2
Hoja de registro ADENTRO/AFUERA

65

Explique cómo se desarrolla la actividad.

- Los estudiantes primero cuentan 7 cubos y los colocan en el vaso.
- El Estudiante A agita el vaso y vuelca los cubos sobre la hoja de papel. Explique que los estudiantes no tienen que asegurarse de que los cubos caigan sobre el papel. El Estudiante A cuenta y le dice a su compañero cuántos cubos caen en el papel y cuántos caen fuera.
- El Estudiante B comprueba el conteo de su compañero y anota los resultados en el primer grupo de números relacionados de la pág. 65 del LE.
- Los estudiantes cambian roles y repiten el proceso hasta que completen todos los grupos de números relacionados que resultan al separar 7.
- Los estudiantes ahora usan 8 cubos y repiten el proceso hasta que completen todos los grupos de números relacionados que resultan al separar 8.

Objetivo:

- Representar los resultados de descomponer de 6 a 9 objetos con dibujos y grupos de números relacionados

Recursos:

- LE, pág. 66

Actividad 3 **LE, pág. 66**

Explique a los estudiantes que van a dividir los objetos para separar de 6 a 9 y que registrarán los resultados en un grupo de números relacionados.

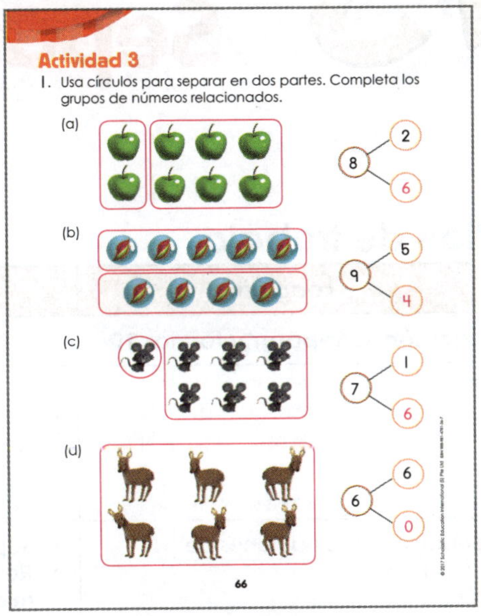

12

Actividad de conclusión del capítulo

Pida a los estudiantes que conversen sobre lo que aprendieron en el capítulo.

Pregunte:

- *¿Cuáles son algunas formas en las que podemos separar 6?* (Ejemplo: Podemos separar 6 en 2 y 4./3 y 3 forman 6).

Pida a los estudiantes que compartan lo que completaron en la pág. 66 del LE.

Después que los estudiantes compartan sus maneras de separar 6, pregúnteles qué número representa el todo y qué números muestran las partes que forman el todo.

Haga preguntas similares para separar 7, 8 y 9.

» Resolución de problemas (1 día)

Consulte los Recursos para Resolución de problemas, donde encontrará materiales y notas para la enseñanza.

13 Separar y formar 10

Plan de trabajo

Lección	Objetivos
Lección 1: Separar y formar 10	
Separar 10	• Separar 10 objetos en dos partes de más de una manera • Usar un número (del 0 al 10) para representar la cantidad de objetos que hay en cada parte al descomponer 10
Separar combinaciones de 10 puntos	• Separar 10 objetos en dos partes de más de una manera • Representar los resultados de descomponer 10 objetos con grupos de números relacionados • Usar un número (del 0 al 10) para representar la cantidad de objetos que hay en cada parte al descomponer 10
¿Cuántos más forman 10?	• Separar 10 objetos en dos partes de más de una manera • Usar un número (del 0 al 10) para representar la cantidad de objetos que hay en cada parte al descomponer 10 • Nombrar la parte que falta para formar 10 cuando se suma a un número dado
Representar cuántos más forman 10	• Separar 10 objetos en dos partes de más de una manera • Usar un número (del 0 al 10) para representar la cantidad de objetos que hay en cada parte al descomponer 10 • Nombrar la parte que falta para formar 10 cuando se suma a la cantidad dado
Ejercicios del capítulo y actividades para los Centros de intereses	
Ejercicios del capítulo Actividad 1 Actividad 2 Actividad 3	• Separar 10 objetos en dos partes de más de una manera • Representar los resultados de descomponer 10 objetos con grupos de números relacionados • Formar 10 con dos partes • Nombrar la parte que falta para formar 10 cuando se suma a un número dado
Resolución de problemas	

Duración total: 6 días (1 día = 1 hora)

Materiales	Recursos	Vocabulario
		4 días
• bolsas de fichas de 2 colores, 1 bolsa por mesa • vaso, 1 por pareja • conjuntos de crayones (rojos y amarillos), 1 conjunto por pareja • hojas grandes de papel	• LE, págs. 67–69 • Tarjetas de 5 y 6 puntos (RM 12.7–12.8) • Hileras de cuadrados (RM 13.1), 10 cuadrados por hilera, 12 tiras por pareja	• separar • parte • todo
• cubos interconectables (10 rojos y 10 amarillos), 20 por pareja • cubos interconectables, 10 por pareja • barras de 10 cubos interconectables, 1 barra por pareja	• LE, págs. 70–72 • Tarjetas de puntos de parte-parte-todo del 0 al 10 (RM 12.11), 1 conjunto por pareja • Hoja de registro de números relacionados (RM 13.2)	• separar • parte • todo
• hojas grandes de papel • barras de 5 cubos interconectables, 1 barra por estudiante • notas adhesivas • barras de 10 cubos interconectables, 1 barra por pareja • barras de 10 cubos interconectables, 1 barra por estudiante	• LE, págs. 73–74 • Tarjetas de puntos en cuadros de 10 (RM 13.3), 1 conjunto por pareja • Hoja de registro para formar 10 (RM 13.4), 1 por estudiante	• más • parte • todo
• barras de 5 cubos interconectables, 1 barra por estudiante • notas adhesivas • barras de 10 cubos interconectables, 1 barra por estudiante • barras de 10 cubos interconectables, 1 barra por pareja • hojas grandes de papel	• LE, págs. 75–76 • Tarjetas de puntos en cuadros de 10 (RM 13.3), 1 conjunto por pareja • Tarjetas de números relacionados (RM 13.5), 1 conjunto por pareja	• más • parte • todo
		1 día
	• LE, pág. 77	
• bolsas de 20 cubos interconectables (2 colores), 1 bolsa por pareja • hoja de dibujo, 1 por pareja	• LE, pág. 78	
• bolsas de 30 cubos interconectables (2 colores diferentes), 1 bolsa por pareja	• LE, pág. 79 • Tarjetas de partes que faltan (RM 13.6), 1 conjunto por pareja	
	• LE, pág. 80	
		1 día
	• Resolución de problemas: Superlibro 13 y Libro de lectura 13 • Resolución de problemas: Guía del profesor	

13

13 Separar y formar 10

Presentación del capítulo

Lección 1: Separar y formar 10

Introducción

Diez es un punto de referencia importante en el sistema numérico. En este capítulo las exploraciones de parte-parte-todo de los estudiantes al descomponer 10 servirán para establecer la comprensión fundamental de conceptos numéricos (por ejemplo: valor posicional) que necesitarán en la escuela en los años venideros. Estas experiencias permitirán a los estudiantes nombrar un número que forme 10 cuando se les da un número de un dígito.

Lección 1: Separar y formar 10

DÍA 1 DÍA 2 DÍA 3 DÍA 4

Objetivos:

- Separar 10 objetos en dos partes de más de una manera
- Usar un número (del 0 al 10) para representar la cantidad de objetos que hay en cada parte al descomponer 10

Materiales:

- bolsas de fichas de 2 colores, 1 bolsa por mesa
- vaso, 1 por pareja
- conjuntos de crayones (rojos y amarillos), 1 conjunto por pareja
- hojas grandes de papel

Recursos:

- LE, págs. 67–69
- Tarjetas de 5 y 6 puntos (RM 12.7–12.8)
- Hileras de cuadrados (RM 13.1), 10 cuadrados por hilera, 12 tiras por pareja

Vocabulario:

- separar
- parte
- todo

Actividad diaria de preparación

Objetivo: Subitizar hasta 6 objetos

Pida a los estudiantes que subiticen las **Tarjetas de 5 y 6 puntos (RM12.7–12.8)**. Mezcle las tarjetas y muéstrelas, una por una, por 3 segundos.
Pregunte: *¿Cuántos puntos vieron? ¿Cómo lo supieron?*
Registre las descripciones de los estudiantes sobre cómo vieron la disposición de los puntos en las tarjetas de 5 puntos. Dibuje múltiples disposiciones de puntos que muestren cómo estaban ordenados los puntos. Encierre en un círculo las partes que vieron los estudiantes, por ejemplo, si un estudiante dice que vio 3 puntos arriba y 2 puntos en la parte de abajo, entonces encierre en un círculo el grupo de 3 puntos y el grupo de 2 puntos. Encierre en un círculo cada grupo que los estudiantes describan. Repita este procedimiento con las Tarjetas de 6 puntos.

***NOTA:** El registro de las descripciones de los estudiantes sobre cómo ven los puntos sirve para que visualicen la relación entre los números. La observación de las diferentes partes de una disposición de puntos ayuda a que los estudiantes piensen de un modo flexible.*

Repaso de conocimientos previos

Repasemos LE, pág. 67

Pida a los estudiantes que miren el dibujo de la pág. 67 del LE. Pida a los estudiantes que separen conjuntos de 6 a 9 objetos y que representen los resultados usando grupos de números relacionados.

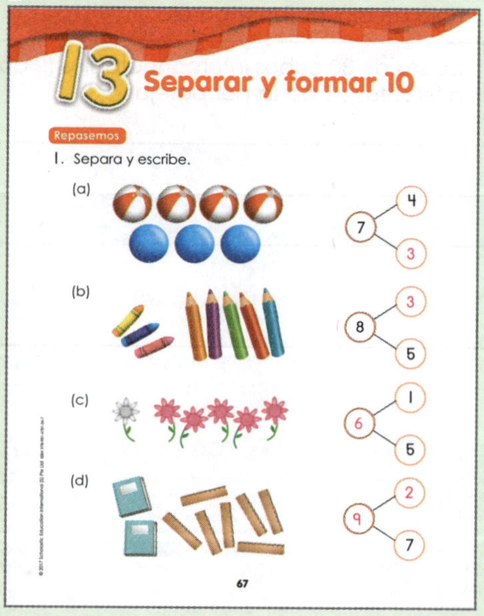

Aprender y hacer

Separar 10

Laboratorio de matemáticas

Coloque diez **fichas de 2 colores** en un **vaso**.

Diga: *Las 10 fichas de este vaso representan el todo. Hallaremos las distintas maneras de separar 10 volcando las fichas del vaso.*

Vuelque las fichas sobre una mesa.

Pregunte: *¿Cuántas fichas rojas y amarillas ven?* (Ejemplo: Veo 4 fichas rojas y 6 fichas amarillas).

Diga: *10 es igual a 4 y 6.*

Diga: *Hallen más maneras de separar 10. Coloreen los cuadrados en la hilera de 10 cuadrados para mostrar las distintas maneras.*

Distribuya conjuntos de **crayones**, varios vasos y una bolsa de fichas de 2 colores en cada mesa. Pida a los estudiantes que trabajen en parejas para contar y colocar 10 fichas en un vaso. Dé a cada pareja 12 tiras de 10 cuadrados de las **Hileras de cuadrados (RM 13.1)** para registrar lo que observan cada vez que vuelcan las fichas. Explique cómo se desarrolla la actividad.

- El Estudiante A agita el vaso y vuelca las fichas.
- El Estudiante A le dice al Estudiante B cuántas fichas rojas y amarillas ve.
- El Estudiante B luego colorea los cuadrados para mostrar esto.
- Luego, los compañeros cambian roles y repiten el procedimiento.

Pida a algunas parejas que compartan los resultados de sus registros. Anime a los estudiantes a usar números diciendo "Podemos separar 10 en ______ y ______" luego de que compartan cada registro. Esto servirá para que puedan describir cuánto hay en el todo y cuánto en cada parte. Observe si los estudiantes organizan las tiras completadas al azar o de forma sistemática. Si los estudiantes las disponen de manera organizada, pídales que expliquen cómo decidieron ordenar sus hileras de 10 cuadrados. Anímelos a comprobar si hallaron todas las maneras de separar 10.

Observa

Aprendamos LE, pág. 68

Diga a los estudiantes que vayan a la pág. 68 del LE. Pídales que identifiquen los grupos de 10 objetos. Recuérdeles que 10 es uno más que 9 y que está compuesto por dos dígitos, un '1' y un '0'.

Para cada conjunto, pida a los estudiantes que señalen las partes, por ejemplo, 6 libros en el estante, 4 libros en el suelo. Pida a los estudiantes que describan los resultados al separar 10 usando números, por ejemplo: Separamos 10 en 6 y 4.

Manos a la obra LE, pág. 69

En la tarea 1 se practica que los estudiantes identifiquen las distintas disposiciones de partes que forman 10.

Reforzar conceptos

Distribuya una barra de 10 **cubos interconectables** a cada pareja. Pida a los estudiantes que cuenten la cantidad de cubos en la barra. Recuerde a los estudiantes que la barra de 10 cubos forma el todo. Pida a los estudiantes que separen la barra en dos partes. Luego, pídales que cuenten la cantidad de cubos en cada parte que separa a 10. Pida a varias parejas que muestren distintas maneras de separar las barras de cubos.

Actividad diaria de conclusión

Coloque una **tira** de 10 cuadrados rojos en una **hoja grande de papel**. Escriba *Maneras de separar 10* en la parte superior.

Pregunte: *¿Cómo cayeron las fichas?* (Ejemplo: Todas las fichas son rojas).

Diga: *Podemos separar 10 en 10 y 0.*

Escriba esto. Pida a los estudiantes una tira con 9 cuadrados rojos y 1 amarillo y que comprueben si aún hay 10 cuadrados. Pegue la tira y escriba: Podemos separar 10 en 9 y 1. Continúe de forma que los cuadrados rojos vayan disminuyendo por uno. Pídales que lean cada registro en la hoja y digan si todos forman 10. Guarde los registros para el Repaso rápido del día siguiente.

13

Objetivos:

- Separar 10 objetos en dos partes de más de una manera
- Representar los resultados de descomponer 10 objetos con grupos de números relacionados
- Usar un número (del 0 al 10) para representar la cantidad de objetos que hay en cada parte al descomponer 10

Materiales:

- cubos interconectables (10 rojos y 10 amarillos), 20 por pareja
- cubos interconectables, 10 por pareja
- 10 cubos interconectables, 1 barra por pareja

Recursos:

- LE, págs. 70–72
- Tarjetas de puntos de parte-parte-todo del 0 al 10 (RM 12.11), 1 conjunto por pareja
- Hoja de registro de números relacionados, (RM 13.2)

Vocabulario:

- separar
- parte
- todo

Actividad diaria de preparación

Objetivo: Contar de 1 en 1 hasta 70

Pida a los estudiantes que cuenten de 1 en 1 hasta 70. Pídales que se toquen los hombros cuando digan 10, 20, 30, 40, 50, 60 y 70. Luego, pida a los estudiantes que cuenten desde un número dado que no sea 1 (por ejemplo, 49, 61) hasta 70.

Repaso rápido

Coloque **cubos interconectables** rojos y amarillos en cada mesa. Pida a los estudiantes que trabajen en parejas para formar una barra de 10 cubos usando algunos cubos rojos y otros amarillos. Repase la gráfica *Maneras de separar 10* de la actividad de conclusión del día anterior.
Diga: *Estas son las distintas maneras en que separamos 10.*
Pregunte: *¿Cuántos cubos rojos y amarillos usaron? ¿La barra de 10 cubos se parece a alguna de estas maneras de separar 10?*
Pida a las parejas que busquen las combinaciones suyas (barra de cubos rojos y amarillos) que coincidan con la misma combinación en las tiras de cuadrados. Ayude a los estudiantes a usar el lenguaje demostrado anteriormente (ejemplo: Podemos separar 10 en 7 cubos rojos y 3 amarillos).

Aprender y hacer

Separar combinaciones de 10 puntos

Laboratorio de matemáticas

Explique a los estudiantes que jugarán al juego 'Separar 10'. Dé a cada pareja un conjunto de **Tarjetas de puntos de parte-parte-todo del 0 al 10 (RM. 12.11)**, una **Hoja de registro de números relacionados (RM 13.2)** y 10 **cubos interconectables.**
Pida a un estudiante voluntario que lo ayude a demostrar el juego. Conecte 10 cubos para formar una barra de 10 cubos. Comparta las tarjetas de puntos entre los compañeros. Mezcle las tarjetas de puntos y colóquelas boca abajo en una pila.
Diga: *En este juego, el todo es 10. Cada pareja formará 10 de distintas maneras y mostrará cada manera usando un grupo de números relacionados.*

Explique cómo se juega.

- El Estudiante A (estudiante) toma una tarjeta de puntos de la pila. Cuenta los puntos y le dice a su compañero la cantidad de puntos que hay en la tarjeta (por ejemplo, 4). Entonces, 4 será una de las partes.
- El Estudiante B (maestro) cuenta esa cantidad de cubos y los quita de la barra de 10 cubos. El Estudiante B cuenta los cubos que quedan.
- Los compañeros verifican la cantidad de cubos que quedan después de haber quitado los 4 cubos de la barra de 10 cubos. Esta cantidad es la cantidad de la otra parte.
- Los compañeros registran los resultados en la Hoja de registro de números relacionados.
- Luego, los compañeros cambian roles y repiten el procedimiento varias veces.

Pida a los estudiantes que registren maneras adicionales de separar 10 en grupos de números relacionados en sus hojas de registro.

Observa

Aprendamos LE, pág. 70

Pida a los estudiantes que miren el dibujo de las ranas en vasos de papel en la pág. 70 del LE.
Pregunte: *¿Cuántas ranas hay en el grupo?* (10) *¿Cuántas ranas ya están coloreadas en verde?* (9) *¿Cuántas ranas falta colorear?* (1)
Diga: *Hay 10 ranas en vasos de papel. 9 están coloreadas. 1 está sin colorear.*
Pida a los estudiantes que identifiquen el número del todo y los números de cada parte.
Diga: *Podemos separar 10 en 9 y 1.*

Pregunte: *¿Cuántas ranas tienen coronas?* (6) *¿Cuántas ranas no tienen coronas?* (4)
Diga: *Hay 10 ranas en vasos de papel. 6 tienen coronas. 4 no tienen coronas.*
Pregunte a los estudiantes si el todo permanece igual. Pídales que expliquen sus ideas. Recuérdeles que no se agregaron ni se quitaron vasos de papel.
Diga: *Podemos separar 10 en 6 y 4.*

Repita estas preguntas para las otras disposiciones.

- 6 ranas con bufandas, 4 ranas sin bufandas
- 10 ranas en vasos de papel, 0 animales de otro tipo en vasos de papel
- 7 ranas despiertas, 3 dormidas
- 2 ranas en la bandeja, 8 ranas fuera de la bandeja

Manos a la obra

LE, págs. 71–72

En la tarea 1 se practica que los estudiantes separen un todo de 10 en dos partes de distintas maneras y que usen números para representar los resultados de separar 10.

En la tarea 2 se practica que los estudiantes muestren dos maneras de separar 10.

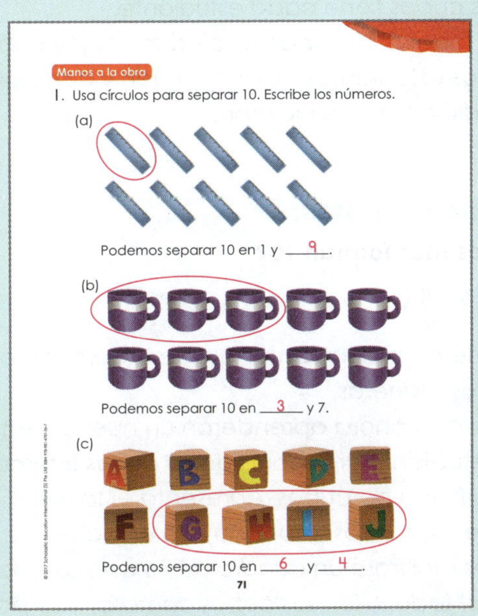

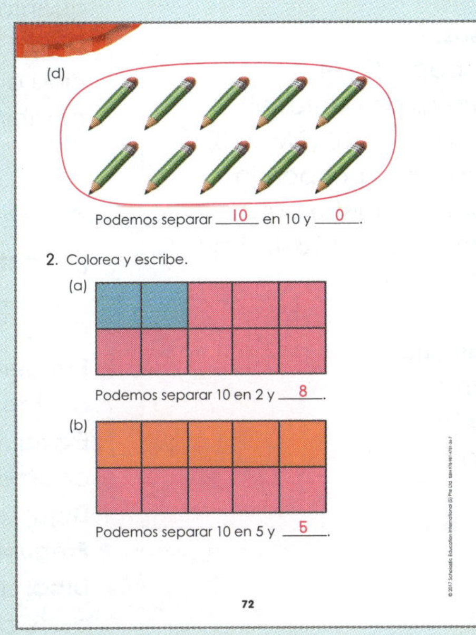

Reforzar conceptos

Dé a los estudiantes 10 **crayones**. Pídales que cuenten los crayones. Luego, pregúnteles cuántos crayones hay en el todo. Pida a los estudiantes que separen los crayones en dos partes. Dígales que coloquen las manos sobre las dos partes distintas. Pregunte a los estudiantes cuántos crayones tienen debajo de la mano izquierda. Recuérdeles que esa es una parte. Haga lo mismo para los crayones que están debajo de la mano derecha. Pida a los estudiantes que compartan cómo separaron 10.
Diga: *Ustedes separaron el grupo de 10 crayones en dos partes. Debajo de cada mano había una parte. Podemos separar 10 en ______ y ______.*

Actividad diaria de conclusión

Pida a los estudiantes que lleven sus **Hojas de registro de números relacionados** a un área central del salón de clase para compartirlas. Dé a cada pareja una barra de 10 **cubos interconectables**. Pida a las parejas que compartan una manera de separar 10 mostrando las dos partes y cómo lo registraron en un grupo de números relacionados.

13

Objetivos:
- Separar 10 objetos en dos partes de más de una manera
- Usar un número (del 0 al 10) para representar la cantidad de objetos que hay en cada parte al descomponer 10
- Nombrar la parte que falta para formar 10 cuando se suma a un número dado

Materiales:
- hojas grandes de papel
- barras de 5 cubos interconectables, 1 barra por estudiante
- notas adhesivas
- barras de 10 cubos interconectables, 1 barra por pareja
- barras de 10 cubos interconectables, 1 barra por estudiante

Recursos:
- LE, págs. 73–74
- Tarjetas de puntos en cuadros de 10 (RM 13.3), 1 conjunto por pareja
- Hoja de registro para formar 10 (RM 13.4), 1 por estudiante

Vocabulario:
- formar
- parte
- todo

Actividad diaria de preparación

Objetivo: Crear y conversar sobre los datos de una gráfica

Use una **hoja grande de papel** para crear una gráfica de 3 columnas con el título *Separar 5*. Escriba lo siguiente sobre cada columna: *5 y 0*, *4 y 1*, *3 y 2*. Dé a cada estudiante una barra de 5 **cubos interconectables**. Pida a los estudiantes que decidan cómo quieren separar la barra en dos partes. Pida a los estudiantes que escriban la cantidad de cubos en cada parte en una **nota adhesiva**. Luego, pídales que coloquen sus notas adhesivas en la columna que representa sus resultados.
Pida a los estudiantes que conversen sobre la gráfica.
Pregunte:
- *¿Cuántos amigos separaron sus barras en un grupo de 3 cubos y un grupo de 2 cubos?*
- *¿Cuántos amigos separaron sus barras en un grupo de 4 cubos y 1 cubo?*
- *¿Hay una cantidad mayor de amigos que separaron 5 en 4 y 1 o en 5 y 0?*
- *¿Hubo menos amigos que separaron 5 en 3 y 2 o en 4 y 1?*

Repaso rápido

Dé a cada pareja una barra de 10 **cubos interconectables**. Pida a las parejas que separen sus barras. Cada compañero debe sostener una parte. Pida a los estudiantes que comprueben cuántos cubos tienen en cada parte, es decir, cuántos cubos tiene cada estudiante.
Diga: *El todo es 10 cubos. Una parte tiene 4 cubos. La otra parte tiene 6 cubos.*
Pida a los estudiantes que continúen y compartan algunas de las combinaciones que hicieron.

Aprender y hacer

¿Cuántos más forman 10?

Laboratorio de matemáticas

Recuerde a los estudiantes que han aprendido a separar 10 de diferentes maneras.
Explique que ahora aprenderán un nuevo juego llamado 'Formar 10'. Dé a cada estudiante una barra de 10 **cubos interconectables**.
Diga: *La barra de cubos representa el todo.*
Pregunte: *¿Cuántos cubos hay en el todo?* (10)
Diga: *Les mostraré un cuadro de 10 con algunos puntos. Los puntos son una parte del todo. Usen sus cubos como ayuda para calcular cuántos puntos más formarán 10.*

Del conjunto de **Tarjetas de puntos en cuadros de 10 (RM 13.3)**, muestre a los estudiantes la tarjeta de cuadros de 10 con 7 puntos durante 3 segundos.
Pregunte: *¿Cuántos puntos vieron? ¿Cómo lo supieron?* (Ejemplo: Inmediatamente supe que había 5 y luego conté 6 y 7).
Diga: *7 es una de las partes.*
Señale las casillas vacías que quedan en el cuadro de 10 para 7.
Pregunte: *¿Cuántos puntos más completarán el cuadro de 10 y formarán 10?*
Diga: *Usen sus cubos como ayuda para resolverlo.*
Pida a los estudiantes que coloquen 1 cubo en cada casilla vacía. Luego, pídales que cuenten la cantidad de cubos que colocaron para formar 10.
Diga: *7 y 3 forman 10.*

Muestre a los estudiantes la **Hoja de registro para formar 10 (RM 13.4)**. Explique que los estudiantes colocarán sus cubos en las casillas vacías del cuadro de 10 para formar 10 y completar la hoja de registro. Pida a un estudiante voluntario que lo ayude a demostrar el juego y luego demuestre cómo completar la hoja de registro. Explique cómo se desarrolla la actividad.

- Mezcle las Tarjetas de puntos en cuadros de 10 y colóquelas boca abajo en una pila.
- El Estudiante A (el estudiante) toma la tarjeta de la parte de arriba y le dice al Estudiante B (el maestro) cuántos puntos hay en su Tarjeta de puntos en cuadros de 10.
- El Estudiante B (el maestro) coloca un cubo en cada casilla vacía del cuadro de 10 en la tarjeta y cuenta la cantidad de cubos necesarios para formar 10.
- El Estudiante A (el estudiante) comprueba contando los puntos y los cubos en el cuadro de 10.
- Ambos compañeros registran los resultados en sus hojas de registro.
- Los compañeros intercambian roles y continúan.

Dé a cada pareja 2 copias de la Hoja de registro para formar 10, un conjunto de Tarjetas de puntos con cuadros de 10 y 2 barras de 10 cubos.

Observe:

- ¿Los estudiantes pueden identificar cuántos más se necesitan para formar 10 sin usar los cubos? Si es así, ¿usan una estrategia como la de seguir contando o lo saben por las diferentes maneras de separar 10?

Observa

Aprendamos **LE, pág. 73**

Diga a los estudiantes que vayan a la pág. 73 del LE. Señale a los estudiantes el cuadro de 10 con puntos. Pregúnteles cuántos puntos hay cuando el cuadro de 10 está lleno.

Pregunte: *¿Cuántos puntos hay en el cuadro de 10?* (6) *¿Cuántos más necesitamos para formar 10?*

Pida a los estudiantes que cuenten la cantidad de puntos que Bela dibujó en el cuadro de 10 para formar 10. Repita los resultados.

Diga: *6 y 4 forman 10.*

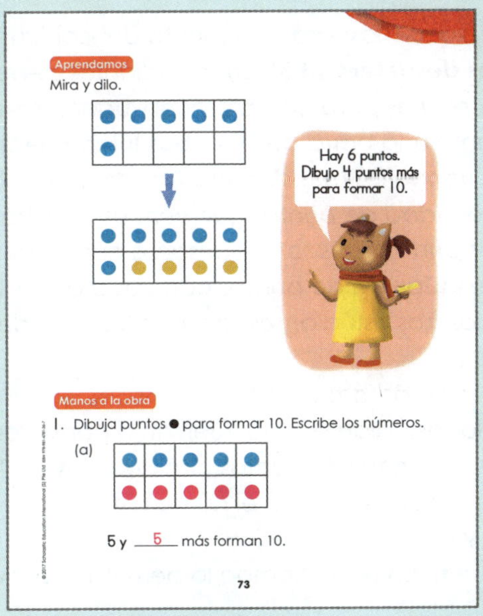
Aprendamos
Mira y dilo.
Hay 6 puntos. Dibujo 4 puntos más para formar 10.
Manos a la obra
1. Dibuja puntos ● para formar 10. Escribe los números.
(a)
5 y 5 más forman 10.
73

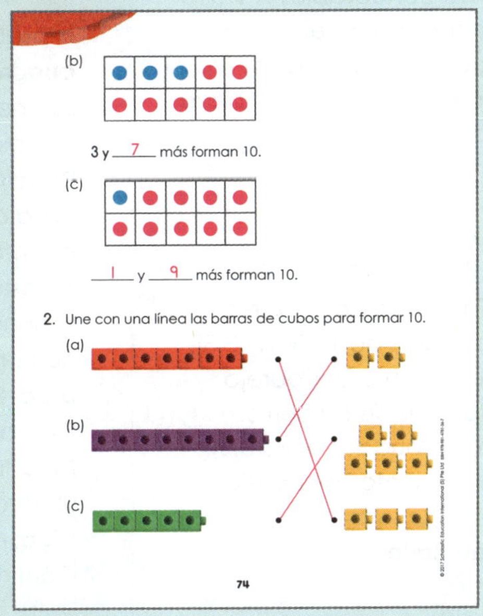
(b)
3 y 7 más forman 10.
(c)
1 y 9 más forman 10.
2. Une con una línea las barras de cubos para formar 10.
(a)
(b)
(c)
74

Manos a la obra **LE, págs. 73–74**

En la tarea 1 se practica dibujar puntos para formar 10 y usar números para mostrar los resultados al separar 10.

En la tarea 2 se practica identificar las partes correctas para formar 10.

Reforzar conceptos

Dé a cada estudiante una barra de 10 **cubos interconectables**. Pídales que vean las barras de cubos en la pág. 73 del LE. Pídales que separen la barra de 10 cubos según la cantidad de cubos en cada pregunta. Luego, pídales que cuenten la cantidad de cubos restantes que se necesitan para formar 10.

Actividad diaria de conclusión

Pida a los estudiantes que lleven sus **Hojas de registro para ¿Cuántos más?** a un área central del salón de clase. Pida a los estudiantes que elijan un registro para compartir con la clase. Muestre las **Tarjetas de puntos en cuadros de 10** que coincidan para ayudar a los estudiantes a ver la explicación de un estudiante de los números usados en un registro.

13

Objetivos:

- Separar 10 objetos en dos partes de más de una manera
- Usar un número (del 0 al 10) para representar la cantidad de objetos que hay en cada parte al descomponer 10
- Nombrar la parte que falta para formar 10 cuando se suma a un número dado

Materiales:

- barras de 5 cubos interconectables, 1 barra por estudiante
- notas adhesivas
- barras de 10 cubos interconectables, 1 barra por estudiante
- barras de 10 cubos interconectables, 1 barra por pareja
- hojas grandes de papel

Recursos:

- LE, págs. 75–76
- Tarjetas de puntos en cuadros de 10 (RM 13.3), 1 conjunto por pareja
- Tarjetas de números relacionados (RM 13.5), 1 conjunto por pareja

Vocabulario:

- más
- parte
- todo

Actividad diaria de preparación

Objetivo: Crear y conversar sobre los datos de una gráfica

Repase la gráfica titulada *Separar 5*. Dé a cada estudiante una barra de 5 **cubos interconectables**. Dígales que separen la barra de una manera diferente a la del día anterior. Luego, pida a los estudiantes que escriban la cantidad de cubos de cada parte en una **nota adhesiva**. Pídales que coloquen sus notas adhesivas en la columna que representa sus resultados.

Pida a los estudiantes que conversen sobre la gráfica y hagan comparaciones con la del día anterior.

Pregunte:

- *¿Fueron más o menos los amigos que separaron sus barras hoy en un grupo de 3 cubos y 2 cubos?*
- *¿Hay una cantidad mayor de amigos que separaron 5 en 4 y 1 o en 5 y 0?*
- *¿Hay una cantidad igual de amigos que separaron 5 en 4 y 1 y en 3 y 2?*

Repaso rápido

Explique que mostrará una tarjeta del conjunto de las **Tarjetas de puntos en cuadros de 10 (RM 13.3)**. Los estudiantes deben decir cuántos puntos más son necesarios para completar el cuadro de 10 y formar 10. Dé a cada estudiante una barra de 10 **cubos interconectables**.

Diga: *Cuando les muestre una Tarjeta de puntos con cuadros de 10, piensen en la cantidad de puntos que ven. Usen la barra de 10 cubos para mostrar cuántos puntos más son necesarios para formar 10.*

Muestre la Tarjeta de puntos con cuadros de 10 de 8 puntos durante 3 segundos. Los estudiantes separan 8 cubos de sus barras de cubos y dicen el número 2.

Diga: *8 y 2 más forman 10.*

Pida a los estudiantes que vuelvan a conectar sus cubos.

Muestre la Tarjeta de puntos con cuadros de 10 de 6 puntos. Los estudiantes separan 6 cubos y dicen el número 4.

Diga: *6 y 4 más forman 10.*

Continúe mientras el tiempo lo permita (5 minutos).

Aprender y hacer

Representar cuántos más forman 10

Laboratorio de matemáticas

Sostenga en alto 8 dedos. Diga que quiere formar un todo de 10.

Pregunte: *¿Cuántos dedos más necesito levantar? ¿Cómo puedo saberlo?*

Repita que los estudiantes pueden contar hasta 10 para calcular cuántos más se necesitan.

Cuente del 8 al 10 con los estudiantes, levantando 1 dedo por cada dedo contado.

Diga: *Levantamos otros 2 dedos para formar 10. 8 y 2 más forman 10.*

Diga a los estudiantes que cuando conocemos una parte, podemos seguir contando para hallar la parte faltante.

Explique que los estudiantes harán un juego llamado '¿Cuántos más para formar 10?'.

Dé a cada pareja una barra de 10 **cubos interconectables**. Mezcle las **Tarjetas de números relacionados (RM 13.5)** y colóquelas boca abajo en una pila. Pida a un estudiante voluntario que lo ayude a demostrar el juego.

Explique cómo se juega.

- El Estudiante A (el estudiante) toma la tarjeta de arriba y lee los números del grupo de números relacionados incompleto; por ejemplo, 10 es el todo. Una parte es 6.
- El Estudiante B (el maestro) separa 6 cubos de su barra de 10 cubos, cuenta los cubos que quedan y dice cuántos más se necesitan (por ejemplo, 4).
- El Estudiante A (el estudiante) registra los resultados en un grupo de números relacionados en la Tarjeta de números relacionados usando los números 10, 6 y 4.
- Los compañeros intercambian roles y continúan.

Demuestre varias rondas para los estudiantes y asegúrese de que comprenden cómo se juega al juego y cómo 'leer' los grupos de números relacionados incompletos.

Ahora dé a cada pareja un conjunto de Tarjetas de números relacionados y pídales que lleven a cabo la actividad.

Observe:

- ¿Los estudiantes pueden identificar cuántos hay en una parte del grupo de números relacionados?
- ¿Los estudiantes pueden identificar cuántos más se necesitan para formar 10 sin usar la barra de cubos? Si es así, ¿lo saben solo por la manera en que se separa 10 o usan una estrategia, como la de seguir contando?

Observa

13

Aprendamos LE, pág. 75

Pida a los estudiantes que vayan al grupo de números relacionados en la pág. 75 del LE. Pida a los estudiantes que identifiquen el círculo en el grupo de números relacionados que muestra el todo y los círculos que muestran las partes. Luego, pida que presten atención al modo en que está separado el grupo de objetos en dos partes según los números que se encuentran en el grupo de números relacionados.

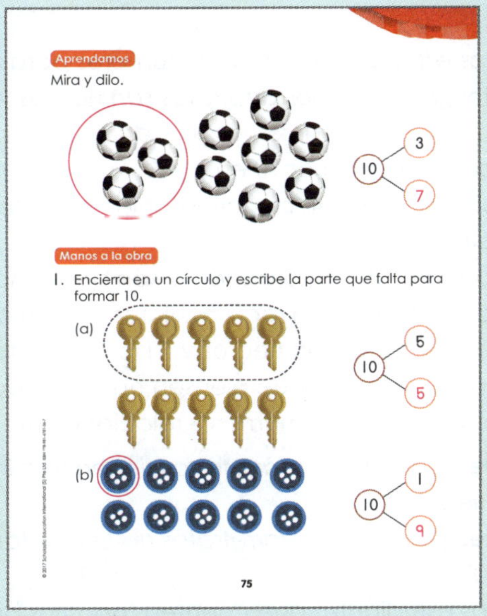

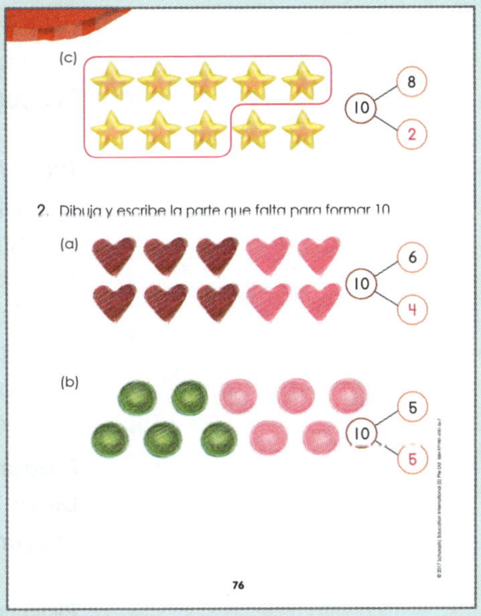

Pregunte: *¿Cuántos hay en el todo?* (10) *¿Cuántos más necesitamos para formar 10?*

Pida a los estudiantes que cuenten la cantidad de objetos encerrados en un círculo. Luego, pídales que cuenten la cantidad de objetos que quedan para encontrar la parte faltante.

Diga: *3 y 7 forman 10.*

Manos a la obra LE, págs. 75–76

En la tarea 1 se practica identificar el todo y las partes en un grupo de números relacionados y hallar la parte que falta del grupo de números relacionados. Se ofrece orientación.

En la tarea 2 se practica hallar la parte que falta del grupo de números relacionados usando dibujos.

Reforzar conceptos

Dé a cada pareja una barra de 10 **cubos interconectables**. Pídales que sostengan la barra a sus espaldas. Pídales que separen la barra de 10 de distintas maneras y que extiendan la mano con una parte. Luego, pídales que cuenten la cantidad de cubos que quedan en la otra mano para hallar cuál es la parte que falta para completar 10.

Actividad diaria de conclusión

Dé a cada estudiante una barra de 10 **cubos interconectables**. Dibuje grupos de números relacionados incompletos en una **hoja grande de papel**. Los estudiantes usarán sus barras de 10 cubos como ayuda para identificar cuántos más necesitan para formar 10 y completar los grupos de números relacionados.

 ISBN 978-981-4822-03-9

Objetivos:
- Separar 10 objetos en dos partes de más de una manera
- Representar los resultados de descomponer 10 objetos con grupos de números relacionados
- Formar 10 con dos partes

Recursos:
- LE, pág. 77

Ejercicios del capítulo

LE, pág. 77

Pida a los estudiantes que miren el dibujo en la pág. 77 del LE.
Haga las siguientes preguntas para animarlos a conversar.
Pida a los estudiantes que primero identifiquen la cantidad total de cada grupo de objetos.
Pregunte: *¿Cuántos portarretratos hay?* (10)
Pregunte: *¿En qué se parecen y en qué se diferencian algunos portarretratos?* (Ejemplo: Uno es grande, los otros son pequeños. Algunos son rectangulares y otros son circulares. Algunos son negros y otros son blancos. Uno tiene foto y los otros están vacíos).
Pida a los estudiantes que usen números para representar lo que ven.
Pregunte: *¿Cuántos portarretratos son negros y cuántos son blancos?* (3 portarretratos son negros. 7 portarretratos son blancos).
Diga: *Podemos separar 10 en 3 y 7.*
Los estudiantes deben poder notar lo siguiente en el grupo de 10 portarretratos.
- 1 portarretratos es grande y 9 son pequeños.
- 5 portarretratos son rectangulares y 5 son circulares.
- 3 portarretratos son negros y 7 portarretratos son blancos.

Pida a los estudiantes que piensen en cómo pueden representar estos números en grupos de números relacionados.

Pregunte: *¿Cuántos portarretratos tienen foto?* (1)
Diga: *1 tiene foto.*
Pregunte: *¿Cuántos portarretratos no tienen foto?* (9) *¿Cuántos portarretratos hay?* (10)
Pida a los estudiantes que cuenten todos los portarretratos.
Diga: *1 y 9 forman 10.*
Pida a los estudiantes que representen los números en un grupo de números relacionados.
Haga lo mismo con los demás grupos de 10 objetos, es decir, las flores y los juguetes de peluche.

> ***NOTA:*** *Las preguntas evalúan la habilidad de los estudiantes para identificar el todo y separar el todo en dos partes antes de representarlos con grupos de números relacionados.*

Objetivo:

- Nombrar la parte que falta para formar 10 cuando se suma a un número dado

Materiales:

- bolsas de 20 cubos interconectables (2 colores), 1 bolsa por pareja
- hoja de dibujo, 1 por pareja

Recursos:

- LE, pág. 78

Actividad 1 LE, pág. 78

Diga a los estudiantes que vayan a la pág. 78 del LE. Pida a los estudiantes que escuchen con atención mientras lee los globos de pensamiento.
Pida a los estudiantes que primero PIENSEN cuál de los gatos tiene razón y por qué. Luego, pídales que CONVERSEN con un compañero sobre su razonamiento.
Diga: *Han conversado con un compañero sobre quién tiene razón. CONVERSEN con su compañero otra vez para explicar cómo lo saben.*

Distribuya una bolsa de 20 **cubos interconectables** a cada pareja. Pida a cada estudiante que tome 10 cubos y dígales que trabajen juntos para mostrar cómo calcularon la parte que falta.

Observe:

- ¿Los estudiantes crean una barra de 10 cubos y luego quitan 5 para mostrar cuántos cubos quedan en la barra?
- ¿Los estudiantes colocan los cubos en las casillas vacias del cuadro de 10 y cuentan los cubos necesarios para formar 10?
- ¿Los estudiantes saben, sin usar los cubos, qué otro cuadro de 10 forma 10 cuando lo combinan con el cuadro de 10 ya conocido?

Pregunte: *¿Cuál es el gato que tiene razón? ¿Por qué?* (Ejemplo: Rey tiene razón. Dibujamos puntos hasta que completamos el cuadro de 10. Contamos los puntos que dibujamos. El cuadro de 10 con 5 puntos es el cuadro que faltaba./El cuadro de 10 con 4 puntos no era el cuadro de 10 que faltaba. Sólo formaba 9 puntos cuando lo colocábamos con el cuadro de 10 de 5 puntos./Formamos una barra de 10 cubos y quitamos 5 cubos. Eso dejó 5 cubos. Creemos que es el cuadro de 10 que tiene 5 puntos. 5 y 5 forman 10).

Objetivos:

- Separar 10 objetos en dos partes de más de una manera
- Nombrar la parte que falta para formar 10 cuando se suma a un número dado

Materiales:

- bolsas de 30 cubos interconectables (2 colores diferentes), 1 bolsa por pareja

Recursos:

- LE, pág. 79
- Tarjetas de partes que faltan (RM 13.6), 1 conjunto por pareja

Actividad 2 **LE, pág. 79**

Diga a los estudiantes que vayan a la pág. 79 del LE. Dé a cada pareja un conjunto de **Tarjetas de partes que faltan (RM 13.6)** y una bolsa de **cubos interconectables.**

Explique cómo se desarrolla la actividad.

- Cada estudiante elige un cubo de un color diferente y lo coloca en la SALIDA.
- Los estudiantes colocan las Tarjetas de partes que faltan boca abajo en una pila. Cada estudiante forma una barra de 10 cubos con su color elegido.
- El Estudiante A toma la tarjeta de la parte de arriba (por ejemplo, un grupo de números relacionados que muestra un todo de 10 con 6 objetos en una parte). El Estudiante A quita 6 cubos de su barra de cubos y cuenta los cubos que quedan en la barra. El Estudiante A dice cuál es la parte que falta (por ejemplo, 4).
- Una vez que el Estudiante A identifica la parte que falta, mueve el cubo esa cantidad de espacios en el tablero.
- Si un estudiante cae en una casilla amarilla, tiene que completar una tarea adicional. Luego de que otro estudiante compruebe la respuesta, el estudiante inicial mueve los espacios indicados en la casilla.
- Los estudiantes intercambian roles y repiten el procedimiento. Una vez que todas las tarjetas se usan, se mezclan otra vez para que los estudiantes continúen jugando.

Objetivo:

- Separar 10 objetos en dos partes de más de una manera

Recursos:

- LE, pág. 80

Actividad 3 LE, pág. 80

Explique que los estudiantes deben colorear de dos maneras distintas para separar 10 y de dos maneras distintas para formar 10 y registrar los resultados. Cuando los estudiantes hayan completado sus páginas del Libro del estudiante, pídales que compartan y describan las maneras de separar y formar 10 con un compañero.

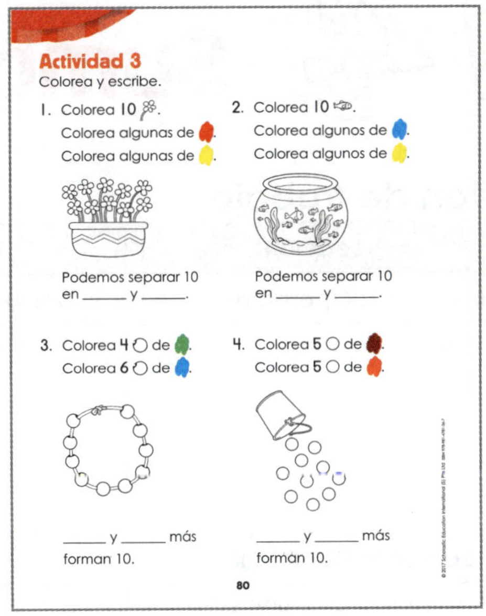
Actividad 3
Colorea y escribe.

1. Colorea 10.
Colorea algunas de .
Colorea algunas de .
Podemos separar 10 en ____ y ____.

2. Colorea 10.
Colorea algunos de .
Colorea algunos de .
Podemos separar 10 en ____ y ____.

3. Colorea 4 ○ de .
Colorea 6 ○ de .
____ y ____ más forman 10.

4. Colorea 5 ○ de .
Colorea 5 ○ de .
____ y ____ más forman 10.

80

Actividad de conclusión del capítulo

Pida a los estudiantes que conversen sobre lo que aprendieron en el capítulo. Dé tantos **cubos interconectables** como sea necesario.

Pregunte: *¿Cuáles son algunas maneras de separar 10?* (Ejemplo: Podemos separar 10 en 8 y 2./5 y 5 forman 10).

Mientras los estudiantes comparten, enumere las distintas maneras en una **hoja grande de papel**.

Lea uno de los registros, por ejemplo: Podemos separar 10 en 1 y 9.

Pregunte: *¿Qué número muestra el todo?* (10) *¿Qué números muestran las partes que forman el todo?* (Ejemplo: Una parte es 1 y la otra parte es 9).

» Resolución de problemas (1 día)

Consulte los Recursos para Resolución de problemas, donde encontrará materiales y notas para la enseñanza.

 ISBN 978-981-4822-03-9

14 Sumar y restar hasta 10

Plan de trabajo

Lección	Objetivos
Lección 1: Operaciones de suma hasta 5	
Sumar hasta 5	• Hacer operaciones de suma hasta 5 con fluidez
Lección 2: Combinar	
Representar problemas de suma de parte-parte-todo	• Comprender el significado de la suma en problemas de suma de parte-parte-todo • Representar problemas de suma de parte-parte-todo • Resolver problemas de suma de parte-parte-todo contando el todo
Representar problemas de suma de parte-parte-todo	• Resolver problemas de suma de parte-parte-todo usando dibujos • Contar todo para sumar dos cantidades hasta 10 • Ilustrar los problemas de suma de parte-parte-todo con grupos de números relacionados
Seguir contando	• Seguir contando para sumar dos cantidades hasta 10
Lección 3: Añadir	
Representar problemas de *añadir*	• Recordar el significado de la suma en problemas de *añadir* • Representar problemas de *añadir* • Resolver problemas de *añadir* contando el todo
Representar problemas de *añadir*	• Contar todo para añadir dos cantidades hasta 10 • Resolver problemas de *añadir* usando dibujos • Ilustrar los problemas de *añadir* con grupos de números relacionados • Relacionar 'más' con *añadir*
Seguir contando	• Seguir contando para sumar dos cantidades hasta 10
Lección 4: Sumar hasta 10	
Escribir enunciados numéricos para representar problemas de suma	• Contar todo o seguir contando para añadir dos cantidades hasta 10 • Resolver ambos tipos de problemas de suma usando dibujos • Escribir enunciados numéricos para problemas de suma
Lección 5: Operaciones de resta hasta 5	
Restar hasta 5	• Hacer operaciones de resta hasta 5 con fluidez

Duración total: 18 días (1 día = 1 hora)

Materiales	Recursos	Vocabulario
		1 día
• cubos interconectables, 5 por pareja • lápiz • clip	• LE, págs. 81–84 • Tarjetas de números del 0 al 4 (RM 14.1), 1 conjunto por pareja • Ruleta de sumar 1 o sumar 0 (RM 14.2) • Hoja de operaciones de suma del 0 al 5 (RM 14.3), 1 por estudiante • Tarjetas de sumar hasta 5 (RM 14.4), 1 conjunto por pareja	• suma • sumar • en total
		3 días
• hojas grandes de papel • crayones (8 azules y 2 amarillos) • 5 lápices de colores (de cualquier color)	• LE, págs. 85–86 • Tarjetas de 3, 4, 5 y 6 puntos (RM 12.5–12.8) • Tarjetas de sumar hasta 5 (RM 14.4)	• total • formar • en total • sumar
• hojas grandes de papel • notas adhesivas • conjuntos de crayones (1 rojo y 1 amarillo), 1 conjunto por estudiante	• LE, págs. 87–88 • Tablero para *combinar* parte-parte-todo (RM 14.5), 1 por estudiante	• total • parte • todo • grupo de números relacionados
• hojas grandes de papel • notas adhesivas • cubos interconectables, 2 por pareja	• LE, págs. 89–90 • Tarjetas de números del 0 al 8 (RM 14.1 y 14.6) 1 conjunto por pareja • Tarjetas para seguir contando (RM 14.7), 1 conjunto por pareja • Cinta de números del 0 al 10 (RM 14.8), 1 conjunto por pareja • Hoja de registro para seguir contando 1 ó 2 más (RM 14.9), 1 por estudiante	• seguir contando
		3 días
• hojas grandes de papel • 10 lápices • 8 libros	• LE, págs. 91–92 • Tarjetas de 3, 4, 5 y 6 puntos (RM 12.5–12.8)	• más • añadir • en total
• cubos interconectables, 5 por estudiante • papel para dibujar, 2 hojas por pareja • 10 lápices • hojas grandes de papel	• LE, págs. 93–94 • Tarjetas de puntos en cuadros de 5 (RM 14.10) • Cuadros de 5 (RM 14.11), 1 por estudiante	• total • añadir • más • grupo de números reacionados
• hojas grandes de papel, 3 hojas • barras de 6 cubos interconectables, 1 barra por estudiante • notas adhesivas • cubos interconectables, 10 por pareja	• LE, págs. 95–96 • Cinta de números del 0 al 10 (RM 14.8), 3 por pareja	• seguir contando
		1 día
• barras de 6 cubos interconectables, 1 barra por estudiante • notas adhesivas • hojas grandes de papel • cubos interconectables, 1 balde por mesa	• LE, págs. 97–98	• más • es igual a
		1 día
• hojas grandes de papel • cubos interconectables, 5 por pareja • clip • lápiz	• LE, págs. 99–100 • Tarjetas de puntos en cuadros de 5 (RM 14.10) • Tarjetas de números del 1 al 5 (RM 14.1), 1 conjunto por pareja • Ruleta de restar 1 o restar 0 (RM 14.12), 1 por pareja • Hoja de operaciones de resta del 0 al 5 (RM 14.13), 1 por estudiante • Tarjetas de restar hasta 5 (TR 14.14), 1 conjunto por pareja	• resta • restar • quitar • quedar

Lección	Objetivos
Lección 6: Separar	
Representar problemas de resta de parte-parte-todo	• Comprender el significado de la resta en problemas de resta de parte-parte-todo • Representar problemas de resta de parte-parte-todo
Representar problemas de resta de parte-parte-todo	• Resolver problemas de resta de parte-parte-todo usando dibujos • Restar una parte de un todo de hasta 10 para obtener la otra parte • Ilustrar los problemas de resta de parte-parte-todo con grupos de números relacionados
Contar hacia atrás	• Contar hacia atrás para restar hasta 10
Lección 7: Quitar	
Representar problemas de *quitar*	• Recordar el significado de la resta en los problemas de *quitar* • Representar problemas de *quitar*
Representar problemas de *quitar*	• Restar una parte de un todo de hasta 10 para obtener la otra parte • Resolver problemas de *quitar* usando dibujos • Ilustrar problemas de *quitar* con grupos de números relacionados • Relacionar 'queda' con *quitar*
Contar hacia atrás	• Contar hacia atrás para resolver problemas de *quitar*
Lección 8: Restar hasta 10	
Usar enunciados numéricos para representar problemas de resta	• Restar una parte o quitar de un todo para encontrar la otra parte o lo que queda • Resolver problemas de resta usando dibujos • Usar enunciados numéricos para representar problemas de resta
Lección 9: Sumar y restar hasta 10	
Sumar o restar	• Identificar y resolver problemas de suma y resta • Resolver problemas de suma y resta usando diferentes estrategias
Ejercicios del capítulo y actividades para los Centros de intereses	
Ejercicios del capítulo Actividad 1 Actividad 2 Actividad 3	• Resolver ambos tipos de problemas de suma contando más o contando el todo • Resolver ambos tipos de problemas de resta contando hacia atrás o restando una parte del todo • Representar problemas de suma y resta con enunciados numéricos • Identificar y resolver un problema de resta • Identificar y resolver problemas de suma y resta de parte-parte-todo • Resolver problemas de suma y resta
Resolución de problemas	

Materiales	Recursos	Vocabulario
		3 días
• 5 cubos interconectables • hojas grandes de papel • barras de cubos interconectables, 1 barra por pareja	• LE, págs. 101–102	• parte • todo • resta
• hojas grandes de papel • barras de 9 cubos interconectables (5 azules y 4 rojos), 1 barra por estudiante • crayones (4 azules y 4 amarillos), 8 por pareja	• LE, págs. 103–104 • Tablero para *quitar* de parte-parte-todo (RM 14.5), 1 por estudiante	• parte • todo • restar
• hojas grandes de papel • barras de 9 cubos interconectables, 1 barra por estudiante	• LE, págs. 105–106 • Tarjetas de puntos en cuadros de 10 (RM 13.2) • Cinta de números del 0 al 10 (RM 14.8), 2 por pareja	• contar hacia atrás
		3 días
• hojas grandes de papel • notas adhesivas, 1 por estudiante • vasos, 1 vaso por mesa • fichas de 2 colores, 7 por mesa • 9 libros • 10 lápices	• LE, págs. 107–109	• quitar • quedar • restar
• hojas grandes de papel • papel para dibujar, 2 hojas por pareja	• LE, págs. 110–111	• quitar • quedar • restar
• hojas grandes de papel • cubos interconectables, 10 por pareja	• LE, págs. 112–113 • Tarjetas de puntos en cuadros de 10 (RM 13.2) • Cinta de números del 0 al 10 (RM 14.8), 3 por pareja	• contar hacia atrás
		1 día
• hojas grandes de papel • 5 cubos interconectables, 1 barra por estudiante • cubos interconectables, 1 balde por mesa	• LE, págs. 114–115	• restar • menos • es igual a
		1 día
• hojas grandes de papel • cubos interconectables, 10 por pareja	• LE, págs. 116–117 • Tarjetas de puntos con dobles (RM 14.15) • Tarjetas de 3, 4, 5 y 6 puntos (RM 12.5–12.8), 1 conjunto • Tarjetas con problemas de matemáticas (RM 14.16), 1 conjunto por pareja • Enunciados numéricos (RM 14.17), 1 conjunto por pareja	• sumar • más • restar • menos • es igual a
		1 día
• hojas grandes de papel	• LE, pág. 118	
• 10 cubos interconectables, 1 bolsa por pareja	• LE, pág. 119	
	• LE, pág. 120 • Recortables de problemas de matemáticas (RM 14.18), 1 conjunto por pareja	
• cubos interconectables (opcional)	• LE, págs. 121–122	
	• Resolución de problemas: Superlibro 14 y Libro de lectura 14 • Resolución de problemas: Guía del profesor	

14

14 Sumar y restar hasta 10

Presentación del capítulo

Lección 1: Operaciones de suma hasta 5
Lección 2: Combinar
Lección 3: Añadir
Lección 4: Sumar hasta 10
Lección 5: Operaciones de resta hasta 5
Lección 6: Separar
Lección 7: Quitar
Lección 8: Restar hasta 10
Lección 9: Sumar y restar hasta 10

Introducción

En este capítulo, los estudiantes repasan las operaciones de suma y resta hasta 5 para obtener fluidez en estas operaciones para el final del año escolar. Las experiencias previas de los estudiantes de separar un número, así como de explorar el significado de la suma y la resta, los ayudarán a saber estas operaciones (y su significado).

Los estudiantes continúan explorando la suma y la resta hasta 10 mientras representan los problemas con objetos o con ilustraciones y, finalmente, con palabras y números. Todavía se usan palabras para describir los resultados de los problemas de suma y resta (por ejemplo, si a 7 le quitas 3 hay 4), aunque se presentan a los estudiantes los símbolos de las operaciones en expresiones y en ecuaciones.

Se pone énfasis en la comprensión de los estudiantes de lo que sucede en los problemas de suma y resta. No se alienta el uso de palabras clave para identificar si una situación es de suma o resta porque estas palabras pueden causar confusión.

Lección 1: Operaciones de suma hasta 5 — DÍA 1

Objetivo:
- Hacer operaciones de suma hasta 5 con fluidez

Materiales:
- cubos interconectables, 5 por pareja
- lápiz
- clip

Recursos:
- LE, págs. 81–84
- Tarjetas de números del 0 al 5 (RM 14.1), 1 conjunto por pareja
- Ruleta de sumar 1 o sumar 0 (RM 14.2)
- Hoja de operaciones de suma del 0 al 5 (RM 14.3), 1 por estudiante
- Tarjetas de sumar hasta 5 (RM 14.4), 1 conjunto por pareja

Vocabulario:
- suma
- sumar
- en total

Actividad diaria de preparación

Objetivo: Contar hacia atrás del 20 al 0

Pida a los estudiantes que cuenten hacia atrás del 20 al 0. Luego, pida a los estudiantes que cuenten hacia atrás desde un número que no sea 20 (por ejemplo, 15, 13, 8).

Repaso de conocimientos previos

Repasemos **LE, pág. 81**

Diga a los estudiantes que vayan a la pág. 81 del LE. Lea el primer problema de matemáticas de la página.

Pregunte: *¿Qué deben hallar?*
(cuántos crayones hay en total)

Pida a los estudiantes que digan si deben sumar o restar. Luego, pídales que miren el dibujo y que cuenten todo.

Lea los otros dos problemas de matemáticas. Para cada problema, pida a los estudiantes que digan lo que necesitan hallar y que identifiquen si deben sumar o restar.

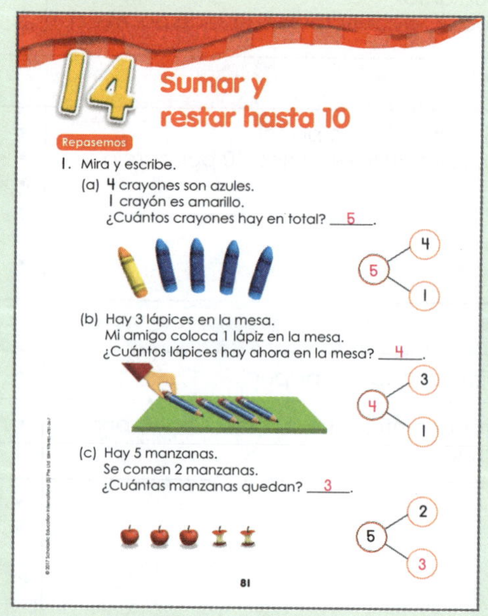
14 Sumar y restar hasta 10

Repasemos

1. Mira y escribe.

(a) 4 crayones son azules.
1 crayón es amarillo.
¿Cuántos crayones hay en total? 5

(b) Hay 3 lápices en la mesa.
Mi amigo coloca 1 lápiz en la mesa.
¿Cuántos lápices hay ahora en la mesa? 4

(c) Hay 5 manzanas.
Se comen 2 manzanas.
¿Cuántas manzanas quedan? 3

81

Aprender y hacer

Sumar hasta 5

Laboratorio de matemáticas

> *NOTA: Las experiencias de los estudiantes al separar y sumar y restar aumentan la fluidez con las operaciones de suma y resta hasta 5. Estas experiencias mejoran la comprensión de los estudiantes de los procesos involucrados tanto en la suma como en la resta, en lugar de que deban memorizar operaciones aisladas.*

Diga a los estudiantes que jugarán al juego 'Suma 1 o suma 0'.
Diga: *En este juego, sumarán 1 ó 0 cubos a los cubos que tienen.*
Dé a cada pareja 5 **cubos interconectables** y un conjunto de Tarjetas de números del 0 al 4 de las **Tarjetas de números del 0 al 5 (RM 14.1)**.
Pida a las parejas que mezclen las Tarjetas de números y las coloquen boca abajo en una pila. Pídales que tomen la primera tarjeta, identifiquen el número y cuenten esa cantidad de cubos (por ejemplo, 4).
Gire la **Ruleta de sumar 1 o sumar 0 (RM 14.2)** colocando la punta del **lápiz** en el punto de la ruleta y girando el **clip** alrededor de la punta del lápiz.
Pida a las parejas que sumen 1 ó 0 cubos a los cubos que tienen según los resultados del giro. Luego, pida a los estudiantes que compartan sus resultados cuando sumaron 1 y 0 a 0, 1, 2, 3 y 4. Los estudiantes deberían observar que, cuando suman 0, el total no cambia. Pida los estudiantes que registren los resultados en sus **Hojas de operaciones de suma de 0 a 5 (RM 14.3)**.
Explique a los estudiantes que jugarán a 'Sumar hasta 5' y completarán sus Hojas de operaciones de suma de 0 a 5. Dé a cada pareja un conjunto de **Tarjetas de sumar hasta 5 (RM 14.4)**. Pida a un estudiante que demuestre este juego con usted. Mezcle las tarjetas y colóquelas boca abajo en una pila. Explique el juego.

- El Compañero A (el estudiante) toma la tarjeta de arriba y la lee (por ejemplo, 3 y 2).
- El Compañero B (el maestro) cuenta 3 cubos, luego 2 cubos y dice cuántos cubos hay en total.
- El Compañero A (el estudiante) escribe la operación en la Hoja de operaciones de suma de 0 a 5.
- Los compañeros intercambian roles y continúan hasta que se usen todas las tarjetas.

Observe (ambas actividades):

- ¿Los estudiantes pueden determinar cuántos hay sin usar los cubos?
- ¿Cuentan todo para averiguar el total o simplemente saben el total?
- ¿Comprenden el significado de 0 y cómo afecta al total sumar 0?

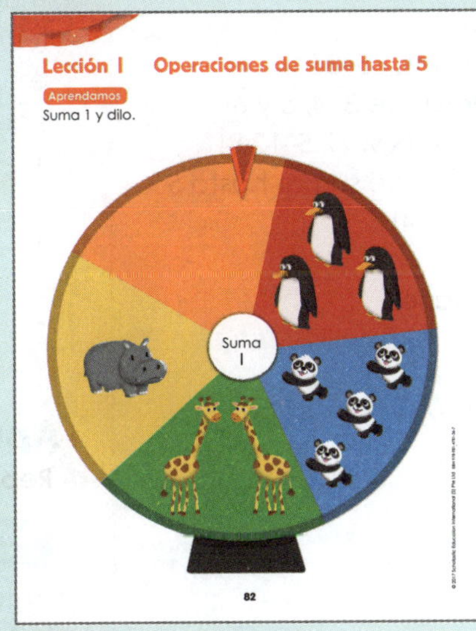

Observa

Aprendamos **LE, pág. 82**

Pida a los estudiantes que identifiquen la cantidad de objetos de cada grupo. Luego, pídales que sumen 1 objeto más a cada grupo e identifiquen el total.

Manos a la obra

LE, págs. 83–84

En la tarea 1 se practica que los estudiantes sumen dos partes hasta 5.

En la tarea 2 se practica representar la suma hasta 5 usando grupos de números relacionados.

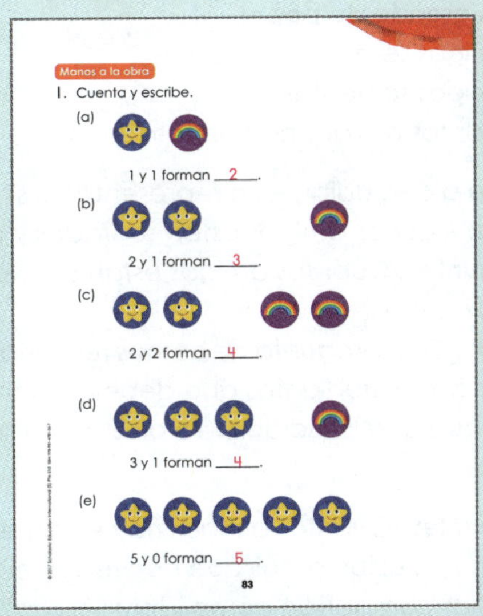

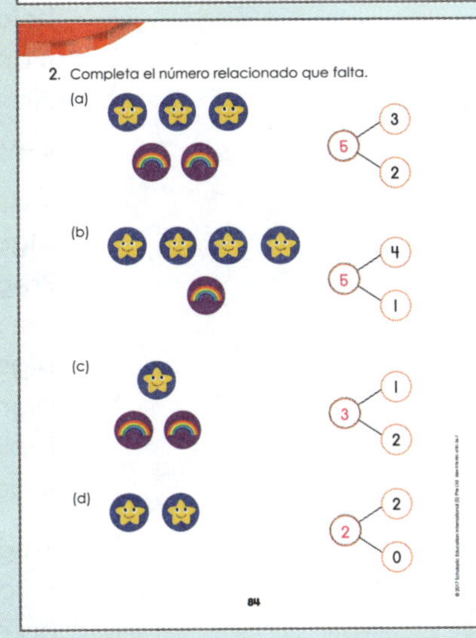

Reforzar conceptos

Pida a los estudiantes que separen una barra de 2 cubos de distintas maneras. Pídales que identifiquen cuántos cubos hay en cada parte. Haga lo mismo para 3, 4 y 5 cubos.

Actividad diaria de conclusión

Muestre una tarjeta (por ejemplo, 2 y 3) de las Tarjetas de sumar hasta 5.
Pregunte: *¿Cuáles son las dos partes?* (2 y 3)
Diga: *2 está en la primera parte. 3 está en la otra parte. 2 y 3 forman 5.*

14

Lección 2: Combinar

DÍA 1 DÍA 2 DÍA 3

Objetivos:

- Comprender el significado de la suma en problemas de suma de parte-parte-todo
- Representar problemas de suma de parte-parte-todo
- Resolver problemas de suma de parte-parte-todo contando el todo

Materiales:

- hojas grandes de papel
- crayones (8 azules y 2 amarillos)
- 5 lápices de colores (de cualquier color)

Recursos:

- LE, págs. 85–86
- Tarjetas de 3, 4, 5 y 6 puntos (RM 12.5–12.8)
- Tarjetas de sumar hasta 5 (RM 14.4)

Vocabulario:

- total
- formar
- en total
- sumar

Actividad diaria de preparación

Objetivo: Subitizar hasta 6 objetos

Pida a los estudiantes que subiticen las **Tarjetas de 3, 4, 5 y 6 puntos (RM 12.5–12.8)**. Mezcle las tarjetas y muestre cada tarjeta, de una en una, durante 3 segundos.

Pregunte: *¿Cuántos puntos vieron? ¿Cómo lo saben?*

Pida a los estudiantes que compartan cómo vieron la disposición de los puntos.

Pregunte: *¿Alguien vio los puntos de manera diferente?*

Repita la pregunta con varias Tarjetas de puntos. Pida a los estudiantes que señalen las distintas partes que vieron en cada disposición.

Repaso rápido

Repase las **Tarjetas de sumar hasta 5 (RM 14.4)**. Mezcle las tarjetas. Luego, muestre las tarjetas de una en una. Diga a los estudiantes que pueden usar los dedos para mostrar cuántos hay en total. Apoye la comprensión de los estudiantes de los problemas de *combinar* haciéndoles preguntas como las siguientes.

- *¿Cuántos hay en la primera parte? Muestren esa cantidad con los dedos de una mano.*
- *¿Cuántos hay en la segunda parte? Muestren esa cantidad con los dedos de la otra mano.*
- *¿Cuántos hay en el todo cuando se unen las dos partes?*

Aprender y hacer

Representar problemas de suma de parte-parte-todo

Laboratorio de matemáticas

Antes de la lección, escriba el siguiente problema de matemáticas en una **hoja grande de papel**.

4 amigos se ponen de pie.
2 amigos se sientan.
¿Cuántos amigos hay en total?

Invite a 6 estudiantes a representar la situación.

Diga: *Algunos amigos están sentados y otros están de pie.*

Pregunte: *¿Cuántos amigos están de pie? ¿Cuántos están sentados?* (4 de pie y 2 sentados)

Diga: *¿Qué pregunta debemos responder?* (cuántos amigos hay)

Diga a los estudiantes que deben hallar la cantidad total de amigos. Explique que la palabra 'total' es otra manera de decir cuántos hay en el todo.

Pregunte: *¿Cuántos amigos hay en total?* (6)

Pida a los estudiantes que conversen en parejas y luego, que algunas parejas compartan cómo identificaron el total. La mayoría de los estudiantes contarán todo para hallar el total. Es posible que algunos estudiantes sigan contando del 4 al 6, o decir que saben que 4 y 2 forman 6.

Diga: *Comprobemos cuántos amigos hay.* (Cuente a los estudiantes de pie). *1, 2, 3, 4...* (y continúe contando a los estudiantes que están sentados) *5, 6. Hay 6 amigos en total.*

Lea a los estudiantes los problemas de matemáticas de suma que están abajo, de uno en uno. Coloque los **crayones** y los **lápices de colores** en la mesa. Luego de leer cada problema, invite a algunos estudiantes para que lo ayuden a representar los problemas de suma, por ejemplo, pida a un estudiante que cuente la cantidad de objetos de una parte y a otro estudiante que cuente la cantidad de objetos de otra parte. Para cada problema de matemáticas, pida a los estudiantes que identifiquen los números de cada parte (por ejemplo, 8 crayones azules y 2 amarillos) y la pregunta que debe responderse (por ejemplo, cuántos crayones hay en total).

Observe:

- ¿Los estudiantes pueden identificar y explicar qué significan los números representados en los problemas de matemáticas?
- ¿Los estudiantes cuentan todo o usan otros métodos para determinar el total?

Problemas de suma

- 5 niñas y 3 niños están en una fila.
  ¿Cuántos niños y niñas hay en total en la fila?
- Tengo 8 crayones azules.
  Tengo 2 crayones amarillos.
  ¿Cuántos crayones tengo en total?
- Hay 5 lápices de colores en la mesa.
  Hay 0 lápices de colores en el piso.
  ¿Cuántos lápices de colores hay en total?

Observa

Aprendamos **LE, págs. 85–86**

Pida a los estudiantes que miren el dibujo de la pág. 85 del LE.

Pregunte: *¿Qué están haciendo los niños?* (juegan en el tobogán o resbaladilla y en el balancín o subibaja)

Pregunte: *¿Cuántos niños hay en el tobogán o resbaladilla?* (3) *¿Cuántos niños hay en el balancín o subibaja?* (4)

Lea la historia de matemáticas (a) en la pág. 86 del LE.

Pregunte: *¿Qué debemos hallar?* (cuántos niños hay en total) *¿Cómo podemos hallarlo?* (Ejemplo: Contamos los niños en el tobogán o resbaladilla y en el balancín o subibaja).

Lección 2 Combinar
Aprendamos
Mira y dilo.
85

(a) 3 niños están en el tobogán.
4 niños están en el balancín.
¿Cuántos niños hay en total? 7

(b) Hay 2 botellas en el banco.
Hay 4 botellas en el suelo.
¿Cuántas botellas hay en total? 6
(c) 7 flores son blancas.
2 flores son de color rosa.
¿Cuántas flores hay en total? 9
86

Pida a los estudiantes que cuenten a todos los niños y recuérdeles que, para obtener el total, sumamos una parte (los niños en el tobogán o resbaladilla) a otra parte (los niños en el balancín o subibaja).

Lea los otros problemas de matemáticas en la pág. 86 del LE. Pida a los estudiantes que identifiquen cada parte y lo que deben hallar. Luego, pídales que cuenten todo para resolver los problemas de suma.

Si los estudiantes comprenden el concepto fácilmente, pídales que sugieran otro problema de matemáticas a partir del dibujo, por ejemplo, 3 niñas y 4 niños forman 7 niños.

Actividad diaria de conclusión

Diga: *Hoy tuvieron que hallar el todo.*

Pregunte: *¿Cómo hallaron el todo?* (Ejemplo: Contamos los objetos de las dos partes).

Revise las historias de matemáticas de la pág. 86 del LE y pida a los estudiantes que demuestren cómo contaron las dos partes para encontrar el todo.

14

 ISBN 978-981-4822-03-9

Objetivos:

- Resolver problemas de suma de parte-parte-todo usando dibujos
- Contar todo para sumar dos cantidades hasta 10
- Ilustrar los problemas de suma de parte-parte-todo con grupos de números relacionados.

Materiales:

- hojas grandes de papel
- notas adhesivas
- conjuntos de crayones (1 rojo y 1 amarillo), 1 conjunto por estudiante

Recursos:

- LE, págs. 87–88
- Tablero para *combinar* parte-parte-todo (RM 14.5), 1 por estudiante

Vocabulario:

- total
- parte
- todo
- grupo de números relacionados

Actividad diaria de preparación

Objetivo: Contar de 1 en 1 hasta 70

Pida a los estudiantes que cuenten de 1 en 1 hasta 70. Pida a los estudiantes que salten una vez cuando digan 10, 20, 30, 40, 50, 60 y 70. Luego, pida a los estudiantes que cuenten desde un número dado que no sea 1 (por ejemplo, 56, 62) hasta 70.

Repaso rápido

Anote el siguiente problema de matemáticas en una **hoja grande de papel**. Cubra los números de la historia con **notas adhesivas**.

7 gatos son color café.
3 gatos son blancos.
¿Cuántos gatos hay?

NOTA: *Cubrir los números en un problema de matemáticas anima a los estudiantes a pensar sobre lo que está pasando. Este proceso ayuda a los estudiantes a entender la operación de suma.*

Pregunte: *¿Qué sabemos y qué queremos hallar?* (Ejemplo: Hay algunos gatos color café y algunos gatos blancos. Queremos hallar cuántos gatos hay en total). *¿Qué necesitan para hallar el total?* (Ejemplo: Necesitamos saber la cantidad de gatos color café y color blanco).
Quite las notas adhesivas y lea el problema de nuevo.
Pregunte: *¿Cómo pueden usar los dedos para hallar cuántos hay en total?*
Pídales que muestren cómo usan los dedos para descubrir el todo.

Aprender y hacer

Representar problemas de suma de parte-parte-todo

Laboratorio de matemáticas | Observa

Antes de la lección, escriba el siguiente problema de matemáticas en una **hoja grande de papel**.
5 camisetas son grandes.
5 camisetas son pequeñas.
¿Cuántas camisetas hay en total?

Lea el problema de matemáticas. Recuerde a los estudiantes que pueden hacer dibujos como ayuda para resolver problemas de matemáticas.

Dibuje un Tablero de parte-parte-todo (con las casillas de 'Parte' arriba) en la hoja grande de papel.
Señale una de las casillas de 'Parte'.
Pregunte: *¿Cuántas camisetas son grandes?* (5) *¿Qué dibujaremos en esta parte?* (5 camisetas grandes)
Dibuje 5 camisetas grandes en una de las casillas de 'Parte'.
Pregunte: *¿Cuántas camisetas son pequeñas?* (5) *¿Qué dibujaremos en esta parte?* (5 camisetas pequeñas)
Dibuje 5 camisetas pequeñas en la otra casilla de 'Parte'.
Pregunte: *¿Qué mostraremos en la casilla de 'Todo'?* (la cantidad de camisetas que hay en total)
Demuestre cómo unir las dos partes encerrando en un círculo las camisetas de cada casilla de 'Parte' y trazando flechas hacia la casilla de 'Todo'.
Luego, dibuje 5 camisetas grandes y 5 pequeñas en la casilla de 'Todo' y explique que muestran las camisetas de las casillas de 'Parte'.
Diga: *Contemos para ver cuántas camisetas hay en total. 1, 2, 3, 4, 5* (haga una pausa y continúe) *6, 7, 8, 9, 10.*

Pregunte: *¿Cuántas camisetas hay en total?* (10)
Dibuje un grupo de números relacionados junto al tablero y pida a los estudiantes que identifiquen los números que se necesitan para completar con el número relacionado que falta.
Anote otro problema de matemáticas en una hoja grande de papel y léalo en voz alta.
3 bolsas son rojas.
5 bolsas son amarillas.
¿Cuántas bolsas hay en total?

Dé a cada estudiante un **Tablero para *combinar* de parte-parte-todo (RM 14.5)** y un conjunto de **crayones** rojos y amarillos. Pida a los estudiantes que primero dibujen la cantidad de bolsas rojas y amarillas en las respectivas casillas de 'Parte' en sus tableros. Luego, pida a los estudiantes que dibujen flechas para mostrar qué debe combinarse en la casilla de 'Todo', y que cuenten todo para resolver el problema.

Observa

Aprendamos **LE, pág. 87**

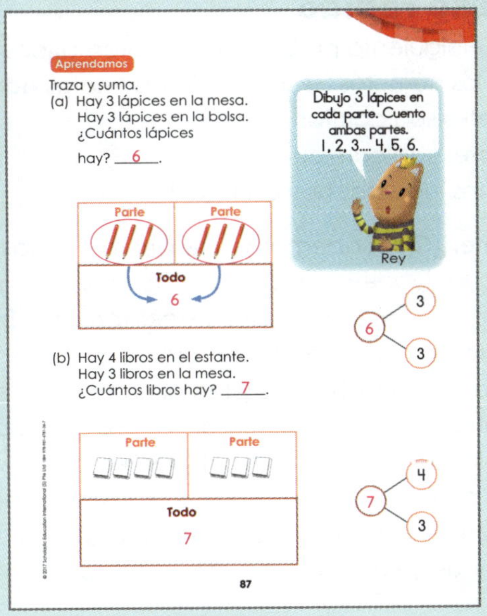

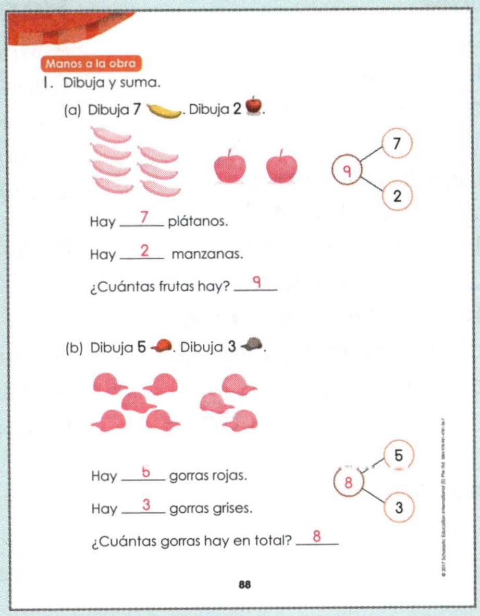

Lea el problema de matemáticas (a) en la pág. 87 del LE. Pida a los estudiantes que miren los dibujos hechos en los tableros. Señale cómo se combinan las partes y cómo Rey resuelve el problema. Pida a los estudiantes que cuenten todo para resolver el problema de matemáticas.

Lea el problema de matemáticas (b). Guíe a los estudiantes para que dibujen los libros en las casillas de 'Parte' y que cuenten todo para descubrir el total. Luego, pídales que completen con el número relacionado que falta.

Manos a la obra **LE, pág. 88**

En la tarea 1 se practica utilizar dibujos como estrategia para resolver problemas de suma de *combinar* y relacionar los números en los problemas con sus respectivos grupos de números relacionados.

Reforzar conceptos

Repase los problemas de matemáticas de la pág. 88 del LE. Dé a cada estudiante algunas **fichas** o **cubos** para representar los problemas de matemáticas. Pregunte a los estudiantes cómo hallarían el total, por ejemplo, contando la cantidad de objetos de cada parte.

Actividad diaria de conclusión

Pida a los estudiantes que compartan su trabajo de la pág. 88 del LE y que expliquen cómo resolvieron los problemas de matemáticas.
Pregunte: *¿Cómo se dieron cuenta de cuántos eran en total?* (Ejemplo: Junté los grupos de las casillas de 'Parte' y conté).

14

Lección 2: Combinar

DÍA 1 DÍA 2 DÍA 3

Objetivo:
- Seguir contando para sumar dos cantidades hasta 10

Materiales:
- hojas grandes de papel
- notas adhesivas
- cubos interconectables, 2 por pareja

Recursos:
- LE, págs. 89–90
- Tarjetas de números del 0 al 8 (RM 14.1 y 14.6), 1 conjunto por pareja
- Tarjetas para seguir contando (RM 14.7), 1 conjunto por pareja
- Cinta de números del 0 al 10 (RM 14.8), 1 por pareja
- Hoja de registro para seguir contando 1 ó 2 más (RM 14.9), 1 por estudiante

Vocabulario:
- seguir contando

Actividad diaria de preparación

Objetivo: Contar de 1 en 1 hasta 100

Pida a los estudiantes que cuenten de 1 en 1 hasta 100. Pida a los estudiantes que levanten los brazos cuando digan 10, 20, 30, 40, 50, 60, 70, 80 y 90. Cuando lleguen a 100, pídales que digan: "¡Buenísimo!" Luego, pida a los estudiantes que cuenten desde un número dado que no sea 1 (por ejemplo, 69, 89) hasta 100.

Repaso rápido

Anote el siguiente problema de matemáticas en una **hoja grande de papel**. Cubra los números de la historia con **notas adhesivas**.
5 juguetes son carritos.
4 juguetes son camiones.
¿Cuántos juguetes hay en total?

Pregunte: *¿Qué sabemos y qué queremos hallar?* (Ejemplo: Hay algunos carritos de juguete y algunos camiones de juguete. Queremos hallar cuántos juguetes hay en total). *¿Qué necesitan para hallar el total?* (Ejemplo: Necesitamos saber la cantidad de carritos y camiones de juguete).
Quite las notas adhesivas y lea el problema de nuevo.
Pregunte: *¿Cómo pueden usar dibujos para hallar cuántos hay en total?* Pida a los estudiantes que trabajen en parejas para explicar cómo pueden dibujar para hallar el total. Registre las descripciones de los estudiantes sobre qué dibujar en una hoja grande de papel y use números para rotular las partes y luego el todo.

Aprender y hacer

Seguir contando

Laboratorio de matemáticas | Observa

Antes de la lección, escriba estas oraciones en una **hoja grande de papel**.
Mi número es ______. Yo sigo contando ______ más.
______ y ______ forman ______.

Mezcle un conjunto de **Tarjetas de números del 0 al 8 (RM 14.1 y 14.6)** y colóquelas boca abajo. Coloque las **Tarjetas para seguir contando (RM 14.7)** boca abajo en otra pila. Muestre a los estudiantes una **Cinta de números del 0 al 10 (RM 14.8)**.
Pregunte: *¿Qué muestra la Cinta de números?* (Ejemplo: Muestra los números del 0 al 10).
Pregunte: *¿Puede una Cinta de números tener más números?* (Ejemplo: Sí, podemos tener más números luego del 10).
Explique a los estudiantes que sumarán dos números por medio de seguir contando 1 ó 2 más. Pida a un estudiante que lo ayude a demostrar la actividad: '1 ó 2 más'. Explique cómo se desarrolla la actividad.

- El Compañero A (el maestro) toma la tarjeta de arriba de la pila de Tarjetas de números, e identifica el número (por ejemplo, 8) en la Cinta de números.
- El Compañero B (el estudiante) toma la tarjeta de arriba de la pila de Tarjetas para seguir contando, identifica el número y le dice al Compañero A que siga contando 1 ó 2 más (por ejemplo, 2).

- El Compañero A (el maestro) coloca 2 **cubos interconectables** a partir del número 8 en la Cinta de números y sigue contando 2 más (por ejemplo, 8, (pausa) 9, 10). Demuestre cómo registrar los números en las oraciones en la hoja grande de papel.
- Los compañeros intercambian roles y continúan durante varias rondas más.

Diga: *Seguir contando es una forma de ayudarlos a sumar 2 números.*

Dé a cada pareja un conjunto de Tarjetas de números del 0 al 8, una Cinta de números (del 0 al 10), las Tarjetas para seguir contando, la **Hoja de registro para seguir contando 1 ó 2 más (RM 14.9)** y 2 cubos interconectables. Pida a los estudiantes que realicen la actividad durante varias rondas hasta completar la hoja de registro.

Observe:

- ¿Los estudiantes usan la Cinta de números correctamente para seguir contando 1 ó 2 más?
- ¿Los estudiantes identifican el total sin usar la Cinta de números?

Observa

Aprendamos LE, pág. 89

Aprendamos

Mira y dilo.

(a) 7 pandas están comiendo.
1 panda está durmiendo.
¿Cuántos pandas hay en total? 8

0 1 2 3 4 5 6 7 8 9 10

(b) 5 vasos están llenos.
2 vasos están vacíos.
¿Cuántos vasos hay en total? 7

0 1 2 3 4 5 6 7 8 9 10

89

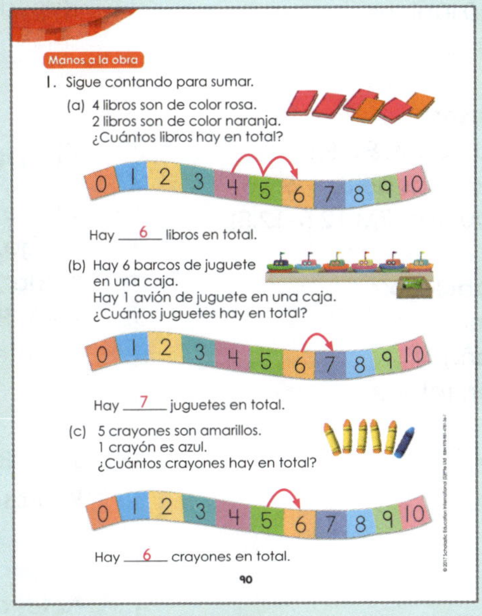
Manos a la obra

1. Sigue contando para sumar.

(a) 4 libros son de color rosa.
2 libros son de color naranja.
¿Cuántos libros hay en total?

0 1 2 3 4 5 6 7 8 9 10

Hay 6 libros en total.

(b) Hay 6 barcos de juguete en una caja.
Hay 1 avión de juguete en una caja.
¿Cuántos juguetes hay en total?

0 1 2 3 4 5 6 7 8 9 10

Hay 7 juguetes en total.

(c) 5 crayones son amarillos.
1 crayón es azul.
¿Cuántos crayones hay en total?

0 1 2 3 4 5 6 7 8 9 10

Hay 6 crayones en total.

90

Lea el primer problema de suma de la pág. 89 del LE a los estudiantes.

Pregunte: *¿Cuántos pandas hay en cada parte?* (7 en una parte y 1 en la otra)

Diga: *Sabemos que hay 7 pandas en una parte. Podemos seguir contando desde el 7. Sabemos que hay 1 panda en la otra parte, por lo que seguimos contando 1 más.*

Pida a los estudiantes que identifiquen el número 7 en la Cinta de números y que sigan contando 1 más para llegar a 8.

Diga: *Hay 8 pandas en total.*

Lea el segundo problema de suma.

Pregunte: *¿Cuántos vasos están llenos?* (5) *¿Cuántos vasos están vacíos?* (2)

Diga: *Sabemos que hay 5 vasos en una parte y 2 vasos en la otra parte.*

Pregunte: *¿A partir de qué numero comenzamos a contar?* (5) *¿Cuántos sumamos?* (2)

Diga: *Contamos del 5 en delante. Sabemos que hay 2 vasos en la otra parte, por lo que seguimos contando 2 más.*

Pida a los estudiantes que identifiquen el número 5 en la Cinta de números y que sigan contando 2 más para llegar a 7.

Diga: *Hay 7 vasos en total.*

Manos a la obra LE, pág. 90

En la tarea 1 se practica que los estudiantes resuelvan problemas de suma al seguir contando. Pídales que completen las oraciones al final de cada problema.

Reforzar conceptos

Elija un número del 0 al 8 al azar (por ejemplo, 6).
Diga: *Tenemos 6. ¿Qué obtienes cuando sumas 2 más?*
Pida a los estudiantes que levanten 6 dedos y cuenten 2 más, levantando un dedo por cada número que cuentan.
Diga: *6, 7, 8. 6 y 2 forman 8.*

Actividad diaria de conclusión

Diga: *Hoy siguieron contando 1 ó 2 más como ayuda para sumar.*

Pregunte: *¿Cómo les ayudó a contar la Cinta de números? ¿Cómo los ayudaron los cubos a hallar cuántos había en el todo?* (Ejemplo: Seguimos contando desde el número de una parte y colocamos cubos en la Cinta de números para obtener el todo).

14

Lección 3: Añadir

DÍA 1 · DÍA 2 · DÍA 3

Objetivos:

- Recordar el significado de la suma en problemas de *añadir*
- Representar problemas de *añadir*
- Resolver problemas de *añadir* contando el todo

Materiales:

- hojas grandes de papel
- 10 lápices
- 8 libros

Recursos:

- LE, págs. 91–92
- Tarjetas de 3, 4, 5 y 6 puntos (RM 12.5–12.8)

Vocabulario:

- más
- añadir
- en total

Actividad diaria de preparación

Objetivo: Subitizar hasta 6 objetos

Pida a los estudiantes que subiticen las **Tarjetas de 3, 4, 5 y 6 puntos (RM 12.5–12.8)**. Mezcle las tarjetas y muestre cada tarjeta, de una en una, durante 3 segundos.
Pregunte: *¿Cuántos puntos vieron? ¿Cómo lo supieron?*
Pida a los estudiantes que compartan cómo vieron la disposición de puntos.
Pregunte: *¿Alguien vio los puntos de manera diferente?*
Repita la pregunta con varias Tarjetas de puntos. Pida a los estudiantes que señalen las distintas partes que vieron en cada disposición.

Repaso rápido

Dibuje una Cinta de números (del 0 al 10) en una **hoja grande de papel**. Luego, pida a los estudiantes que sigan contando 1 más desde un número dado, por ejemplo, 6. Pregunte a los estudiantes cuál sería el total si sumaran 6 y 1. Repita esto con varios números. Luego, pida a los estudiantes que cuenten 2 más desde un número dado y que repitan el proceso.

Aprender y hacer

Representar problemas de *añadir*

Laboratorio de matemáticas

Antes de la lección, escriba el siguiente problema de matemáticas de *añadir* en una **hoja grande de papel**.
4 amigos se sientan.
Llegan y se sientan 3 amigos más.
¿Cuántos amigos están sentados ahora?

> ***NOTA:*** *En los problemas de añadir, un grupo se suma a otro grupo que ya existe para obtener un nuevo total. Estos problemas implican acción.*

Pida a los estudiantes que representen el problema de matemáticas. Pida a 4 estudiantes que se sienten en el piso. (Use los nombres de los estudiantes para personalizar la historia de matemáticas).
Pregunte: ______, ______, ______ *y* ______ *están sentados en el piso. ¿Qué sucede luego?* (Se sientan 3 amigos más).
Pida a 3 estudiantes más que se sienten en el piso.
Diga: ______, ______ *y* ______ *llegan y se sientan.*
Pregunte: *¿Cuántos amigos están sentados en el piso ahora?*
Diga a los estudiantes que presten atención a la palabra 'ahora'.
Recuérdeles que esto significa que la cantidad del grupo original ha cambiado.
Dé a los estudiantes tiempo para sumar. Probablemente los estudiantes cuenten a todos los niños que están en el piso.
Diga: *Ustedes contaron a todos los amigos que estaban sentados en el piso. Podemos contar la cantidad de amigos sentados en el piso al principio. 1, 2, 3, 4.* (Señale el grupo de 4). *Luego, seguimos contando para sumar los 3 amigos más que llegaron, 5, 6, 7.* (Señale el grupo de 3). *Hay 7 amigos sentados en el piso ahora.*
Escriba debajo del problema de matemáticas: 4 y 3 forman 7.

 ISBN 978-981-4822-03-9

Lea a los estudiantes los problemas de matemáticas de suma que están abajo de uno en uno. Luego de leer cada problema, invite a algunos estudiantes a representarlos. Dé a los estudiantes los **lápices** y los **libros** que necesitan para los problemas.

Observe:

- ¿Los estudiantes pueden identificar y explicar qué significan los números representados en los problemas de matemáticas?
- ¿Los estudiantes cuentan todo o usan otros métodos para determinar el total?

<u>Problemas de suma</u>

- 5 amigos se paran en fila.
  Se unen a ellos 4 amigos más.
  ¿Cuántos niños hay en la fila ahora?
- Hay 6 lápices sobre la mesa.
  Coloco 4 lápices más sobre la mesa.
  ¿Cuántos lápices hay en la mesa?
- Tengo 7 libros.
  Mi amigo me da 1 libro más.
  ¿Cuántos libros tengo en total?

Observa

Aprendamos

LE, págs. 91–92

Pida a los estudiantes que miren el dibujo de la pág. 91 del LE.
Señale a los niños en el tiovivo o carrusel.
Pregunte: *¿Qué están haciendo los niños?* (juegan en el tiovivo o carrusel)
Pregunte: *¿Cuántos niños hay en el tiovivo o carrusel?* (5) *¿Cuántos niños se les unen?* (2)
Lea el problema de matemáticas (a) en la pág. 92 del LE.
Pregunte: *¿Qué debemos hallar?* (cuántos niños hay en total) *¿Cómo podemos hallarlo?* (Ejemplo: Contamos los niños de ambos grupos).
Pida a los estudiantes que cuenten todos los niños y recuérdeles que, para obtener el total, sumamos una parte (los niños en el tiovivo o carrusel) a otra parte (los niños que se les unen).

Lea los otros problemas de matemáticas en la pág. 92 del LE. Pida a los estudiantes que identifiquen el grupo existente y el segundo grupo que se sumará al primero. Luego, pídales que cuenten todo para resolver los problemas de suma.

Actividad diaria de conclusión

Diga: *En los problemas de suma de hoy, sabían cuántos había en el grupo al principio. Luego, otro grupo se añadió a ese grupo.*
Pregunte: *¿Cómo hallaron el todo para los problemas de matemáticas?* (Ejemplo: Contamos el primer grupo y seguimos contando el segundo grupo).
Repase los problemas de matemáticas de la pág. 92 del LE y pídales que demuestren cómo contaron para hallar el todo.

14

 ISBN 978-981-4822-03-9

Lección 3: Añadir

DÍA 1 DÍA 2 DÍA 3

Objetivos:

- Contar todo para sumar dos cantidades hasta 10
- Resolver problemas de *añadir* usando dibujos
- Ilustrar los problemas de *añadir* con grupos de números relacionados
- Relacionar 'más' con *añadir*

Materiales:

- cubos interconectables, 5 por estudiante
- 10 lápices
- hojas grandes de papel, 2 hojas
- papel para dibujar, 2 hojas por pareja

Recursos:

- LE, págs. 93–94
- Tarjetas de puntos en cuadros de 5 (RM 14.10)
- Cuadros de 5 (RM 14.11), 1 por estudiante

Vocabulario:

- total
- añadir
- más
- grupo de números relacionados

Actividad diaria de preparación

Objetivo: Subitizar hasta 5 objetos

Presente un cambio en la rutina de subitizar usando las **Tarjetas de puntos en cuadros de 5 (RM 14.10)**. Comience con la Tarjeta de 1 punto y pida a los estudiantes que describan lo que notaron sobre la tarjeta. (Ejemplo: Hay 5 casillas. La primera casilla tiene 1 punto. 4 casillas están vacías). Continúe con el resto de las tarjetas para que los estudiantes se familiaricen con ellas. Dé a cada estudiante 5 **cubos interconectables** y una copia de los **Cuadros de 5 (RM 14.11)**. Mezcle las Tarjetas de puntos. Muestre rápidamente una tarjeta por 3 segundos.

Diga: *Coloquen cubos en sus cuadros de 5 para mostrar cuántos puntos vieron.*

Compruebe los cuadros de 5 de los estudiantes con respecto a la tarjeta que recién mostró. Continúe hasta que haya mostrado todas las tarjetas.

Repaso rápido

Lea los siguientes problemas de *añadir* y use **lápices** para representarlos.

- _____ tiene 5 lápices.
  Su amiga le da 3 lápices más.
  ¿Cuántos lápices tiene _____ ahora?

- Hay 4 lápices en el estante.
  _____ coloca 5 lápices más en el estante.
  ¿Cuántos lápices hay ahora en el estante?

Para cada problema, pregunte:

- *¿Cuántos lápices había al principio?*
- *¿Cuántos lápices se sumaron?*
- *¿Qué debemos hallar?*

Pida a los estudiantes que cuenten todo para hallar el nuevo total.

Aprender y hacer

Representar problemas de *añadir*

Laboratorio de matemáticas

Antes de la lección, escriba el siguiente problema de matemáticas de *añadir* en una **hoja grande de papel.**

6 conejos juegan.
2 conejos más llegan a jugar.
¿Cuántos conejos están jugando ahora?

Diga: *Si no podemos representarlo, podemos usar dibujos para hallar el total.*

En una hoja grande de papel, demuestre cómo usar dibujos para representar el problema de matemáticas.

Pregunte: *¿Cuántos conejos jugaban al principio?* (6)

Dibuje 6 conejos en la hoja grande de papel.

Pregunte: *¿Cuántos conejos más llegaron a jugar?* (2)

Dibuje 2 conejos más en la hoja grande de papel.

Pregunte: *¿Cuántos conejos están jugando ahora? ¿Cómo pueden hallarlo?* (8. Podemos contar todos los conejos).

Pida a los estudiantes que cuenten los conejos del primer grupo y que continúen contando los conejos del segundo grupo para hallar el total.

Escriba debajo del problema de matemáticas: 6 conejos y 2 conejos más son 8 conejos en total.

Dibuje un grupo de números relacionados al lado del dibujo. Explique que la cantidad de conejos que están jugando al principio forma una parte y que los conejos que llegan a jugar forman otra parte. Escriba los números respectivos en los círculos de 'Parte'. Luego, pida a los estudiantes que digan qué debería haber en el círculo de 'Todo'.

Lea los siguientes problemas de matemáticas. Dé a cada pareja 2 hojas de **papel para dibujar**. Pida a los estudiantes que trabajen en parejas para resolver los problemas de matemáticas usando dibujos. Use el mismo proceso de preguntas para guiar a los estudiantes en los problemas.

Problemas de suma

- Hay 9 libros en el estante.
  El maestro pone 1 libro más en el estante.
  ¿Cuántos libros hay ahora en el estante?
- Tengo 5 camisetas.
  Compro 4 camisetas más.
  ¿Cuántas camisetas tengo ahora?

Observa

Aprendamos

LE, pág. 93

Lea el problema de matemáticas (a) en la pág. 93 del LE. Pida a los estudiantes que miren cómo Bela resuelve el problema con dibujos. Pida a los estudiantes que cuenten todo, resuelvan el problema de matemáticas y completen el respectivo grupo de números relacionados.

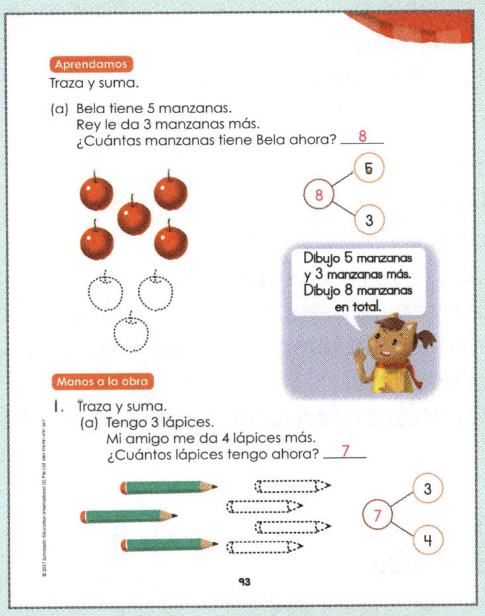

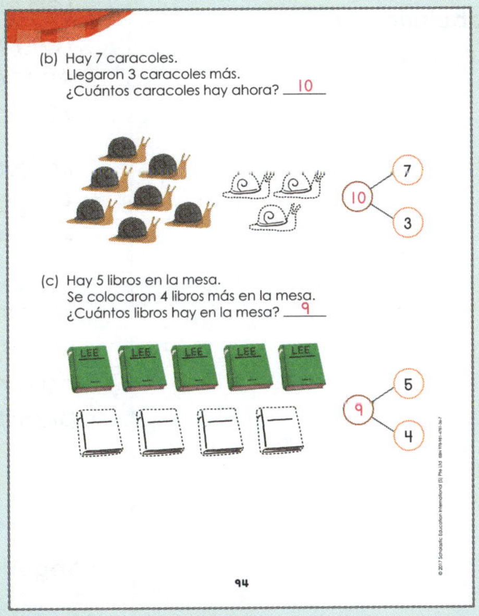

Manos a la obra

LE, págs. 93–94

En la tarea 1 se practica usar dibujos para resolver problemas de matemáticas y representar un problema de *añadir* con grupos de números relacionados. Los estudiantes deben trazar los objetos antes de contarlos todos para obtener el nuevo total.

Reforzar conceptos

Repase algunos de los problemas de matemáticas en los que trabajaron los estudiantes anteriormente. Pida a los estudiantes que trabajen en parejas para resolver los problemas usando cubos. Pida a un compañero que cuente los cubos para mostrar cuántos hay en el grupo existente. El otro compañero cuenta los cubos para mostrar cuántos hay en el grupo que se une al grupo existente. Luego, pida a las parejas que cuenten todo para hallar el total.

Actividad diaria de conclusión

Pregunte: *Hoy, tuvieron que hallar cuántos hay en total. ¿Cómo mostraron que se añadieron más objetos a un grupo? ¿Cómo hallaron cuántos había en total?*
Pida a los estudiantes que expliquen su razonamiento.

14

Lección 3: Añadir

DÍA 1 DÍA 2 DÍA 3

Objetivos:

- Seguir contando para sumar dos cantidades hasta 10

Materiales:

- hojas grandes de papel, 3 hojas
- barras de 6 cubos interconectables, 1 barra por estudiante
- notas adhesivas
- cubos interconectables, 10 por pareja

Recursos:

- LE, págs. 95–96
- Cinta de números del 0 al 10 (RM 14.8), 3 por pareja

Vocabulario:

- seguir contando

Actividad diaria de preparación

Objetivo: Crear y conversar sobre los datos de una gráfica

Cree una gráfica de 4 columnas titulada *Separar 6* en una **hoja grande de papel**. Escriba *6 y 0*, *5 y 1*, *4 y 2*, *3 y 3* arriba de cada columna. Dé a cada estudiante una barra de 6 **cubos interconectables**. Pídales que decidan cómo quieren separar la barra en dos partes y que registren la cantidad de cubos que hay en cada parte (por ejemplo, 3 y 3) en **notas adhesivas**. Luego, pídales que coloquen sus notas adhesivas en la columna que representa sus resultados. Pídales que conversen sobre la gráfica y que cuenten cuántos amigos separaron sus barras de una determinada manera. Refuerce los conceptos de mayor que, menos que e igual a mientras los estudiantes comparan la cantidad de notas adhesivas en cada columna.

Repaso rápido

Lea el siguiente problema de matemáticas de *añadir*.
Tengo 5 cubos rojos.
Añado 5 cubos azules más.
¿Cuántos cubos tengo en total?

Pregunte:

- *¿Cuántos cubos tenía al principio?* (5)
- *¿Cuántos cubos añadí?* (5)
- *¿Cuántos cubos tengo ahora?* (10)

Mientras hace las preguntas, pida a los estudiantes que usen dibujos para representar el problema de matemáticas. Luego, pídales que cuenten todo para hallar el total.

Diga: *Hay 10 cubos en total. 5 cubos rojos y 5 cubos azules forman 10 cubos.*

Aprender y hacer

Seguir contando

Laboratorio de matemáticas | Observa

Antes de la lección, escriba el siguiente problema de matemáticas de *añadir* en una **hoja grande de papel**.
9 niños están sentados.
1 niño más se sienta.
¿Cuántos niños están sentados ahora?

Dibuje una cinta de números del 0 al 10 en una hoja grande de papel.

Pregunte:

- *¿Cuántos niños estaban sentados al principio?* (9)
- *¿Cuántos niños más se sentaron?* (1)

Diga: *Cuando sumamos, podemos seguir contando desde el número de niños sentados al principio. Comenzamos desde el 9 y seguimos contando 1 más, porque se sienta 1 niño más.*

Siga contando 1 más desde el 9 con los estudiantes.

Diga: *9, 10.*

A medida que cuente, dibuje una flecha en la cinta de números:

0	1	2	3	4	5	6	7	8	9	10

Escriba debajo de la historia de matemáticas: 9 y 1 forman 10.
Dé a cada pareja 3 copias de la **Cinta de números del 0 al 10 (RM 14.8)** y un conjunto de 10 **cubos interconectables**. Trabaje los siguientes problemas de *añadir* con los estudiantes.

Problemas de añadir

- 4 caballos están corriendo.
  3 caballos más se unen a ellos.
  ¿Cuántos caballos están corriendo ahora?
- Hay 5 flores en un florero.
  Coloco 5 flores más.
  ¿Cuántas flores hay ahora en el florero?
- Hay 7 botellas en la mesa.
  Coloco 2 botellas más en la mesa.
  ¿Cuántas botellas hay ahora en la mesa?

Lea el primer problema de *añadir*. Pida a los estudiantes que identifiquen cuántos hay en el grupo inicial y cuántos se añaden al grupo inicial. Luego, pida a los estudiantes que consulten las cintas de números. Para cada problema, haga las siguientes preguntas.

Pregunte:

- *¿A partir de qué número deben empezar a contar?*
- *¿Cuántos pasos dan en la cinta de números? ¿Por qué?*

Una vez que los estudiantes identifican el punto de partida, pídales que coloquen un cubo en el número de comienzo. Pídales que identifiquen el número que tienen que seguir contando y que añadan más cubos desde el número de comienzo para mostrar cuántos números siguen contando.

Observe:

- ¿Los estudiantes usan la cinta de números correctamente para añadir al seguir contando?
- ¿Los estudiantes pueden identificar el total sin usar la cinta de números?

Observa

Aprendamos LE, pág. 95

Lea el problema de suma de la pág. 95 del LE a los estudiantes.
Pregunte: *¿Cuántos conejos hay al principio?* (5) *¿Cuántos conejos se sumaron?* (1)
Diga: *Sabemos que al principio hay 5 conejos. Comenzamos desde el 5. Sabemos que 1 conejo más se unió, por lo tanto, seguimos contando 1 más.*
Pídales que identifiquen el número 5 en la Cinta de números y que sigan contando 1 más para llegar a 6.
Diga: *Hay 6 conejos en la íinea ahora.*

Aprendamos
Mira y dilo.
(a) 5 conejos saltan en línea.
Llega 1 conejo más.
¿Cuántos conejos hay en la línea ahora? 6

Manos a la obra
1. Dibuja flechas y suma.
(a) Se caen 4 tazones.
Se caen 4 tazones más.
¿Cuántos tazones se caen? 8

95

(b) Hay 3 libros en la mesa.
Se ponen 5 libros más en la mesa.
¿Cuántos libros hay ahora en la mesa? 8.

(c) Hay 7 peces en la pecera.
Se agregan 0 peces.
¿Cuántos peces hay? 7.

96

Manos a la obra LE, págs. 95–96

En la tarea 1 se practica que los estudiantes resuelvan problemas de suma al seguir contando.

Reforzar conceptos

Repase la cinta de números del 0 al 10 con los estudiantes. Comience sumando 1.
Diga: *Tengo 8 juguetes. Compro 1 juguete más. Quiero hallar la cantidad de juguetes que tengo ahora.*
Diga a los estudiantes que el 8 es el punto de partida porque es el número del grupo inicial. Pídales que sigan contando 1 más desde 8.
Diga: *8, 9.*
Repita el proceso cambiando los números, por ejemplo, comenzando desde el 4 y sumando 2; o comenzando desde el 5 y sumando 3.

Actividad diaria de conclusión

Diga: *Hoy, sabían el número que había en la primera parte y siguieron contando para sumar.*
Representen el siguiente problema de matemáticas.
Tengo 5 dedos levantados. Levanto 2 dedos más. ¿Cuántos dedos tengo en alto?
Pida a los estudiantes que expliquen cómo hallarán el total. Pueden contar todo o seguir contando a partir de la cantidad que hay en una parte, por ejemplo, 5.

Lección 4: Sumar hasta 10 DÍA 1

Objetivos:

- Contar todo o seguir contando para sumar dos cantidades hasta 10
- Resolver ambos tipos de problemas de suma usando dibujos
- Escribir enunciados numéricos para representar problemas de suma

Materiales:

- barras de 6 cubos interconectables, 1 barra por estudiante
- notas adhesivas
- hojas grandes de papel
- cubos interconectables, 1 balde por mesa

Recursos:

- LE, págs. 97–98

Vocabulario:

- más
- es igual a

Actividad diaria de preparación

Objetivo: Crear y conversar sobre los datos de una gráfica

Repase la gráfica titulada *Separar 6*. Dé a cada estudiante una barra de 6 **cubos interconectables**. Pida a los estudiantes que separen la barra de una forma distinta a la del día anterior. Pídales que registren la cantidad de cubos de cada parte para mostrar en las **notas adhesivas** cómo separaron los 6 cubos. Pida a los estudiantes que coloquen sus notas adhesivas en la columna que representa sus resultados.
Pídales que conversen sobre la gráfica y que la comparen con la gráfica del día anterior.

Repaso rápido

Invite a un estudiante para que lo ayude a demostrar un problema de matemáticas. Pida a ese estudiante que levante la cantidad de dedos que quiera (por ejemplo, 7).
Diga: ______ *levanta 7 dedos.*
Levante otros 3 dedos.
Diga: *Yo levanto 3 dedos más.*
Pregunte: *¿Cuántos dedos estamos levantando en total?*
Pida a los otros estudiantes que cuenten todo para decir el total.
Luego, pida a otro estudiante que levante los dedos que quiera hasta 9 (por ejemplo, 8).
Diga: ______ *levanta 8 dedos.*
Levante otros 2 dedos.
Diga: *Yo levanto 2 dedos más.*
Pregunte: *¿Cuántos dedos levantamos en total?*
Si los estudiantes comienzan a contar todo, déjelos completar el conteo para hallar el total. Luego, pídales que sigan contando 2 más desde 8 para obtener el total.

Aprender y hacer

Usar enunciados numéricos para representar problemas de suma

Laboratorio de matemáticas

Antes de la lección, escriba los siguientes problemas de matemáticas en **hojas grandes de papel** distintas.

- Hay 6 libros grandes.
  Hay 3 libros pequeños.
  ¿Cuántos libros hay en total?

- Hay 8 peces dorados en la pecera.
  Hay 2 peces amarillos en la pecera.
  ¿Cuántos peces hay en la pecera?

- Hay 6 lápices en un frasco.
  Se colocan 2 lápices más en el frasco.
  ¿Cuántos lápices hay ahora en el frasco?

- 5 gatos están jugando.
  3 gatos más se unen a ellos.
  ¿Cuántos gatos están jugando ahora?

Coloque un balde de **cubos interconectables** en cada mesa. Lea el primer problema de matemáticas.
Pregunte: *¿Qué sabemos en este problema de matemáticas?* (Ejemplo: hay 6 libros grandes y 3 libros pequeños).
Pregunte: *¿Qué pregunta debemos responder?* (cuántos libros hay en total)
Pida a los estudiantes que trabajen en parejas para resolver la historia matemática y recuérdeles que pueden usar los cubos.
Pregunte: *¿Cómo hallaron la cantidad de libros en total?* (Ejemplo: Contamos 6 en una parte y 3 en otra parte para obtener 9).
Pregunte: *¿Alguien sumó de otra forma? Expliquen cómo sumaron.*
Repase las distintas estrategias que aprendieron los estudiantes, como representar, usar sus dedos, usar dibujos y seguir contando. Si alguna estrategia no se menciona, invite a algunas parejas a usar las estrategias que no se mencionaron (por ejemplo, usar dibujos) para resolver el problema de suma.
Escriba debajo de la historia de matemáticas: 6 y 3 forman 9.

Diga: *Hay otra forma de escribir '6 y 3 forman 9'.*
(Tache 'y' y coloque '+' encima de la palabra).
Diga: *Este signo se llama signo de 'más'. Significa que se debe sumar.*
(Tache 'forman' y coloque '=' encima de las palabras).
Diga: *Este signo se llama signo de 'igual'. Cuando sumamos los números de este lado del signo de igual* (señale 6 + 3), *esto debe ser igual al número del otro lado del signo de igual. Comprobemos si nuestros números lo muestran.*
Pida a los estudiantes que formen un grupo de 6 cubos y un grupo de 3 cubos.
Pregunte: *¿Cuántos cubos tienen en total?* (9)
Señale el enunciado de suma 6 + 3 = 9.
Diga: *Leemos el enunciado de suma así: 'seis más tres es igual a 9'.*
Repita las preguntas sugeridas para los otros problemas de matemáticas. Pida a las parejas que resuelvan todos los problemas de matemáticas y que compartan sus soluciones y estrategias con el resto de la clase. Luego, demuestre los resultados primero con palabras, y luego escriba los enunciados numéricos para cada problema.

> ***NOTA:*** *No se espera que los estudiantes puedan escribir enunciados numéricos enteros con símbolos. Los maestros muestran los símbolos para que los alumnos vean los enunciados numéricos. Se espera que escriban símbolos en el Grado 1.*

Observa

Aprendamos

LE, págs. 97–98

Pida a los estudiantes que miren el dibujo de la pág. 97 del LE. Lea el problema de matemáticas (a).
Pregunte: *¿Cuántos niños andan en bicicleta al principio?* (5) *¿Cuántos niños se les unen?* (1)
Pregunte: *¿Qué debemos hallar?* (cuántos niños están andando en bicicleta ahora)
¿Cómo podemos hallarlo? (Ejemplo: Contamos los niños de ambos grupos./Seguimos contando desde 5).
Demuestre las distintas estrategias que usaron Rey y Bela para resolver el problema. Luego, lea los enunciados de suma y recuerde a los estudiantes qué significan los símbolos. Lea los otros problemas de matemáticas en la pág. 98 del LE. Pida a los estudiantes que trabajen en parejas para resolver los problemas.

Actividad diaria de conclusión

Repase los problemas de matemáticas de la pág. 98 del LE. Invite a algunas parejas a decir cómo resolvieron el problema.
Pregunte: *¿Alguien lo resolvió de otra forma?*
Pida a los estudiantes que compartan las estrategias que usaron.
Pídales que lean los enunciados numéricos de esta manera: '______ más ______ es igual a ______'.

Lección 5: Operaciones de resta hasta 5 DÍA 1

Objetivo:
- Hacer operaciones de resta hasta 5 con fluidez

Materiales:
- hojas grandes de papel
- cubos interconectables, 5 por pareja
- clip
- lápiz

Recursos:
- LE, págs. 99–100
- Tarjetas de puntos en cuadros de 5 (RM 14.10)
- Tarjetas de números del 1 al 5 (RM 14.1), 1 conjunto por pareja
- Ruleta de restar 1 o restar 0 (RM 14.12)
- Hoja de operaciones de resta (del 0 al 5) (RM 14.13), 1 por estudiante
- Tarjetas de restar hasta 5 (RM 14.14), 1 conjunto por pareja

Vocabulario:
- resta
- restar
- quitar
- quedar

Actividad diaria de preparación

Objetivo: Subitizar hasta 5 objetos

Repase la rutina de subitizar un cuadro de 5 con las **Tarjetas de puntos en cuadros de 5 (RM 14.10)**. Muestre cada tarjeta por 3 segundos. Pida a los estudiantes que identifiquen la cantidad de puntos de cada cuadro de 5.

Repaso rápido

Escriba el siguiente problema de matemáticas de resta en una **hoja grande de papel**.
3 gatos están durmiendo.
1 gato se despierta.
¿Cuántos gatos están durmiendo ahora?

Lea el problema de matemáticas.
Pida a los estudiantes que muestren qué pasa en el problema de matemáticas usando los dedos (por ejemplo, levantando 3 dedos y luego bajando 1).
Escriba debajo de la historia: Si a 3 le quitas 1 hay 2.

Aprender y hacer

Restar hasta 5

Laboratorio de matemáticas

Muestre a los estudiantes una barra de 5 **cubos interconectables**.
Pregunte: *¿Cuántos cubos hay en toda la barra?* (5)
Pregunte: *¿Qué sucede si quito una parte?* (Ejemplo: Queda otra parte).
Recuerde a los estudiantes que cuando quitan una parte del todo, están restando.

Presente un juego de resta llamado 'Restar 1 o 0'.
Diga: *En este juego, restarán 1 cubo o 0 cubos del total de los cubos que tienen.*
Dé a cada pareja 5 cubos interconectables y un conjunto de **Tarjetas de números del 1 al 5 (RM 14.1)**. Pida a las parejas que mezclen las Tarjetas de números y que las coloquen boca abajo en una pila.
Pida a las parejas que tomen la tarjeta de arriba, identifiquen el número y cuenten esa cantidad de cubos (por ejemplo, 3).
Coloque la punta del lápiz en el punto de la **Ruleta de restar 1 o restar 0 (RM 14.12)** y gire el clip alrededor de la punta del lápiz para ver dónde cae.
Pida a las parejas que resten 1 cubo de su conjunto de cubos según los resultados del giro. Pida a las parejas que digan cuántos cubos quedan. Si el resultado del giro es '0', los estudiantes explican que no se quita ningún cubo.
Pida a cada estudiante que anote los resultados en su **Hoja de operaciones de resta del 0 al 5 (RM 14.13)**.

Explique a los estudiantes que jugarán a un juego de resta distinto llamado 'Restar hasta 5' y lo agregarán a su Hoja de operaciones de resta del 0 al 5. Dé a cada pareja un conjunto de **Tarjetas de restar hasta 5 (RM 14.14)**.
Coloque en la mesa los 5 cubos interconectables y la Hoja de operaciones de resta del 0 al 5. Pida a un estudiante que demuestre este juego con usted. Mezcle el conjunto de tarjetas y colóquelas boca abajo en una pila. Explique cómo se desarrolla la actividad.

- El Compañero A (el estudiante) toma la tarjeta de arriba y la lee (por ejemplo, a 4 se le quita 1).
- El Compañero B (el maestro) cuenta 4 cubos y quita 1 cubo.
- El Compañero A pregunta cuántos cubos quedan.
- Los compañeros registran los resultados en sus hojas de operaciones (por ejemplo, si a 4 le quito 1 hay 3).
- Los compañeros intercambian roles y continúan con la actividad.

Observe (para ambas actividades):
- ¿Los estudiantes pueden decir cuántos cubos quedan sin contarlos?
- ¿Los estudiantes entienden el significado de 0 y cómo afecta al total el quitar 0?

***NOTA:** Las reiteradas experiencias de los estudiantes de separar un número, junto con sus experiencias con los juegos de operaciones, los ayudan a realizar operaciones hasta 5 con fluidez. El objetivo, en este nivel, es que los estudiantes comprendan las operaciones de suma y resta en lugar de memorizar operaciones aisladas.*

Observa

Aprendamos **LE, pág. 99**

Lea el problema de matemáticas a los estudiantes.

Pregunte: *¿Cuántas mariposas hay?* (3)

¿Cuántas mariposas se van volando? (1)

Diga: *Queremos hallar la cantidad de mariposas que quedaron en la flor luego de que 1 se fuera volando.*

Lea el globo de diálogo para mostrar cómo Bela resuelve el problema.

Lección 5 Operaciones de resta hasta 5

Aprendamos

Mira y quita.

3 mariposas se posan en una flor.
1 mariposa se va.
¿Cuántas mariposas quedan? 2

Manos a la obra

1. Une con una línea.

(a) Si a 4 le quitas 1 hay 3.

(b) Si a 5 le quitas 2 hay 3.

99

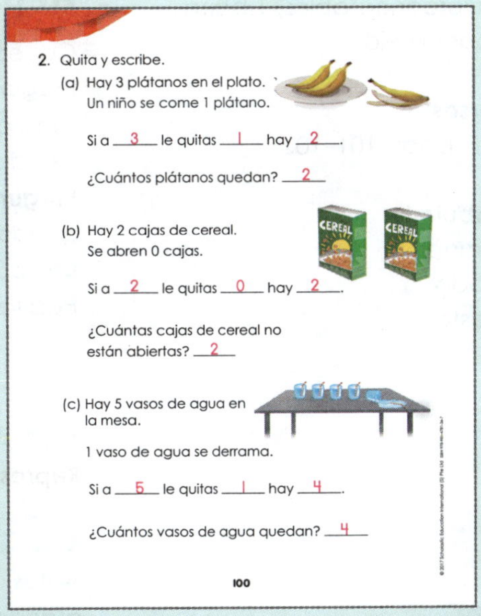

2. Quita y escribe.

(a) Hay 3 plátanos en el plato.
Un niño se come 1 plátano.

Si a 3 le quitas 1 hay 2.

¿Cuántos plátanos quedan? 2

(b) Hay 2 cajas de cereal.
Se abren 0 cajas.

Si a 2 le quitas 0 hay 2.

¿Cuántas cajas de cereal no están abiertas? 2

(c) Hay 5 vasos de agua en la mesa.
1 vaso de agua se derrama.

Si a 5 le quitas 1 hay 4.

¿Cuántos vasos de agua quedan? 4

100

Manos a la obra

LE, págs. 99–100

En la tarea 1 se practica que los estudiantes unan dibujos con el enunciado de resta correcto.

En la tarea 2 se practica que los estudiantes identifiquen la cantidad en el grupo inicial y la cantidad de objetos que se quitan para resolver el problema de resta.

14

Reforzar conceptos

Pida a los estudiantes que usen una barra de 5 cubos. Luego, pídales que quiten un número cualquiera de cubos, por ejemplo, 2 cubos, y que luego cuenten y digan cuántos quedan.

Actividad diaria de conclusión

Muestre una tarjeta (por ejemplo, a 5 se le quita 2) de las **Tarjetas de resta hasta 5 (RM 14.14)**.

Pregunte: *¿Cuántos hay en el todo?* (5) *¿Qué se quita?* (2)

Pregunte: *¿Qué parte queda?* (3)

Repita el procedimiento con varias tarjetas más.

Objetivos:

- Comprender el significado de la resta en problemas de resta de parte-parte-todo
- Representar problemas de resta de parte-parte-todo

Materiales:

- 5 cubos interconectables
- hojas grandes de papel
- barras de cubos interconectables, 1 barra por pareja

Recursos:

- LE, págs. 101–102

Vocabulario:

- parte
- todo
- resta

Actividad diaria de preparación

Objetivo: Contar de 1 en 1 hasta 100

Pida a los estudiantes que cuenten de 1 en 1 hasta 100. Pida a los estudiantes que truenen sus dedos cuando digan las decenas 10, 20, 30, 40, 50, 60, 70, 80 y 90. Cuando los estudiantes digan 100, pídales que digan: "¡Hurra!" Cuenten desde un número dado que no sea 1 (por ejemplo: 77, 68) hasta 100.

Repaso rápido

Conecte un grupo de 5 **cubos**. Muestre los cubos a los estudiantes.

Pregunte: *¿Cuántos cubos hay?* (5)

Diga a los estudiantes que la barra de 5 cubos es el todo. Pida a un estudiante que quite algunos cubos de la barra (por ejemplo, 2 cubos).

Pregunte: *¿Cuántos cubos quitó ______?* (Ejemplo: 2) *¿Cuántos cubos quedan?* (3)

Diga: *Si a 5 le quito 2 hay 3.*

Repita el procedimiento cambiando la cantidad de cubos que se quitan.

Aprender y hacer

Representar problemas de resta de parte-parte-todo

Laboratorio de matemáticas

Antes de la lección, escriba la siguiente historia de matemáticas en una **hoja grande de papel**.

7 amigos están en una fila.
3 amigos están sentados.
¿Cuántos están de pie?

> ***NOTA:*** *En los problemas de resta de parte-parte-todo, separamos una parte de un todo existente para encontrar la otra parte.*

Lea el problema de matemáticas. Ordene un grupo de 7 estudiantes en una fila. Pida a 3 estudiantes que se sienten y al resto que permanezca de pie.

Pregunte: *¿Cuántos amigos están en la fila?* (7) *¿Cuántos amigos están sentados?* (3)

Pida a 4 niñas y a 3 niños que se sienten en el piso.

Diga: *Tenemos un todo de 7 amigos. Los 3 amigos que están sentados forman una parte. Queremos hallar la otra parte, que es la cantidad de amigos que están de pie.*

Explique que, para hallar la otra parte, restamos del todo la cantidad de amigos que están sentados. Pida a los estudiantes que cuenten la cantidad de amigos que están de pie.

Diga: *4 amigos están de pie.*

Dé a cada pareja una barra de 10 **cubos interconectables**. Explique a los estudiantes que restarán una parte del todo para hallar la otra parte. Lea las siguientes historias de resta a los estudiantes.

Historias de resta

- Hay 9 vasos.
  2 están sucios.
  ¿Cuántos vasos están limpios?

- Tengo 6 libros.
  3 libros son rojos.
  ¿Cuántos libros son verdes?
- Hay 8 juguetes.
  4 son carritos.
  ¿Cuántos son aviones?

Trabaje con la clase con el primer problema de resta. Pida a los estudiantes que identifiquen el todo (por ejemplo, 9 vasos). Pídales que formen una barra de 9 cubos interconectables. Luego, pídales que identifiquen cuántos hay en una parte (por ejemplo, 2 vasos). Pídales que le resten 2 a 9 separando 2 cubos de la barra de 9 cubos. Luego, pídales que cuenten la cantidad de cubos de la otra parte (por ejemplo, 7 vasos). Repita el procedimiento con los otros dos problemas de resta.

Observa

Aprendamos

LE, págs. 101–102

Pida a los estudiantes que miren el dibujo de la pág. 101 del LE.

Pregunte: *¿Cuántos gatos ven?* (6) *¿Qué están haciendo los gatos?* (Algunos están durmiendo, pero un gato está despierto).

Pregunte: *¿Cuántos gatos están despiertos?* (1)

Diga: *Sabemos que hay 6 gatos y que 1 está despierto. Queremos hallar cuántos gatos están durmiendo. Podemos restarle 1 a 6 para obtener 5.*

Lección 6 Separar

Aprendamos

Mira y dilo.

(a)

Resta 1 de 8 para llegar a 7.

Hay 8 peces en la pecera.
1 pez es azul.
¿Cuántos peces son de color naranja? 7

101

(b)

Hay 10 juguetes en el estante.
Hay 6 animales de juguete.
¿Cuántos robots de juguete hay? 4

(c)

Hay 9 libros.
2 libros están abiertos.
¿Cuántos libros están cerrados? 7

102

Pida a los estudiantes que cuenten los gatos que están durmiendo para confirmar el número.

Lea los problemas del (a) al (c) con los estudiantes. Para cada problema de resta, pida a los estudiantes que identifiquen cuántos hay en el todo y cuántos hay en una parte. Luego, pídales que resten esa parte del todo para obtener la otra parte.

Actividad diaria de conclusión

Pida a los estudiantes que repasen los problemas de resta de las págs. 101–102 del LE.

Pregunte: *En los problemas de resta del día de hoy, ¿qué era lo que sabían?* (cuántos hay en el todo y cuántos hay en una parte)

Pregunte: *¿Cómo hallamos qué hay en la otra parte?* (Restamos del todo la parte que conocemos).

14

Objetivos:

- Resolver problemas de resta de parte-parte-todo usando dibujos
- Restar una parte de un todo de hasta 10 para obtener la otra parte
- Ilustrar los problemas de resta de parte-parte-todo con grupos de números relacionados

Materiales:

- hojas grandes de papel
- barras de 9 cubos interconectables (5 azules y 4 rojos), 1 barra por estudiante
- crayones (4 azules y 4 amarillos), 8 por pareja

Recursos:

- LE, págs. 103–104
- Tablero para *combinar* de parte-parte-todo (RM 14.5), 1 por estudiante

Vocabulario:

- parte
- todo
- restar

Actividad diaria de preparación

Objetivo: Contar hasta 100 desde un número dado que no sea el 1

Pida a los estudiantes que cuenten desde un número que no sea 1, por ejemplo, desde 59 hasta 100. Cada vez que los estudiantes digan una decena, pídales que aplaudan (por ejemplo, 60, 70, 80 y 90). Cuando los estudiantes digan 100, pídales que den un giro. Luego, pida a los estudiantes que cuenten desde un número diferente (por ejemplo, 71) y repita el procedimiento. Continúe mientras el tiempo lo permita (5 minutos).

Repaso rápido

Escriba el siguiente problema de resta de parte-parte-todo en una **hoja grande de papel**.
Hay 9 crayones.
5 son azules.
¿Cuántos son rojos?

Dé a los estudiantes una barra de 9 **cubos interconectables**, 5 de los cuales deben ser azules y 4 rojos (conectados al azar). Pida a los estudiantes que primero cuenten la cantidad de cubos en la barra. Luego, pídales que separen los cubos en grupos de cubos rojos y azules. Pídales que primero identifiquen la cantidad de cubos azules antes de contar los cubos rojos para resolver el problema.

Aprender y hacer

Representar problemas de resta de parte-parte-todo

Laboratorio de matemáticas | Observa

Antes de la lección, escriba el siguiente problema de matemáticas en una **hoja grande de papel**.
Tengo 7 manzanas.
2 son rojas.
¿Cuántas son verdes?

Lea el problema de matemáticas. Recuerde a los estudiantes que pueden hacer dibujos como ayuda para resolver problemas de matemáticas.

Dibuje un tablero de parte-parte-todo en una hoja grande de papel. Señale la casilla de 'Todo'.
Pregunte: *¿Cuántas manzanas hay?* (7)
Pida a los estudiantes que dibujen 7 manzanas (solo el contorno de las manzanas) en la casilla de 'Todo'.
Diga: *Sabemos que hay 7 manzanas y que 2 son rojas. También sabemos que el resto son verdes.*
Coloree 2 manzanas de rojo y el resto de las manzanas de verde.
Pregunte: *¿Qué dibujarán en una de las casillas de 'Parte'?* (2 manzanas rojas)
Dibuje 2 manzanas rojas en una de las casillas de 'Parte'. Dibuje una flecha desde la casilla de 'Todo' hasta la casilla de 'Parte' con las manzanas rojas para mostrar cómo una parte se separa del todo.

Encierre en un círculo las manzanas verdes y dibuje una flecha hacia el otro recuadro de 'Parte'. Cuente la cantidad de manzanas verdes con los estudiantes. Dibuje 5 manzanas verdes en el otro recuadro de 'Parte'. Escriba debajo de la historia de matemáticas: Resto 2 a 7 para obtener 5.

Dibuje un grupo de números relacionados al lado de la historia de resta. Pida a los estudiantes que identifiquen los números necesarios para completar el grupo de números relacionados.

Lea otro problema de matemáticas.
Tengo 8 crayones.
4 son azules.
¿Cuántos son amarillos?

Dé a cada estudiante un **Tablero de parte-parte-todo (RM 14.5)** y un conjunto de **crayones** azules y amarillos. Pida a los estudiantes que primero dibujen 8 crayones sin colorear la casilla de 'Todo'. Luego, pida a los estudiantes que identifiquen la cantidad de crayones de una parte.
Diga: *Sabemos que hay 4 crayones azules en una parte. Coloreen 4 crayones de azul.*
Pida a los estudiantes que coloreen los otros crayones de amarillo.
Pida a los estudiantes que identifiquen los crayones que van en cada parte y que dibujen los crayones azules y amarillos en las respectivas casillas de 'Parte'.

Observa

Aprendamos **LE, pág. 103**

Pida a los estudiantes que miren el dibujo de la pág. 103 del LE. Léales la historia de matemáticas.
Pregunte: *¿Cuántas flores hay?* (6) *¿Cuántas son de color rosa?* (3)
Pregunte: *¿Qué debemos hallar?* (cuántas flores son amarillas)
Pida a los estudiantes que cuenten la cantidad de flores de color rosa que dibujó Bela y lea el texto del globo de diálogo.

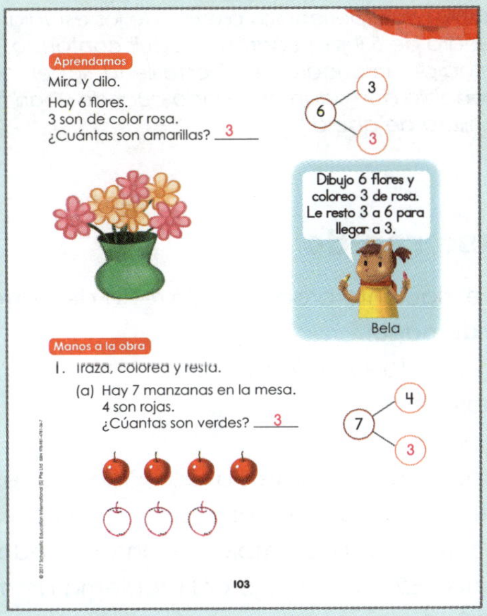
Aprendamos
Mira y dilo.
Hay 6 flores.
3 son de color rosa.
¿Cuántas son amarillas? 3

Dibujo 6 flores y coloreo 3 de rosa. Le resto 3 a 6 para llegar a 3.
Bela

Manos a la obra
1. Traza, colorea y resta.
(a) Hay 7 manzanas en la mesa.
4 son rojas.
¿Cuántas son verdes? 3

103

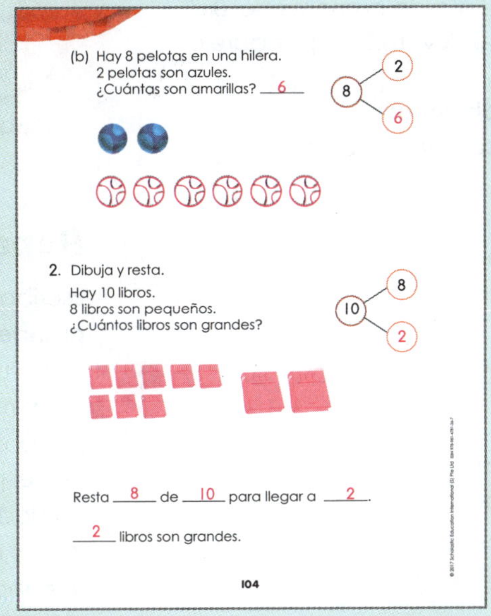
(b) Hay 8 pelotas en una hilera.
2 pelotas son azules.
¿Cuántas son amarillas? 6

2. Dibuja y resta.
Hay 10 libros.
8 libros son pequeños.
¿Cuántos libros son grandes?

Resta 8 de 10 para llegar a 2.
2 libros son grandes.

104

Manos a la obra

LE, págs. 103–104

En la tarea 1 se practica que los estudiantes separen un grupo de hasta 10 objetos en dos partes trazando, coloreando y representando los problemas de resta con grupos de números relacionados.

En la tarea 2 se practica que los estudiantes comprendan el problema de resta y usen dibujos para resolverlo.

Reforzar conceptos

Dibuje 8 cubos en una hoja grande de papel. Diga a los estudiantes que hay 8 cubos, 3 de los cuales son rojos y el resto, azules. Pídales que digan cuántos cubos deberían colorear de rojo. Coloree 3 cubos rojos y el resto azules. Pida a los estudiantes que identifiquen las partes como los cubos rojos y los cubos azules. Luego, pídales que cuenten los cubos azules.

Actividad diaria de conclusión

Pida a los estudiantes que compartan sus dibujos de la tarea 2 en la pág. 104 del LE y que expliquen cómo resolvieron los problemas de matemáticas.

14

Lección 6: Separar

DÍA 1 DÍA 2 **DÍA 3**

Objetivos:

- Contar hacia atrás para restar hasta 10

Materiales:

- hojas grandes de papel
- barras de 9 cubos interconectables, 1 barra por estudiante

Recursos:

- LE, págs. 105–106
- Tarjetas de puntos en cuadros de 10 (RM 13.2)
- Cinta de números del 0 al 10 (RM 14.8), 2 por pareja

Vocabulario:

- contar hacia atrás

Actividad diaria de preparación

Objetivo: Subitizar usando cuadros de 10

Recuerde a los estudiantes que un cuadro de 10 son dos cuadros de 5 combinados. Muestre rápidamente las **Tarjetas de puntos en cuadros de 10 (RM 13.2)** con 1 a 4 puntos y pida a los estudiantes que identifiquen la cantidad total de puntos que ven. Muestre la tarjeta de 5 puntos por 3 segundos.

Pregunte: *¿Cuántos puntos vieron? ¿Cómo lo supieron?* (Ejemplo: Vi 5 puntos. La hilera de arriba parecía un cuadro de 5. Estaba llena, por lo tanto, hay 5 puntos).

Continúe con el resto de las tarjetas.

> ***NOTA:*** *Las experiencias previas de los estudiantes con el uso del cuadro de 5 los ayudarán a seguir contando. Cuando la hilera de arriba de un cuadro de 10 está llena, saben que hay 5 puntos. Es probable que sigan contando cuando vean puntos adicionales en la hilera de abajo.*

Repaso rápido

Escriba el siguiente problema de *resta* de parte-parte-todo en una **hoja grande de papel**.

Hay 8 marcadores en la mesa.
5 son morados.
¿Cuántos son rojos?

Lea el problema de matemáticas. Pida a los estudiantes que muestren con los dedos cómo pueden separar los marcadores en grupos de marcadores rojos y morados (por ejemplo: Levantar 8 dedos primero y luego bajar 5 en una mano). Escriba debajo del problema de matemáticas: Resto 5 a 8 para obtener 3.

Aprender y hacer

Contar hacia atrás

Laboratorio de matemáticas

Dibuje una Cinta de números del 0 al 10 en una **hoja grande de papel**. Repase la cinta pidiendo a los estudiantes que cuenten hacia atrás desde el 10 hasta el 0, señalando cada número a medida que cuentan.

Diga: *Cuenten 2 hacia atrás. Comiencen desde el 10.*

Señale el número 10 en la Cinta de números.

Diga: *10, 9, 8.*

A medida que cuenta hacia atrás, dibuje flechas en la Cinta de números.

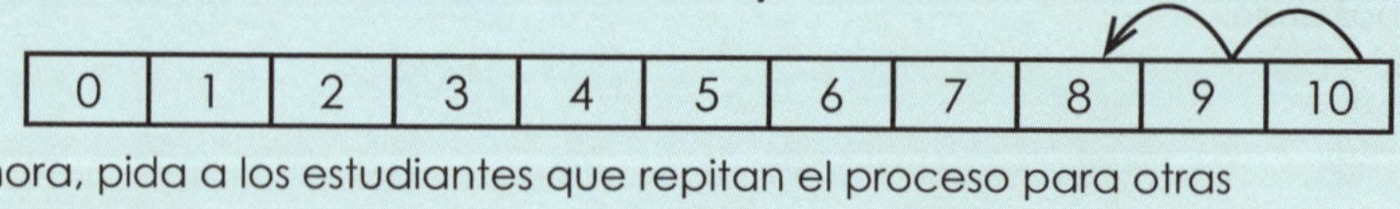

Ahora, pida a los estudiantes que repitan el proceso para otras combinaciones (por ejemplo, contar 3 hacia atrás desde el 8).

Escriba el siguiente problema de resta en una hoja grande de papel.

Hay 9 botellas de agua.
3 de las botellas de agua son azules.
¿Cuántas son amarillas?

Lea el problema a los estudiantes.

Pregunte: *¿Cuántas botellas de agua hay en el todo?* (9) *¿Cuántas botellas de agua son azules?* (3)

Pregunte: *¿Qué debemos hallar?* (cuántas botellas de agua son amarillas)
Explique que las botellas de agua azules forman una parte y que las amarillas forman la otra parte.
Diga: *Podemos restar una parte del todo para hallar la otra parte. Podemos contar hacia atrás para restar.*
Explique que, en este caso, restamos 3 (una parte) a 9 (el todo) para hallar la cantidad de botellas de agua amarillas (la otra parte). Pida a los estudiantes que cuenten 3 hacia atrás desde 9.
Escriba debajo del problema de matemáticas: Resto 3 a 9 para obtener 6.
Dé a cada pareja 2 copias de la **Cinta de números del 0 al 10 (RM 14.8)**. Trabaje los siguientes problemas de parte-parte-todo con los estudiantes.

Problemas de resta de parte-parte-todo

- Hay 8 cabras en la granja.
  4 son blancas.
  ¿Cuántas son de color café?
- Hay 10 niños en el patio de juegos.
  3 niños juegan en los columpios.
  ¿Cuántos niños están jugando en el tobogán o resbaladilla?

Lea los problemas. Pida a los estudiantes que identifiquen cuántos hay en el todo y cuántos hay en la parte que conocen. Luego, pídales que consulten las cintas de números. Para cada pregunta, pida a los estudiantes que identifiquen el punto de partida y el número de espacios que contarán hacia atrás. Luego, pida a los estudiantes que dibujen flechas desde el número de partida y en la cinta de números para mostrar cómo contaron hacia atrás, por ejemplo, si cuentan 3 hacia atrás, deberían dibujar 3 flechas desde el número de partida.

Observa

Aprendamos LE, pág. 105

Lea el problema de resta (a) en la pág. 105 del LE a los estudiantes.
Pregunte: *¿Cuántos cubos hay en total?* (7) *¿Cuántos cubos son rojos?* (1)
Diga: *Hay 7 cubos en el todo y 1 cubo rojo en una parte, entonces contamos 1 hacia atrás desde 7.*
Pida a los estudiantes que identifiquen el número 7 en la Cinta de números y que cuenten 1 hacia atrás para llegar a 6.
Diga: *Hay 6 cubos amarillos.*
Lea el segundo problema de resta.

Pregunte: *¿Cuántos tazones hay?* (9) *¿Cuántos tazones grandes hay?* (3)
Diga: *Hay 9 tazones en el todo y 3 grandes en una parte. Queremos hallar la cantidad de tazones pequeños.*
Pregunte: *¿A partir de qué numero comenzamos a contar?* (9) *¿Cuántos restamos?* (3)
Diga: *Contamos hacia atrás desde 9. Hay 3 tazones grandes en una parte, entonces contamos 3 hacia atrás.*
Pídales que identifiquen el número 9 en la Cinta de números y cuenten 3 hacia atrás para llegar a 6.
Diga: *Hay 6 tazones pequeños.*

Manos a la obra LE, pág. 106

En la tarea 1 se practica que los estudiantes resuelvan problemas de resta contando hacia atrás.

Reforzar conceptos

Pida a los estudiantes que usen los dedos para practicar contar hacia atrás desde 10 hasta un número dado, por ejemplo, 4. Pida a los estudiantes que levanten los 10 dedos. Mientras los estudiantes cuentan, bajan un dedo por cada número que cuentan y paran en el número dado, por ejemplo, 10... 9, 8, 7, 6, 5, 4. Luego, pídales que cuenten la cantidad de dedos que bajaron. Repita para los números 6, 7, 8 y 9.

Actividad diaria de conclusión

Dé a los estudiantes barras de 9 **cubos interconectables**.
Pregunte: *¿Cómo contaron hoy para resolver el problema de resta?* (Contamos hacia atrás).
Diga: *Cuenten hacia atrás para restarle 4 a 9.*
Pida a los estudiantes que usen sus cubos para contar hacia atrás y restar.

14

 ISBN 978-981-4822-03-9

Lección 7: Quitar

DÍA 1 | DÍA 2 | DÍA 3

Objetivos:
- Recordar el significado de la resta en los problemas de *quitar*
- Representar problemas de *quitar*

Materiales:
- hojas grandes de papel
- notas adhesivas, 1 por estudiante
- vasos, 1 vaso por mesa
- fichas de 2 colores, 7 por mesa
- 9 libros
- 10 lápices

Recursos:
- LE, págs. 107–109

Vocabulario:
- quitar
- quedar
- restar

Actividad diaria de preparación

Objetivo: Separar 7

Dibuje un círculo grande en una **hoja grande de papel**. Escriba dentro del círculo: Separamos 7 en 3 y 4.
Pida a los estudiantes que escriban sus nombres en **notas adhesivas**.
Explique que los estudiantes de cada mesa van a agitar y volcar un **vaso** de siete **fichas de 2 colores** una vez. Pídales que dibujen círculos en sus notas adhesivas para mostrar los resultados. Los estudiantes colocan las notas adhesivas dentro del círculo si sus resultados representan la afirmación dentro del círculo y, si no, colocan las notas adhesivas fuera del círculo.
Pregunte: *¿Cuántos amigos separaron 7 en 3 y 4?*
Pida a los estudiantes que cuenten las notas adhesivas que están dentro del círculo. (Ejemplo: Hay 14 fuera del círculo y 3 dentro del círculo).
Pregunte: *¿Cuáles son las otras formas de separar 7? ¿Dónde se colocaron estas notas adhesivas?*
Pregunte: *¿Hay más notas adhesivas dentro o fuera del círculo? ¿Cómo lo saben?*

Repaso rápido

Escriba el siguiente problema de resta en una **hoja grande de papel**.
Hay 9 conejos.
3 son de color café.
¿Cuántos son blancos?

Pida a los estudiantes que cuenten hacia atrás para resolver el problema. Pídales que identifiquen el número a partir del cual deben empezar a contar y cuánto deben contar hacia atrás. Luego, pídales que cuenten 3 hacia atrás desde 9.

Aprender y hacer

Representar problemas de *quitar*

Laboratorio de matemáticas | Observa

Antes de la lección, escriba el siguiente problema de matemáticas en una **hoja grande de papel**.
9 amigos se paran en fila.
2 amigos se van.
¿Cuántos amigos quedan?

> ***NOTA:*** *En los problemas de quitar, se conoce el total y se quita una cantidad de ese total. Los estudiantes luego determinan qué cantidad queda. Como los problemas de añadir, estos problemas de quitar implican una acción que cambia la cantidad inicial.*

Invite a los estudiantes a representar este problema de resta.
Pida a 9 amigos que se paren en una fila.
Pregunte: *¿Cuántos amigos estaban en fila al principio?* (9) *¿Qué sucede luego?* (2 amigos se van).
Pida a 2 estudiantes que se vayan.
Pregunte: *¿Cuántos amigos quedan?* (7)
Dé tiempo a los estudiantes para contar la cantidad de amigos que quedaron en fila. Escriba debajo del problema de matemáticas: Si a 9 le quito 2 hay 7.

Lea los siguientes problemas de matemáticas de uno en uno. Luego de leer cada problema, pida a los estudiantes que lo representen. Dé a los estudiantes los **libros** y los **lápices** que se necesitan para los problemas.

Problemas de resta

- 7 amigos están en una fila.
  2 se van.
  ¿Cuántos amigos están en la fila ahora?
- Hay 9 libros en el estante.
  Quito 4.
  ¿Cuántos libros quedan ahora en el estante?
- Hay 10 lápices en la mesa.
  Se caen 3 lápices.
  ¿Cuántos lápices hay ahora en la mesa?

Observa

Aprendamos **LE, pág. 107**

Lea el problema de matemáticas del LE, pág. 107. Pida a los estudiantes que identifiquen el todo y cuántos patos se quitan. Pida a los estudiantes que cuenten el resto de los patos para resolver el problema de resta.

Manos a la obra

LE, págs. 107–109

En la tarea 1 se practica resolver problemas de matemáticas con la ayuda de ilustraciones. Los estudiantes también usan números (del 0 al 10) para representar los resultados de los problemas de resta.

Lección 7 Quitar

Aprendamos

Mira y dilo.

6 patos nadan.
2 patos se fueron.
¿Cuántos patos quedan? 4

Si a 6 le quitas 2 hay 4.

Bela

Manos a la obra

1. Mira y escribe.

(a) Hay 6 manzanas.
Mi padre se come 1.
¿Cuántas manzanas quedan?

Si a 6 le quitas 1 hay 5.

Quedan 5 manzanas.

107

(b) Hay 7 globos.
3 globos se van volando.
¿Cuántos globos quedan?

Si a 7 le quitas 3 hay 4.
Quedan 4 globos.

(c) Hay 8 mariposas.
2 mariposas se van volando.
¿Cuántas mariposas quedan?

Si a 8 le quitas 2 hay 6.
Quedan 6 mariposas.

108

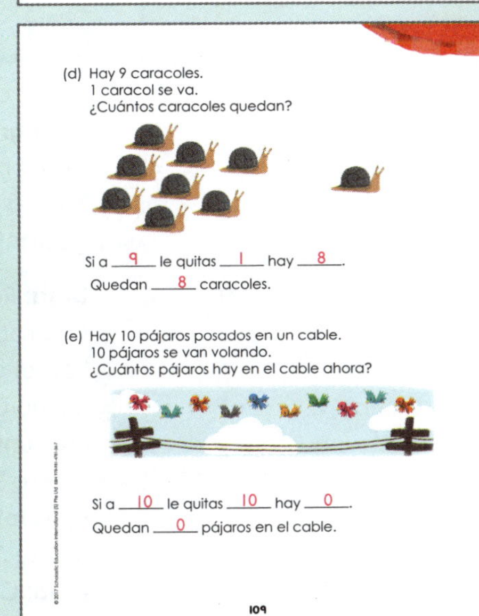

(d) Hay 9 caracoles.
1 caracol se va.
¿Cuántos caracoles quedan?

Si a 9 le quitas 1 hay 8.
Quedan 8 caracoles.

(e) Hay 10 pájaros posados en un cable.
10 pájaros se van volando.
¿Cuántos pájaros hay en el cable ahora?

Si a 10 le quitas 10 hay 0.
Quedan 0 pájaros en el cable.

109

Reforzar conceptos

Repase algunos de los problemas en los que trabajaron los estudiantes. Pida a los estudiantes que trabajen en parejas para resolver los problemas usando cubos. Pida a un compañero que cuente los cubos para mostrar cuántos hay en el grupo existente. El otro compañero muestra cuántos se quitan del grupo original sacando esa cantidad de cubos. Luego, pida a las parejas que cuenten los cubos restantes para hallar lo que queda.

Actividad diaria de conclusión

Pregunte: *En los problemas de resta del día de hoy, ¿qué sabíamos al principio?*
(cuántos había al principio)

Pregunte: *¿Qué sucedió en cada historia?*
(se quitaron algunos objetos)

Pregunte: *¿Qué tuvimos que hallar?*
(cuántos quedaban)

14

Objetivos:

- Restar una parte de un todo de hasta 10 para obtener la otra parte
- Resolver problemas de *quitar* usando dibujos
- Ilustrar problemas de *quitar* con grupos de números relacionados
- Relacionar 'quedar' con *quitar*

Materiales:

- hojas grandes de papel
- papel para dibujar, 2 hojas por pareja

Recursos:

- LE, págs. 110–111

Vocabulario:

- quitar
- quedar
- restar
- grupo de números relacionados

Actividad diaria de preparación

Objetivo: Contar hasta 100 desde un número dado que no sea 1

Pida a los estudiantes que cuenten desde un número dado que no sea 1 (por ejemplo, 65) hasta 100. Cada vez que los estudiantes digan una decena dentro de ese conteo, pídales que golpeen el suelo con los pies (por ejemplo, 70, 80, 90). Cuando los estudiantes digan 100, pídales que aplaudan. Luego, pida a los estudiantes que cuenten desde un número diferente (por ejemplo, 88) y repita el procedimiento. Continúe mientras el tiempo lo permita (5 minutos).

Repaso rápido

Escriba el siguiente problema de matemáticas en una **hoja grande de papel**.
Hay 8 tomates en un tazón.
Mi hermano se come 2 tomates.
¿Cuántos tomates quedan?

Pregunte: *¿Cuántos tomates había al principio?* (8)
Pida a los estudiantes que levanten 8 dedos para representar los 8 tomates.
Pregunte: *¿Cuántos tomates se comieron?* (2)
Pida a los estudiantes que bajen 2 dedos. Pida a los estudiantes que cuenten los dedos que todavía están levantados.
Diga: *Si a 8 le quito 2 hay 6.*

Aprender y hacer

Representar problemas de *quitar*

Laboratorio de matemáticas | Observa

Antes de la lección, escriba el siguiente problema de matemáticas en una **hoja grande de papel**.
Hay 7 huevos en la cesta.
Mamá usa 5.
¿Cuántos huevos quedan en la cesta?

Diga: *Recuerden que podemos usar dibujos para mostrar lo que sucede en un problema de matemáticas.*
Lea el problema de matemáticas. En una hoja grande de papel, demuestre cómo usar dibujos para representar el problema de matemáticas.
Pregunte: *¿Cuántos huevos había en la cesta al principio?* (7)
Dibuje 7 huevos en la hoja grande de papel.
Pregunte: *¿Cuántos huevos usó mamá?* (5)
Tache 5 huevos.
Diga: *Contemos cuántos huevos quedan. 1, 2. Quedan 2 huevos en la cesta.*
Escriba debajo del problema de matemáticas: Si a 7 le quito 2 hay 5.

Dibuje un grupo de números relacionados al lado del dibujo de los huevos. Pida a los estudiantes que digan cuántos hay en el todo. Escriba '7' en el círculo de 'Todo'. Recuerde a los estudiantes que se usaron o se quitaron 5 huevos. Escriba '5' en el círculo de 'Parte' de arriba. Pregunte a los estudiantes qué piensan que debería estar en el círculo de 'Parte' de abajo. Recuérdeles que contaron 2 huevos que quedaron luego de que se usaron 5. Escriba '2' en el otro círculo de 'Parte'.

Lea los siguientes problemas de matemáticas. Dé a cada pareja 2 hojas de **papel para dibujar**. Trabaje con los siguientes problemas de matemáticas del mismo modo, esta vez, con dibujos hechos por los estudiantes.

Historias de resta

- Hay 6 pájaros en el nido.
  3 se echan a volar.
  ¿Cuántos pájaros hay en el nido ahora?
- Tengo 9 juguetes.
  Regalo 1.
  ¿Cuántos juguetes me quedan?

Observa

Aprendamos **LE, pág. 110**

Pida a los estudiantes que miren el dibujo de la pág. 110 del LE.

Pregunte: *¿Cuántos huevos hay?* (9) *¿Cuántos se quitan?* (3)

Explique cómo Bela usó dibujos para hallar lo que queda. Luego, pídales que completen el grupo de números relacionados.

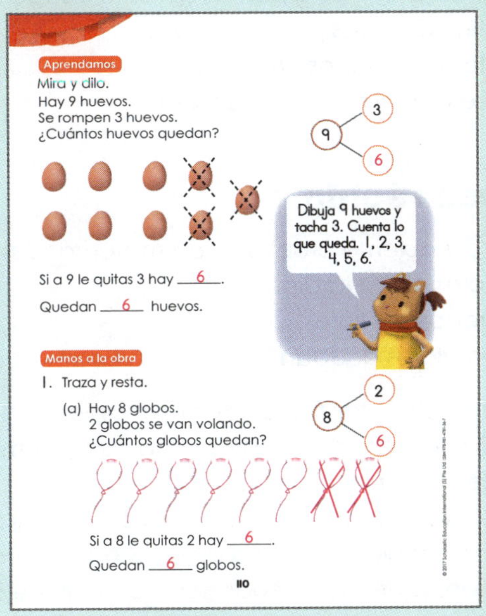

Aprendamos
Mira y dilo.
Hay 9 huevos.
Se rompen 3 huevos.
¿Cuántos huevos quedan?

Si a 9 le quitas 3 hay 6.
Quedan 6 huevos.

Dibuja 9 huevos y tacha 3. Cuenta lo que queda. 1, 2, 3, 4, 5, 6.

Manos a la obra
1. Traza y resta.
(a) Hay 8 globos.
2 globos se van volando.
¿Cuántos globos quedan?

Si a 8 le quitas 2 hay 6.
Quedan 6 globos.

110

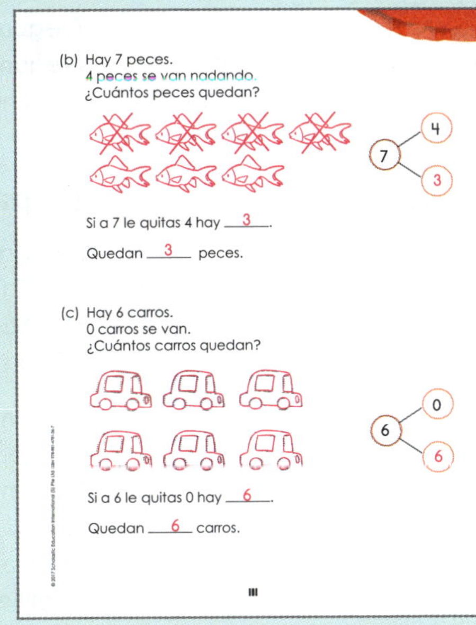

(b) Hay 7 peces.
4 peces se van nadando.
¿Cuántos peces quedan?

Si a 7 le quitas 4 hay 3.
Quedan 3 peces.

(c) Hay 6 carros.
0 carros se van.
¿Cuántos carros quedan?

Si a 6 le quitas 0 hay 6.
Quedan 6 carros.

111

Manos a la obra

LE, págs. 110–111

Lea los problemas del (a) al (c) con los estudiantes. Para cada problema de resta, pida a los estudiantes que identifiquen la cantidad de objetos que deben dibujar para mostrar el todo, y cuántos deben tachar. Pida a los estudiantes que cuenten el resto de los objetos para resolver el problema de resta.

Reforzar conceptos

Pida a los estudiantes que representen los problemas de matemáticas del Libro del estudiante usando primero **cubos interconectables**. Luego, pídales que dibujen un objeto por cada cubo que cuentan para formar el todo y que tachen la misma cantidad de objetos a medida que quitan los cubos.

Actividad diaria de conclusión

Pida a los estudiantes que repasen los problemas de resta de las págs. 110–111 del LE.

Pregunte: *¿Cómo mostraron la cantidad de objetos que se quitaron en los problemas de resta del día de hoy?* (tachamos los objetos)

Pregunte: *¿Cómo resolvimos los problemas?* (Contamos los objetos que no estaban tachados).

14

Objetivo:
- Contar hacia atrás para resolver problemas de *quitar*

Materiales:
- hojas grandes de papel
- cubos interconectables, 10 por pareja

Recursos:
- LE, págs. 112–113
- Tarjetas de puntos en cuadros de 10 (RM 13.2)
- Cinta de números del 0 al 10 (RM 14.8), 3 por pareja

Vocabulario:
- contar hacia atrás

Actividad diaria de preparación

Objetivos: Subitizar cuadros de 10; sumar 1 más a un total

Refuerce sumar uno más a la cantidad de puntos que los estudiantes identifican. Mezcle las **Tarjetas de puntos en cuadros de 10 (RM 13.2)** y muéstrelas rápidamente, de una en una, durante 3 segundos.
Pregunte: *¿Cuántos puntos vieron? ¿Cómo lo saben?* (Ejemplo: La hilera de arriba estaba completa. Esos son 5, y conté el otro punto. Ahora son 6).
Pregunte: *¿Cuánto es uno más que 6?*
Muestre la tarjeta de 2 puntos durante 3 segundos.
Pregunte: *¿Cuántos puntos vieron?*
Pregunte: *¿Cuánto es uno más que 2?*
Continúe con el resto de las tarjetas.

Repaso rápido

Escriba el siguiente problema de matemáticas en una **hoja grande de papel**.
Hay 7 flores en un jardín.
Mamá recoge 4 flores.
¿Cuántas flores quedan?

Pregunte: *¿Cuántas flores hay al principio?* (7)
Dibuje 7 flores al lado del problema de matemáticas.
Pregunte: *¿Cuántas flores recogió mamá?* (4)
Pida a los estudiantes que sugieran cómo pueden usar los dibujos para resolver el problema. Pida a algunos estudiantes que compartan cómo lo resolvieron. (Ejemplo: tachando 4 flores) Invite a un estudiante a tachar o encerrar en un círculo las flores que se quitan y a contar lo que queda.
Diga: *Si a 7 le quito 4 hay 3.*

Aprender y hacer

Contar hacia atrás

Laboratorio de matemáticas | Observa

Antes de la lección, escriba el siguiente problema de *quitar* en una **hoja grande de papel**.
10 amigos se sientan.
1 amigo se va.
¿Cuántos amigos están sentados ahora?

Dibuje una Cinta de números del 0 al 10 en una hoja grande de papel.
Pregunte:
- *¿Cuántos amigos estaban sentados al principio?* (10)
- *¿Cuántos amigos se fueron?* (1)

Diga: *Cuando restamos, podemos contar hacia atrás desde la cantidad de amigos que estaban sentados al principio. Comenzamos desde 10 y contamos 1 hacia atrás porque 1 amigo se fue.*

Cuente 1 hacia atrás desde 10 con los estudiantes.
Diga: *10, 9.*
A medida que cuenta, dibuje una flecha en la cinta de números:

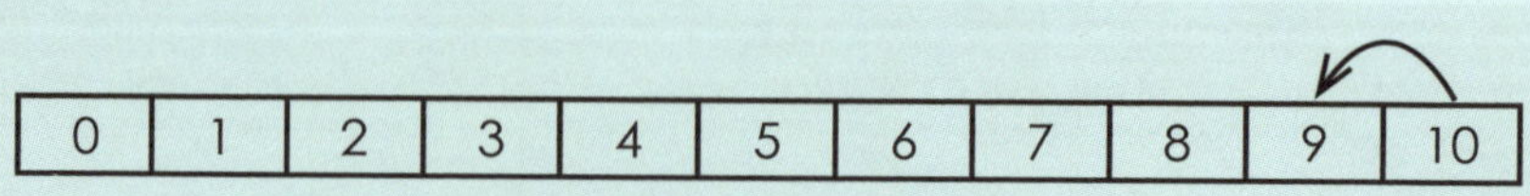

Escriba debajo de la historia de matemáticas: Si a 10 le quito 1 hay 9.

 ISBN 978-981-4822-03-9

Dé a cada pareja 3 copias de la **Cinta de números del 0 al 10 (RM 14.8)** y un conjunto de 10 **cubos interconectables**. Trabaje en cada uno de los siguientes problemas de *quitar* con los estudiantes.

Problemas de quitar
Mamá tiene 6 flores.
Regala 1.
¿Cuántas flores le quedan?

Hay 9 manzanas en la mesa.
Me como 2 manzanas.
¿Cuántas manzanas quedan?

Hay 8 botellas en el estante.
0 botellas se rompen.
¿Cuántas botellas hay ahora en el estante?

Lea el primer problema de *quitar*. Pida a los estudiantes que identifiquen cuántas hay en el grupo inicial y cuántas se quitan. Luego, pida a los estudiantes que consulten las cintas de números. Para cada problema, haga las siguientes preguntas.

Pregunte:

- *¿A partir de qué número deben empezar a contar?*
- *¿Cuántos pasos hacia atrás dan en la cinta de números? ¿Por qué?*

Una vez que los estudiantes identifican el punto de partida, pídales que dibujen flechas desde el número de comienzo.

Observa

Aprendamos LE, pág. 112

Pida a los estudiantes que miren el dibujo de la pág. 112 del LE. Lea el problema de matemáticas (a).

Pregunte: *¿Cuántos carros hay?* (8)

Diga: *Hay un total de 8 carros.*

Pregunte: *¿Cuántos se quitan?* (5)

Pida a los estudiantes que levanten 8 dedos para mostrar cuántos hay en el todo. Luego, pídales que cuenten hacia atrás el número que se quita, que es 5.

Pregunte: *¿Cuántos carros quedan?* (3)

Diga: *Si a 8 le quito 5 hay 3.*

Repita el procedimiento para el problema de matemáticas (b).

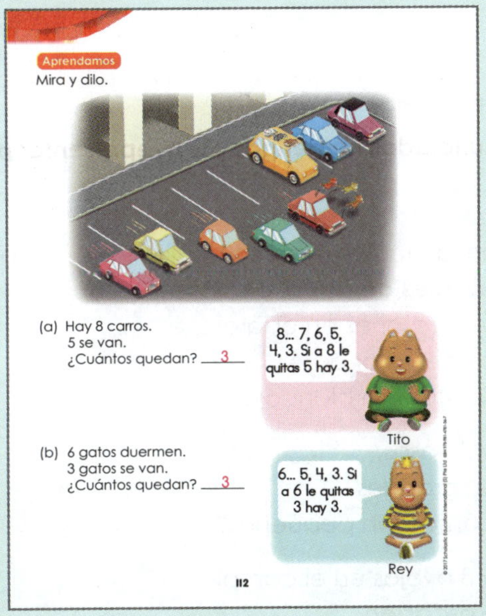
Aprendamos
Mira y dilo.

(a) Hay 8 carros.
5 se van.
¿Cuántos quedan? 3

(b) 6 gatos duermen.
3 gatos se van.
¿Cuántos quedan? 3

112

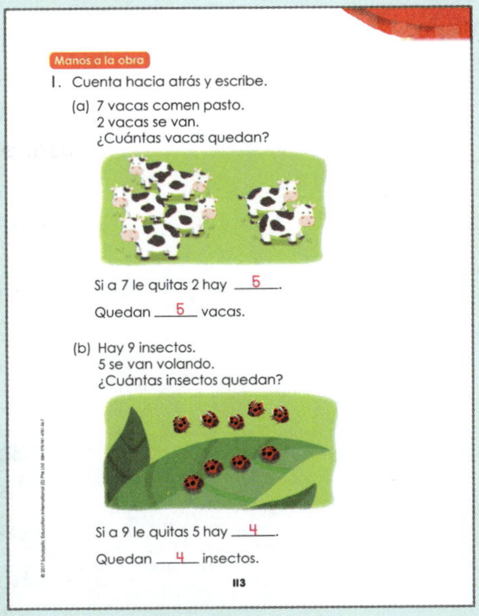
Manos a la obra
1. Cuenta hacia atrás y escribe.

(a) 7 vacas comen pasto.
2 vacas se van.
¿Cuántas vacas quedan?

Si a 7 le quitas 2 hay 5.
Quedan 5 vacas.

(b) Hay 9 insectos.
5 se van volando.
¿Cuántos insectos quedan?

Si a 9 le quitas 5 hay 4.
Quedan 4 insectos.

113

Manos a la obra LE, pág. 113

En la tarea 1 se practica resolver más problemas de *quitar* contando hacia atrás y usando números del 0 al 10 para representar los resultados.

Reforzar conceptos

Dé a los estudiantes una barra de 10 **cubos interconectables**. Diga a los estudiantes que el todo es 10. Luego, dígales que quiten, por ejemplo, 5 del todo. Pídales que cuenten 5 hacia atrás y que quiten un cubo por cada número que cuentan. Luego, pídales que cuenten la cantidad de cubos restantes. Repita esto con otros números que representen el todo hasta 10.

Actividad diaria de conclusión

Diga a los estudiantes que tiene 9 libros y que regala 6. Pídales que cuenten hacia atrás para hallar cuántos libros le quedan.

14

Objetivos:

- Restar una parte o quitar de un todo para encontrar la otra parte o lo que queda
- Resolver problemas de resta usando dibujos
- Usar enunciados numéricos para representar problemas de resta

Materiales:

- hojas grandes de papel, 5 hojas
- 5 cubos interconectables, 1 barra por estudiante
- cubos interconectables, 1 balde por mesa

Recursos:

- LE, págs. 114–115

Vocabulario:

- restar
- menos
- es igual a

Actividad diaria de preparación

Objetivo: Contar de 1 en 1 hasta 100

Pida a los estudiantes que cuenten de 1 en 1 hasta 100. Pida a los estudiantes que aplaudan cuando digan las decenas 10, 20, 30, 40, 50, 60, 70, 80 y 90. Cuando los estudiantes digan 100, pídales que digan: "¡Hurra!" Luego, pida a los estudiantes que cuenten desde un número dado que no sea 1 (por ejemplo, 77, 68) hasta 100.

Repaso rápido

Escriba algunos enunciados de resta en una **hoja grande de papel**. (Por ejemplo: 5 – 5 = ______, 5 – 3 = ______, 3 – 0 = ______, 2 – 1 = ______, 4 – 2 = ______)
Señale el signo de menos y pregunte a los estudiantes qué saben de él. Haga lo mismo con el signo de igual.

Dé a cada estudiante una barra de 5 **cubos interconectables**. Pida a los estudiantes que usen los cubos para resolver cada uno de los enunciados de resta. Invite a algunos estudiantes a que compartan cómo resolvieron los enunciados de resta.

Aprender y hacer

Usar enunciados numéricos para representar problemas de resta

Laboratorio de matemáticas

Antes de la lección, escriba los siguientes problemas de matemáticas en **hojas grandes de papel** distintas.

- Hay 10 ratones en el jardín.
  5 son de color café.
  ¿Cuántos son blancos?
- Hay 7 vasos.
  6 son grandes.
  ¿Cuántos son pequeños?
- Hay 8 ovejas en el campo.
  3 se escapan.
  ¿Cuántas ovejas quedan?
- Hay 9 velas en el pastel.
  Mamá quita 1 vela.
  ¿Cuántas velas quedan?

Coloque un balde de **cubos interconectables** en cada mesa. Lea el primer problema de matemáticas.
Pregunte: *¿Cuántos hay en el todo?* (10) *¿Cuántos hay en una parte?* (5)
Pregunte: *¿Qué debemos hallar?* (cuántos hay en la otra parte)
Pida a los estudiantes que resuelvan el problema de resta representándolo primero con los cubos interconectables.
Pregunte: *¿Alguien restó de otra forma? Expliquen cómo restaron una parte del todo.*

Repase las distintas estrategias que han aprendido los estudiantes, como usar los dedos, usar dibujos y contar hacia atrás. Si alguna estrategia no se menciona, invite a algunas parejas a usar las estrategias que no fueron mencionadas para resolver el problema de resta.
Escriba debajo del problema de matemáticas: Resto 5 a 10 para obtener 5.

Observa

Diga: *Hay otra forma de escribir 'resto 5 a 10 para obtener 5'.*
Escriba '10 – 5 = 5'.
Señale el '–' a los estudiantes.
Diga: *Ese es un signo de 'menos'. Significa restar o quitar de algo.*
Recuerde a los estudiantes el significado de '='.
Diga: *Cuando restamos un número del todo, debe ser igual al número que está del otro lado del signo de igual. Comprobemos si nuestros números lo muestran.*

Pida a los estudiantes que formen una barra de 10 cubos y que luego separen 5 cubos. Luego pídales que cuenten la cantidad de cubos de la otra parte.
Pregunte: *¿Cuántos cubos tienen en la otra parte?* (5)
Señale el enunciado de resta '10 – 5 = 5'.
Diga: *Leemos el enunciado de resta así: 'diez menos cinco es igual a cinco'.*

Repita las preguntas sugeridas con los otros problemas de matemáticas. Pida a las parejas que resuelvan todos los problemas de matemáticas y que compartan sus soluciones y estrategias con el resto de la clase. Luego, demuestre los resultados primero con palabras, y luego escriba los enunciados numéricos para cada problema.

Observa

Aprendamos

LE, págs. 114–115
Vaya a la imagen de la pág. 114 del LE.
Lea el problema de matemáticas (a).
Pregunte: *¿Cuántos pandas hay?* (6) *¿Cuántos pandas están jugando?* (2)
Pregunte: *¿Qué debemos hallar?* (cuántos están comiendo) *¿Cómo podemos hallarlo?* (Ejemplo: Podemos contar solo los que están comiendo./ Podemos contar 2 hacia atrás desde 6).

Lección 8 Restar hasta 10

Aprendamos
Mira y dilo.

(a) Hay 6 pandas.
2 pandas están jugando.
¿Cuántos están comiendo?
Resta 2 a 6 para llegar a 4.
6 – 2 = 4

Cuenta hacia atrás 2 desde 6. 6, 5, 4.

Tacha los 2 pandas que están jugando y cuenta el resto. 1, 2, 3, 4.

__4__ pandas están comiendo.

114

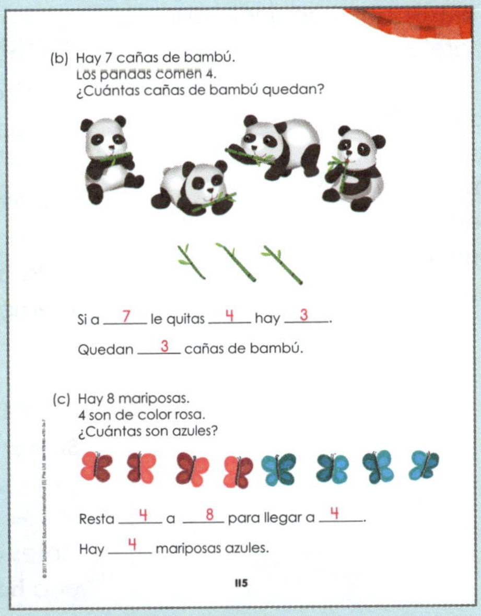
(b) Hay 7 cañas de bambú.
Los pandas comen 4.
¿Cuántas cañas de bambú quedan?

Si a __7__ le quitas __4__ hay __3__.
Quedan __3__ cañas de bambú.

(c) Hay 8 mariposas.
4 son de color rosa.
¿Cuántas son azules?

Resta __4__ a __8__ para llegar a __4__.
Hay __4__ mariposas azules.

115

Demuestre las estrategias que usa cada gato para resolver el problema. Luego, lea los enunciados de resta y recuerde a los estudiantes el significado de los símbolos.
Lea los otros problemas de matemáticas en la pág. 115 del LE. Pida a los estudiantes que trabajen en parejas para resolver los problemas.

Actividad diaria de conclusión

Revise los problemas de matemáticas del LE, págs. 114–115. Invite a algunas parejas a compartir las estrategias que usaron para resolver los problemas.
Pida a los estudiantes que lean los enunciados numéricos de esta manera: '______ menos ______ es igual a ______'.

Lección 9: Sumar y restar hasta 10

DÍA 1

Objetivos:

- Identificar y resolver problemas de suma y resta
- Resolver problemas de suma y resta usando diferentes estrategias

Materiales:

- hojas grandes de papel
- cubos interconectables, 10 por pareja

Recursos:

- LE, págs. 116–117
- Tarjetas de puntos con dobles (RM 14.15)
- Tarjetas de 3, 4, 5 y 6 puntos (RM 12.5–12.8), 1 conjunto
- Tarjetas con problemas de matemáticas (RM 14.16), 1 conjunto por pareja
- Enunciados numéricos (RM 14.17), 1 conjunto por pareja

Vocabulario:

- sumar
- más
- restar
- menos
- es igual a

Actividad diaria de preparación

Objetivo: Subitizar y doblar

Esta es una variación de la rutina de subitizar que incluye duplicar.
Mezcle las **Tarjetas de puntos con dobles (RM 14.15)** con algunas de las **Tarjetas de 3, 4, 5 y 6 puntos (RM 12.5–12.8)**. Muestre las tarjetas de una en una durante 3 segundos.
Pregunte: *¿Cuántos puntos vieron? ¿Cómo lo supieron? ¿Alguien vio los puntos de manera diferente?*
Al mostrar una Tarjeta de puntos con dobles, registre las descripciones de los estudiantes de las disposiciones de los puntos en una **hoja grande de papel**. Encierre en un círculo las partes que los estudiantes describen para cada disposición.
Pregunte: *¿Qué notan sobre las dos partes?* (Ejemplo: ¡Son iguales!)
Diga: *Cuando ambas partes tienen la misma cantidad de puntos, es un doble.*

***NOTA:** Incluir las Tarjetas de puntos con dobles en la rutina de subitizar permite que los estudiantes comiencen a explorar dobles del 1 al 5. Los estudiantes exploran dobles con mayor profundidad en el Grado 1.*

Repaso rápido

Escriba el siguiente problema de matemáticas en una **hoja grande de papel** y léalo a los estudiantes.
Hay 6 libros en el estante.
3 libros se caen.
¿Cuántos libros quedan en el estante?
Pida a los estudiantes que sugieran cómo resolverían el problema, por ejemplo, usando dibujos o contando hacia atrás. Pídales que lo resuelvan.

Aprender y hacer

Sumar o restar

Laboratorio de matemáticas

Antes de la lección, escriba los siguientes problemas de matemáticas en una **hoja grande de papel**.

- 6 pelotas son azules.
  4 pelotas son rojas.
  ¿Cuántas pelotas hay en total?
- Hay 8 gatos.
  4 tienen colas largas.
  ¿Cuántos tienen colas cortas?
- 5 amigos están nadando.
  1 amigo más se une a ellos.
  ¿Cuántos amigos están nadando ahora?
- Tengo 9 libros.
  Regalo 3 libros.
  ¿Cuántos libros me quedan?

Diga a los estudiantes que les leerá algunos problemas de matemáticas. Ellos decidirán si tienen que sumar o restar antes de resolver los problemas.

Lea el primer problema de matemáticas a los estudiantes. Pregúnteles qué saben (por ejemplo, cuántas hay en cada parte) y qué deben hallar (por ejemplo, cuántas pelotas hay en total).

Pregunte: *¿Tenemos que sumar o restar?* (sumar) *¿Cómo lo saben?* (Ejemplo: Sabemos cuántas hay en cada parte. Tenemos que combinarlas para encontrar el todo).

Pida a los estudiantes que resuelvan el problema.

Repita las preguntas con el resto de los problemas para que los estudiantes piensen en cómo decidir si sumar o restar.

Elija una tarjeta de las **Tarjetas con problemas de matemáticas (RM 14.6)**. Dé a cada pareja una barra de 10 **cubos interconectables**. Lea el problema a los estudiantes. Para cada problema que lee, haga las siguientes preguntas a los estudiantes.

Pregunte:

- *¿Qué sabemos?*
- *¿Qué debemos hallar?*
- *¿Debemos sumar o restar? ¿Cómo lo saben?*

Pida a las parejas que conversen y compartan sus ideas y que luego expliquen por qué sumarían o restarían. Dé a cada pareja un conjunto de **Enunciados numéricos (RM 14.7)**. Para cada pregunta, pida a los estudiantes que elijan el enunciado numérico que corresponda a cada problema. Recuerde a los estudiantes lo que representan los símbolos '+' y '-'.

Pida a los estudiantes que resuelvan los problemas. Dígales que pueden usar sus cubos interconectables o cualquiera de las estrategias que aprendieron.

Observa

Aprendamos LE, pág. 116

Diga a los estudiantes que miren el dibujo del LE, pág. 116. Lea los globos de diálogo. Señale que Tito y Bela se refieren a los globos. Uno ha resuelto un problema de suma y el otro ha resuelto un problema de resta.

Pregunte: *¿Qué estaba intentando hallar Tito cuando sumó 3 globos morados y 6 globos amarillos?* (cuántos globos hay en total)

Pregunte: *¿Qué estaba intentando hallar Bela cuando quitó 1 globo de los 9 globos?* (cuántos globos quedan)

Manos a la obra LE, pág. 117

En la tarea 1 se practica identificar y resolver problemas de suma o resta.

Reforzar conceptos

Dé a los estudiantes una barra de 4 **cubos interconectables** y otra de 6 cubos interconectables. Dígales que primero sumen las partes que tienen. Pida a los estudiantes que compartan cómo suman usando sus cubos. Cuando todos terminen, diga: "______ y ______ forman ______". Luego, pídales que usen los mismos cubos y que quiten una parte (por ejemplo, 3). Cuando todos terminen, diga: "Si a ______ le quitas ______ hay ______".

Actividad diaria de conclusión

Pida a los estudiantes que vayan a la pág. 117 del LE.

Pregunte: *Hay 9 globos. 6 son pequeños. ¿Cuántos son grandes?*

Pida a los estudiantes que identifiquen el tipo de pregunta.

Pregunte: *¿Puedes formar un problema de suma con la cantidad de globos pequeños y de globos grandes?*

Pida a los estudiantes que compartan sus ideas. (Ejemplo: 6 globos son pequeños y 4 son grandes. ¿Cuántos globos hay en total?)

14

Ejercicios del capítulo y actividades para los Centros de intereses

DÍA 1

Objetivos:

- Resolver ambos tipos de problemas de suma al seguir contando o contando el todo
- Resolver ambos tipos de problemas de resta contando hacia atrás o restando una parte del todo
- Representar problemas de suma y resta con enunciados numéricos

Materiales:

- hojas grandes de papel

Recursos:

- LE, pág. 118

Ejercicios del capítulo

LE, pág. 118

Pida a los estudiantes que miren el dibujo del LE, pág. 118.
Pida a los estudiantes que conversen sobre lo que ven. Señale los grupos de objetos, es decir, los globos aerostáticos, los globos, los botes a pedales y la gente junto al río.

Haga las siguientes preguntas para animar a los estudiantes a conversar.
Pregunte: *Miren los botes a pedales. ¿Cuántos pueden ver?* (9)

Lea el siguiente problema de matemáticas.
Hay 9 botes a pedales.
4 son blancos.
¿Cuántos son amarillos?

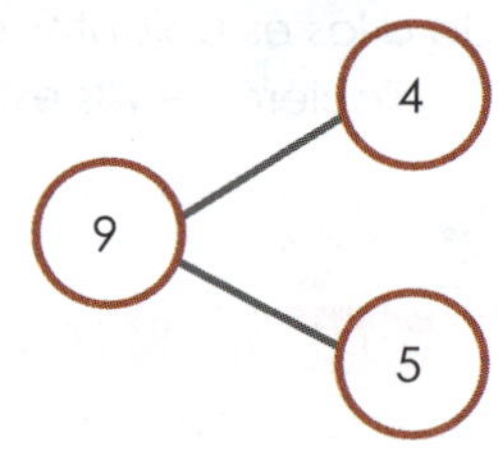

Pida a los estudiantes que identifiquen los botes a pedal amarillos. Luego pídales que representen los números en un grupo de números relacionados.

Repita este procedimiento para el grupo de niños usando el siguiente problema de matemáticas.
Hay 4 niñas junto al río.
Hay 2 niños junto al río.
¿Cuántos niños hay junto al río en total?

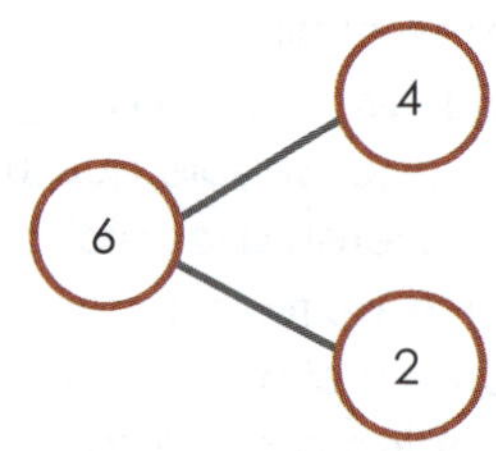

Lea el siguiente problema de matemáticas a los estudiantes.
Hay 6 globos aerostáticos en el aire.
Sube 1 globo aerostático más.
¿Cuántos globos aerostáticos hay ahora? (7)

Pida a los estudiantes que digan si deben sumar o restar.
Pídales que cuenten todo o que sigan contando para resolver el problema.
Diga: *6 y 1 forman 7.*
Escriba el enunciado numérico '______ + ______ = ______' en una **hoja grande de papel** y pida a los estudiantes que completen los números.

Lea la siguiente historia de matemáticas a los estudiantes.
La niña tiene 10 globos.
3 globos se van volando.
¿Cuántos globos le quedan? (7)
Pida a los estudiantes que digan si deben sumar o restar.
Diga: *Si a 10 le quito 3 hay 7.*
Escriba el enunciado numérico '______ - ______ = ______' en una hoja grande de papel y pida a los estudiantes que completen los números.

Objetivo:

- Identificar y resolver un problema de resta

Materiales:

- 10 cubos interconectables, 1 bolsa por pareja

Recursos:

- LE, pág. 119

Actividad 1 LE, pág. 119

Actividad 1
Piensa y conversa con un compañero.
Las tortugas tienen 6 lunares entre las dos.
Una tortuga tiene 4 lunares.
¿Cuántos lunares tiene la otra tortuga?

¿Quién tiene razón? Tito
¿Por qué lo dices? El todo es 6 lunares. Restamos 4 a 6 para llegar a 2.
119

Pida a los estudiantes que escuchen con atención mientras lee los globos de diálogo de la pág. 119 del LE.

Pida a los estudiantes que primero PIENSEN en cuál de los gatos tiene razón y por qué. Luego, pídales que CONVERSEN con un compañero sobre su razonamiento. Dé varios minutos a los estudiantes para que conversen acerca de cuál de los gatos ha interpretado correctamente el dibujo de *quitar*. **Diga:** *Conversaron con su compañero sobre qué gato tiene razón. ¿Cómo saben que ese gato tiene razón? CONVERSEN con su compañero otra vez.*

Dé a cada pareja una bolsa de 10 **cubos interconectables** y pida a los estudiantes que usen los cubos para trabajar con el problema.

Observe:

- ¿Los estudiantes crean una barra de 6 cubos y luego quitan 4 cubos (la 'parte' conocida) para mostrar cuántos cubos quedan en la barra (la 'parte' desconocida)?
- ¿Los estudiantes usan otro método para restar (por ejemplo, con los dedos, con dibujos, contando hacia atrás)?
- ¿Los estudiantes simplemente saben que 4 y 2 forman 6?
- ¿Los estudiantes no entienden lo que sucede en el problema y suman 6 a 4 para formar 10?

Pregunte: ¿Qué *gato tiene razón?* (Tito) *Expliquen sus ideas.* (Ejemplo: Hay 6 lunares en ambas tortugas o en total. Juntamos 6 cubos y luego quitamos 4 cubos. Quedan 2 cubos. La otra tortuga tiene 2 lunares).

14

Objetivo:

- Identificar y resolver problemas de suma y resta de parte-parte-todo

Recursos:

- LE, pág. 120
- Recortables con problemas de matemáticas (RM 14.8), 1 conjunto por pareja

Actividad 2 **LE, pág. 120**

Vaya al LE, pág. 133. Dé a cada pareja un conjunto de **Recortables con problemas de matemáticas (RM 14.18).** Diga a los estudiantes que unirán los dibujos con los problemas antes de resolverlos.

Explique cómo se desarrolla la actividad.

- Los compañeros leen los problemas en los recortables.
- Unen los problemas a los dibujos y pegan cada problema al lado del respectivo dibujo.
- Los compañeros decidirán si sumar o restar antes de resolver los problemas.

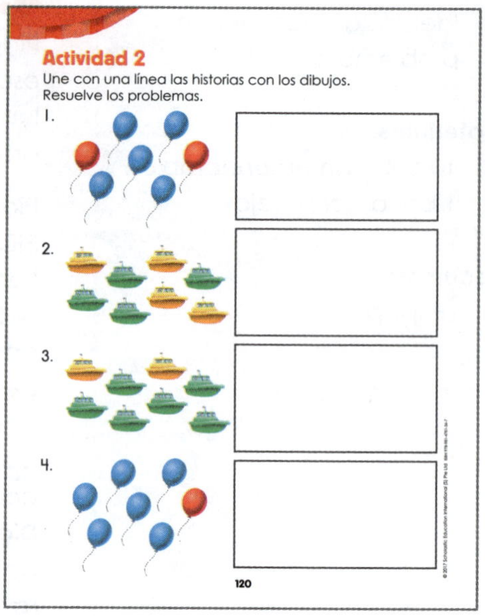
Actividad 2

Une con una línea las historias con los dibujos.
Resuelve los problemas.

1.

2.

3.

4.

120

 ISBN 978-981-4822-03-9

Objetivos:

- Resolver problemas de suma y resta
- Representar problemas de suma y resta con enunciados numéricos

Materiales:

- cubos interconectables (opcional)

Recursos:

- LE, págs. 121–122

Actividad 3

LE, págs. 121–122

Explique a los estudiantes que leerán cada problema de matemáticas y mirarán los dibujos para resolver cada problema. Luego, completarán los enunciados numéricos de suma o resta. Tenga algunos **cubos** disponibles por si los estudiantes deciden usarlos para resolver los problemas.

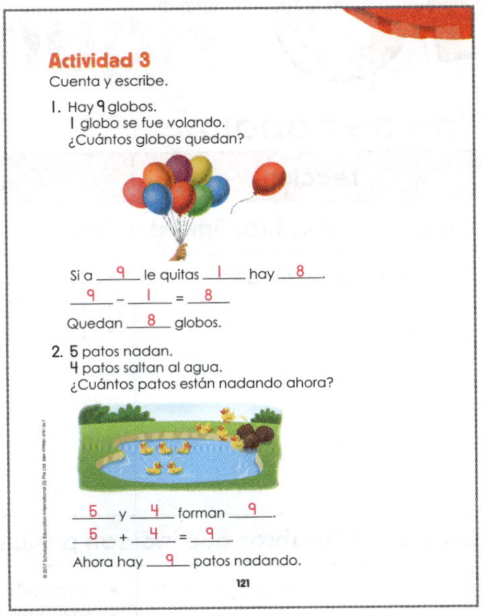

Actividad 3

Cuenta y escribe.

1. Hay 9 globos.
   1 globo se fue volando.
   ¿Cuántos globos quedan?

   Si a 9 le quitas 1 hay 8.
   9 - 1 = 8
   Quedan 8 globos.

2. 5 patos nadan.
   4 patos saltan al agua.
   ¿Cuántos patos están nadando ahora?

   5 y 4 forman 9.
   5 + 4 = 9
   Ahora hay 9 patos nadando.

121

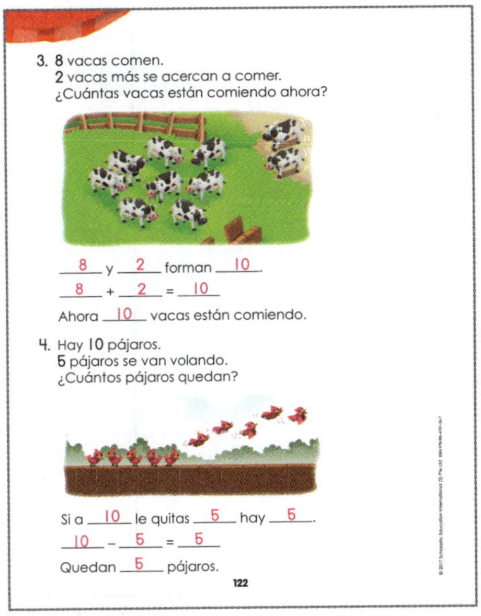

3. 8 vacas comen.
   2 vacas más se acercan a comer.
   ¿Cuántas vacas están comiendo ahora?

   8 y 2 forman 10.
   8 + 2 = 10
   Ahora 10 vacas están comiendo.

4. Hay 10 pájaros.
   5 pájaros se van volando.
   ¿Cuántos pájaros quedan?

   Si a 10 le quitas 5 hay 5.
   10 - 5 = 5
   Quedan 5 pájaros.

122

14

Actividad de conclusión del capítulo

Pida a los estudiantes que conversen sobre lo que aprendieron en el capítulo.

Pregunte: *¿Cómo saben cuándo sumar?* (Ejemplo, cuando sabes cuánto hay en cada parte y debes hallar el todo/cuando añades algo a un grupo y debes hallar cuántos tienes ahora)

Pregunte: *¿Cómo saben cuándo restar?* (Ejemplo, cuando conoces el todo y tienes que separarlo en dos partes/cuando tienes el todo y se quitan algunos)

Si el tiempo lo permite, presente algunos enunciados numéricos de suma y resta para completar sin cubos, por ejemplo, 4 + 1, 3 + 0, 5 - 2, 5 - 5, 2 + 2, 2 - 1, etc.

» Resolución de problemas (1 día)

Consulte los Recursos para Resolución de problemas, donde encontrará materiales y notas para la enseñanza.

15 Figuras sólidas

Plan de trabajo

Lección	Objetivos
Lección 1: Nombrar figuras sólidas	
Nombrar figuras sólidas	• Nombrar figuras sólidas básicas: esfera, cilindro, cono y cubo • Describir las figuras como 'sólidas' • Describir los atributos de las figuras sólidas
Lección 2: Palabras que indican posición y dirección	
¿Dónde está la figura sólida? Hallar una figura sólida parecida	• Identificar objetos reales como figuras sólidas • Describir la ubicación de las figuras sólidas u objetos en el salón de clase usando palabras de posición y dirección
Lección 3: Figuras planas en las figuras sólidas	
Trazar figuras sólidas Conversar sobre figuras sólidas	• Identificar figuras planas en superficies de figuras sólidas

Duración total: 6 días (1 día = 1 hora)

Materiales	Recursos	Vocabulario
		1 día
• recipientes con bloques de atributos, 1 recipiente por mesa • conjuntos de figuras sólidas (de madera o espuma), 1 conjunto por mesa • hojas grandes de papel • bolsa opaca	• LE, págs. 123–126 • Tarjetas de 3, 4, 5 y 6 puntos (RM 12.5–12.8), 1 conjunto • Tarjetas de puntos en cuadros de 10 (RM 13.3), 1 conjunto	• esfera • cono • cubo • cilindro • sólido • rueda • se apila • se desliza • superficie
		1 día
• 8 objetos pequeños similares (por ejemplo: pelotitas del mismo tamaño) • frasco transparente • figura sólida (esfera, cubo, cono y cilindro), 1 figura por estudiante • grupo de objetos sólidos reales (por ejemplo: lata de sopa, caja cuadrada, pelota, cono de tráfico) • rótulos con nombres de figuras sólidas • 5 hojas de papel para anotar pistas • 5 sobres • globo terráqueo (o una pelota grande u otro objeto sólido similar) • figuras sólidas (esfera, cubo, cono y cilindro), 1 figura por pareja	• LE, pág. 127	• cilindro • esfera • cono • cubo • sólido • encima • debajo • en • sobre • por encima • por debajo • arriba • abajo • junto a • enfrente • detrás • al lado • cerca • lejos • entre • hacia adelante • hacia atrás • hacia
		1 día
• 10 objetos pequeños similares (por ejemplo: pelotas, borradores, cubos de madera) • frasco transparente • figuras sólidas (esfera, cubo, cono y cilindro), 1 por estudiante • papel para dibujar, varias hojas por estudiante • carpeta de cartón, 1 por pareja (opcional) • bolsa de figuras sólidas (esfera, cubo, cono y cilindro), 1 por pareja • lista de vocabulario de geometría creada en la Lección 1 • 4 calcomanías • figuras sólidas (esfera, cubo, cono y cilindro), 1 conjunto	• LE, págs. 128–129	• figura • cilindro • esfera • cono • cubo • sólido • círculo • triángulo • cuadrado • rectángulo • superficie

15

<table>
<tr><th>Lección</th><th>Objetivos</th></tr>
<tr><td colspan="2">Lección 4: Comparar y clasificar figuras sólidas</td></tr>
<tr><td>Comparar figurar sólidas

Clasificar figuras sólidas</td><td>• Analizar y comparar figuras sólidas y explicar en qué se parecen o se diferencian las figuras usando un lenguaje informal
• Clasificar y volver a clasificar figuras y explicar la regla para cada clasificación</td></tr>
<tr><td colspan="2">Ejercicios del capítulo y actividades para los Centros de intereses</td></tr>
<tr><td>Ejercicios del capítulo</td><td rowspan="4">• Nombrar figuras sólidas básicas: esfera, cilindro, cono y cubo
• Describir las figuras como ‘sólidas’
• Describir los atributos de las figuras sólidas
• Describir la ubicación de las figuras sólidas con palabras de posición y dirección, como, ‘encima’, ‘debajo’, ‘en’, ‘sobre’, ‘por encima’, ‘por debajo’, ‘arriba’, ‘abajo’, ‘junto a’, ‘enfrente ’, ‘detrás’, ‘al lado’, ‘cerca’, ‘lejos’, ‘entre’, ‘hacia adelante’, ‘hacia atrás’ y ‘hacia’
• Analizar y comparar figuras sólidas y explicar en qué se parecen o se diferencian las figuras usando un lenguaje informal
• Identificar las figuras planas en las superficies de las figuras sólidas
• Identificar objetos reales como figuras sólidas</td></tr>
<tr><td>Actividad 1</td></tr>
<tr><td>Actividad 2</td></tr>
<tr><td>Actividad 3</td></tr>
<tr><td colspan="2">Resolución de problemas</td></tr>
<tr><td></td><td></td></tr>
</table>

Materiales	Recursos	Vocabulario
		1 día
• hojas grandes de papel • conjuntos de figuras sólidas (esfera, cubo, cono y cilindro), 1 conjunto por mesa • notas adhesivas, 1 por estudiante • conjuntos de figuras sólidas (esfera, cubo, cono y cilindro), 1 conjunto por pareja • figuras sólidas (esfera, cubo, cono y cilindro), 1 conjunto • papel de construcción, 2 hojas grandes • conjuntos de lápices azules, rojos, verdes y rosados, 1 conjunto por estudiante • bolsas de figuras sólidas (esfera, cubo, cono y cilindro), 1 bolsa por pareja	• LE, págs. 130–132	• clasificar • volver a clasificar • regla • plana • lados • esquinas • cilindro • esfera • cono • cubo
		1 día
	• LE, pág. 133	
• cubos, 1 por estudiante	• LE, pág. 134	
• cartulina • cubo y cilindro, 1 conjunto por pareja • clips, 1 por pareja • lápiz, 1 por pareja	• LE, pág. 135 • Ruleta (RM 15.1), 1 por pareja • Tarjetas del juego de figuras sólidas (RM 15.2), 1 conjunto de 9 tarjetas por pareja	
	• LE, pág. 136	
		1 día
	• Resolución de problemas: Superlibro 15 y Libro de lectura 15 • Resolución de problemas: Guía del profesor	

15

15 Figuras sólidas

Presentación del capítulo

Introducción

En este capítulo, los estudiantes se familiarizarán con los atributos de una esfera, un cilindro, un cono y un cubo. Esto les permite comenzar a describir estas figuras con entendimiento. Ellos aplican lo que saben sobre las figuras planas para descubrir que las figuras sólidas pueden estar formadas por caras planas. Los estudiantes participan en actividades prácticas para clasificar y volver a clasificar figuras sólidas basándose en sus atributos. También repasan las palabras que indican posición y dirección como ayuda para seguir comprendiendo el mundo que los rodea.

Lección 1: Nombrar figuras sólidas — DÍA 1

Objetivos:

- Nombrar figuras sólidas básicas: esfera, cilindro, cono y cubo
- Describir las figuras como 'sólidas'
- Describir los atributos de las figuras sólidas

Materiales:

- recipientes con bloques de atributos, 1 recipiente por mesa
- conjuntos de figuras sólidas (de madera o espuma), 1 conjunto por mesa
- hojas grandes de papel
- bolsa opaca

Recursos:

- LE, págs. 123–126
- Tarjetas de 3, 4, 5 y 6 puntos (RM 12.5–12.8), 1 conjunto
- Tarjetas de puntos en cuadros de 10 (RM 13.3), 1 conjunto

Vocabulario:

- esfera
- cono
- cubo
- cilindro
- sólido
- rueda
- se apila
- se desliza
- superficie

Actividad diaria de preparación

Objetivo: Subitizar hasta 10 objetos
Mezcle las **Tarjetas de 3, 4, 5 y 6 puntos (RM 12.5–12.8)** y ambos conjuntos de **Tarjetas de puntos en cuadros de 10 (RM 13.3)**. Muestre cada tarjeta durante 3 segundos.
Pregunte: *¿Cuántos puntos vieron? Expliquen sus ideas.* (Ejemplo: Vi 7. La hilera de arriba estaba llena, así que eran 5 y 2 puntos más).
Continúe mostrando las tarjetas mientras el tiempo lo permita (5 minutos). Ayude a los estudiantes a describir cómo ven cada disposición de puntos para determinar el total.

Repaso de conocimientos previos

Repasemos **LE, págs. 123–124**

Dé a cada mesa un conjunto de **bloques de atributos** y pida a los estudiantes que vayan a la pág. 123 del LE. Los estudiantes van a examinar las figuras planas, las nombrarán y escribirán la cantidad de lados y esquinas de cada figura.
Pregunte: *Miren a la tarea 1 (a) ¿Qué son estas figuras?* (triángulos) *¿Por qué estas figuras son triángulos? ¿Qué es igual en cada triángulo?* (3 lados, 3 esquinas, 3 lados rectos)
Pregunte: *¿En qué se diferencian los triángulos?* (Ejemplo: Los 2 lados del triángulo verde son más largos que el lado de abajo./Los 3 lados del triángulo azul son iguales./¡El triángulo amarillo está al revés!)
Repita las preguntas para la tarea 1 (b).
Diga: *Miren la tarea 1 (c). Cuenten y escriban la cantidad de lados y esquinas. Ahora conversen con un compañero sobre estas figuras, luego compartan sus ideas con la clase.* (Ejemplo: Todas estas figuras tienen 4 lados y 4 esquinas. Las figuras son rectángulos y cuadrados, algunos son largos y algunos son cortos. Aprendimos que un cuadrado es un rectángulo especial. Es un rectángulo especial porque todos sus lados tienen el mismo largo).
Repita las preguntas para las tareas 1 (a) y 1 (d).

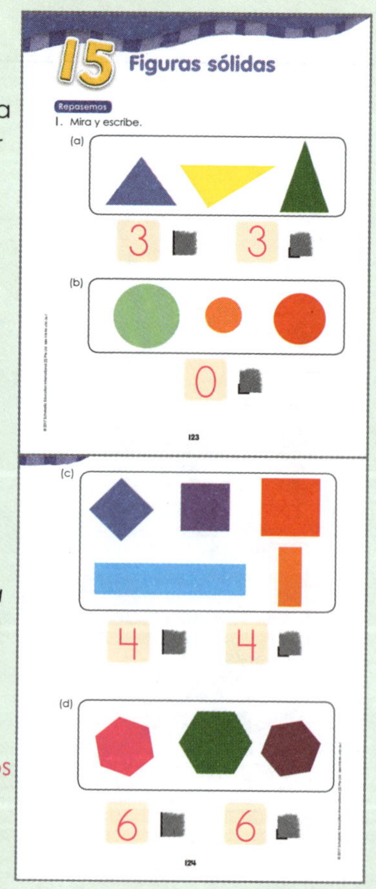

 ISBN 978-981-4822-03-9

Aprender y hacer

Nombrar figuras sólidas

Laboratorio de matemáticas

Reparta un conjunto de **figuras sólidas** a cada mesa. Señale las figuras sólidas.

Pregunte: *¿Son planas estas figuras? Expliquen* (Ejemplo: Se paran y son gruesas. Las figuras planas no se paran. Parece un cono de helado).

Diga: *Las figuras (de madera/espuma) se llaman figuras sólidas.*

Sostenga en alto una esfera.

Diga: *Describan esta figura sólida a un compañero. Piensen en si hay líneas rectas o líneas curvas en esta figura.*

Pregunte: *¿Qué pueden decir de esta figura sólida?* (Ejemplo: Parece una pelota porque es curva. No veo ninguna línea recta).

Diga: *Esta figura sólida se llama esfera.*

Pregunte: *Dijeron que esta figura es como una pelota. ¿Creen que rodará como una pelota?* Pídales que la hagan rodar en las mesas o en el piso.

Diga: *Veamos si pueden apilar otras figuras sólidas encima de una esfera.* Pida a los estudiantes que lo intenten.

Pregunte: *Una esfera rueda pero ¿qué pasó al apilar otras figuras encima de la esfera?* (Ejemplo: ¡Se cayeron!) *¿Creen que una esfera se desliza?* (no) Dibuje una esfera en la lista y escriba 'rueda'.

Pregunte: *¿Qué figura sólida es un cono? Expliquen sus ideas.* (Ejemplo: ¡Parece un cono de helado!) *¿En qué se parece?* (Ejemplo: Es un poquito curvo). *¿En qué se diferencia?* (Ejemplo: Tiene el fondo plano. ¡Una esfera es toda redonda!) *¿Pueden hacer rodar un cono?* (Ejemplo: Rueda en un círculo y no llega tan lejos como una esfera). *¿Pueden deslizarlo en la mesa?* (si) *¿Pueden parar un cono?* (Ejemplo: Sí, tiene el fondo plano). *¿Pueden apilar figuras sólidas encima de un cono?* (Ejemplo: No; tiene una punta arriba. Cada bloque que ponemos encima se cae).

NOTA: *Use el término 'líneas curvas/ rectas' informalmente, ya que no se ha enseñado el término 'arista'.*

NOTA: *Se puede tirar de una esfera o empujarla, pero no puede deslizarse porque no tiene una superficie plana.*

NOTA: *Comience una lista de vocabulario de geometría en una* ***hoja grande de papel****. Rotúlela Figuras sólidas. Escriba el nombre de la figura, dibújela y escriba si rueda, se apila o se desliza.*

NOTA: *Solo las figuras con superficies curvas pueden rodar. Un cubo puede dar vueltas sobre una superficie, pero no puede rodar.*

Agregue 'cono' a la lista de vocabulario, dibújelo, y escriba 'rueda' y 'se desliza'.

Diga: *La siguiente figura tiene solo superficies planas. No tiene curvas.*

Pregunte: *¿Pueden encontrarla?*

Deles tiempo para encontrar la figura. Luego, levante un cubo.

Diga: *Esta figura sólida es un cubo.*

Repita preguntas como las de la esfera y el cono. Pida a los estudiantes que describan un cubo (todos los lados son planos) y si se apila, se desliza o rueda. Pídales que hagan lo mismo con otras figuras sólidas. Agregue 'cubo' a la lista de vocabulario y escriba 'se apila' y 'se desliza'. Repita las preguntas y la conversación con el cilindro.

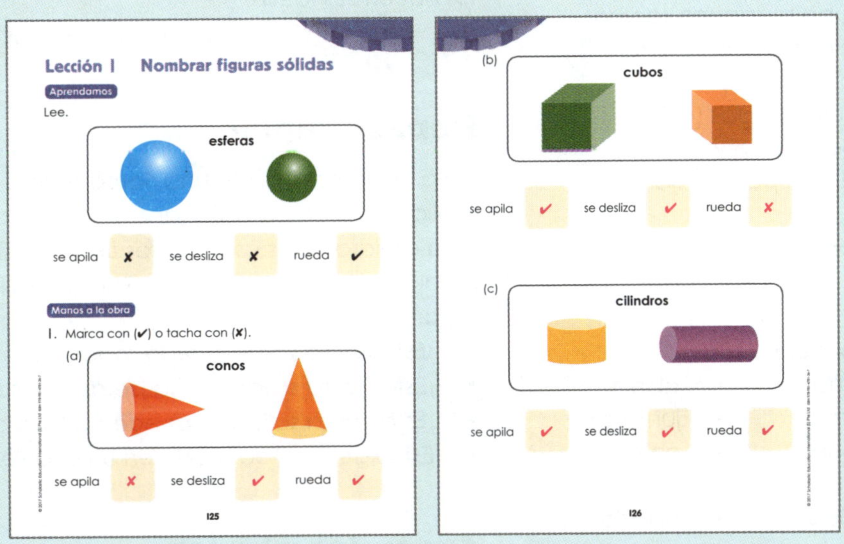

Observa Aprendamos

Manos a la obra **LE, págs. 125–126**

Repase las figuras sólidas de las págs. 125–126 del LE. Explique que van a usar las figuras sólidas y marcarán o tacharán las casillas para indicar si se pueden apilar, se deslizan o ruedan. Complete la tarea con toda la clase.

Reforzar conceptos

Dé a cada estudiante un **cono**. Repasen sus atributos.

Pregunte: *¿Rueda? ¿Se apila? ¿Se desliza?*

Pida a los estudiantes que vean cómo pueden mover el cono para responder. Repita con las otras figuras sólidas.

Actividad diaria de conclusión

Ponga una de las **figuras sólidas** en una **bolsa opaca** (ejemplo: una esfera). Pida a los estudiantes que se sienten en círculo y que, por turnos, toquen y sientan la figura que está dentro de la bolsa (sin mirar). No dicen qué figura es hasta que todos la hayan tocado.

Pregunte: *¿Qué figura está en la bolsa? Expliquen sus ideas.* Repita con otras figuras.

15

Lección 2: Palabras que indican posición y dirección

DÍA 1

Objetivos:

- Identificar objetos reales como figuras sólidas
- Describir la ubicación de las figuras sólidas u objetos en el salón de clases usando palabras de posición y dirección

Materiales:

- 8 objetos pequeños similares (por ejemplo: pelotitas del mismo tamaño)
- frasco transparente
- figuras sólidas (esfera, cubo, cono y cilindro), 1 figura por estudiante
- grupo de objetos sólidos reales (por ejemplo: lata de sopa, caja cuadrada, pelota, cono de tráfico)
- rótulos con nombres de figuras sólidas
- 5 hojas de papel para anotar pistas
- 5 sobres
- globo terráqueo (o una pelota grande u otro objeto sólido similar)
- figuras sólidas (esfera, cubo, cono y cilindro), 1 figura por pareja

Recursos:

- LE, pág. 127

Vocabulario

- cilindro
- esfera
- cono
- cubo
- sólido
- encima
- debajo
- en
- sobre
- por encima
- por debajo
- arriba
- abajo
- junto a
- enfrente
- detrás
- al lado
- cerca
- lejos
- entre
- hacia adelante
- hacia atrás
- hacia

Actividad diaria de preparación

Objetivo: Hacer una estimación de 8 objetos en un frasco

Presente la Rutina del frasco de números. Ponga unos 8 **objetos similares pequeños** (ejemplo: pelotitas) en un **frasco transparente**. Explique que aprenderán una nueva rutina llamada 'Rutina del frasco de números'.
Muestre el frasco por 3 segundos para que no cuenten. Cubra el frasco.
Pregunte: *¿Cuántas pelotitas piensan que hay en este frasco?*
Diga: *Conversen con un compañero sobre sus predicciones.* Recuerde a los estudiantes que 'predicción' se refiere a 'un número cercano al número real'. Sus predicciones no tienen que ser la cantidad exacta que hay en el frasco.
Deles tiempo para que las compartan con todo el grupo y anote sus predicciones. Escriba las iniciales de los estudiantes al lado de sus predicciones. Destape el frasco y pídales que cuenten a medida que saca varias pelotitas (por ejemplo: 4).
Diga: *Aquí hay 4 pelotitas. Pueden cambiar sus predicciones si quieren. Expliquen sus ideas.* (Ejemplo: Cambio de 6 a tal vez 8. Contamos 4 pelotitas hasta ahora. Quedan más de 2 pelotitas en el frasco).
Dé tiempo a los estudiantes para cambiar sus predicciones y, luego, pídales que cuenten las pelotitas que quedan.

> ***NOTA:** Tal vez algunos estudiantes no quieran cambiar sus predicciones.*

Pregunte: *¿Alguien está sorprendido de que había 8 pelotitas en el frasco? Expliquen sus ideas.* (Ejemplo: Cuando contamos 4 pelotitas, ¡sabía que 12 eran demasiadas! No quedaban tantas pelotitas en el frasco).

Repaso rápido

Dé a cada estudiante una **figura sólida**. Pídales que se sienten en un círculo. Explique que leerá adivinanzas que describen una esfera, un cubo, un cono o un cilindro. Si los estudiantes tienen la figura sólida que es la respuesta, pídales que la levanten y que nombren la figura sólida.
Diga:

- *¡Esta figura sólida puede rodar! No pueden apilar esta figura.* (esfera)
- *¡Esta figura sólida rueda, se apila y se desliza!* (cilindro)
- *¡Esta figura sólida se puede apilar a gran altura! No rueda.* (cubo)
- *Esta figura sólida rueda en un círculo.* (cono)

Aprender y hacer

¿Dónde está la figura sólida?

Laboratorio de matemáticas

Rotule **objetos sólidos reales** con **nombres de figuras sólidas** y póngalos donde los estudiantes puedan verlos bien, por ejemplo, si hay dados en una caja, ponga varios encima de la caja o coloque pelotas en una canasta.
Ponga los objetos reales que haya reunido (por ejemplo: latas de sopa, conos de tráfico, cajas cuadradas) en distintos lugares del salón de clase para que los estudiantes los encuentren.
Prepare las **pistas** y los **sobres** para la actividad, y esconda el **globo terráqueo**.
Pida a los estudiantes que identifiquen los objetos reales (ejemplo: lata de sopa).
Pregunte: *¿A qué figura sólida se parece esta lata de sopa?* (cilindro) *¿En qué se parecen una lata de sopa y un cilindro?*
Repita con los objetos reales que quedan.

Explique a los estudiantes que hay un objeto sólido escondido en el salón y que les dará instrucciones para encontrarlo. Modifique las pistas según el salón de clase. Abra el primer sobre y lea la pista.

- **Pista 1:** *Miren debajo del calendario. Al lado de la gráfica del clima está la siguiente pista.*
  Pida a los estudiantes que expliquen el significado de 'debajo' y 'al lado'. Lea la Pista 1 otra vez y pida a un estudiante que recoja el sobre con la Pista 2, y que la lleve al grupo.
- **Pista 2:** *Caminen hacia las ventanas. La Pista 3 está debajo de ellas. Está encima del marco de la ventana.*
  Pida a los estudiantes que demuestren el significado de 'hacia', 'debajo' y 'encima'. Lea la Pista 2 otra vez y pida a un estudiante que recoja la Pista 3 y la lleve al grupo.
- **Pista 3:** *¡Están más cerca! Vayan cerca de los Centros de intereses. Miren detrás de la primera computadora. La Pista 4 está pegada en la pared.* Pídales que demuestren el significado de'cerca', 'detrás' y 'en'. Pida a un estudiante que ubique el sobre con la Pista 4 y lo traiga para leer la pista.
- **Pista 4:** *¡Casi llegamos al objeto misterioso! Encuentren el estante con 3 libros encima del balde con bloques de patrones. Entre el segundo y el tercer libro está la Pista 5.*
  Pida a los estudiantes que demuestren 'encima' y 'entre'. Pida a un estudiante que recoja la Pista 5.
- **Pista 5:** *¡Esta es la última pista! Párense enfrente de los estantes en el área de lectura. Al lado de ______ está el objeto misterioso. ¿Qué es el objeto misterioso?*
  Pida a los estudiantes que nombren el objeto sólido (globo terráqueo) y describan en qué se parece a una esfera.

NOTA: Puede ser necesario ayudar a los estudiantes a entender el significado de las palabras de posición y dirección. Ayúdelos demostrando el significado de las palabras.

Pregunte: *¿Ven alguna otra esfera en nuestro salón de clase?*

Diga: *Digan dónde la ven.*

Dé tiempo a las parejas para que busquen y compartan brevemente sus ideas.

Hallar una figura sólida parecida

Laboratorio de matemáticas

Dé una **figura sólida** a cada pareja. Explíqueles que buscarán un objeto real que sea parecido a la figura sólida que les dio. Cuando hallen un ejemplo, lo traerán junto con su figura sólida al área central del salón de clases. Dé tiempo a las parejas para que compartan los objetos que hallaron y describan las figuras a las que se parecen. Explique a los estudiantes que repasarán sus figuras sólidas y los objetos a los que se parecen durante la Actividad diaria de conclusión.

Observa

Manos a la obra **LE, pág. 127**

Lea las instrucciones. Los estudiantes van a ubicar cada objeto sólido en la ilustración y lo van a encerrar en un círculo

- *Encierren en un círculo la esfera que rueda por el piso hacia el fregadero.* (hámster en la pelota)
- *Encierren el cono que está debajo de la mesa.* (gorro de cumpleaños)
- *Encierren el cubo que está cerca de la pizarra blanca, pero lejos de a puerta.* (parlante o bocina)
- *Encierren la esfera color café que está en el estante.* (ovillo de lana color café)
- *Encierren el cilindro que está al lado de la jaula.* (cesto de basura)
- *Encierren la esfera que está encima de la puerta.* (lámpara)
- *Encierren el cilindro que está entre el pincel y las tijeras.* (frasco de pintura roja)

Reforzar conceptos

Deje a la vista los pares de **figuras sólidas** y **objetos reales** siempre que sea posible, para que los estudiantes puedan ver la relación entre los dos conjuntos de objetos. Repase los nombres de las figuras sólidas y las palabras de posición y dirección.

Actividad diaria de conclusión

Pida a las parejas que lleven sus **figuras sólidas** y los **objetos reales** parecidos a un área central del salón de clases. Para reforzar las palabras de posición y dirección, pida que describan en dónde encontraron sus objetos. (Ejemplo: Dijeron que encontraron la pelota cerca de la puerta. ¿La pelota estaba *dentro de algo*?)

15

 ISBN 978-981-4822-03-9

Lección 3: Figuras planas en las figuras sólidas

DÍA 1

Objetivo:

- Identificar figuras planas en las superficies de figuras sólidas

Materiales:

- 10 objetos pequeños similares (por ejemplo: pelotas, borradores, cubos de madera)
- frasco transparente
- figuras sólidas (esfera, cubo, cono y cilindro), 1 por estudiante
- papel para dibujar, varias hojas por estudiante
- carpeta de cartón, 1 por pareja (opcional)
- bolsas de figuras sólidas (esfera, cubo, cono y cilindro), 1 bolsa por pareja
- lista de vocabulario de geometría creada en la Lección 1
- 4 calcomanías
- figuras sólidas (esfera, cubo, cono y cilindro), 1 conjunto

Recursos:

- LE, págs. 128–129

Vocabulario:

- figura
- cilindro
- esfera
- cono
- cubo
- sólido
- círculo
- triángulo
- cuadrado
- rectángulo
- superficie

Actividad diaria de preparación

Objetivo: Hacer estimaciones de 10 objetos en un frasco

Continúe la Rutina del frasco de números. Ponga unos **10 objetos pequeños similares** (por ejemplo: cubos) en un **frasco transparente**.

Muestre el frasco por 3 segundos para que no cuenten. Cubra el frasco.

Pregunte: *¿Cuántos cubos hay en el frasco de números?*

Pida a los estudiantes que piensen individualmente durante 30 segundos, y luego dé tiempo para que compartan sus ideas. Anote sus predicciones con sus iniciales. Destape el frasco y pídales que cuenten a medida que saca algunos cubos (por ejemplo: 5).

Diga: *Aquí hay 5 cubos. ¿Les gustaría cambiar sus predicciones? Expliquen sus ideas.* (Ejemplo: Yo cambio de 6 a 9. Contamos 5 cubos hasta ahora. Queda más de 1 cubo en el frasco).

Dé tiempo a los estudiantes para cambiar sus predicciones y, luego, pídales que cuenten los cubos que quedan y conversen sobre sus predicciones.

Repaso rápido

Dé a cada estudiante una **figura sólida** al azar. Pídales que formen un círculo y nombren la figura que sostienen. Explique que dará instrucciones para que sostengan sus figuras de las siguientes maneras:

- *el cubo detrás de la espalda.*
- *la esfera por encima de su cabeza.*
- *el cilindro arriba de sus zapatos.*
- *el cono sobre sus hombros.*
- *el cilindro enfrente de ustedes.*
- *la esfera cerca de sus rodillas.*
- *Sostengan el cono y caminen hacia el centro del círculo.*
- *el cubo debajo de su codo.*

A medida que da cada indicación, pida a los estudiantes que se fijen si sostienen correctamente la figura sólida nombrada.

Aprender y hacer

Trazar figuras sólidas

Laboratorio de matemáticas · Observa

Dé a cada estudiante varias hojas de **papel para dibujar**. También puede poner varias **carpetas** en cada mesa. Dé a cada pareja una bolsa de **figuras sólidas**. Explique que trazarán el contorno de las figuras sólidas de sus bolsas. Puede colocar las carpetas entre los estudiantes cuando trazan las figuras sólidas para evitar que vean qué figuras trazan sus compañeros. Al terminar, los estudiantes comparten los dibujos con su compañero. Luego se turnan para emparejar una figura sólida con cada uno de los dibujos de su compañero. Tenga una breve conversación con ellos sobre si pudieron trazar el contorno de una esfera, y por qué pudieron o no (si la superficie de la figura sólida era plana, pudieron trazar el borde). Mantenga los dibujos a mano para la siguiente actividad.

Conversar sobre figuras sólidas

Laboratorio de matemáticas

Dé una **bolsa de figuras sólidas** a cada pareja.

Diga: *Sostengan en alto la esfera. Describan la esfera a su compañero.*

Después de que la parejas hayan hablado entre ellos, pídales que compartan con toda la clase. (Ejemplo: Hay solo curvas en una esfera. ¡Es como una pelota porque rueda! Una esfera es lisa).

Pregunte: *¿Hay figuras planas en algún lugar de la esfera? Expliquen sus ideas.* (Ejemplo: Solo tiene curvas. Por eso rueda).

Agregue 'sin figuras planas' al lado de 'esfera' en la **lista de vocabulario de geometría** de la Lección 1.

Diga: *Digan a su compañero lo que notaron en el cubo. Cuando terminen, pueden compartir con nosotros.* (Ejemplo: Un cubo tiene muchas figuras planas. Son cuadrados).

Pregunte: *¿Cómo saben que esas figuras planas son cuadrados?* (Ejemplo: Todas las figuras planas tienen 4 lados y 4 esquinas, y los lados son iguales).

Pregunte: *¿Cuántas figuras planas hay en el cubo?* Pida a los estudiantes que cuenten juntos.

Agregue '6 cuadrados planos' al lado de 'cubo' en la lista de vocabulario.

Pregunte: *¿Cómo son los lados en un cubo?* (Ejemplo: Los lados son rectos sin curvas). *¿Un cubo puede rodar, deslizarse o apilarse? Expliquen sus ideas.* (Ejemplo: No rueda, pero se puede deslizar. Se pueden apilar otros cubos, cilindros o un cono encima de este cubo).

Pregunte: *¿Qué figura sólida es un cilindro? ¿Cómo lo saben?* (Ejemplo: Parece una lata).

Pida a los estudiantes que piensen en cómo se puede describir un cilindro. (Ejemplo: Un cilindro tiene una figura plana en cada extremo./¡Veo círculos en cada extremo!/No hay líneas rectas, solo curvas).

Agregue '2 círculos planos' al lado de 'cilindro' en la lista de vocabulario.

> ***NOTA:*** *Puede ser confuso contar las figuras planas de un cubo. Demuestre cómo contar los cuadrados poniendo una* ***calcomanía*** *en cada lado mientras lo cuenta. O pida a los estudiantes que cuenten los lados de abajo y arriba. Luego, cuente las 4 superficies (dé vuelta el cubo mientras que cuenta).*

Pregunte: *¿Cómo es un cono?* Dé tiempo a los estudiantes para pensar. (Ejemplo: Un cono tiene una figura plana. Es un círculo. Hay curvas en un cono. No veo esquinas).

Agregue '1 círculo plano' al lado de 'cono' en la lista de vocabulario.

Diga a los estudiantes que miren los dibujos de la primera actividad. Deles una oración incompleta para que rotulen sus dibujos (por ejemplo: Hay un cuadrado en un ______. Hay un círculo en un ______).

Pregunte: *¿Pueden trazar el borde de una esfera? Expliquen cómo lo saben.* (Ejemplo: No tiene figuras planas).

Refuerce el concepto de que solo se pueden trazar las figuras sólidas que tienen figuras planas.

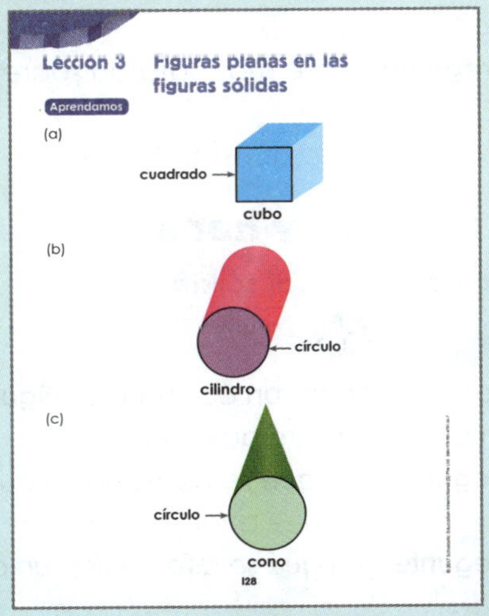

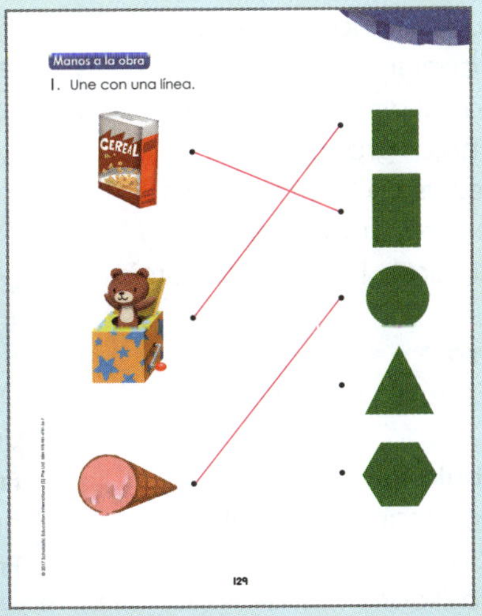

Observa

Aprendamos — LE, pág. 128

Repase las figuras planas que hay en cada figura sólida.

Pregunte: *¿Qué figura sólida falta en esta página?* (esfera) *¿Por qué?* (Una esfera no tiene ninguna figura plana).

Manos a la obra — LE, pág. 129

Los estudiantes deben mirar los objetos sólidos reales y unirlos con una línea con las figuras planas que se pueden encontrar en ellos. Tal vez noten que un cono se parece a un triángulo. Recuérdeles que un cono no es plano; por lo tanto, no tiene un triángulo. Por eso tampoco hay círculos en una esfera.

Reforzar conceptos

A los estudiantes que tienen problemas para visualizar las figuras planas, pídales que miren sus dibujos y deles **figuras sólidas** para ayudarlos a visualizar a medida que completan la tarea.

Actividad diaria de conclusión

Ponga una de cada **figura sólida** en donde se vean fácilmente. Pida a los estudiantes que identifiquen la figura sólida de cada adivinanza.

Pregunte:

- *Esta figura sólida tiene 2 círculos. Rueda, se apila y se desliza. ¿Qué figura sólida puede ser? Expliquen sus ideas.*
- *Esta figura sólida no tiene figuras planas. Rueda. ¿Qué figura sólida puede ser? ¿Cómo lo saben?*
- *Esta figura sólida tiene 6 cuadrados. Se apila y se desliza. ¿Qué figura sólida puede ser? Expliquen sus ideas.*
- *Esta figura sólida tiene solo 1 círculo. Rueda y se para en un extremo. ¿Qué figura sólida puede ser? ¿Cómo lo saben?*

15

Objetivos:

- Analizar y comparar figuras sólidas y explicar en qué se parecen o se diferencian las figuras usando un lenguaje informal
- Clasificar y volver a clasificar figuras y explicar la regla para cada clasificación

Materiales:

- hojas grandes de papel
- conjuntos de figuras sólidas (esfera, cubo, cono y cilindro), 1 conjunto por mesa
- notas adhesivas, 1 por estudiante
- conjuntos de figuras sólidas (esfera, cubo, cono y cilindro), 1 conjunto por pareja
- figuras sólidas (esfera, cubo, cono y cilindro), 1 conjunto
- papel de construcción, 2 hojas grandes
- bolsas de figuras sólidas (esfera, cubo, cono y cilindro), 1 bolsa por pareja

Recurso:

- LE, págs. 130–132

Vocabulario:

- clasificar
- volver a clasificar
- regla
- plana
- lados
- esquinas
- cilindro
- esfera
- cono
- cubo

Actividad diaria de preparación y Repaso rápido

Objetivo: Identificar figuras planas en figuras sólidas, anotar y comentar los datos

Antes de la lección, dibuje un círculo grande en una **hoja grande de papel**. Escriba *Mi figura sólida favorita tiene más de 2 figuras planas* arriba. Ponga un conjunto de **figuras sólidas** en cada mesa (cubo, cilindro, cono, esfera) para que los estudiantes tengan una referencia visual concreta de su figura sólida favorita.

Cuando lleguen, pídales que escriban su nombre en una **nota adhesiva**. Ponen sus notas dentro o fuera del círculo según si están de acuerdo o no con el enunciado.

Pregunte: *¿Qué notan sobre la cantidad de notas que hay dentro del círculo? Compartan sus ideas primero con un compañero.* Deles tiempo para que compartan y expliquen su razonamiento.

Pregunte: *¿Qué nos dice la información?* (Ejemplo: Si tu nota está dentro, te gustan los cubos). *¿Cómo lo saben?* (Ejemplo: Un cubo tiene 6 cuadrados. ¡6 es más que 2!)

Pregunte: *Si su figura favorita es un cilindro, ¿sus notas pueden ir dentro del círculo?* (Ejemplo: No; un cilindro tiene 2 figuras planas. Tienen que ser más de 2).

Pregunte: *Miren las notas que están fuera del círculo. ¿Qué figuras sólidas son las favoritas de estos compañeros?* (Ejemplo: Las figuras sólidas con 2 o menos figuras planas. Un cilindro tiene 2 círculos. Un cono tiene 1 círculo. ¡Una esfera no tiene figuras planas!)

Pregunte: *¿Qué más notaron sobre los datos de hoy?* Anote lo que comenten. (Ejemplo: más notas fuera, 5 notas más fuera, menos notas dentro, 2 notas rosadas y 3 notas amarillas dentro)

Aprender y hacer

Comparar figurar sólidas

Laboratorio de matemáticas

Dé a las parejas un conjunto de **figuras sólidas**. Pídales que pongan un cubo y un cono enfrente de ellos.

Pregunte: *¿En qué se parecen un cubo y un cono?* (Hay figuras planas en ambos; ambos se pueden deslizar).

Pregunte: *¿En qué se diferencian un cubo y un cono?* (Ejemplo: Un cono puede rodar, un cubo no. Un cubo tiene más figuras planas. Las figuras planas son diferentes. Hay cuadrados en un cubo y un círculo en un cono).

Pida a las parejas que comparen una esfera y un cilindro.

Pregunte: *¿En qué se parecen una esfera y un cilindro?* (Ejemplo: Ambos tienen curvas y ruedan).

Pregunte: *¿En qué se diferencian una esfera y un cilindro?* (Ejemplo: cilindro: se apila, se desliza, rueda, 2 figuras planas; esfera: solo rueda, sin figuras planas).

Clasificar figuras sólidas

Laboratorio de matemáticas

Pida a los estudiantes que se sienten en círculo. Ponga un conjunto de **figuras sólidas** en el medio entre dos hojas de **papel de construcción**.

Pregunte: *¿Cómo podemos clasificar estas figuras en dos grupos?*

Dé tiempo a los estudiantes antes de que compartan sus ideas con un compañero. Pida a una pareja que clasifique las figuras sólidas. Luego pregunte:

- *¿En qué se parecen las figuras sólidas de este grupo?* (Ejemplo: Todas tienen curvas).
- *¿Por qué hay un cubo en el otro grupo?* (Ejemplo: No tiene curvas).

- *¿En qué se diferencian los dos grupos de figuras?* (Uno tiene figuras con curvas y el otro no).
- *¿Cuál fue la regla para clasificar estas figuras sólidas?* (con curvas y sin curvas)

Recuerde a los estudiantes que una regla dice cómo se clasifican las figuras.
Quite las figuras de sus grupos, pero déjelas visibles.
Pregunte: *¿Cómo podemos clasificar las mismas figuras de nuevo? Piensen en una manera diferente de clasificar las figuras. Luego, compartan sus ideas con un compañero.*
Pida a otra pareja que vuelvan a clasificar las figuras sólidas. (Ejemplo: figuras sólidas con figuras planas y figuras sólidas sin figuras planas) Haga preguntas como estas después de que terminen.

- (Señale el cono, el cubo y el cilindro) *¿En qué se parecen las figuras de este grupo? ¿Qué tienen todas?* (figuras planas)
- *¿Qué cosa no tiene una esfera que la hace diferente del otro grupo?* (No tiene figuras planas).
- *¿En qué se diferencian los dos grupos esta vez?* (figuras sólidas con figuras planas y figuras sólidas sin figuras planas)
- *¿Cuál es la nueva regla?* (con y sin figuras planas)

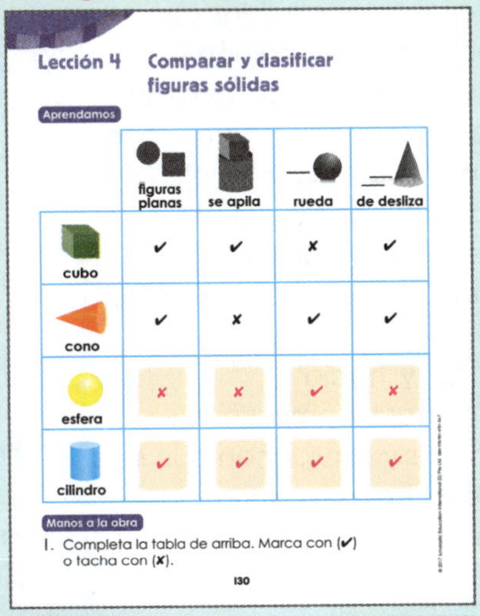
Lección 4 Comparar y clasificar figuras sólidas

Aprendamos

	figuras planas	se apila	rueda	de desliza
cubo	✔	✔	✘	✔
cono	✔	✘	✔	✔
esfera	✘	✘	✔	✘
cilindro	✔	✔	✔	✔

Manos a la obra

1. Completa la tabla de arriba. Marca con (✔) o tacha con (✘).

130

Laboratorio de matemáticas

Dé una **bolsa de figuras sólidas** a cada pareja.
Diga: *Conversen con un compañero sobre dos maneras diferentes de clasificar sus figuras. Pueden compartirlas a la conclusión.*
Mientras los estudiantes trabajan, hágales preguntas similares a las de antes.
¿Los estudiantes pueden explicar y justificar sus reglas de clasificación?
Ejemplo de otras maneras de clasificar:

- figuras que ruedan (esfera, cono, cilindro) y figuras que no ruedan (cubo)
- figuras sólidas que se apilan (cubo, cilindro) y figuras sólidas que no se apilan (esfera, cono)
- figuras con círculos (cono, cilindro) y figuras sin círculos (esfera, cubo)
- figuras sólidas que se deslizan (cubo, cilindro, cono) y figuras sólidas que no se deslizan (esfera)

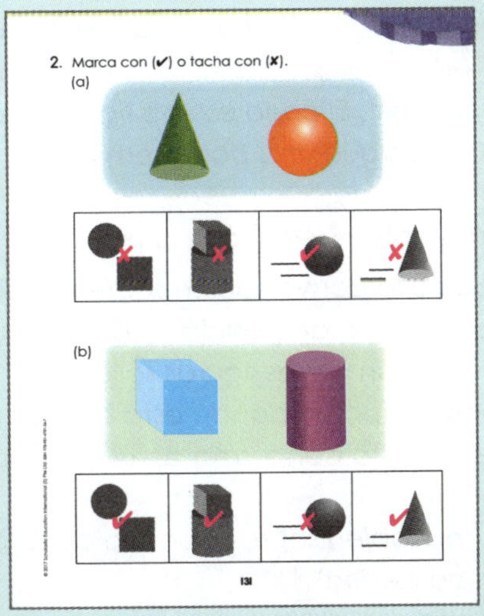
2. Marca con (✔) o tacha con (✘).
(a)
(b)

131

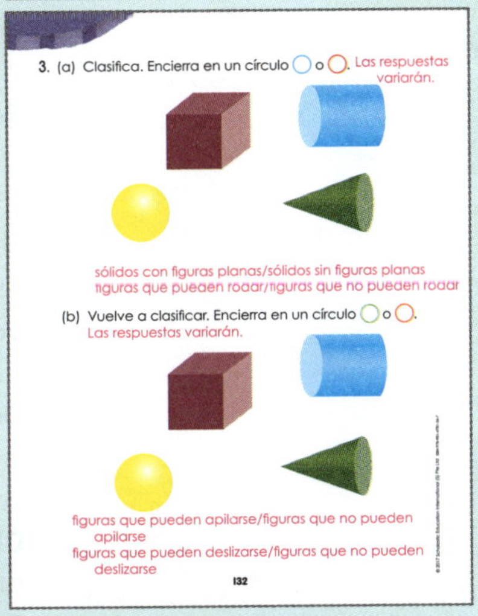
3. (a) Clasifica. Encierra en un círculo ◯ o ◯. Las respuestas variarán.

sólidos con figuras planas/sólidos sin figuras planas
figuras que pueden rodar/figuras que no pueden rodar

(b) Vuelve a clasificar. Encierra en un círculo ◯ o ◯.
Las respuestas variarán.

figuras que pueden apilarse/figuras que no pueden apilarse
figuras que pueden deslizarse/figuras que no pueden deslizarse

132

Observa

Aprendamos LE, pág. 130

Revisen la tabla y explique las categorías (figuras planas, apilar, rodar, deslizar).
Explique que √ significa que la figura tiene un atributo mientras que X significa que no lo tiene. Comente si un cono se puede apilar. (Se puede apilar sobre otra figura, pero no se puede apilar otra figura sobre el cono). Luego, comenten si un cono se puede deslizar y por qué. (Sí, porque tiene una superficie plana).

Manos a la obra LE, págs. 130–132

En la tarea 1, los estudiantes marcan o tachan los atributos de la esfera y el cilindro. Facilite las **figuras sólidas** para su uso.
En la tarea 2, los estudiantes marcan la casilla si ambas figuras comparten el mismo atributo y la tachan si no. La capacidad de los estudiantes para comparar y analizar las dos figuras les permite clasificar.
En la tarea 3, los estudiantes dibujan círculos para clasificar las figuras sólidas en 2 grupos. Luego, vuelven a clasificarlas de otra manera.

Reforzar conceptos

Dé a los estudiantes con dificultades un conjunto de **figuras sólidas** para ayudarlos. También pueden mirar su tabla completa en la pág. 130 del LE.

Actividad diaria de conclusión

Ponga las 4 **figuras sólidas** entre dos hojas de **papel de construcción** otra vez para que los estudiantes demuestren cómo clasificaron en la pág. 132 del LE y expliquen su regla. Pida a una pareja que comparta su clasificación.
Pregunte: *¿Quién más clasificó sus figuras con esta regla?* (Esto valida a las parejas que tuvieron la misma regla).
Pregunte: *¿Cuál es otra manera de clasificar? ¿Cómo podemos clasificarlas otra vez?*
Las parejas siguen demostrando diferentes maneras de clasificarlas.

Ejercicios del capítulo y actividades para los Centros de intereses

DÍA 1

Objetivos:

- Nombrar las figuras sólidas básicas: esfera, cilindro, cono y cubo
- Describir las figuras como 'sólidas'
- Describir los atributos de las figuras sólidas
- Describir la ubicación de las figuras sólidas con palabras de posición y dirección, como, 'encima', 'debajo', 'en', 'sobre', 'por encima', 'por debajo', 'arriba', 'abajo', 'junto a', 'enfrente ', 'detrás', 'al lado', 'cerca', 'lejos', 'entre', 'hacia adelante', 'hacia atrás' y 'hacia'
- Analizar y comparar figuras sólidas y explicar en qué se parecen o se diferencian las figuras usando un lenguaje informal

Recursos:

- LE, pág. 133

Ejercicios del capítulo

LE, pág. 133

Pida a los estudiantes que miren el dibujo de la pág. 133 del LE.

Haga preguntas a los estudiantes para animarlos a conversar.

Preguntе: *¿De qué es esta imagen?* (gente en la calle/acera o vereda)

Dé algunos minutos a los estudiantes para que miren la ilustración y observen todas las figuras sólidas y planas que ven.

Pregunte: *¿Qué figuras sólidas ven?* (esfera: sandía/naranjas/pelota de fútbol/arbusto; cubo: paquete/arbusto/cubos de hielo; cilindro: latas/galletas/lata de bebida; cono: conos de tráfico)

Pregunte: *Miren la bolsa de naranjas, ¿qué creen que va a pasar?* (La bolsa se va a romper y las naranjas rodarán por toda la acera).

Pregunte: *¿Qué otras figuras sólidas pueden rodar?* (cilindro) *¿Qué más pueden decirme sobre el cilindro?* (Se puede apilar y se desliza).

Pregunte: *¿Cuál es una buena figura para apilar? ¿Por qué?* (los cubos y los cilindros porque tienen superficies planas)

Pregunte: *¿El cono es una figura buena o mala para apilar? ¿Por qué?* (Es mala porque una parte termina en punta y no puedes apilar cosas ahí./Es buena porque puedes apilarlo encima de un cubo./Es una figura buena para apilar, pero no es la mejor, como un cubo).

Facilite la conversación sobre la ubicación de las figuras sólidas con vocabulario de posición y dirección, y pida a los estudiantes que describan la posición de las figuras sólidas.

Diga: *Díganme dónde está arbusto que tiene forma de esfera.* (Está al lado del arbusto con forma de cubo./Está enfrente de la casa./Está cerca de la señora).

Diga: *Hablen sobre la pelota de fútbol que tiene forma de esfera.* (Está arriba de Tito).

Repita con las otras figuras.

Si el tiempo lo permite, vea cuántas figuras planas puede identificar y contar la clase. Esta también puede ser una actividad de ampliación para los estudiantes que termine su trabajo antes que los demás.

Objetivos:

- Nombrar una figura sólida básica: cubo
- Identificar las figuras planas en las superficies de las figuras sólidas
- Describir los atributos de las figuras sólidas
- Identificar objetos reales como figuras sólidas

Materiales:

- cubos, 1 por estudiante

Recursos:

- LE, pág. 134

Actividad 1 LE, pág. 134

Pida a los estudiantes que vayan a la pág. 134 del LE.
Pida a los estudiantes que primero digan qué notan en el objeto. (Ejemplo: Parece un cubo./Lo usamos cuando jugamos a un juego./Hay puntos en algunos de los lados del cubo./¡Es un cubo con puntos!) Luego, pida a los estudiantes que describan la figura sólida. (Ejemplo: Tiene 6 figuras planas./Se desliza, pero no rueda./Puedes apilar otros bloques sólidos sobre esta figura).
Pregunte: *¿Qué figuras planas hay en este cubo?* (cuadrados) *¿Qué recuerdan sobre el cuadrado?* (Ejemplo: Tiene 4 lados iguales./Todos los lados tienen el mismo largo./Hay 4 esquinas en un cuadrado. ¡Es una clase de rectángulo!)

> ***NOTA:*** *Si los estudiantes no recuerdan que un cuadrado es un rectángulo especial, pídales que piensen en otra figura plana que se parezca a un cuadrado. Esto debería guiarlos a pensar en un rectángulo y sus similitudes con el cuadrado.*

Pida a los estudiantes que sigan el texto mientras usted lee los globos de diálogo. Pídales que primero PIENSEN en cuál de los gatos tiene razón y por qué piensan eso. Luego, pida a los estudiantes que CONVERSEN con un compañero para comentar lo que piensan.
Diga: *Conversaron con un compañero sobre cuál de los gatos tiene razón. ¿Qué creen ustedes?* (Ejemplo: Pensamos que las figuras planas en el cubo con puntos son cuadrados porque todos los lados son iguales./Pensamos que ambos gatos tienen razón porque un cuadrado es un tipo especial de rectángulo).
Dé a cada estudiante un **cubo**.
Diga: *CONVERSEN con su compañero otra vez para pensar en un modo de probar que su razonamiento es correcto. Digan a su compañero todo lo que notan en un cubo. Decidan juntos cómo explicarían que tienen razón.*
Diga: *Expliquen quién piensan que tiene razón.* (Ejemplo: Un cuadrado y un rectángulo son parecidos porque ambos tienen 4 lados y 4 esquinas. Todos los lados de un cuadrado tienen el mismo largo. Aunque el cuadrado se ve diferente que algunos rectángulos, creemos que los dos gatos tienen razón./Aprendimos que un cuadrado es un rectángulo especial; por lo tanto, ¡las figuras planas son un cuadrado y un rectángulo!/Ambas figuras tienen 4 lados y 4 esquinas. Un cuadrado es un rectángulo especial porque sus lados tienen la misma longitud. Los dos gatos tienen razón). Dé tiempo para que más parejas expliquen sus ideas.

Objetivos:

- Nombrar figuras sólidas básicas: esfera, cilindro, cono y cubo
- Identificar las figuras planas en las superficies de las figuras sólidas
- Describir los atributos de las figuras sólidas

Materiales:

- cartulina
- cubo y cilindro, 1 conjunto por pareja
- clips, 1 por pareja
- lápices, 1 por pareja

Recursos:

- LE, pág. 135
- Ruleta (RM 15.1), 1 por pareja
- Tarjetas del juego de figuras sólidas (RM 15.2), 1 conjunto de 9 tarjetas por pareja

Actividad 2 **LE, pág. 135**

Antes de la lección, haga una **Ruleta (RM 15.1)** y un conjunto de **Tarjetas del juego de figuras sólidas (RM 15.2)** en **cartulina** para cada pareja.

- Dé una Ruleta, un conjunto de Tarjetas del juego de figuras sólidas y un **conjunto de figuras sólidas** a cada pareja y pida a los estudiantes que vayan al Tablero del juego de figuras sólidas de la pág. 135 del LE. Dé a cada pareja un **cubo** y un **cilindro** para que los usen como fichas del juego. Pida a los estudiantes que mezclen las tarjetas y las coloquen boca abajo en una pila.

Explique cómo se desarrolla la actividad.

- El Estudiante A hace girar la ruleta y mueve su ficha (cubo o cilindro) 1 ó 2 espacios de acuerdo al resultado de la ruleta. Si el Estudiante A cae en un espacio con un '?', toma la tarjeta de arriba de la pila y completa la tarea que está en la tarjeta.
- El Estudiante B comprueba el trabajo de su compañero.
- El Estudiante A se mueve 1, 2 ó 3 espacios más (indicado por +1, +2 o +3).
- El Estudiante B toma su turno y repite el procedimiento. El Estudiante A comprueba el trabajo de su compañero.
- Los compañeros continúan jugando hasta que alguno llega al espacio de la META.

Objetivos:

- Describir los atributos de las figuras sólidas
- Identificar las figuras planas en las superficies de las figuras sólidas

Recurso:

- LE, pág. 136

Actividad 3 LE, pág. 136

Explique a los estudiantes que trazarán líneas desde cada figura sólida hasta los atributos que las describen. Cada figura sólida tiene al menos 2 atributos que la describen.

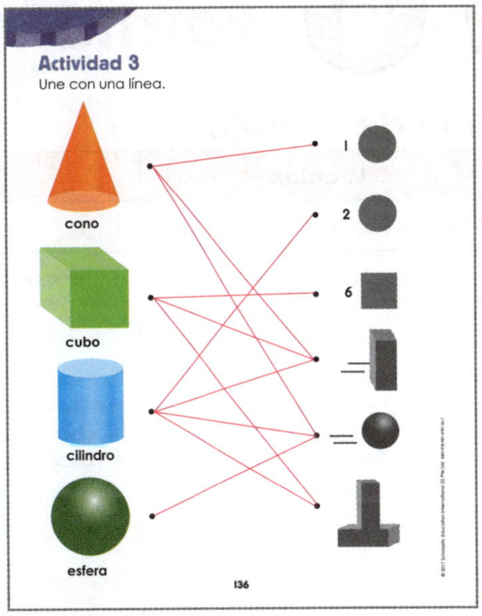

Actividad de conclusión del capítulo

Pida a los estudiantes que conversen sobre lo que aprendieron en el capítulo.

Pregunte: *¿Qué saben sobre los cubos?* (Ejemplo: Un cubo tiene 6 figuras planas./Los lados son todos de la misma longitud./Un cubo se desliza./Se puede formar una torre grande con muchos cubos).

Pregunte: *¿Todos los cubos son iguales? Expliquen sus ideas.* (Ejemplo: Un cubo puede tener diferentes tamaños: hay cubos grandes y pequeños).

Pregunte: *¿Qué objetos vieron que parecen cubos?* (Ejemplo: un cubo con puntos, un joyero)

Pregunte: *¿Qué figuras planas hay en un cubo?* (cuadrados)

Repita preguntas similares para el cono, el cilindro y la esfera.

» Resolución de problemas (1 día)

Consulte los Recursos para Resolución de problemas, donde encontrará materiales y notas para la enseñanza.

15

16 Formar y modelar figuras

Plan de trabajo

Lección	Objetivos
Lección 1: Formar figuras	
Hacer figuras con bloques de patrones	• Usar una cantidad dada de bloques de patrones para crear una nueva figura
Hacer hexágonos con bloques de patrones	• Usar una cantidad dada de bloques de patrones para crear una nueva figura • Usar distintos tipos de bloques de patrones para formar un hexágono regular
Lección 2: Modelar figuras y estructuras	
Hacer dibujos con bloques de patrones	• Usar figuras planas para crear figuras que se encuentran comúnmente en el entorno
Hacer torres con figuras sólidas	• Usar figuras planas para crear figuras que se encuentran comúnmente en el entorno • Usar bloques para construir estructuras y comparar dos estructuras usando vocabulario comparativo
Ejercicios del capítulo y actividades para los Centros de intereses	
Ejercicios del capítulo Actividad 1 Actividad 2 Actividad 3	• Usar figuras planas para crear figuras que se encuentran comúnmente en el entorno • Usar bloques para construir estructuras y comparar dos estructuras usando vocabulario comparativo (por ejemplo: 'más alto/más bajo', 'más ancho/más estrecho', 'mayor que', 'menos/menor que', 'igual a') • Usar una cantidad dada de bloques de patrones para crear una nueva figura • Usar distintos tipos de bloques de patrones para formar un hexágono regular
Resolución de problemas	

Duración total: 6 días (1 día = 1 hora)

Materiales	Recursos	Vocabulario
		2 días
• bolsas de figuras sólidas, 1 bolsa por pareja • bolsas de bloques de patrones (sin los rombos beige pequeños), 1 bolsa por pareja	• LE, págs. 137–140 • conjunto de Tarjetas de 3, 4, 5 y 6 puntos (RM 12.5–12.8) • conjunto de Tarjetas con cuadros de 10 (RM 13.3)	• triángulo • cuadrado • hexágono • trapecio • rombo
• frasco con 15 lápices (u otros objetos) • bolsas de bloques de patrones, (2 hexágonos, 6 trapecios, 18 triángulos, 6 rombos), sin los pequeños rombos beige ni los cuadrados naranjas, 1 bolsa por pareja • cartulina • clips, 1 por pareja • lápices, 1 por pareja	• LE, pág. 141 • Ruleta para formar hexágonos (RM 16.1), 1 por pareja • Hoja para formar hexágonos (RM 16.2), 1 por pareja	• triángulo • hexágono • trapecio • rombo
		2 días
• frasco grande o bolsa de papel • números del 0 al 5 en pequeños pedazos de cartulina, 3 conjuntos • hojas grandes de papel • bolsas de bloques de patrones (sin los rombos beige pequeños), 1 bolsa por pareja • bolsas de 6 bloques de patrones de triángulos, 1 bolsa por pareja • bolsas de bloques de patrones (sin los rombos beige pequeños), 1 bolsa por pareja	• LE, págs. 142–143	• triángulo • cuadrado • hexágono • trapecio • rombo • plano
• números del 0 al 5 en pequeños pedazos de cartulina, 3 conjuntos • frasco grande o bolsa de papel • geoplanos, 1 por estudiante • bandas elásticas, 1 por estudiante • papel de construcción (del mismo color), 2 hojas • figuras sólidas, varios conjuntos • crayones/marcadores, 1 conjunto por mesa • conjuntos de varias figuras de papel de colores (cuadrados, rectángulos, círculos, hexágonos y triángulos), 1 conjunto de tamaños y colores diferentes por mesa • reglas, 1 por pareja • bloques de patrones (sin los pequeños rombos beige), 1 bolsa por estudiante	• LE, págs. 144–145	• triángulo • cuadrado • hexágono • trapecio • rombo • plano
		1 día
• papel de dibujo, 1 hoja por estudiante	• LE, pág. 146	
• conjuntos de figuras sólidas (3 cubos, 2 conos, 2 esferas y 3 cilindros, cilindros más altos que los cubos), 1 conjunto por pareja	• LE, pág. 147	
• conjuntos de bloques de patrones, 1 conjunto por pareja • carpeta, 1 por estudiante	• LE, pág. 148	
• bolsas de bloques de patrones, 1 bolsa por estudiante	• LE, pág. 149	
		1 día
	• Resolución de problemas: Superlibro 16 y Libro de lectura 16 • Resolución de problemas: Guía del profesor	

16 Formar y modelar figuras

Presentación del capítulo

Lección 1: Formar figuras
Lección 2: Modelar figuras y estructuras

Introducción

A medida que los estudiantes forman figuras con figuras más pequeñas, deslizan, giran y dan vuelta informalmente las figuras para hacer un diseño o dibujo. Descubren, por ejemplo, que pueden hacer un rectángulo con 2 cuadrados ubicados uno junto al otro o un hexágono con 6 triángulos. Tocar y manipular figuras de varias maneras afirma el razonamiento espacial de los estudiantes y su comprensión de las figuras y sus atributos.

Lección 1: Formar figuras

DÍA 1 DÍA 2

Objetivo:

- Usar una cantidad dada de bloques de patrones para crear una nueva figura

Materiales:

- bolsas de figuras sólidas, 1 bolsa por pareja
- bolsas de bloques de patrones (sin los rombos beige pequeños), 1 bolsa por pareja

Recursos:

- LE, págs. 137–140
- conjunto de Tarjetas de 3, 4, 5, 6 y 7 puntos (RM 12.5–12.8)
- conjunto de Tarjetas con cuadros de 10 (RM 13.3)

Vocabulario:

- triángulo
- cuadrado
- hexágono
- trapecio
- rombo

Actividad diaria de preparación

Objetivo: Subitizar hasta 6 objetos

Mezcle las **Tarjetas de puntos (RM 12.5–12.8)** y el conjunto de **Tarjetas con cuadros de 10 (RM 13.3)** juntas. Muestre cada tarjeta durante 3 segundos.

Pregunte: *¿Cuántos puntos vieron? Expliquen sus ideas.* (Ejemplo: Vi 6. La hilera de arriba estaba llena, así que eran 5 puntos más 1).

Continúe mostrando las tarjetas mientras el tiempo lo permita (5 minutos). Anime a los estudiantes a describir cómo vieron cada tarjeta para determinar la cantidad total de puntos.

Repaso de conocimientos previos

Repasemos **LE, pág. 137**

Pida a los estudiantes que vayan a la pág. 137 del LE.

A medida que lee cada una de las pistas de abajo, pida a los estudiantes que busquen la figura en la página y la encierren en un círculo. Dé a cada pareja un conjunto de **figuras sólidas** y **bloques de patrones** para ayudarlos. El primer estudiante en encerrar en un círculo las 6 figuras correctamente debe saltar.

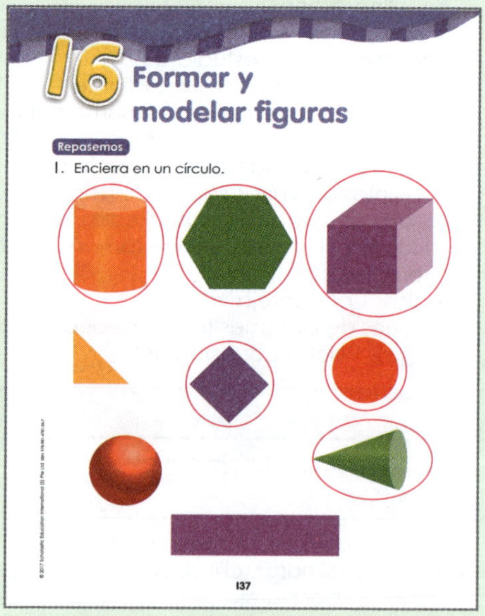

Diga:

1. Es una figura sólida con 6 superficies planas. (cubo)
2. Es una figura plana con lados curvos. (círculo)
3. Es una figura plana con 6 lados. (hexágono)
4. Es una figura sólida con 1 sola superficie plana. (cono)
5. Es una figura sólida que puede apilarse y rodar. (cilindro)
6. Esta figura es un rectángulo especial. (cuadrado)

Aprender y hacer

Hacer figuras con bloques de patrones

Laboratorio de matemáticas

NOTA: No se espera que los estudiantes aprendan y dominen los nombres y los atributos de un rombo y un trapecio. Se presentan estas 2 figuras (y se mencionan sus nombres) como otros tipos de bloques de patrones para que los estudiantes los usen cuando formen figuras.

Dé una bolsa de **bloques de patrones** a cada pareja. Dé varios minutos para que exploren los bloques.

Pregunte: *¿Qué figuras reconocen en los bloques de patrones?* (triángulos, hexágonos, cuadrados)

Diga: *Ordenen los bloques según la forma. Los bloques rojos se llaman trapecios. Los bloques azules se llaman rombos.*

Coloque 2 bloques cuadrados juntos para formar un rectángulo.

Diga: *Pongo dos cuadrados juntos.*

Pregunte: *¿Qué figura tengo ahora?* (un rectángulo) *¿Qué otra figura puedo agregar para hacer un rectángulo más largo?* (otro bloque cuadrado)

Pida a un voluntario que agregue el cuadrado para ampliar el rectángulo. Pida a los estudiantes que cuenten la cantidad de cuadrados que forman el rectángulo. (3 cuadrados)

Coloque 3 bloques cuadrados juntos en un cuadrado incompleto, en el que falte 1 bloque para completarlo el cuadrado.

Pregunte: *¿Qué figura puedo agregar para formar un cuadrado?* Deles tiempo para pensar. Pida a un voluntario que elija la figura para completarlo. (un bloque cuadrado)

Saque 4 bloques verdes triangulares y use 3 bloques para formar la base de un triángulo.

Pregunte: *¿Dónde debo poner este bloque triangular para formar un triángulo?* Pida a un voluntario que ponga el triángulo sobre la base.

Laboratorio de matemáticas | Observa

Aprendamos **LE, págs. 138–139**

Pida a los estudiantes que vayan a las págs. 138–139 del LE y formen las figuras con los **bloques de patrones**. Comente las respuestas para (d), porque hay varias maneras de completar el triángulo. (la base puede ser: rombo, triángulo, rombo o rombo, rombo, triángulo)

Laboratorio de matemáticas | Observa

Manos a la obra **LE, pág. 140**

Pida a los estudiantes que vayan a la pág. 140 del LE y formen triángulos de bloques con patrones. Anime a los estudiantes a voltear los bloques e intentar distintas orientaciones para completar los triángulos y dígales que no teman probar y hacer ajustes en sus intentos por colocar cada bloque en el lugar correcto.

Reforzar conceptos

Guíe a los estudiantes para que primero repitan las partes de los triángulos que ya se muestran en la página. Luego, complete parte de cada triángulo, y deje solo uno o dos **bloques** para que agreguen los estudiantes. En la tarea (b), primero se puede intentar formar un triángulo más simple con un bloque hexagonal y 3 bloques triangulares. Coloque un hexágono y un triángulo como se ve en la imagen y guíelos para que exploren dónde deberían colocar los otros 2 triángulos para formar un triángulo. (a la derecha y arriba del hexágono)

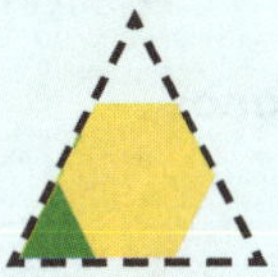

Actividad diaria de conclusión

Pida a los estudiantes que compartan lo que han observado y aprendido en esta lección. (Ejemplo: Podemos usar figuras para formar otra figura./Hay más de una manera de formar un triángulo con los mismos bloques o con bloques diferentes).

16

Lección 1: Formar figuras

DÍA 1 DÍA 2

Objetivos:
- Usar una cantidad dada de bloques de patrones para crear una nueva figura
- Usar distintos tipos de bloques de patrones para formar un hexágono regular

Materiales:
- frasco con 15 lápices (u otros objetos)
- bolsas de bloques de patrones, (2 hexágonos, 6 trapecios, 18 triángulos, 6 rombos) sin los pequeños rombos beige ni los cuadrados de color naranja, 1 bolsa por pareja
- cartulina
- clips, 1 por pareja
- lápices, 1 por pareja

Recursos:
- LE, pág. 141
- Ruleta para formar hexágonos (RM 16.1), 1 por pareja
- Hoja para formar hexágonos (RM 16.2), 1 por pareja

Vocabulario:
- triángulo
- hexágono
- trapecio
- rombo

Actividad diaria de preparación

Objetivo: Hacer estimaciones de hasta 15 objetos
Coloque 15 lápices sin punta u objetos similares en un **frasco** transparente. Muestre el Frasco de números durante solo 3 segundos para que los estudiantes no cuenten. Cubra el frasco.
Pregunte: *¿Cuántos lápices hay en el Frasco de números?*
Pida a los estudiantes que piensen individualmente durante unos 30 segundos. Luego dé tiempo para que compartan sus predicciones y las anoten con sus iniciales en el pizarrón.
Destape el frasco y pida a los estudiantes que saquen y cuenten 7 lápices.
Diga: *Aquí hay 7 lápices. ¿Les gustaría cambiar sus predicciones? Expliquen sus ideas.* (Ejemplo: ¡Dije 30 porque parecía que había muchos! Tal vez haya 13, porque quedó casi la misma cantidad de lápices en el frasco).
Una vez que los estudiantes hayan cambiado las predicciones, pídales que sigan contando los lápices restantes a partir de 7.
Pregunte: *¿Alguno de ustedes está sorprendido de que haya 15 lápices en el Frasco de números? Expliquen sus ideas.* (Ejemplo: ¡Cuando contamos 7 lápices, supe que 30 era demasiado! Entonces, pensé en un número más pequeño).

Repaso rápido

Repase el rombo y el trapecio. Hable sobre las figuras que los estudiantes hicieron el día anterior y sobre los bloques de patrones que usaron.
Pregunte: *Ayer formaron un rectángulo. ¿Qué bloques usaron?* (Ejemplo: 2/3 bloques cuadrados) *¿Qué otras figuras formaron?* (Ejemplo: un triángulo) *¿Qué bloques usaron?* (Ejemplo: un trapecio, 2 rombos y 2 triángulos)

Aprender y hacer

Hacer hexágonos con bloques de patrones

Laboratorio de matemáticas

Reparta bolsas de **bloques de patrones**.
Diga: *Hoy usaremos bloques para formar otra figura. Esta figura tiene 6 lados. ¿Pueden adivinar qué figura es?* (hexágono)
Coloque 6 triángulos en la parte superior de un hexágono amarillo para mostrar cómo se puede formar un hexágono usando triángulos. Luego pida a los estudiantes que formen el mismo hexágono usando triángulos.
Diga: *Podemos cubrir un hexágono con 6 triángulos. Cuando pongan los 6 triángulos juntos de esta manera, formarán un hexágono. Formemos un hexágono con bloques de un triángulo, un rombo y un trapecio.*
Dé unos minutos para que los compañeros trabajen juntos para formar uno.
Pregunte: *Miren todos sus bloques. ¿Creen que algunos de estos bloques se pueden poner de otra manera para formar un hexágono? Primero piensen en esto y luego compartan sus ideas con su compañero.*
Deles tiempo para explorar y formar hexágonos. Para guiarlos, puede hacer una lista de distintas maneras de combinar figuras para formar un hexágono:
- 2 trapecios
- 3 rombos
- 2 triángulos y 2 rombos

Juego de formar hexágonos

Laboratorio de matemáticas

Antes de esta actividad, pegue las **Ruletas para formar hexágonos (RM 16.1)** en una **cartulina.** Dé una a cada pareja junto con un **clip**, un **lápiz** y una **Hoja para formar hexágonos (RM 16.2)**. Explique a los estudiantes que jugarán a un juego llamado 'Formar hexágonos'. Demuestre el juego con un estudiante. El objetivo es usar los bloques de patrones para formar 6 hexágonos de 6 maneras diferentes. Pida a los estudiantes que dejen los bloques sobre cada hexágono mientras los construyen. Los compartirán durante la Actividad de conclusión.

- El Compañero A (estudiante) hace girar la ruleta usando el clip y el lápiz, y le dice al Compañero B el resultado de la ruleta (por ejemplo: trapecio). Recuerde a los estudiantes que los bloques rojos son trapecios. Pida al Compañero A (estudiante) que coloque un trapecio en cualquiera de los 6 hexágonos de la Hoja para formar hexágonos.
- El Compañero B (maestro) hace girar la ruleta y le dice al Compañero A (estudiante) el resultado (por ejemplo: triángulo). Demuestre cómo hablar con el Compañero A y decidir dónde colocar el triángulo dentro del contorno del hexágono. (Ejemplo: Pon el triángulo al lado del trapecio que ya está puesto). Explique que, una vez que ponen un bloque, no lo pueden cambiar de lugar.
- El Compañero A (estudiante) hace girar la ruleta otra vez (por ejemplo: otro trapecio).
- Los compañeros conversan para decidir dónde colocar el trapecio. (Ejemplo: Compañero B: *¿Podemos poner el trapecio en el hexágono con los otros bloques?* Compañero A: *No va a caber.* Compañero B: *¿Dónde lo podemos poner?* Compañero A: *En el hexágono que sigue*).
- El Compañero B (maestro) hace girar la ruleta (por ejemplo: rombo). Los compañeros conversan sobre cuál es el mejor lugar para colocar el rombo. (Ejemplo: Va con el triángulo y el trapecio para formar un hexágono).
- Los compañeros continúan haciendo girar la ruleta por turnos y deciden juntos dónde colocar cada bloque.

Haga preguntas como las siguientes a los estudiantes mientras juegan.

Pregunte:

- (Señale un espacio vacío en un hexágonos de los estudiantes). *¿Qué figura quieren que salga? ¿Por qué?*
- *¿Qué figura creen que cabe aquí? Expliquen sus ideas.*
- *¿Cuántos trapecios cubren un hexágono?*
- *¿Cuántos rombos cubren un hexágono?*

Observe:

- ¿Los estudiantes pueden nombrar las distintas figuras?
- ¿Pueden describir los atributos de las distintas figuras?
- ¿Pueden predecir qué forma llenará un espacio vacío en un hexágono para completarlo?
- ¿Giran una figura para que quepa dentro de un hexágono?

NOTA: *Cuando los estudiantes eligen estrategias juntos para saber dónde colocar cada bloque, fortalecen su capacidad para formar hexágonos. Para adaptar el juego, permita a los estudiantes que corrijan la ubicación de sus bloques. A los estudiantes que les resulte difícil el juego, pídales que formen cada hexágono usando solo un tipo de bloque (ejemplo: 2 trapecios o 3 rombos).*

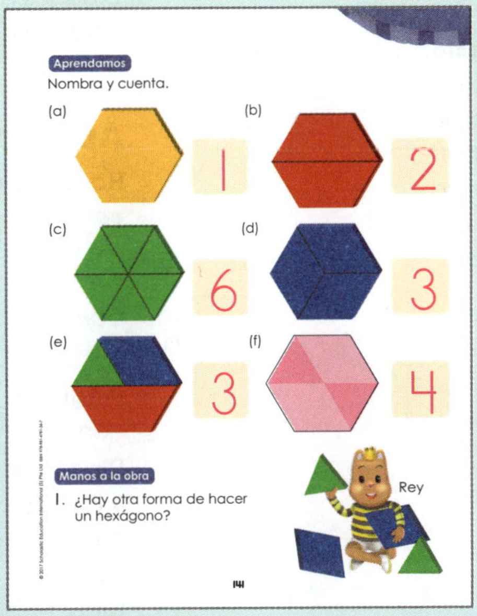

Observa

Aprendamos LE, pág. 141

Pida a los estudiantes que, por turnos, nombren y cuenten los bloques que forman cada hexágono, por ejemplo, 2 trapecios en la tarea (b). Si los estudiantes tienen problemas para pronunciar 'trapecio' y 'rombo', pueden hallar y sostener en alto el **bloque** correspondiente.

Observa

Manos a la obra LE, pág. 141

Pregunte: *¿Hay otra forma de hacer un hexágono con las figuras que tiene Rey? ¿Pueden hacer un hexágono con 2 triángulos y 2 rombos?* Pida a los estudiantes que completen la tarea usando **bloques de patrones**.

Reforzar conceptos

Guíe a los estudiantes colocando un **rombo** y un **triángulo** juntos y recuérdeles que solamente pueden usar esas 2 figuras. Si necesitan una mayor orientación, añada un triángulo invertido debajo del rombo.

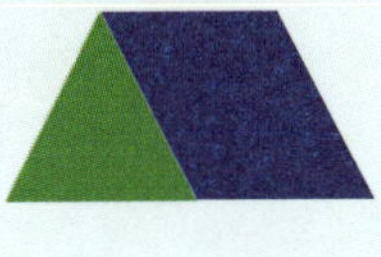

Actividad diaria de conclusión

Pida a los estudiantes que compartan las distintas maneras en que usaron los bloques de patrones durante el juego 'Formar hexágonos'. Refuerce el vocabulario de los nombres de las figuras mientras los estudiantes caminan por el salón de clases para observar los hexágonos de sus compañeros en las **Hojas para formar hexágonos**.

16

Objetivo:

- Usar figuras planas para crear figuras que se encuentran comúnmente en el entorno

Materiales:

- frasco grande o bolsa de papel
- números del 0 al 5 en pequeños pedazos de cartulina, 3 conjuntos
- hojas grandes de papel
- bolsas de bloques de patrones (sin los rombos beige pequeños), 1 bolsa por pareja
- bolsas de 6 bloques de patrones de triángulos, 1 bolsa por pareja
- bolsas de bloques de patrones (sin los rombos beige pequeños), 1 bolsa por pareja

Recursos:

- LE, págs. 142–143

Vocabulario:

- triángulo
- cuadrado
- hexágono
- trapecio
- rombo
- plano

Actividad diaria de preparación

Objetivo: Comparar números hasta el 5

Presente la rutina del Frasco de comparaciones. En esta rutina, los estudiantes comparan dos números del 0 al 5. Coloque varias copias de cada número en un **frasco**, para aumentar la posibilidad de que los estudiantes comparen números idénticos usando 'igual a'. Los estudiantes eligen dos **tarjetas** al azar del **frasco** (o de la **bolsa de papel**) e identifican los números elegidos (por ejemplo: 4 y 3). Pida a las parejas que conversen para decidir qué número es mayor que el otro. También puede pedir a los estudiantes que identifiquen el número menor.

Diga: *Los números son 4 y 3. ¿Qué número es mayor que el otro? Conversen con un compañero sobre cómo saben que tienen razón.* (Ejemplo: 4 es mayor que 3 porque el 4 se dice después del 3 cuando contamos).

Prepare una **hoja grande de papel** con el título 'Frasco de comparaciones'. Anote el resultado como 'Nuestros números son 4 y 3. 4 es mayor que 3.' Pida a los estudiantes que elijan 2 números más del frasco para comparar, y repita la actividad durante el tiempo disponible (5 minutos).

Repaso rápido

Repase el rombo y el trapecio.

Pida a los estudiante que trabajen individualmente con **bloques de patrones** para formar un hexágono. Si el tiempo lo permite, pueden formar otro con bloques diferentes. Los estudiantes pueden consultar la pág. 141 del LE como ayuda.

Aprender y hacer

Hacer dibujos con bloques de patrones

Laboratorio de matemáticas

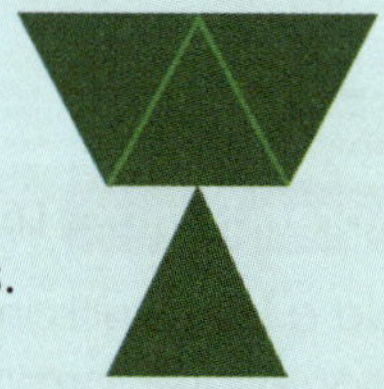

Dé una bolsa de **bloques de patrones** de triángulos a cada pareja.

Muestre a los estudiantes un 'árbol' formado por 4 triángulos.

Pregunte: *¿Qué notan en esta figura?* (Ejemplo: Está hecha con 4 triángulos. Parece un árbol).

Diga: *Hice un dibujo de un árbol. Formo este árbol con 4 triángulos.*

Diga: *Ahora formen un objeto distinto usando 4 triángulos.*

Pida a los estudiantes que muestren y describan sus objetos.

Diga: *Hagan un dibujo o un objeto usando 6 triángulos. Conversen con un compañero sobre los objetos que pueden hacer, como los que hay en sus casas, afuera o en nuestro salón de clases.*

Ayude a los estudiantes mientras conversan y crean sus diseños. Anímelos a describir cómo hicieron sus diseños y pídales que compartan sus diseños con la clase (por ejemplo: recorriendo el salón de clases para ver los diseños).

Observa

Aprendamos LE, pág. 142

Presente los ejemplos y converse con los estudiantes acerca de qué puede ser cada dibujo. Acepte todas las respuestas razonables. Ayude a los estudiantes con la ortografía de sus respuestas mientras las escriben.

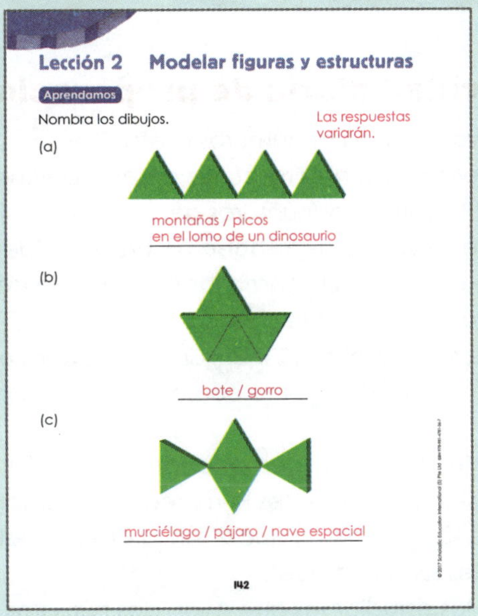
Lección 2 Modelar figuras y estructuras

Aprendamos

Nombra los dibujos. Las respuestas variarán.

(a) montañas / picos en el lomo de un dinosaurio

(b) bote / gorro

(c) murciélago / pájaro / nave espacial

142

Manos a la obra

1. Haz tu propia figura. Las respuestas variarán.

143

Observa

Manos a la obra

LE, pág. 143

Pida a los estudiantes que vayan a la pág. 143 del LE.

Diga: *Podemos hacer muchos otros dibujos con las figuras.*

Pregunte: *¿Qué ven?* (pájaro/avión/flor/tortuga)

Pida a los estudiantes que trabajen en parejas y usen **bloques de patrones** para hacer las figuras de la ilustración, luego deberán hacer individualmente otra figura para agregar a la escena. Puede ser un animal, una planta, un objeto o una persona. Proporcione ayuda e ideas si es necesario.

Reforzar conceptos

Diga a los estudiantes que vayan a la pág. 142 del LE y copien un ejemplo o prueben con una versión simplificada de los ejemplos.

Actividad diaria de conclusión

Pida a los estudiantes que compartan los dibujos que crearon con **bloques de patrones**.

 ISBN 978-981-4822-03-9

Lección 2: Modelar figuras y estructuras

DÍA 1 DÍA 2

Objetivos:

- Usar figuras planas para crear figuras que se encuentran comúnmente en el entorno
- Usar bloques para construir estructuras y comparar dos estructuras usando vocabulario comparativo

Materiales:

- números del 0 al 5 en pequeños pedazos de cartulina, 3 conjuntos
- frasco grande o bolsa de papel
- geoplanos, 1 por estudiante
- bandas elásticas, 1 por estudiante
- papel de construcción (del mismo color), 2 hojas
- figuras sólidas, varios conjuntos
- crayones/marcadores, 1 conjunto por mesa
- conjuntos de varias figuras de papel de colores (cuadrados, rectángulos, círculos, hexágonos y triángulos), 1 conjunto de tamaños y colores diferentes por mesa
- reglas, 1 por pareja
- bloques de patrones (sin los pequeños rombos beige), 1 bolsa por estudiante

Recursos:

- LE, págs. 144–145

Vocabulario:

- triángulo
- cuadrado
- hexágono
- trapecio
- rombo
- plano

Actividad diaria de preparación

Objetivo: Comparar números hasta 5

Repase la rutina del Frasco de comparaciones. Luego pida a los estudiantes que comparen dos números del 0 al 5. Los estudiantes eligen dos **tarjetas** al azar del **frasco** (o de la **bolsa de papel**) e identifican los números elegidos (por ejemplo: 2 y 2). Pida a las parejas que conversen para decidir qué número es menor que otro.

Diga: *Los números son 2 y 2. ¿Qué número es menor que el otro? Conversen con un compañero sobre cómo saben que tienen razón.* (Ejemplo: ¡2 es igual a 2!)

Pregunte: *¿Cómo podemos anotar esto?* (Ejemplo: 2 es igual a 2). Recuerde a los estudiantes que 'es lo mismo que' también puede significar 'es igual a'. Escriba '2 es lo mismo que 2' en la gráfica del día anterior. Escriba 'es igual a' sobre 'es lo mismo que'.

Pida a los estudiantes que elijan dos números más del frasco para comparar, y repita la actividad durante el tiempo disponible (5 minutos).

Repaso rápido

Dé los **geoplanos** y las **bandas elásticas** a los estudiantes. Explique que podrán hacer cuadrados, rectángulos y triángulos para crear un objeto (por ejemplo: uno que haya en casa, afuera, en la escuela, en el salón de clase) en sus geoplanos. Pídales que lleven la figura del geoplano a un área central.

Diga: *Describan el objeto que harán y las figuras que usarán para formarlo.* (Ejemplo: un árbol con un triángulo y un tronco con un rectángulo/una casa con un triángulo para el techo, un cuadrado para la base y rectángulos para las ventanas)

> ***NOTA:*** *Es posible que los estudiantes usen distintos tipos de combinaciones de 3 figuras, o quizá usen solo un tipo de figura. Cuando los estudiantes compartan, giren los geoplanos para que los estudiantes puedan ver los cuadrados, rectángulos y triángulos en distintas orientaciones. Refuerce los atributos que definen las figuras (cantidad de lados y esquinas).*

Aprender y hacer

Observa

Aprendamos **LE, pág. 144**

Pida a los estudiantes que vayan a la pág. 144 del LE.

Diga: *Este es un dibujo formado por muchas de las figuras que aprendimos.*

Juntos en clase, nombren los objetos (Ejemplo: árbol, casa, tractor, sol) y todas las figuras. (círculo, hexágono, triángulo, cuadrado, rectángulo)

Hacer torres con figuras sólidas

Laboratorio de matemáticas

Antes de la lección, dibuje y corte un círculo grande en una hoja de **papel de construcción**. Este círculo y la hoja rectangular restante de papel de construcción formarán el Tablero para construir torres.

Presente el juego de apilar usando las **figuras sólidas**. Muestre a los estudiantes el Tablero para construir torres.

> ***NOTA:*** *El juego de apilar anima a los estudiantes a investigar y predecir los resultados de colocar figuras sólidas juntas. Aunque las esferas y los conos no se apilan bien, pueden ser colocadas en la parte superior de una pila.*

Pregunte: *¿Qué figuras hay en el tablero?* (rectángulo y círculo)

Diga: *Trabajaremos juntos para hacer una torre en cada tablero. Por turnos, elegiremos una figura sólida para apilar una arriba de otra hasta hacer 2 torres. Una torre se llamará la Torre del rectángulo y la otra será la Torre del círculo.*

Explique que, si un estudiante coloca una figura sólida que provoca el derrumbe de la torre, los demás estudiantes dirán '¡Uy!'. Retirarán las figuras sólidas del tablero y comenzarán a hacer una nueva torre.

Mientras los estudiantes eligen y apilan por turnos las figuras sólidas en cada torre, haga preguntas como las siguientes:

- *¿Qué torre es más alta/más baja/más ancha/más estrecha ahora?*
- *¿Qué figuras sólidas se pueden apilar bien? Expliquen sus ideas.*
- *¿Qué figuras sólidas hacen caer otras figuras? ¿Por qué creen que es?*
- *¿Cuántas figuras sólidas hay en esta torre?*
- *¿Hay menos figuras sólidas en la torre más baja?*
- *¿Por qué creen que la torre más baja tiene una mayor cantidad de figuras sólidas?*

En varios momentos durante la actividad, detenga el juego y anime a los estudiantes a describir la cantidad de bloques de sus torres con 'mayor que', 'menor/menos que' o 'igual a'.

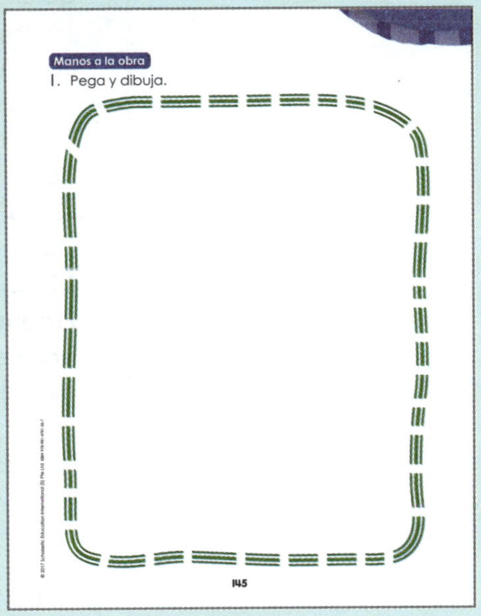

Manos a la obra

LE, pág. 145

Los estudiantes usan **crayones** o **marcadores** y trazan el contorno de los bloques de patrones para crear sus propios dibujos o las **figuras de papel de colores**, o usan ambos. Pueden usar una **regla** para dibujar. Los estudiantes pueden crear una escena o varios dibujos independientes.

Pida a los estudiantes que trabajen individualmente para construir una estructura con **figuras sólidas**. Luego, pídales que conversen con un compañero sobre las figuras que usaron y que comparen la cantidad de bloques que usaron.

Reforzar conceptos

Diga a los estudiantes que vayan a la pág. 144 del LE y copien un ejemplo o prueben con una versión simplificada de la escena o de los componentes.

Actividad diaria de conclusión

Pida a los estudiantes que compartan sus dibujos de los objetos del mundo real con formas planas. Refuerce el vocabulario de los nombres de las figuras y de los atributos que definen cada figura plana (cantidad de lados, esquinas y tamaño).

Ejercicios del capítulo y actividades para los Centros de intereses

DÍA 1

Objetivo:

- Usar figuras planas para crear figuras que se encuentran comúnmente en el entorno

Materiales:

- papel de dibujo, 1 hoja por estudiante

Recursos:

- LE, pág. 146

Ejercicios del capítulo

LE, pág. 146

Pida a los estudiantes que miren el dibujo de la pág. 146 del LE.
Haga preguntas a los estudiantes para alentarlos animarlos a conversar.

Pregunte:

- *¿De qué es este dibujo?* (Bela y Rey crean objetos, un ratón y un tren)

Dé unos minutos a los estudiantes para que vean la imagen y observen todas las figuras planas que hay.

Pregunte: *¿Con qué figuras está hecho el ratón? Díganme también de qué color y de qué tamaño son las figuras.* (Ejemplo: Las orejas son círculos grises. Son más pequeñas que el cuerpo. El cuerpo está hecho con un círculo gris grande. La cara es un hexágono de color rosa).

Repita las preguntas con el tren para repasar los nombres, los colores y los tamaños de las figuras.

Dé una hoja de **papel de dibujo** a cada estudiante.

Diga: *A Bela y Rey les sobró papel de colores e hicieron un cuadrado.*

Pregunte: *¿Qué dibujo pueden formar con este cuadrado para el ratón o para el tren? Coloreen y agreguen más figuras al cuadrado para formar un dibujo.* (Ejemplo: una casa con un triángulo para el techo para que el ratón corra y se esconda/una loncha amarilla de queso para que coma el ratón/una caja para guardar el tren)

Objetivo:

- Usar bloques para construir estructuras y comparar dos estructuras usando vocabulario comparativo (por ejemplo: 'más alto/ más bajo', 'más ancho/ más estrecho', 'mayor que', 'menos/menor que', 'igual a')

Materiales:

- conjuntos de figuras sólidas (3 cubos, 2 conos, 2 esferas y 3 cilindros, cilindros más altos que los cubos), 1 conjunto por pareja

Recursos:

- LE, pág. 147

Actividad 1 **LE, pág. 147**

Pida a los estudiantes que sigan el texto mientras usted lee las preguntas y los globos de diálogo. Pida a los estudiantes que primero PIENSEN si Rey o Bela tiene razón y por qué piensan eso. Luego, pida a los estudiantes que CONVERSEN con un compañero y comenten sus ideas.

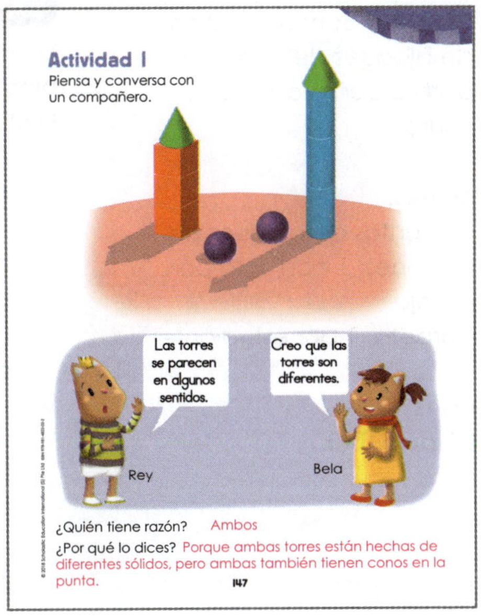

Diga: *Conversaron con un compañero sobre cuál de los gatos tiene razón. ¿Qué creen ustedes?* (Ejemplo: Los dos gatos tienen razón. Las 2 torres son diferentes porque hay figuras sólidas diferentes en cada torre. Las 2 torres se parecen porque ambas tienen un cono arriba).

Diga: *Algunos de ustedes piensan que las torres se parecen y otros piensan que son diferentes. CONVERSEN con su compañero otra vez para pensar en una manera de demostrar que tienen razón.*

Dé a cada pareja un conjunto de **figuras sólidas**. Explique que son para construir las torres del dibujo, y así podrán decidir si las torres son parecidas o diferentes.

Pregunte: *¿Creen que tanto Rey como Bela pueden tener razón? ¿Las torres son parecidas y diferentes?*

Dé tiempo a las parejas para construir las estructuras y conversar entre ellos sobre si las torres son parecidas y diferentes. Pida a las parejas que expliquen sus ideas.

Las torres tienen los siguientes parecidos y diferencias.

- Parecidos: Ambas torres tienen conos arriba./Ambas se construyeron con 4 figuras sólidas./Todas las figuras tienen al menos una cara plana (lado)./ No se usaron esferas en ninguna de las torres.
- Diferencias: Una torre se construyó con 3 cubos y la otra con 3 cilindros./ La torre construida con cilindros es más alta.

A medida que las parejas comparten sus explicaciones, refuerce el vocabulario comparativo 'más alta que', 'más baja que' e 'igual a' (cuando los estudiantes comparen la cantidad de figuras sólidas de cada torre).

Pida a los estudiantes que expliquen por qué no se usaron esferas en la construcción de las torres.

 ISBN 978-981-4822-03-9

Objetivo:

- Usar una cantidad dada de bloques de patrones para crear una nueva figura

Materiales:

- conjuntos de bloques de patrones, 1 conjunto por pareja
- carpeta, 1 por estudiante

Recursos:

- LE, pág. 148

Actividad 2 LE, pág. 148

Dé a los estudiantes un conjunto de **bloques de patrones** y una **carpeta**.

Explique cómo realizar la actividad:

- Cada estudiante usa 8 bloques de patrones para hacer un dibujo simple en la mitad superior de la página. El dibujo puede ser una figura geométrica, un diseño o un objeto cotidiano. Los compañeros tapan a la página del Libro del estudiante con las carpetas para ocultar sus dibujos. Luego, quitan las carpetas cuando terminan los dibujos.
- Cada compañero copia el dibujo de su compañero con los bloques de patrones, en la parte inferior de la página de su Libro del estudiante.
- Los compañeros comparan y comprueban que sus dibujos se hayan copiado correctamente.

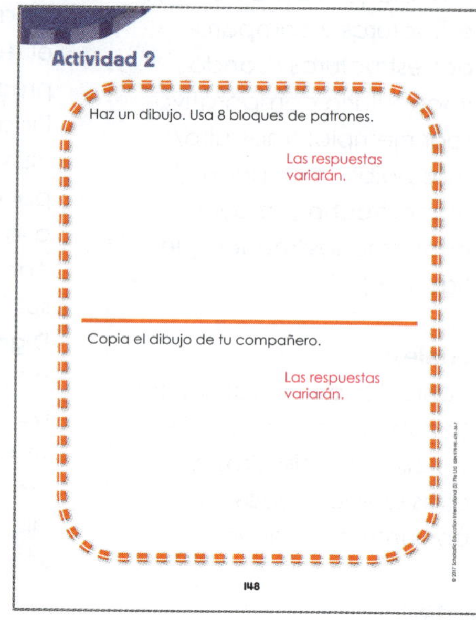

***NOTA:** Pida a los estudiantes que guarden sus trabajos de la segunda mitad de la página para compartirlos durante la Actividad de conclusión del capítulo.*

 ISBN 978-981-4822-03-9

Objetivo:

- Usar distintos tipos de bloques de patrones para formar un hexágono regular

Materiales:

- bolsas de bloques de patrones, 1 bolsa por estudiante

Recursos:

- LE, pág. 149

Actividad 3 LE, pág. 149

Explique a los estudiantes que deben unir con una línea el bloque que falta para formar un hexágono. Los estudiantes dibujan líneas desde cada hexágono incompleto hasta la figura del bloque que lo completa. Pueden usar **bloques de patrones** para formar primero los hexágonos incompletos y decidir cuál es el que falta para completarlo.

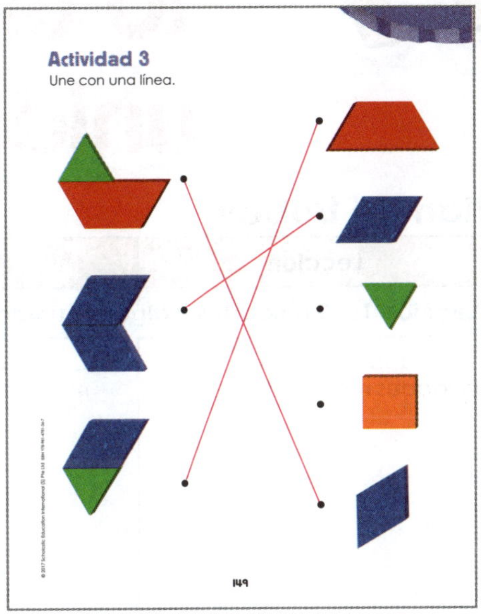

Actividad de conclusión del capítulo

Pida a los estudiantes que conversen sobre lo que aprendieron en el capítulo.

Pregunte: *¿Qué figuras sólidas son buenas para construir? Expliquen sus ideas.* (Ejemplo: Los cubos y los cilindros son buenos porque pueden apilarse y llegar a cierta altura./Un cono solo se puede poner arriba porque no se puede poner otro bloque en la punta./¡Las esferas no se pueden usar porque ruedan!)

Pregunte: *¿De qué maneras podemos formar un hexágono con bloques de patrones?* (Ejemplo: La mejor manera es con los 2 bloques rojos./Se puede formar un hexágono solo con triángulos. Se necesitan 6 triángulos en total./Se pueden mezclar los bloques y usar un bloque rojo, un bloque azul y un triángulo).

Pida a los estudiantes que compartan las distintas maneras en que usaron los bloques de patrones para hacer un dibujo simple que su compañero copió. Pida a los estudiantes que recorran el salón de clase para ver los dibujos de cada pareja.

» Resolución de problemas (1 día)

Consulte los Recursos para Resolución de problemas, donde encontrará materiales y notas para la enseñanza.

16

17 10 unidades y algunas unidades más

Plan de trabajo

Lección	Objetivos
Lección 1: 10 unidades y algunas unidades más (10–14)	
10 unidades y algunas unidades más (10–14)	• Componer números del 10 al 14 para representarlos como 10 unidades y algunas unidades más usando objetos y dibujos
Representar del 10 al 14 como 10 unidades y algunas unidades más	• Descomponer números del 10 al 14 para representarlos como 10 unidades y algunas unidades más usando objetos y dibujos
Lección 2: 10 unidades y algunas unidades más (15–19)	
10 unidades y algunas unidades más (15–19)	• Componer números del 10 al 19 para representarlos como 10 unidades y algunas unidades más usando objetos y dibujos
Representar del 15 al 19 como 10 unidades y algunas unidades más	• Descomponer números del 10 al 19 para representarlos como 10 unidades y algunas unidades más usando objetos y dibujos
Ejercicios del capítulo y actividades para los Centros de intereses	
Ejercicios del capítulo	• Componer y descomponer números del 10 al 19 para representarlos como 10 unidades y algunas unidades más
Actividad 1	
Actividad 2	
Actividad 3	
Resolución de problemas	

Duración total: 6 días (1 día = 1 hora)

Materiales	Recursos	Vocabulario
		2 días
• bolsas de quince fichas de 2 colores, 1 bolsa por estudiante • hojas grandes de papel, 2 hojas	• LE, págs. 150–153 • Tarjetas de números del 10 al 14 (RM 17.1), 1 conjunto por estudiante • Cuadros de 10 (RM 17.2), 1 por estudiante • Hoja de registro de 10 unidades y algunas unidades más (RM 17.3), 1 por estudiante • Recortables para formar del 11 al 14 (RM 17.4), 1 conjunto por estudiante	• unidades
• frasco • hojas grandes de papel, 2 hojas • cubos interconectables, 15 por pareja	• LE, págs. 154–155 • Tarjetas de números del 1 al 4 (RM 14.1), 1 conjunto por pareja • Tarjetas de 10 unidades y algunas unidades más del 11 al 14 (RM 17.5), 1 conjunto por estudiante	• unidades
		2 días
• frasco • hojas grandes de papel, 3 hojas • 10 cubos interconectables amarillos, 4 barras • barras de 1, 2, 3 y 4 cubos interconectables verdes cada una, 1 bolsa • bolsas de veinte fichas de 2 colores, 1 bolsa por pareja	• LE, págs. 156–158 • Cuadros de 10 (RM 17.2), 1 por pareja • Tarjetas de números del 15 al 19 (RM 17.6), 1 conjunto por pareja • Hoja de registro de 10 unidades y algunas unidades más (RM 17.3), 1 por estudiante	• unidades
• frasco • hojas grandes de papel, 3 hojas • cubos interconectables, 20 por pareja	• LE, págs. 159–161 • Tarjetas de números del 11 al 19 (RM 17.1 y 17.6), 1 conjunto por pareja • Tarjetas de 10 unidades y algunas unidades más del 10 al 19 (RM 17.7), 1 conjunto por estudiante	• unidades
		1 día
• hojas grandes de papel	• LE, pág. 162	
	• LE, pág. 163	
• bolsas de 20 cubos interconectables, 1 bolsa por pareja	• LE, pág. 164 • Tarjetas de números del 10 al 19 (RM 17.1 y 17.6), 1 conjunto por pareja • Cuadros de 10 (RM 17.2), 1 por pareja	
	• LE, págs. 165–166	
		1 día
	• Resolución de problemas: Superlibro 17 y Libro de lectura 17 • Resolución de problemas: Guía del profesor	

17

17 10 unidades y algunas unidades más

Presentación del capítulo

Introducción

En este capítulo, los estudiantes exploran y comienzan a desarrollar una comprensión fundamental del valor posicional que es crucial para el trabajo de los estudiantes con los conceptos de valor posicional en el Grado 1 y más adelante. Usan objetos, dibujos y números para representar números de 2 dígitos como 10 unidades y algunas unidades más.

Lección 1: 10 unidades y algunas unidades más (10–14)

DÍA 1 DÍA 2

Objetivo:

- Componer números del 10 al 14 para representarlos como 10 unidades y algunas unidades más usando objetos y dibujos

Materiales:

- bolsas de quince fichas de 2 colores, 1 bolsa por estudiante
- hojas grandes de papel, 2 hojas

Recursos:

- LE, págs. 150–153
- Tarjetas de números del 10 al 14 (RM 17.1), 1 conjunto por estudiante
- Cuadros de 10 (RM 17.2), 1 por estudiante
- Hoja de registro de 10 unidades y algunas unidades más (RM 17.3), 1 por estudiante
- Recortables para formar del 11 al 14 (RM 17.4), 1 conjunto por estudiante

Vocabulario:

- unidades

Actividad diaria de preparación

Objetivo: Contar de 1 en 1 hasta 100

Pida a los estudiantes que cuenten desde un número dado que no sea 1 (por ejemplo, 81) hasta 100. Cuando digan la decena del 90 deben saltar. Cuando los estudiantes digan 100, pídales que den un giro una vez. Luego, pídales que cuenten desde un número diferente (por ejemplo, 64) y repita el procedimiento. Continúe mientras el tiempo lo permita (5 minutos).

Repaso de conocimientos previos

Repasemos **LE, pág. 150**

Pida a los estudiantes que miren el dibujo de la pág. 150 del LE y que cuenten cada grupo de objetos. Luego, pídales que escriban el número que represente cuántos objetos hay en cada grupo.

Aprender y hacer

10 unidades y algunas unidades más (10–14)

Laboratorio de matemáticas

Dé a cada estudiante un conjunto de **Tarjetas de números del 10 al 14 (RM 17.1)**, una bolsa de quince **fichas de 2 colores** y un **cuadro de 10 (RM 17.2)**. Muestre a los estudiantes un cuadro de 10.

> ***NOTA:*** *Los estudiantes deben colocar las fichas en la hilera de arriba de izquierda a derecha. Tener la Tarjeta de números cerca del cuadro de 10 relaciona la representación visual y abstracta de una cantidad.*

Pregunte: *¿Cuántas casillas hay en un cuadro de 10?* (10) *¿Para qué podemos usar un cuadro de 10?* (Ejemplo: Nos ayuda a contar).

Diga: *Completen su cuadro de 10 con fichas y hallen la Tarjeta de números que muestre cuántas fichas hay en su cuadro de 10. Colóquenla junto al cuadro.* Observe si los estudiantes eligen la tarjeta de números correcta. Recuérdeles que 10 se escribe con dos dígitos, un '1' y un '0'. Escriba el número 10 en una **hoja grande de papel**. Pídales que coloquen las fichas de vuelta en sus bolsas. Pida que cuenten 11 fichas de sus bolsas usando su cuadro de 10. Observe si intentan colocar las 11 fichas en su cuadro de 10 o si colocan la ficha 11 fuera del cuadro. Pídales que hallen la tarjeta de números que muestre la cantidad de fichas que tienen.

Pregunte: *¿Cómo mostraron 11 fichas en su cuadro de 10?* (Ejemplo: Solo entran 10 fichas. Puse la otra ficha junto a mi cuadro de 10). Dibuje un cuadro de 10 lleno de fichas. Dibuje la ficha adicional junto a él.

Diga: *10 fichas* (encierre en un círculo el cuadro de 10 completo) *y una ficha más fuera del cuadro* (señale la ficha adicional) *forman 11 fichas.*

Pida a los estudiantes que señalen sus cuadros de 10 completos y la ficha adicional que tienen.

Diga: *Cuando contamos las fichas, estamos contando de 1 en 1. 10 unidades y 1 unidad más es 11.*

Repita con las cantidades 12, 13 y 14. Cuando los estudiantes hayan representado cada cantidad en sus cuadros, **pregunte:**

- *¿Cuántas fichas adicionales había esta vez?* (Ejemplo: 3)
- *¿Cuánto más que 10 es 13?* (3) *¿Cómo lo saben?* (Ejemplo: Hay 10 fichas en el cuadro de 10 y 3 fichas fuera, así que 10 y 3 más es 13).

> ***NOTA:*** *Los nombres de los números 11, 12, 13, 14 y 15 pueden ser difíciles ya que no terminan con el nombre de los números uno, dos, tres, cuatro y cinco.*

Dé a cada estudiante una **Hoja de registro de 10 unidades y algunas unidades más (RM 17.3)**. Pídales que escriban sus resultados en los cuadros de 10 y completen la oración '10 unidades y ______ unidades más es ______'.

Observe:

- ¿Los estudiantes entienden que un cuadro de 10 completo representa la cantidad de 10?
- ¿Se dan cuenta de que cada número subsiguiente tiene 1 'unidad' más?
- ¿Notan una similitud entre el número y la cantidad de fichas que están fuera del cuadro de 10 (por ejemplo, 3 en el número 13 y 3 fichas fuera del cuadro de 10)?

Observa

Aprendamos **LE, pág. 151**

Lea el globo de diálogo de Papá en la pág. 151 del LE.

Pregunte: *¿Cuántos globos están atados juntos?* (10) *¿Cuántos globos más hay?* (2)

Siga contando 2 más desde 10.

Diga: *10 unidades y 2 unidades más es 12.* Repita con los otros grupos del dibujo. Para cada grupo, pídales que identifiquen el grupo de 10 primero.

Manos a la obra

LE, págs. 152–153

En la tarea 1 se practica representar números del 11 al 14 como un grupo de 10 unidades y algunas unidades más. Dé a cada estudiante un conjunto de **Recortables para formar del 11 al 14 (RM 17.4)**. Pídales que los peguen y que cuenten primero los dibujos del principio y luego los que pegaron. Guíelos en el 1(a) primero.

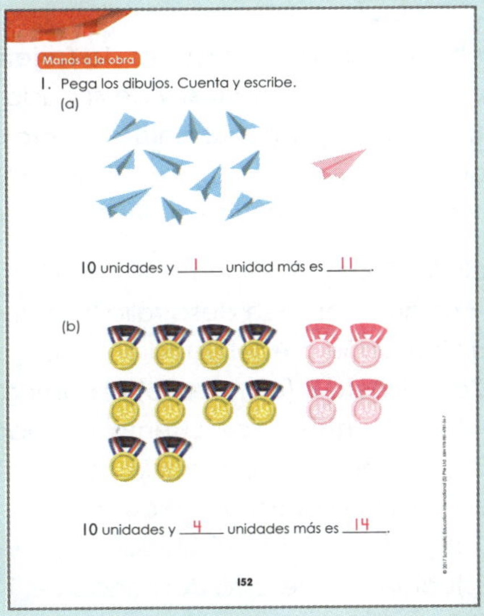

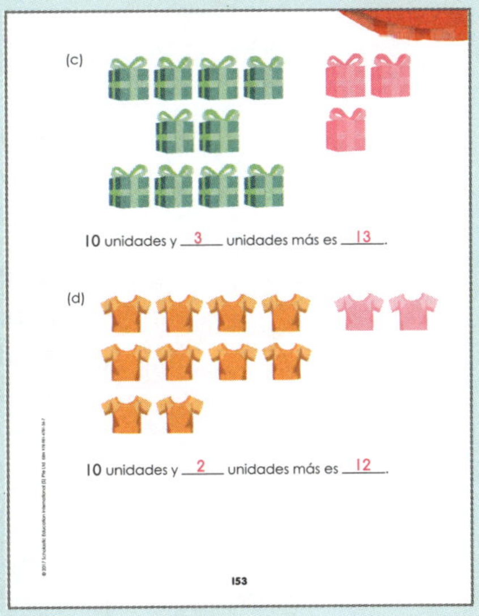

Reforzar conceptos

Complete un **cuadro de 10** con **cubos interconectables**. Pregunte cuántos cubos hay. Coloque 1 cubo más fuera. Pídales que cuenten 1 más a partir de 10.

Diga: *10 unidades y 1 más es 11.* Repita el proceso para el 12, 13 y 14 aumentando la cantidad de cubos.

Actividad diaria de conclusión

Dibuje 10 manzanas en una **hoja grande de papel** y enciérrelas en un círculo. Dibuje 3 manzanas más fuera del círculo.

Pregunte: *¿Cuántas manzanas hay?* (13) *¿Cómo lo saben?* (Ejemplo: Contamos 10 manzanas en el círculo. Luego, contamos 3 más. 10 y 3 más es 13).

Registre el resultado así '10 unidades y ______ unidades más es ______'.

 ISBN 978-981-4822-03-9

Lección 1: 10 unidades y algunas unidades más (10–14)

DÍA 1 DÍA 2

Objetivo:

- Descomponer números del 10 al 14 para representarlos como 10 unidades y algunas unidades más usando objetos y dibujos

Materiales:

- frasco
- hojas grandes de papel, 2 hojas
- cubos interconectables, 15 por pareja

Recursos:

- LE, págs. 154–155
- Tarjetas de números del 1 al 4 (RM 14.1), 1 conjunto por pareja
- Tarjetas de 10 unidades y algunas unidades más del 11 al 14 (RM 17.5), 1 conjunto por estudiante

Vocabulario:

- unidades

Actividad diaria de preparación

Objetivo: Comparar dos números

Repase la rutina de Comparar frascos. Pida a los estudiantes que comparen dos números del 0 al 10. Los estudiantes eligen dos números al azar de un **frasco** e identifican los números elegidos. Pida a las parejas que decidan qué número es menor (por ejemplo, 10 y 5).

Diga: *Los números son 10 y 5. ¿Qué número es menor que el otro? ¿Cómo lo saben? Conversen con su compañero.*

Repita la actividad mientras el tiempo lo permita (5 minutos).

Repaso rápido

Dibuje 4 casillas en una **hoja grande de papel**. Anote lo siguiente en cada casilla.

- 1ª casilla – Escriba '10 unidades y 2 unidades más'.
- 2ª casilla – Dibuje 12 puntos dispersos.
- 3ª casilla – Escriba '12'.
- 4ª casilla – Dibuje 13 puntos en forma de círculo.

Muestre a los estudiantes la hoja grande de papel.

Diga: *¿Qué casilla no pertenece? Digan a su compañero lo que piensan.*

Pida a las parejas que conversen y que luego compartan su razonamiento. (Ejemplo: Esta casilla no pertenece porque tiene 13 puntos. Todas las demás casillas tienen 12).

Aprender y hacer

Representar del 10 al 14 como 10 unidades y algunas unidades más

Laboratorio de matemáticas

Dé a cada pareja un conjunto de **Tarjetas de números del 1 al 4 (RM 14.1)** y 15 **cubos interconectables**, y dé a cada estudiante un conjunto de **Tarjetas de 10 unidades y algunas unidades más del 11 al 14 (RM 17.5)**. Diga a los estudiantes que realizarán la actividad '10 unidades y algunas unidades más'. Pida a un estudiante voluntario que lo ayude a demostrar la actividad.

Mezcle las Tarjetas de números del 11 al 14 y colóquelas boca abajo en una pila. Explique cómo se desarrolla la actividad.

- El Compañero A (el estudiante) elige una tarjeta de números y le dice al Compañero B (el maestro) el número (por ejemplo, 12). El Compañero A (el estudiante) luego cuenta 12 cubos interconectables.
- El Compañero B (el maestro) separa el grupo de 12 cubos formando primero una barra de 10 cubos y, luego, cuenta los cubos que quedan. Luego dice: "12 es 10 unidades y 2 unidades más". Recuerde a los estudiantes que está contando de 1 en 1.
- El Compañero A (el estudiante) luego identifica cuál de las Tarjetas de 10 unidades y algunas unidades más del 11 al 14 representa lo que la pareja contó, por ejemplo, 10 unidades y 2 unidades más. Primero encierra en un círculo el grupo de 10 y escribe' ______ es 10 unidades y ______ unidades más'. en esa tarjeta.
- Los compañeros intercambian roles y repiten el proceso hasta que se usan todas las tarjetas.

Observe:

- ¿Los estudiantes pueden identificar la barra de 10 cubos y los cubos adicionales como 10 unidades y algunas unidades más?
- ¿Los estudiantes pueden leer y registrar el número de 2 dígitos representado por 10 unidades y algunas unidades más?
- ¿Los estudiantes cambian el orden de los dígitos en los números de 2 dígitos (por ejemplo, 41 en lugar de 14)?

NOTA: Los estudiantes deberían reconocer un número de 2 dígitos (del 11 al 19) como 10 unidades y algunas unidades más. Los estudiantes podrían contar una barra de 10 cubos interconectables de 1 en 1 y continuar contando los cubos interconectables adicionales. No se espera que los estudiantes identifiquen el 10 como una unidad de valor posicional hasta el Grado 1.

Cuando los estudiantes hayan terminado la actividad, pídales que miren las afirmaciones que registraron, por ejemplo, '13 es 10 unidades y 3 unidades más'. Comparta con los estudiantes que también pueden registrar esto usando números y símbolos. Demuestre cómo escribir '13 = 10 + 3'. Lea el enunciado numérico a los estudiantes y pídales que lo sigan. Pida a los estudiantes que miren las otras oraciones que registraron. Escríbalas en una **hoja grande de papel** y, para cada una, demuestre cómo representar la oración como un enunciado numérico, por ejemplo, 11 = 10 + 1.

NOTA: Los enunciados numéricos se demuestran a los estudiantes porque no se espera que los escriban.

Observa

Aprendamos LE, pág. 154

Diga a los estudiantes que vayan a la imagen de la pág. 154 del LE. Pida a los estudiantes que cuenten todas las botellas de pintura.

Pregunte: *¿Cuántas botellas de pintura hay sobre la mesa?* (10) *¿Cuántas botellas de pintura hay en el piso?* (1)

Diga: *Hay 11 botellas de pintura. 11 son 10 unidades y 1 más.*

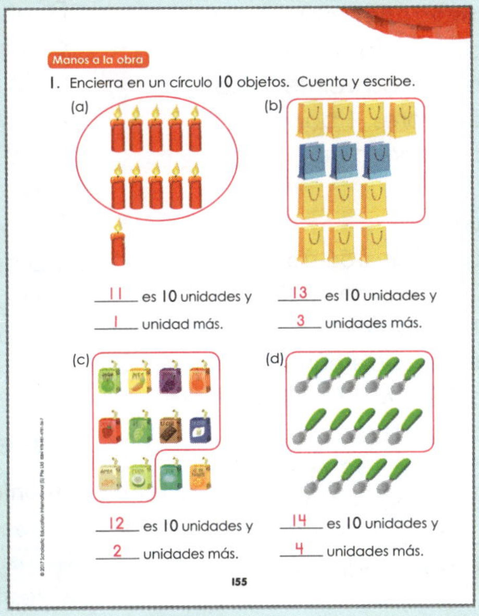

Repita el procedimiento para los carros, los pinceles y las estrellas. Pida a los estudiantes que primero cuenten todo y que luego los agrupen en un conjunto de 10 y más.

Manos a la obra LE, pág. 155

En la tarea 1 se practica separar un conjunto de objetos en 10 objetos y algunos objetos más.

Reforzar conceptos

Cuente 14 **cubos interconectables** junto con la clase.
Pida a un estudiante que cuente 10 cubos y que los conecte en una barra.
Pregunte: *¿Cuántos cubos hay en esta barra?* (10)
Luego, pida a los estudiantes que cuenten los cubos que quedan.
Diga: *Contamos 14 cubos. Colocamos 10 en un grupo y aquí tenemos 4 cubos más. 14 es 10 unidades y 4 unidades más.*
Haga lo mismo para los números 11, 12 y 13.

Actividad diaria de conclusión

Diga: *10 fichas y 2 fichas más. ¿Cuántas fichas hay?*

Pida a los estudiantes que usen dibujos y números para explicar su respuesta. Los estudiantes pueden dibujar 12 fichas y dibujar un círculo alrededor de las 10 fichas. Registre el dibujo así: '______ es ______ unidades y ______ unidades más'.

17

Objetivo:
- Componer números del 10 al 19 para representarlos como 10 unidades y algunas unidades más usando objetos y dibujos

Materiales:
- frasco
- hojas grandes de papel, 3 hojas
- 10 cubos interconectables amarillos, 4 barras
- barras de 1, 2, 3 y 4 cubos interconectables verdes cada una, 1 bolsa
- bolsas de veinte fichas de 2 colores, 1 bolsa por pareja

Recursos:
- LE, págs. 156–158
- Cuadros de 10 (RM 17.2), 1 por pareja
- Tarjetas de números del 15 al 19 (RM 17.6), 1 conjunto por pareja
- Hoja de registro de 10 unidades y algunas unidades más (RM 17.3), 1 por estudiante

Vocabulario:
- unidades

Actividad diaria de preparación

Objetivo: Comparar dos números

Repase la rutina de Comparar frascos. Pida a los estudiantes que comparen dos números del 0 al 15. Los estudiantes eligen dos números al azar de un **frasco** e identifican los números elegidos. Pida a las parejas que decidan qué número es mayor. (ejemplo, 14 y 10)
Diga: *Los números son 14 y 10. ¿Qué número es mayor que el otro? ¿Cómo lo saben? Conversen con su compañero.*
Repita la actividad mientras el tiempo lo permita (5 minutos).

Repaso rápido

En una **hoja grande de papel**, escriba los números 11, 12, 13 y 14 y escriba la oración incompleta : ______ unidades y ______ unidades más es ______.
Dé a un estudiante una barra de 10 **cubos interconectables amarillos.** Luego, pídale que elija al azar una barra de cubos interconectables de la bolsa de **cubos interconectables verdes y** que la conecte a la barra. Luego, pida al estudiante que describa la barra. (Ejemplo: Hay 10 cubos amarillos y 2 cubos verdes más). Pida a otro estudiante que diga el número de 2 dígitos representado en la barra y que identifique ese número en la hoja grande de papel. Luego, pida a los estudiantes que digan qué números se deben escribir en la oración incompleta (por ejemplo, 10 unidades y 2 unidades más es 12 unidades).

Aprender y hacer

10 unidades y algunas unidades más (15–19)

Laboratorio de matemáticas

Muestre a los estudiantes los dos cuadros de 10 juntos en **Cuadros de 10 (17.2)**. Dígales que es un cuadro de 10 doble y pregúnteles qué notan en él. (Ejemplo: Es como dos cuadros de 10. Hay 10 casillas y 10 casillas más).
Pregunte: *Cuando cuentan 14 usando un cuadro de 10, ¿pueden poner todas las fichas en un cuadro de 10?* (Ejemplo: No. Hay demasiadas fichas).
Diga: *Podemos usar un cuadro de 10 doble para ayudarnos a contar números mayores a 10.*
Complete uno de los cuadros de 10 con puntos. Pida a los estudiantes que digan cuántos puntos hay en el cuadro de 10.
Dibuje 5 puntos más en el segundo cuadro de 10. Luego, dibuje un círculo alrededor del cuadro de 10 completo.
Pregunte: *Aquí hay 10 puntos. ¿Cuántos puntos más tenemos?* (5)
Siga contando desde 10 y señale cada punto a medida que cuenta 11, 12, 13, 14, 15. Junto al cuadro de 10 doble, escriba '10 unidades y 5 unidades más es 15'.
Dé a cada pareja un cuadro de 10 doble, una bolsa de veinte **fichas de 2 colores** y un conjunto de **Tarjetas de números del 15 al 19 (RM 17.6).**
Pida a los estudiantes que primero muestren 15 en el cuadro de 10 doble. Pídales que sumen una ficha más al segundo cuadro de 10. Señale el cuadro de 10 que está completo.
Diga: *Tenemos 10 fichas aquí.*
Pregunte: *¿Cuántas fichas más tenemos?* (6 más)
Pida a los estudiantes que sigan contando del 10 al 16.
Diga: *10 unidades y 6 unidades más es 16.*
Pida a los estudiantes que hallen la Tarjeta de números que muestre la cantidad de fichas en el cuadro de 10 doble. Repita el procedimiento con las cantidades de 17, 18 y 19. Cuando hayan representado cada cantidad

en sus cuadros de 10 dobles, ilustre cada cantidad en una **hoja grande de papel** y demuestre cómo escribir los resultados así: '10 unidades y ______ unidades más es ______'.

Pregunte:

- *¿Cuántas fichas adicionales había esta vez?* (Ejemplo: 8)
- *¿Cuánto más que 10 es 18?* (8) *¿Cómo lo saben?* (Ejemplo: Hay 10 en el cuadro de 10 de arriba y tenemos 8 fichas más en el cuadro de 10 de abajo. 10 unidades y 8 unidades más es 18).

> ***NOTA:*** *Los nombres de los números 16, 17, 18 y 19 son fáciles de reconocer para los estudiantes porque terminan con los nombres de los números seis, siete, ocho y nueve.*

Dé a cada estudiante una **Hoja de registro de 10 unidades y algunas unidades más (RM 17.3)** y pídales que registren sus resultados en los cuadros de 10 y que completen la oración '10 unidades y ______ unidades más es ______'.

Observe:

- ¿Los estudiantes comprenden que un cuadro de 10 completo representa una cantidad de 10?
- ¿Notan que cada número subsiguiente tiene 1 'unidad' más?
- ¿Notan una similitud entre el número y la cantidad de fichas del cuadro de 10 de abajo (ejemplo, 7 en el número 17 y 7 fichas en el cuadro de 10 de abajo)?

Observa

Aprendamos **LE, pág. 156**

Diga a los estudiantes que vayan a la imagen de la pág. 156 del LE.

Pregunte: *¿Cuántas flores hay en el árbol?* (10) *¿Cuántas flores hay en el suelo?* (5)

Pida a los estudiantes que sigan contando desde el 10 y que cuenten las flores que están en el suelo.

Diga: *Hay 10 flores y 5 flores más. 10 flores y 5 flores más forman 15 flores.*

Repita con los vasos, las fresas, las hormigas y las nueces. Pídales que primero cuenten 10 objetos y que luego cuenten los objetos adicionales.

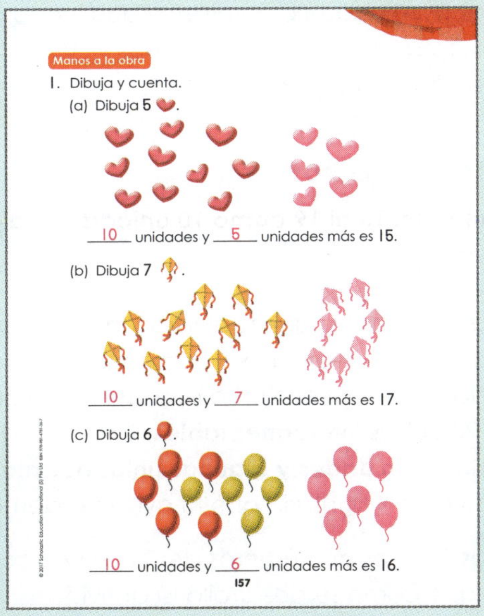

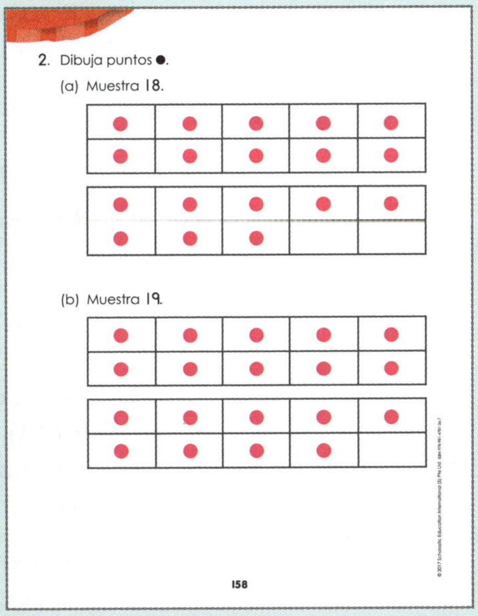

Manos a la obra

LE, págs. 157–158

En la tarea 1 se practica representar números del 15 al 19 como un grupo de 10 unidades y algunas unidades más dibujando los objetos adicionales y contando a partir del 10.

En la tarea 2 se practica representar un número entre el 15 y el 19 en un cuadro de 10 doble.

Reforzar conceptos

Complete el cuadro de 10 de arriba en un **Cuadro de 10 doble** con **cubos interconectables**. Pida a los estudiantes que digan cuántos cubos hay en el cuadro de 10. Coloque 5 cubos más en el otro cuadro. Pídales que cuenten todo y que luego sigan contando del 10 al 15.

Diga: *10 unidades y 5 unidades más es 15.*

Coloque 1 cubo más en el segundo cuadro de 10. Pida a los estudiantes que primero cuenten el cuadro de 10 completo y que luego sigan contando del 10 al 16. Repita la estructura '10 unidades y ______ unidades más es ______'. Haga lo mismo para el 17 al 19.

Actividad diaria de conclusión

Dibuje 10 corazones en una **hoja grande de papel** y enciérrelos en un círculo. Dibuje 7 corazones más fuera del círculo.

Pregunte: *¿Cuántos corazones hay?* (17)

¿Cómo lo saben? (Ejemplo: Contamos 10 corazones en el círculo. Luego, contamos 7 más. 10 y 7 más es 17).

Dibuje otro ejemplo. Luego, registre el resultado así: '10 y ______ unidades más es ______'.

Objetivo:
- Descomponer números del 10 al 19 para representarlos como 10 unidades y algunas unidades más usando objetos y dibujos

Materiales:
- frasco
- hojas grandes de papel, 3 hojas
- cubos interconectables, 20 por pareja

Recursos:
- LE, págs. 159–161
- Tarjetas de números del 11 al 19 (RM 17.1 y 17.6), 1 conjunto por pareja
- Tarjetas de 10 unidades y algunas unidades más del 10 al 19 (RM 17.7), 1 conjunto por estudiante

Vocabulario:
- unidades

Actividad diaria de preparación

Objetivo: Comparar dos números

Repase la rutina de Comparar frascos. Pida a los estudiantes que comparen dos números del 0 al 20. Los estudiantes eligen dos números al azar de un **frasco** e identifican los números elegidos. Pida a las parejas que decidan qué número es mayor. (ejemplo, 19 y 13)
Diga: *Los números son 19 y 13. ¿Qué número es mayor que el otro? ¿Cómo lo saben? Conversen con su compañero.*
Repita la actividad mientras el tiempo lo permita (5 minutos).

Repaso rápido

Dibuje 4 casillas en una **hoja grande de papel**. Escriba lo siguiente en cada casilla.
- 1ª casilla – Escriba '10 unidades y 8 unidades más'.
- 2ª casilla – Dibuje 17 corazones ordenados de forma dispersa y encierre en un círculo 10 corazones.
- 3ª casilla – Dibuje 18 puntos en un cuadro de 10 doble.
- 4ª casilla – Dibuje 18 cruces en una matriz de 6 x 3.

Muestre a los estudiantes la hoja grande de papel.
Diga: *¿Qué casilla no pertenece? Digan a su compañero lo que piensan.*
Pida a las parejas que conversen y que luego compartan su razonamiento. (Ejemplo: Esta casilla no pertenece porque tiene 17 corazones. Todas las demás casillas tienen 18).

Aprender y hacer

Representar del 15 al 19 como 10 unidades y algunas unidades más

Laboratorio de matemáticas

Diga a los estudiantes que realizarán la actividad '10 unidades y algunas unidades más' de nuevo pero con más números.
Dé a cada pareja un conjunto de **Tarjetas de números del 11 al 19 (RM 17.1 y 17.6)** y 20 **cubos interconectables**, y dé a cada estudiante un conjunto de **Tarjetas de 10 unidades y algunas unidades más del 10 al 19 (RM 17.7)**. Pida a un estudiante voluntario que lo ayude a demostrar la actividad.

Mezcle las Tarjetas de números del 11 al 19 y colóquelas boca abajo en una pila. Explique cómo se desarrolla la actividad.
- El Compañero A (el estudiante) elige una tarjeta de números y le dice al Compañero B (el maestro) el número (por ejemplo, 16). El Compañero A (el estudiante) luego cuenta 16 cubos interconectables.
- El Compañero B (el maestro) separa el grupo de 16 cubos formando primero una barra de 10 cubos y, luego, cuenta los cubos que quedan. Luego dice: "16 es 10 unidades y 6 unidades más". Recuerde a los estudiantes que está contando de 1 en 1.
- El Compañero A (el estudiante) luego identifica cuál de las Tarjetas de 10 unidades y algunas unidades más del 11 al 19 representa lo que la pareja contó, por ejemplo, 10 unidades y 6 unidades más. Primero encierra en un círculo el grupo de 10 y escribe '______ es 10 unidades y ______ unidades más'. en esa tarjeta.
- Los compañeros intercambian roles y repiten el proceso hasta que se usan todas las tarjetas.

Observe:

- ¿Los estudiantes pueden identificar la barra de 10 cubos y los cubos adicionales como 10 unidades y algunas unidades más?
- ¿Los estudiantes pueden leer y registrar el número de 2 dígitos representado por 10 unidades y algunas unidades más?
- ¿Los estudiantes cambian el orden de los dígitos en los números de 2 dígitos (por ejemplo, 61 en lugar de 16)?

Cuando los estudiantes hayan terminado la actividad, pídales que miren las afirmaciones que registraron, por ejemplo, '19 es 10 unidades y 9 unidades más'. Comparta con los estudiantes que también pueden registrar esto usando números y símbolos. Demuestre cómo escribir '19 = 10 + 9'. Lea el enunciado numérico a los estudiantes y pídales que los sigan. Pida a los estudiantes que miren las otras oraciones que registraron. Escríbalas en una **hoja grande de papel** y, para cada una, demuestre cómo representar la oración como un enunciado numérico, por ejemplo, 10 = 10 + 0.

Observa

Aprendamos LE, pág. 159

Lea el texto del globo de pensamiento de la pág. 159 del LE.

Pregunte: *¿Cuántas fotos hay sobre la mesa?* (10) *¿Hay alguna foto más?* (no)

Diga: *10 es 10 unidades y 0 unidades.*

Repita las preguntas para los lunares de los hongos, para las flores y para los pájaros. En cada grupo, pida a los estudiantes que cuenten todos los elementos primero y que luego identifiquen el grupo de 10 y algunos más.

Manos a la obra

LE, págs. 160–161

En la tarea 1 se practica que los estudiantes cuenten conjuntos de hasta 10 objetos en un grupo de hasta 19 objetos. Luego, los estudiantes cuentan cuántos más hay.

En la tarea 2 se practica que los estudiantes cuenten y comparen cantidades entre 15 y 19 representadas como 10 unidades y algunas unidades más.

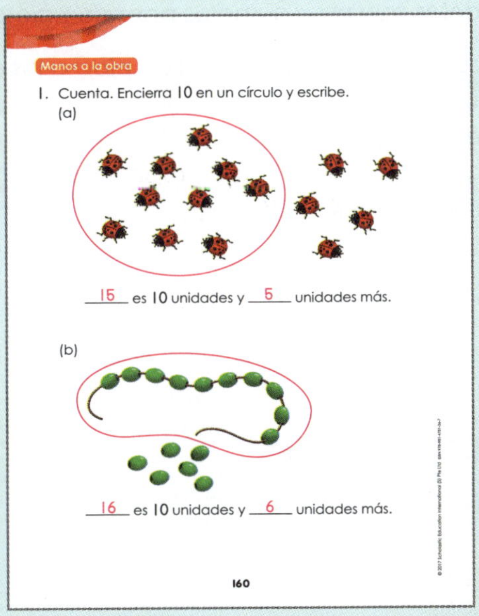

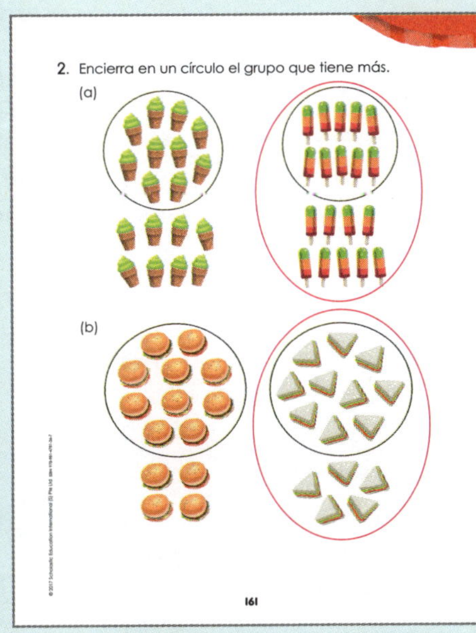

Reforzar conceptos

Cuente 16 **cubos interconectables** junto con la clase. Pida a un estudiante que cuente 10 cubos y que los conecte en una barra.

Pregunte: *¿Cuántos cubos hay en esta barra?* (10)
Luego, pida a los estudiantes que cuenten los cubos que quedan.

Diga: *Contamos 16 cubos. Colocamos 10 en un grupo y aquí tenemos 6 cubos más. 16 es 10 unidades y 6 unidades más.*
Haga lo mismo para los números 17, 18 y 19.

Actividad diaria de conclusión

Escriba en una **hoja grande de papel**:

- 17 son 10 unidades y ____ unidades más.
- 19 son 10 unidades y ____ unidades más.

Pida a los estudiantes que usen dibujos y números para mostrar la respuesta. Los estudiantes pueden dibujar 17 y 19 objetos y dibujar un círculo alrededor de los 10 objetos, dejando el resto fuera del círculo. Pídales que completen los enunciados. Luego, escriba la ecuación correcta debajo de cada enunciado, por ejemplo, 17 = 10 + 7.

Ejercicios del capítulo y actividades para los Centros de intereses

DÍA 1

Objetivo:

- Componer números del 10 al 19 para representarlos como 10 unidades y algunas unidades más

Materiales:

- hojas grandes de papel

Recursos:

- LE, pág. 162

Ejercicios del capítulo

LE, pág. 162

Diga: *Los animales están haciendo una competencia. Deben hallar la mayor cantidad de cuentas posibles en sus platos de arena.*
Pregunte: *¿Saben cuántas cuentas ha hallado cada grupo de animales?*

Pida a los estudiantes que primero observen las cuentas que están en las barras y que luego cuenten las cuentas de una de las barras. Luego, pida a los estudiantes que miren el número 10 en la parte de abajo de cada barra. Diga a los estudiantes que cada barra tiene 10 cuentas.

Pida a los estudiantes que determinen la cantidad de cuentas que hallaron los monos.
Pregunte: *Sabemos que cada barra tiene 10 cuentas. ¿Cuántas cuentas no están en la barra?* (3)
Diga: *10 cuentas y 3 cuentas más forman 13 cuentas. Los monos han hallado 13 cuentas.*
Escriba '10 + ______ = ______' en una **hoja grande de papel** y pida a los estudiantes que usen números para completar el enunciado numérico.

Para los otros grupos de animales, pida a los estudiantes que noten que cada uno tiene 10 cuentas también. Luego, pida a los estudiantes que cuenten las cuentas que no están en las barras. Pregunte a los estudiantes cuántas cuentas halló cada grupo y represéntelo en la forma del de enunciado numérico '10 + ______ = ______'.

Objetivo:

- Componer y descomponer números del 10 al 19 para representarlos como 10 unidades y algunas unidades más

Recursos:

- LE, pág. 163

Actividad 1 LE, pág. 163

Diga a los estudiantes que vayan a la pág. 163 del LE. Pídales que escuchen con atención mientras lee los globos de diálogo.

Pida a los estudiantes que primero PIENSEN en cuál de los gatos tiene razón y por qué. Luego, pídales que CONVERSEN con un compañero sobre su razonamiento.

Diga: *Conversaron con su compañero sobre qué gato tiene razón. CONVERSEN con su compañero de nuevo para explicar cómo lo saben.*

Pida a los estudiantes que conversen y muestren cómo se dieron cuenta de qué casilla no pertenecía.

Observe:

- ¿Los estudiantes entienden que el '9' en el '19' representa 9 unidades más?
- ¿Los estudiantes pueden leer correctamente el número de 2 dígitos representado por '10 unidades y 9 unidades más'?
- ¿Los estudiantes cambian de orden el número de 2 dígitos (por ejemplo, 91 en lugar de 19)?
- ¿Los estudiantes cuentan cada punto de un conjunto de 10 de 1 en 1 y continúan contando los puntos adicionales para hallar el número de 2 dígitos?

Pregunte: *¿Qué gato tiene razón?* (Bela) *¿Por qué?* (Ejemplo: En la casilla A, el cuadro de 10 estaba completo, por lo que son 10 puntos. Contamos 9 puntos más. La casilla A tiene 19 puntos porque muestra 10 unidades y 9 unidades más. Las casillas B y C también muestran 19./La casilla D tiene un grupo de 10 puntos encerrados en un círculo, 5 en cada hilera. Hay 2 hileras más de 5 puntos que no están encerradas en un círculo. La casilla D no pertenece porque tiene 20 puntos. ¡Eso es 1 más que 19!)

Demuestre cómo escribir la estructura '19 es 10 unidades y 9 unidades más'. Debajo, escriba '19 = 10 + 9'.

 ISBN 978-981-4822-03-9

Objetivo:

- Componer y descomponer números del 10 al 19 para representarlos como 10 unidades y algunas unidades más

Materiales:

- bolsas de 20 cubos interconectables, 1 bolsa por pareja

Recursos:

- LE, pág. 164
- Tarjetas de números del 10 al 19 (RM 17.1 y 17.6), 1 conjunto por pareja
- Cuadros de 10 (RM 17.2), 1 por pareja

Actividad 2 **LE, pág. 164**

Vaya a la pág. 164 del LE. Dé a cada pareja un conjunto de **Tarjetas de números del 10 al 19 (RM 17.1 y 17.6)**, un **cuadro de 10 (RM 17.2)** y una bolsa de 20 **cubos interconectables**.

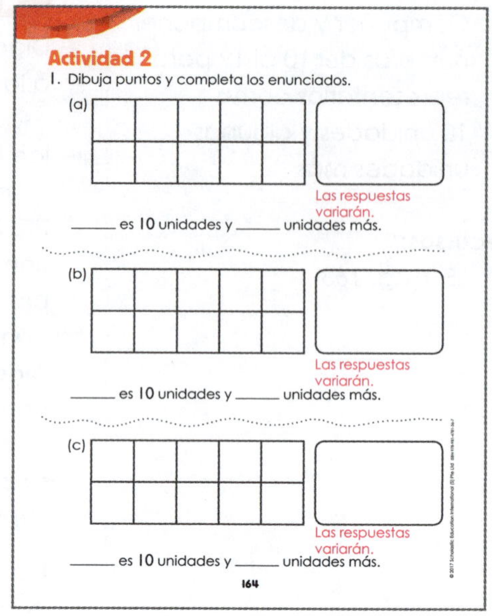

Explique cómo se desarrolla la actividad.

- Los compañeros colocan las Tarjetas de números del 10 al 19 mezcladas boca abajo en una pila.
- El Compañero A toma la primera tarjeta y la lee (por ejemplo, 13). El Compañero A coloca 10 cubos en el cuadro de 10 y 3 cubos fuera del cuadro de 10.
- El Compañero B comprueba el conteo de su compañero.
- El Compañero A registra su resultado dibujando puntos en uno de los pares de cuadros de 10 y casillas vacías en la pág. 164 del LE y luego, escribiendo números para describir los resultados. Luego, se quitan los cubos del cuadro de 10 y de la mesa.
- Los compañeros intercambian roles y repiten el proceso. Cada pareja debe hacer la actividad 6 veces.

Objetivo:

- Componer números del 10 al 19 para representarlos como 10 unidades y algunas unidades más

Recursos:

- LE, págs. 165–166

Actividad 3 LE, págs.165–166

Explique que los estudiantes, para decir el número, deben encerrar 10 en un círculo y luego contar los objetos que quedan. Luego, los estudiantes deben completar la oración y representar el resultado con un enunciado numérico.

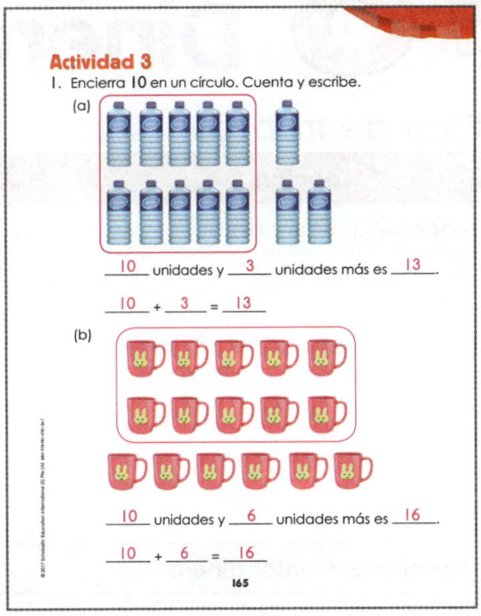

Actividad 3

1. Encierra 10 en un círculo. Cuenta y escribe.

(a)

10 unidades y 3 unidades más es 13.

10 + 3 = 13

(b)

10 unidades y 6 unidades más es 16.

10 + 6 = 16

165

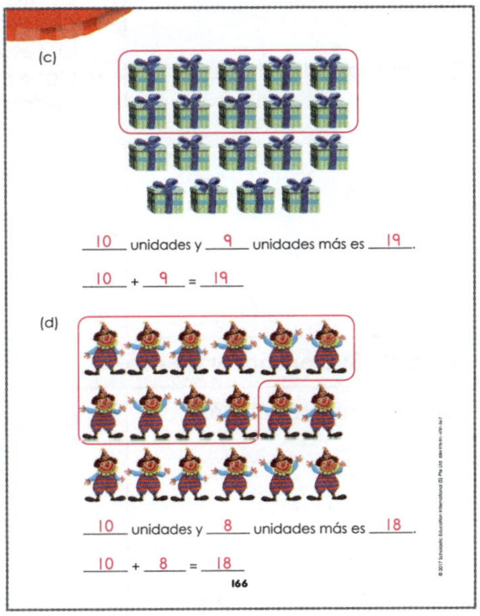

(c)

10 unidades y 9 unidades más es 19.

10 + 9 = 19

(d)

10 unidades y 8 unidades más es 18.

10 + 8 = 18

166

Actividad de conclusión del capítulo

Pida a los estudiantes que conversen sobre lo que aprendieron en el capítulo.

Pregunte: *¿Por qué el encerrar 10 en un círculo los ayuda a contar un número más grande?* (Ejemplo: Puedo contar más rápido cuando cuento desde 10./Cuando pienso en un número, como el 15, agrupo 10 primero y sigo contando, por lo que sé que 15 es 10 unidades y 5 unidades más).

Pregunte: *¿Cómo podemos mostrar 16 con un enunciado numérico?* Recuerde a los estudiantes sus registros en la Actividad 3 de los Ejercicios del capítulo. Pida a los estudiantes que le digan cómo escribir '16 es 10 unidades y 6 unidades más' como un enunciado numérico. (16 = 10 + 6)

» Resolución de problemas (1 día)

Consulte los Recursos para Resolución de problemas, donde encontrará materiales y notas para la enseñanza.

18 Dinero

Plan de trabajo

Lección	Objetivos
Lección 1: Monedas	
Identificar monedas	• Presentar las denominaciones de dinero de 1¢, 5¢, 10¢, 20¢ y 50¢
Lección 2: Contar dinero	
Clasificar monedas Contar monedas de 1¢	• Contar hasta 20 centavos en monedas de 1¢ (dispersas, en matrices, en cuadros de 5 o cuadros de 10 y en círculos) y usar el término de vocabulario 'centavos' para describir los resultados • Contar una cantidad de dinero de una cantidad más grande representada en denominaciones de 1¢
Lección 3: Comparar dinero	
¿Quién tiene más dinero?	• Comparar dos cantidades de dinero entre 1¢ y 10¢, y decir qué cantidad es mayor, menor o igual que la otra
La mayor y la menor	• Comparar dos cantidades de dinero entre 1¢ y 10¢, y decir qué cantidad es mayor, menor o igual que la otra • Ordenar tres cantidades de dinero de la mayor a la menor y viceversa

Duración total: 7 días (1 día = 1 hora)

Materiales	Recursos	Vocabulario
		1 día
• conjunto de dinero de juguete: monedas de 1¢, 5¢, 10¢, 20¢ y 50¢ • sobres, 2 por pareja • hojas grandes de papel • cinta adhesiva transparente • 1 cubo interconectable • 5 cubos interconectables (del mismo color), 1 barra • 10 cubos interconectables (del mismo color), 1 barra • 10 cubos interconectables (del mismo color), 2 barras • 10 cubos interconectables (del mismo color), 5 barras	• LE, págs. 167–169 • Tarjetas con cuadros de 10 (RM 13.3)	• moneda • valer • valor • centavos • comprar • dinero
		1 día
• sobres con monedas de distintas denominaciones (1¢, 5¢, 10¢, 20¢ y 50¢), 1 sobre por pareja • bolsas con veinte monedas de 1¢, 1 bolsa por pareja	• LE, págs. 170–171 • Tarjetas con cuadros de 10 (RM 13.3) • Tarjetas de monedas (RM 18.1), 1 por pareja • Hoja de registro de monedas (RM 18.2), 1 por estudiante	• moneda • valer • valor • centavos • cantidad • dinero
		2 días
• números del 0 al 20 en pequeños pedazos de cartulina, 3 conjuntos • frasco grande o bolsa de papel • bolsas con veinte monedas de 1¢, 1 bolsa por pareja • conjuntos de monedas de 1¢, 1 conjunto por pareja	• LE, págs. 172–173 • Tarjetas de números (RM 14.1 y 14.6), 1 conjunto por pareja • Hoja de registro para comparar cantidades (RM 18.3), 1 por pareja	• dinero • valor • mayor que • menos/ menor que • igual que • monedas • cantidad • centavos • mayor • el/la mayor • el/la menor • menor • menos
• números del 0 al 20 en pequeños pedazos de cartulina, 3 conjuntos • frasco grande o bolsa de papel • bolsa con varias monedas de 1¢, 5¢, 10¢, 20¢ y 50¢ • hojas grandes de papel • bolsas con veinte monedas de 1¢, 1 bolsa por pareja	• LE, pág. 174	• dinero • valor • cantidad • mayor que • menos/ menor que • igual que • monedas • centavos • mayor • el/la mayor • el/la menor • menor • menos

Lección	Objetivos
Lección 4: Sumar y restar dinero	
Historias de dinero de suma y resta	• Sumar o restar dos cantidades de centavos en denominaciones de 1¢ (hasta 10¢); y representar el resultado con dibujos o una ecuación para completar la historia de números
Ejercicios del capítulo y actividades para los Centros de intereses	
Ejercicios del capítulo Actividad 1 Actividad 2 Actividad 3	• Contar hasta 20 centavos en monedas de 1¢ (dispersas, en matrices, en cuadros de 5 o cuadros de 10, y en círculos) y usar el término de vocabulario 'centavos' para describir los resultados • Comparar dos cantidades de dinero entre 1 centavo y 10 centavos, y decir qué cantidad es mayor, menor o igual que la otra • Sumar o restar dos cantidades de centavos en denominaciones de 1¢ (hasta 10¢), y representar el resultado con dibujos o una ecuación • Resolver situaciones de resolución de problemas que incluyen vocabulario relacionado con el dinero: valor • Ordenar tres cantidades de dinero de la mayor a la menor y viceversa
Resolución de problemas	

Materiales	Recursos	Vocabulario
		1 día
• frasco grande o bolsa de papel • 1 moneda de 1¢, 5¢, 10¢, 20¢ y 50¢ hojas grandes de papel, 2 hojas representaciones con monedas y cubos interconectables creadas en la Lección 1 • tabla con distintas monedas creada en la Lección 1 • bolsas con veinte monedas de 1¢, 1 bolsa por mesa • bolsas con veinte monedas de 1¢, 1 bolsa por pareja	• LE, págs. 175–176 • Historias de dinero de suma y resta (RM 18.4–18.7)	• monedas • cantidad • valer • valor • dinero • centavos • comprar • costo
		1 día
	• LE, pág. 177	
• bolsas con diez monedas de 1¢, 1 bolsa por pareja	• LE, pág. 178 • Cinta de números (0–10) (RM 14.8), 1 por pareja	
• bolsas con monedas de 1¢, 1 bolsa por pareja	• LE, pág. 179 • Tarjetas de historias de suma y resta (RM 18.8–18.9), 1 conjunto por pareja	
• tabla con distintas monedas creada en la Lección 1	• LE, pág. 180	
		1 día
	• Resolución de problemas: Superlibro 18 y Libro de lectura 18 • Resolución de problemas: Guía del profesor	

18

18 Dinero

Presentación del capítulo

Lección 1: Monedas
Lección 2: Contar dinero
Lección 3: Comparar dinero
Lección 4: Sumar y restar dinero

Introducción

En este capítulo, los estudiantes explorarán el lenguaje informal del dinero y las monedas. Aprenderán a reconocer y nombrar monedas, y a decir su valor. También aprenderán a contar una cantidad de dinero de un conjunto de monedas de 1¢ y a comparar las cantidades de dinero en dos conjuntos de monedas de 1¢. Por último, aprenderán a sumar y restar monedas de 1¢.

Objetivo:
- Presentar las denominaciones de dinero de 1¢, 5¢, 10¢, 20¢ y 50¢

Materiales:
- conjunto de dinero de juguete: monedas de 1¢, 5¢, 10¢, 20¢ y 50¢
- sobres, 2 por pareja
- hojas grandes de papel
- cinta adhesiva transparente
- 1 cubo interconectable
- 5 cubos interconectables (mismo color), 1 barra
- 10 cubos interconectables (mismo color), 1 barra
- 10 cubos interconectables (mismo color), 2 barras
- 10 cubos interconectables (mismo color), 5 barras

Recursos:
- LE, págs. 167–169
- Tarjetas con cuadros de 10 (RM 13.3)

Vocabulario:
- moneda
- valer
- valor
- centavos
- comprar
- dinero

Lección 1: Monedas DÍA 1

Actividad diaria de preparación

Objetivo: Subitizar hasta 10 objetos
Mezcle las **Tarjetas con cuadros de 10 (RM 13.3)**. Explique a los estudiantes que primero pensarán en el número de puntos que aparecen en una tarjeta. Luego, dirán el número de puntos que faltan para formar 10.
Muestre la tarjeta con cuadros de 10 que tiene 5 puntos durante 3 segundos.
Pregunte: *¿Cuántos puntos vieron? ¿Dónde están?* (Ejemplo: 5 puntos en la hilera de arriba).
Muestre la Tarjeta con cuadros de 10 durante otros 3 segundos.
Pregunte: *¿Cuántos puntos más faltan para formar 10? Expliquen sus ideas.* (Ejemplo: 5 puntos más; si se completa la hilera de abajo, habrá 10 puntos).
Repita lo mismo con las otras tarjetas.

Repaso de conocimientos previos

Repasemos **LE, pág. 167**

En la tarea 1 se practica contar hasta 20 objetos dispuestos en matriz y en círculo.

En la tarea 2 se evalúa la capacidad de los estudiantes para contar y comparar dos cantidades usando más y menos.

Diga: *Completen estas oraciones.*
- ______ *tiene más que* ______. (El conjunto A/El conjunto B)
- ______ *tiene menos que* ______. (El conjunto B/El conjunto A)

Aprender y hacer

Identificar monedas

Laboratorio de matemáticas

Antes de la lección, ponga monedas de **dinero de juguete** de 1¢, 5¢, 10¢, 20¢ y 50¢ en cada **sobre**. Ponga de 10 a 20 monedas en cada uno. Varíe la cantidad y el tipo de monedas según las habilidades de los estudiantes.
Pregunte: *¿Qué saben acerca del dinero? Piensen y luego cuéntenle a un compañero lo que pensaron.*
Dé un minuto para que compartan con un compañero, y luego dé unos minutos para que compartan en clase.

Diga: *Pueden usar dinero para comprar cosas. Las monedas son un tipo de dinero. Cada moneda tiene un número con un signo de centavos.* Escriba '¢' en el pizarrón. *El número de la moneda nos dice su valor.*
Presente las monedas de juguete en orden según el valor.
Sostenga en alto una moneda de 1¢.
Diga: *Esta es una moneda de 1¢. Tiene un valor de 1¢.*
Pegue una moneda de 1¢ en una **hoja grande de papel** con **cinta adhesiva transparente** y escriba su valor al lado. Pegue otra moneda de 1¢ sobre un **cubo interconectable** y muéstrelo.
Pregunte: *¿Por qué creen que pegué esta moneda en este cubo interconectable?* (Ejemplo: El cubo vale 1¢).
Sostenga en alto una moneda de 5¢.
Diga: *Esta es una moneda de 5¢. Tiene un valor de 5¢.*
Pregunte: *¿Cuánto vale esta moneda de 5¢?* (5¢) *¿5 es más que 1?* (sí)
Pegue una moneda de 5¢ en una hoja grande de papel y escriba su valor al lado. Pegue otra moneda de 5¢ en una barra de 5 cubos interconectables y muéstrela junto con el cubo que tiene la moneda de 1¢.
Pregunte: *¿Qué moneda vale más, la moneda de 1¢ o la de 5¢? Expliquen sus ideas.* (Ejemplo: La de 5¢ porque tiene más cubos).
Diga: *Entonces, 5¢ valen más que 1¢. 5¢ vale cinco monedas de 1¢. Ahora contemos cinco monedas de 1¢.*
Cuente cinco monedas de 1¢ con los estudiantes.
Diga: *Una moneda de 5¢ vale cinco monedas de 1¢.*

NOTA: Es importante que los estudiantes comiencen a comprender que no todas las monedas valen lo mismo.

Repita con las otras monedas de 10¢, 20¢ y 50¢ (una moneda de 10¢ sobre una barra de 10 cubos interconectables, una moneda de 20¢ sobre dos barras de 10 cubos unidas con cinta adhesiva y una moneda de 50¢ sobre cinco barras de 10 cubos unidas). Use cubos de colores diferentes para representar el valor de cada moneda. Pida a los estudiantes que cuenten los cubos de 1 en 1 y de 10 en 10 para que comprueben cuánto vale cada moneda.

NOTA: Pegar las monedas a las barras de cubos interconectables les da a los estudiantes ejemplos concretos de cuánto vale cada moneda. También refuerza contar de 1 en 1 y de 10 en 10. (por ejemplo: cuando cuentan juntos el valor de una moneda de 20¢ contando un conjunto de veinte monedas de 1¢ y también contando las barras de cubos: 10, 20) La hoja con las monedas se usará en la próxima lección.

Lección 1 Monedas
Aprendamos
Mira y conversa.
moneda de un centavo 1¢
moneda de cinco centavos 5¢
moneda de diez centavos 10¢
moneda de veinte centavos 20¢
moneda de cincuenta centavos 50¢
168

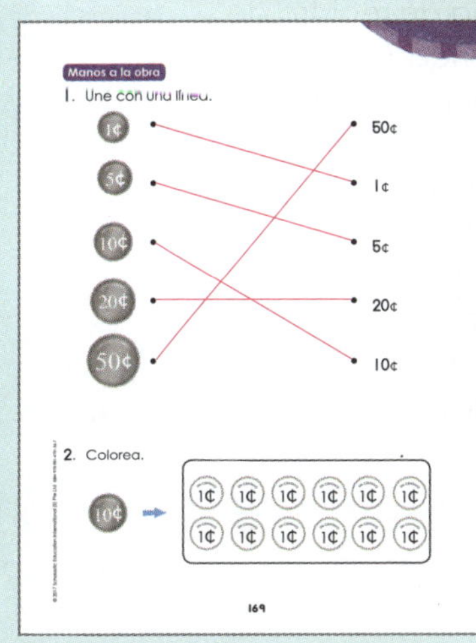
Manos a la obra
1. Une con una línea.
50¢ 1¢ 5¢ 20¢ 10¢
2. Colorea.
169

Observa

Aprendamos **LE, pág. 168**

Pregunte: *¿Qué ven en la página?* (monedas) *¿Se parecen a nuestro dinero de juguete? ¿En qué se parecen?* (Ejemplo: Cada moneda tiene el signo ¢ y un número con el valor). *¿En qué se diferencian?* (Ejemplo: Las monedas de la página son más grandes a medida que el valor aumenta, pero el tamaño de las monedas de juguete no cambia).
Pida a los estudiantes que miren cada moneda y que reconozcan sus nombres. Pida que noten que ¢ significa centavo y que podemos escribir cinco centavos como 5¢, etc. Ayude a los estudiantes a relacionar las monedas locales con las monedas en la página.

Manos a la obra **LE, pág. 169**

En la tarea 1 se practica unir para reconocer y nombrar monedas.
En la tarea 2 se practica reconocer el valor de una moneda. Los estudiantes colorean las monedas de 1¢ que juntas valen 10¢.

Reforzar conceptos

Repase la pág. 168 del LE y pida a los estudiantes que unan el conjunto de dinero de juguete con las monedas de la página. Señale si el dinero de juguete incluye todas las monedas de la página.

Actividad diaria de conclusión

Pregunte: *¿Cómo saben cuánto vale una moneda?* (Por el número en la moneda).
Muestre a los estudiantes monedas de diferentes valores y pídales que las nombren.
Pregunte: *¿Qué moneda vale más, la de 1¢ o la de 10¢? Expliquen sus ideas.* (la de 10¢ porque vale diez monedas de 1¢)

Lección 2: Contar dinero

DÍA 1

Objetivos:

- Contar hasta 20 centavos en monedas de 1¢ (dispersas, en matrices, en cuadros de 5 o cuadros de 10 y en círculos) y usar el término de vocabulario 'centavos' para describir los resultados
- Contar una cantidad de dinero de una cantidad más grande representada en denominaciones de 1¢

Materiales:

- sobres con monedas de distintas denominaciones (1¢, 5¢, 10¢, 20¢ y 50¢), 1 sobre por pareja
- bolsas con veinte monedas de 1¢, 1 bolsa por pareja

Recursos:

- LE, págs. 170–171
- Tarjetas con cuadros de 10 (RM 13.3)
- Tarjetas de monedas (RM 18.1), 1 conjunto por pareja
- Hoja de registro de monedas (RM 18.2), 1 por estudiante

Vocabulario:

- moneda
- valer
- valor
- centavos
- cantidad
- dinero

Actividad diaria de preparación

Objetivo: Subitizar hasta 10 objetos

Mezcle las **Tarjetas con cuadros de 10 (RM 13.3)**. Explique a los estudiantes que pensarán en el número de puntos que aparecen en una tarjeta con un cuadro de 10. Luego, dirán el número de puntos que faltan para formar 10. Muestre la tarjeta con cuadros de 10 que tiene 8 puntos durante 3 segundos.

Pregunte: *¿Cuántos puntos vieron? ¿Dónde los vieron?* (Ejemplo: 8 puntos; 5 puntos en la hilera de arriba y 3 puntos en la hilera de abajo. 5, 6, 7, 8)

Muestre la tarjeta con cuadros de 10 durante otros 3 segundos.

Pregunte: *¿Cuántos puntos más faltan para formar 10? Expliquen sus ideas.* (Ejemplo: ¡2 puntos más! Hay 2 casillas vacías).

Repita lo mismo con las otras tarjetas.

Repaso rápido

Repase las representaciones de las **monedas** y los **cubos interconectables** creadas en la lección anterior. Pida a los estudiantes que cuenten oralmente la cantidad de cubos que hay en cada representación. Recuerde a los estudiantes que cada uno de los cubos representa un valor de 1¢. Primero, cuenten cada cubo de 1 en 1. Luego, cuenten las representaciones con cubos de 20¢ y 50¢ de 10 en 10. Cuando los estudiantes terminen de contar, pídales que expresen el valor de cada representación en centavos.

Aprender y hacer

Clasificar monedas

Laboratorio de matemáticas

Dé un sobre con **monedas** a cada pareja. Explique que deben clasificarlas según su valor. Dé a los estudiantes algunos minutos para clasificar.

Diga: *¿Qué notaron en los grupos de monedas?* (Ejemplo: Solo teníamos una moneda de 50¢. Teníamos muchas monedas de 1¢).

Haga preguntas para reforzar los conceptos numéricos.

Pregunte:

- *¿Qué monedas tienen en el sobre?*
- *¿Cuál es el valor de cada moneda en el sobre?*
- *¿Cuántas monedas de 1¢ tienen? Cuéntenlas con su compañero.*
- *¿Hay alguna moneda que no está en su sobre? ¿Qué moneda es? ¿Cuánto vale esa moneda?*
- *¿Cuántas monedas de cada valor hay en el sobre?*

Contar monedas de 1¢

Laboratorio de matemáticas

Diga: *Jugaremos a un juego, 'Contar las monedas de 1¢', en parejas.*

Distribuya un conjunto de **Tarjetas de monedas (RM 18.1)** a cada pareja y una **Hoja de registro de monedas (RM 18.2)** a cada estudiante. Pida a las parejas que mezclen las Tarjetas de monedas y las pongan boca abajo en una pila.

Diga a los estudiantes que cada uno se turnará con un compañero para elegir una Tarjeta de monedas de la pila y contar el número de monedas de 1¢ que hay en la tarjeta. Luego, escribirá la cantidad de dinero en centavos en la Hoja de registro de monedas. Repetirán lo mismo hasta que la hoja de registro esté completa.

Explique a los estudiantes que la palabra 'cantidad' significa el valor de todas las monedas de 1¢ que hay en la tarjeta de monedas.

Pida a los estudiantes que tracen el signo de centavos en la Hoja de registro de monedas y que practiquen escribir signos de centavos.

Mientras las parejas trabajan, observe si los estudiantes usan la correspondencia uno a uno y si llevan algún registro de las monedas de 1¢ que cuentan en cada tarjeta.

> ***NOTA:*** *Pregunte a los estudiantes "¿Cuántos hay?" para determinar si los estudiantes aplican la cardinalidad para las cantidades de hasta 20¢. Observe si hay disposiciones de monedas que a los estudiantes les resulten más difíciles de contar que otras.*

Dé una bolsa con **monedas de 1¢** a cada pareja. Explique a los estudiantes que se turnarán para contar una cantidad de monedas de 1¢. Cuando un estudiante termine de contar, el compañero comprobará el conteo.

Diga: *El Estudiante 1 contará una cantidad de 16¢ de la bolsa de monedas.*

Pregunte: *¿16¢ es igual a cuántas monedas de 1¢?* (16)

Diga: *El Estudiante 2 comprobará el conteo y pondrá nuevamente las monedas en la bolsa si la respuesta de su compañero es correcta.*

Diga: *Ahora intercambien roles.*

Pida a los estudiantes que sigan contando diferentes cantidades de monedas de 1¢. Mientras los estudiantes cuentan una cantidad y comprueban el conteo de sus compañeros, observe si usan la correspondencia uno a uno, si llevan algún registro de las monedas de 1¢ que cuentan y si aplican la cardinalidad para cantidades de hasta 20¢.

Observa

Aprendamos LE, pág. 170

Diga a los estudiantes que vayan a la pág. 170 del LE.

Diga: *Contemos las monedas de 1¢ en cada dibujo.*

Mientras los estudiantes cuentan las monedas de 1¢ en cada ilustración, observe si usan la correspondencia uno a uno, si llevan algún registro de las monedas de 1¢ que cuentan y si aplican la cardinalidad para cantidades de hasta 20¢.

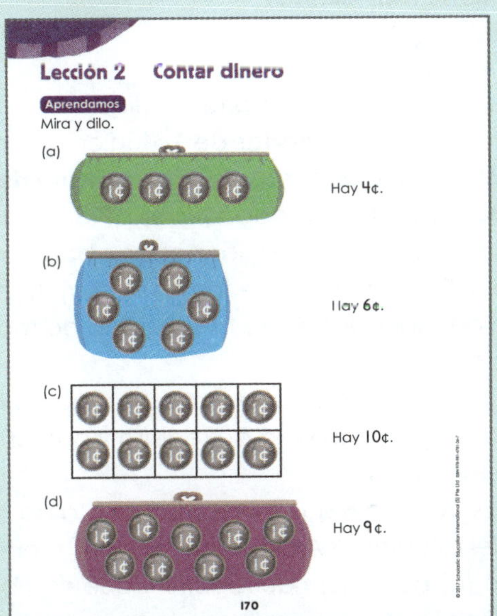

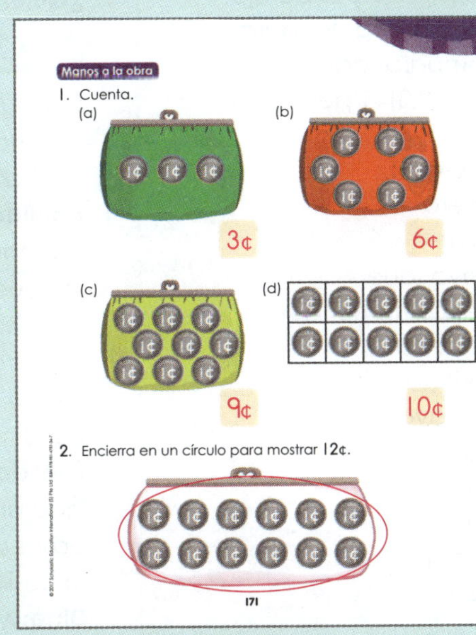

Manos a la obra

LE, pág. 171

En la tarea 1 se practica contar hasta 20 centavos en monedas de 1¢ en distintas disposiciones y usando 'centavos' para describir la cantidad.

En la tarea 2 se practica contar una cierta cantidad de dinero de una cantidad más grande representada en denominaciones de 1¢.

Reforzar conceptos

Repase cómo contar hasta 20 centavos en monedas de 1¢. Ordene las cantidades de monedas en diferentes disposiciones (dispersas, en una matriz, en un cuadro de 5 o un cuadro de 10 y en círculo) y pida a los estudiantes que las cuenten.

Actividad diaria de conclusión

Dé una bolsa con **monedas de 1¢** a cada pareja. Pídales que usen las cantidades que han anotado en la **Hoja de registro de monedas** para contar una cantidad de monedas de la bolsa. Los estudiantes trabajan en parejas y se turnan para contar y comprobar.

18

Objetivo:
- Comparar dos cantidades de dinero entre 1¢ y 10¢, y decir qué cantidad es mayor, menor o igual que la otra

Materiales:
- números del 0 al 20 en pequeños pedazos de cartulina, 3 conjuntos
- frasco grande o bolsa de papel
- bolsas con veinte monedas de 1¢, 1 bolsa por pareja
- conjuntos de monedas de 1¢ , 1 conjunto por pareja

Recursos:
- LE, págs. 172–173
- Tarjetas de puntos 1–10 (RM 14.1 y 14.6), 1 conjunto por pareja
- Hoja de registro para comparar cantidades (RM 18.3), 1 por pareja

Vocabulario:
- dinero
- valor
- mayor que
- menos/menor que
- monedas
- cantidad
- centavos
- mayor
- el/la mayor
- el/la menor
- menor
- menos

Actividad diaria de preparación

Objetivo: Comparar y ordenar 3 números de mayor a menor y de menor a mayor

Repase la rutina del Frasco de comparaciones y pida a los estudiantes que elijan 3 **tarjetas** del **frasco** (números del 0 al 20), y que comparen y ordenen los números de mayor a menor y de menor a mayor. Ponga las tarjetas de nuevo en el frasco, agítelo y pida a los estudiantes que elijan otros 3 números para comparar y ordenar.

Repaso rápido

Dé una bolsa con **monedas de 1¢** a cada pareja. Pida a un estudiante que le diga a su compañero una cantidad de dinero de hasta 20¢. El compañero cuenta monedas de la bolsa hasta llegar a esa cantidad y le pasa las monedas a su compañero para que compruebe si está bien. Pida a los estudiantes que se turnen para hacer esto con diferentes cantidades.

Aprender y hacer

¿Quién tiene más dinero?

Laboratorio de matemáticas

Diga: *Jugaremos a 'Comparar cantidades', en parejas.*

Dé una bolsa con **monedas de 1¢**, un conjunto de **Tarjetas de números 1–10 (RM 14.1 y 14.6)** mezcladas y una **Hoja de registro para comparar cantidades (RM 18.3)** a cada pareja. Pida a las parejas que mezclen las Tarjetas de números 1–10 y las pongan boca abajo en una pila.

Indique al Estudiante A que tome una tarjeta de la pila y que saque de la bolsa de monedas de 1¢ la cantidad de monedas que corresponde al número que eligió.

Luego, indique al Estudiante A que ponga las monedas en la primera hilera de la casilla (a) de la hoja de registro y que escriba la cantidad de dinero al final de esa hilera.

Pida al Estudiante B que tome otra tarjeta de números de la pila y repita los pasos del Estudiante A y que coloque las monedas en la segunda hilera de la casilla (a) de la hoja de registro y que escriba la cantidad.

Diga: *Miren la primera casilla de la hoja de registro que ambos completaron*

Pregunte: *¿Los dos tienen la misma cantidad de dinero? Expliquen sus ideas.* *(Ejemplo: No; porque no tenemos la misma cantidad de monedas de 1¢).*

Diga: *Como no tienen la misma cantidad de dinero, esto significa que uno de ustedes tiene una cantidad mayor y que el otro tiene una cantidad menor.*

Pregunte: *¿Qué cantidad es la mayor? ¿Cómo lo saben? ¿Qué cantidad es la menor? ¿Cómo lo saben?*

Diga: *En su hoja de registro, encierren en un círculo la cantidad mayor.*

Cuando las parejas identifiquen correctamente la cantidad mayor, pídales que dibujen círculos o que tracen monedas para representar todas las monedas que compararon en esta ronda en las respectivas hileras.

Demuestre cómo rotular cada círculo con '1¢' para representar que cada moneda es de 1 centavo.

Pida a las parejas que vuelvan a poner las monedas en la bolsa y las tarjetas debajo de la pila, y repitan el proceso, pero que esta vez anoten los resultados en la siguiente casilla de la hoja de registro.

Mientras las parejas trabajan, observe si los estudiantes usan la correspondencia uno a uno y si llevan algún registro de las monedas de 1¢ que cuentan con cada tarjeta de números.

Observa

Aprendamos **LE, pág. 172**

Diga a los estudiantes que vayan a la tarea (a) de la pág. 172 del LE.

Pregunte: *¿Cuántos centavos hay en el conjunto A?* (4) *¿Cuántos centavos hay en el conjunto B?* (6) *¿Qué conjunto tiene menos centavos?* (el conjunto A)

Pregunte: *¿Qué cantidad de dinero hay en el conjunto A?* (4¢) *¿Qué cantidad de dinero hay en el conjunto B?* (6¢) *¿Qué conjunto tiene menos dinero?* (el conjunto A) *¿Qué conjunto tiene más dinero?* (el conjunto B)

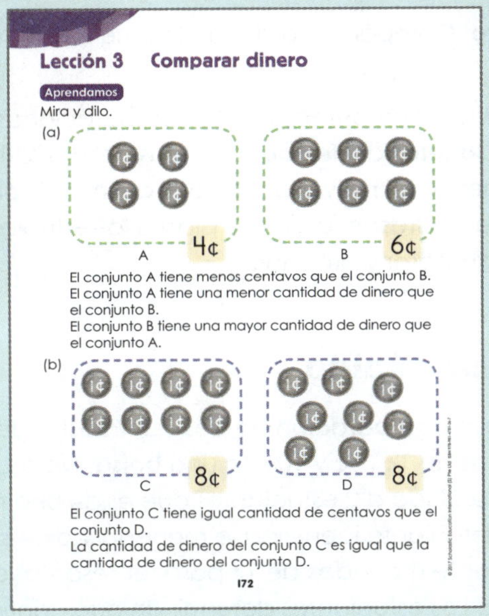

Lección 3 Comparar dinero

Aprendamos

Mira y dilo.

(a)

A 4¢ B 6¢

El conjunto A tiene menos centavos que el conjunto B.
El conjunto A tiene una menor cantidad de dinero que el conjunto B.
El conjunto B tiene una mayor cantidad de dinero que el conjunto A.

(b)

C 8¢ D 8¢

El conjunto C tiene igual cantidad de centavos que el conjunto D.
La cantidad de dinero del conjunto C es igual que la cantidad de dinero del conjunto D.

172

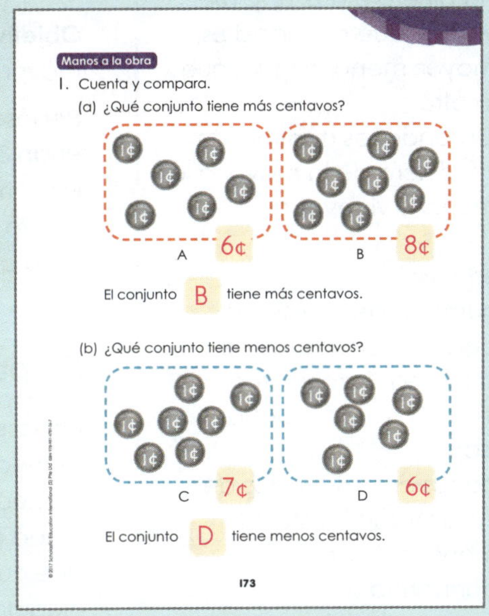

Manos a la obra

1. Cuenta y compara.

(a) ¿Qué conjunto tiene más centavos?

A 6¢ B 8¢

El conjunto B tiene más centavos.

(b) ¿Qué conjunto tiene menos centavos?

C 7¢ D 6¢

El conjunto D tiene menos centavos.

173

Diga a los estudiantes que vayan a la tarea (b).

Pregunte: *¿Cuántos centavos hay en el conjunto C?* (8) *¿Cuántos centavos hay en el conjunto D?* (8) *¿Qué notan en la cantidad de centavos que hay en los conjuntos C y D?* (Ambos conjuntos tienen la misma cantidad de centavos).

Pregunte: *¿Qué cantidad de dinero hay en el conjunto C?* (8¢) *¿Qué cantidad de dinero hay en el conjunto D?* (8¢) *¿Qué notan en la cantidad de dinero que hay los conjuntos C y D?* (Ambos conjuntos tienen la misma cantidad de dinero).

Diga: *La cantidad de dinero del conjunto C es igual que la cantidad de dinero del conjunto D.*

Manos a la obra **LE, pág. 173**

En la tarea 1 se practica contar la cantidad de dinero de un conjunto y luego comparar para identificar qué conjunto tiene más y cuál tiene menos.

Reforzar conceptos

Pida a los estudiantes que repasen contar hasta 20 centavos con monedas de 1¢, que comparen dos cantidades de dinero de hasta 20 centavos y que digan qué cantidad es mayor, menor o igual que la otra.

Actividad diaria de conclusión

Distribuya un conjunto de diez **monedas de 1¢** a las parejas. Pida a las parejas que se dividan las monedas, sin importar si lo hacen equitativamente. Pídales que comparen y digan qué cantidad es mayor, menor o igual que la otra.

 ISBN 978-981-4822-03-9

Lección 3: Comparar dinero

DÍA 1 DÍA 2

Objetivos:

- Comparar dos cantidades de dinero entre 1¢ y 10¢, y decir qué cantidad es mayor, menor o igual que la otra
- Ordenar tres cantidades de dinero de la mayor a la menor y viceversa

Materiales:

- números del 0 al 20 en pequeños pedazos de cartulina, 3 conjuntos
- frasco grande o bolsa de papel
- bolsas con monedas de 1¢, 5¢ y 10¢ (hasta 10 monedas), 1 bolsa por pareja
- bolsa con varias monedas de 1¢, 5¢, 10¢, 20¢ y 50¢
- hojas grandes de papel
- bolsas con veinte monedas de 1¢, 1 bolsa por pareja

Recursos:

- LE, pág. 174

Vocabulario:

- dinero
- valor
- cantidad
- mayor que
- menos/menor que
- igual que
- monedas
- centavos
- mayor
- el/la mayor
- el/la menor
- menor
- menos

Actividad diaria de preparación

Objetivo: Comparar y ordenar 3 números del mayor al menor y del menor al mayor

Repase la rutina del Frasco de comparaciones y pida a los estudiantes que elijan 3 **tarjetas** del **frasco** (números del 0 al 20), y que comparen y ordenen los números del mayor al menor y del menor al mayor. Ponga las tarjetas de nuevo en el frasco, agítelo y pida a los estudiantes que elijan otros 3 números para comparar y ordenar.

Repaso rápido

Repase la comparación de dos cantidades de dinero de hasta 10¢. Ponga monedas de 1¢ , 5¢ y 10¢ en una **bolsa**. Dé a cada pareja una bolsa con monedas. Pida a 2 estudiantes que elijan una moneda de la bolsa al azar. Cada estudiante identifica la moneda y dice su valor. Pida a otro estudiante que cuente monedas de 1¢ para representar el valor de cada moneda elegida. Los estudiantes determinan qué cantidad tiene un valor mayor y cuál tiene un valor menor, o si las dos tienen el mismo valor. Pida a las parejas que repitan esto con sus bolsas de monedas.

Aprender y hacer

La mayor y la menor

Laboratorio de matemáticas

Muestre a los estudiantes la bolsa con varias **monedas**. Explique que hay monedas de 1¢, 5¢, 10¢, 20¢ y 50¢ dentro de la bolsa. Pida a 3 estudiantes que elijan una moneda al azar de la bolsa y que trabajen juntos para comparar y ordenarlas de la mayor a la menor y viceversa.

Pregunte: *¿Quién tiene la moneda con el mayor valor? ¿Quién tiene la moneda con el menor valor?*

Anote el orden de esas monedas en una **hoja grande de papel**. Ponga las monedas de nuevo en la bolsa, agítela y pida a 3 estudiantes más que elijan una moneda cada uno y que las comparen y las ordenen de la mayor a la menor valor.

Anote los resultados en una hoja grande de papel. Repita varias veces antes de pasar a ordenar de la menor a la mayor. Refuerce el vocabulario 'mayor que', 'el/la mayor', 'menor que' y 'el/la menor'.

Observa

Aprendamos LE, pág. 174

Diga a los estudiantes que vayan a la tarea (a) de la pág. 174 del LE.
Pregunte: *¿Cuántas monedas hay?* (3) *¿Qué valor tiene cada moneda?* (1¢, 20¢ y 50¢)
Diga: *Las monedas están ordenadas de la de menor valor a la de mayor valor.*
Pregunte: *¿Qué moneda tiene el menor valor?* (1¢) *¿Qué moneda tiene el mayor valor?* (50¢) *Expliquen sus ideas.*
Diga a los estudiantes que vayan a la tarea (b).
Pregunte: *¿Cuántas monedas hay?* (3) *¿Qué valor tiene cada moneda?* (50¢, 10¢ y 5¢)
Diga: *Las monedas están ordenadas de la de mayor valor a la de menor valor.*
Pregunte: *¿Qué moneda tiene el mayor valor?* (50¢) *¿Qué moneda tiene el menor valor?* (5¢) *Expliquen sus ideas.*

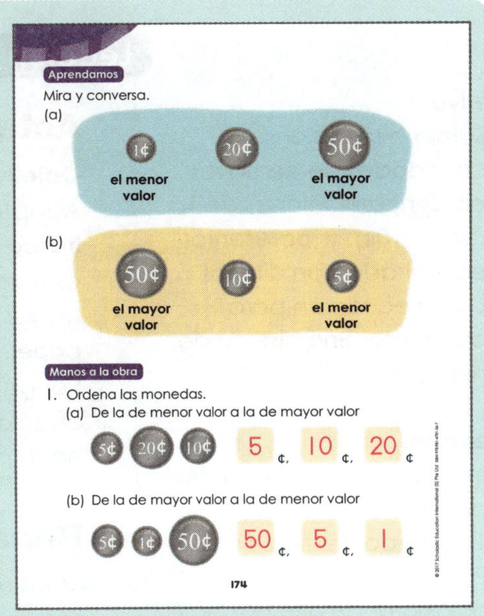
Aprendamos
Mira y conversa.
(a)
1¢ 20¢ 50¢
el menor valor — el mayor valor
(b)
50¢ 10¢ 5¢
el mayor valor — el menor valor
Manos a la obra
1. Ordena las monedas.
(a) De la de menor valor a la de mayor valor
5 ¢, 10 ¢, 20 ¢
(b) De la de mayor valor a la de menor valor
50 ¢, 5 ¢, 1 ¢
174

Manos a la obra LE, pág. 174

En la tarea 1 se practica ordenar el valor de las monedas de menor a mayor y viceversa. Los estudiantes escriben el valor de las monedas en el orden correcto.

Reforzar conceptos

Entregue a los estudiantes **dinero de juguete** para que lo ordenen.
Primero pídales que comparen los valores de dos monedas.
Diga: *Comparemos 5¢ y 20¢. ¿Cuál es menor?* (5¢)
Ponga la moneda de 5¢ a la izquierda y la de 20¢ a la derecha.
Diga: *Ahora comparemos 20¢ y 10¢. ¿Cuál es menor?* (10¢) *Entonces, ¿dónde deberíamos poner la moneda de 10¢? Sí, antes de la moneda de 20¢.*
Pregunte: *¿Cuál es menor: la moneda de 5¢ o la de 10¢?* (5¢)
Diga: Ponemos 5¢ primero, a la izquierda.
Cuando ordenen el dinero de juguete correctamente, los estudiantes pueden escribir sus respuestas en el Libro del estudiante.

Actividad diaria de conclusión

Pida a 3 estudiantes que cada uno saque una moneda de una bolsa de **monedas** que contenga varios tipos de monedas (de 1¢, 5¢, 10¢, 20¢ y 50¢). Dígales que conversen en grupo para decidir cómo ordenar los valores de las monedas de menor a mayor y viceversa.

 ISBN 978-981-4822-03-9

DÍA 1

Objetivo:

- Sumar o restar dos cantidades de centavos en denominaciones de 1¢ (hasta 10¢), y representar el resultado con dibujos o una ecuación para completar una historia de números

Materiales:

- frasco grande o bolsa de papel
- 1 moneda de 1¢, 5¢, 10¢, 20¢ y 50¢
- hojas grandes de papel, 2 hojas
- representaciones con monedas y cubos interconectables creadas en la Lección 1
- tabla con distintas monedas creada en la Lección 1
- bolsas con veinte monedas de 1¢, 1 bolsa por mesa
- bolsas con veinte monedas de 1¢, 1 bolsa por pareja

Recursos:

- LE, págs. 175–176
- Historias de dinero de suma y resta (RM 18.4–18.7)

Vocabulario:

- monedas
- cantidad
- valer
- valor
- dinero
- centavos
- comprar
- costo

Actividad diaria de preparación

Objetivo: Comparar y ordenar 3 números del mayor al menor

Adapte la rutina del Frasco de comparaciones y cambie las tarjetas en el **frasco** por **monedas** de 1¢, 5¢, 10¢, 20¢ y 50¢ (una de cada una). Pida a los estudiantes que elijan 3 monedas al azar del frasco y que las ordenen de mayor a menor. Anote el orden de esas monedas en una **hoja grande de papel**.

Ponga las monedas de nuevo en el frasco, agítelo y pida a los estudiantes que elijan otras 3 monedas para comparar y ordenar. Anote los resultados en una hoja grande de papel.

Repaso rápido

Muestre la **tabla** con las monedas que crearon en la Lección 1. Ponga las representaciones con **monedas** y **cubos interconectables** hechas en esa lección cerca de la tabla.

Pregunte: *¿Qué moneda tiene el menor valor o vale menos?* (1¢) *¿Qué moneda tiene el mayor valor o vale más?* (50¢) *¿Qué monedas tienen 2 números en el número?* (10¢, 20¢ y 50¢)

Aprender y hacer

Historias de dinero de suma y resta

Laboratorio de matemáticas

Antes de la lección, prepare las **Historias de dinero de suma y resta (RM 18.4–18.7)**. Son 4 tipos de historias: de combinar, separar, añadir y quitar.

Diga: *Hoy resolveremos historias de dinero de suma y resta.*

Pregunte: *¿Qué estrategias pueden usar como ayuda para resolver historias de matemáticas? Hablen con un compañero sobre esto.*

Dé tiempo a los estudiantes para que compartan lo que piensan. Haga una lista con las estrategias sugeridas en una **hoja grande de papel** (por ejemplo: representar, usar los dedos, dibujar, seguir contando, contar más, contar hacia atrás, usar una cinta de números). Explique a los estudiantes que pueden usar las bolsas con **monedas de 1¢** que están en su mesa si las necesitan.

Observa

Aprendamos **LE, pág. 175**

Dé una bolsa con **monedas de 1¢** a cada pareja. Diga a los estudiantes que vayan a la tarea (a) en la pág. 175 del LE. Lea la historia en voz alta y pida a los estudiantes que la representen poniendo 1¢ en una mano y 3¢ en la otra.

Pregunte: *¿Cuántas monedas de 1¢ tiene Bela en cada mano?* (1 y 3) *¿Cómo podemos hallar cuánto dinero tiene Bela?* (sumando las monedas de 1¢)

Pida a los estudiantes que miren el grupo de números relacionados.

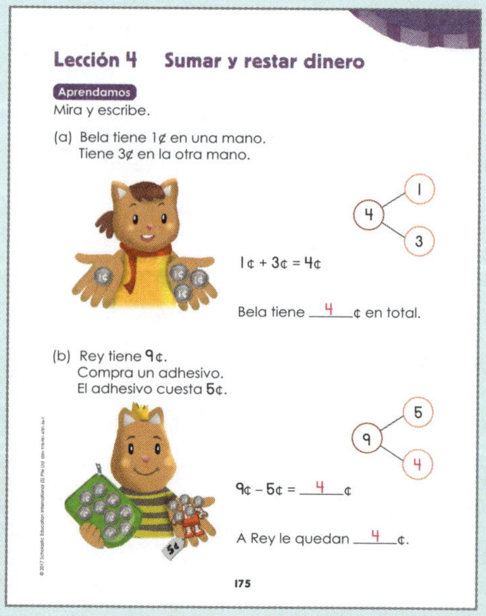

Lección 4 Sumar y restar dinero

Aprendamos

Mira y escribe.

(a) Bela tiene 1¢ en una mano.
Tiene 3¢ en la otra mano.

4 — 1, 3

1¢ + 3¢ = 4¢

Bela tiene 4 ¢ en total.

(b) Rey tiene 9¢.
Compra un adhesivo.
El adhesivo cuesta 5¢.

9 — 5, 4

9¢ – 5¢ = 4 ¢

A Rey le quedan 4 ¢.

175

 ISBN 978-981-4822-03-9

Pregunte: *¿Cuánto dinero tiene Bela en total?* (4¢)
Pida a los estudiantes que escriban la respuesta correcta.
Repita el mismo proceso con la tarea (b).
Diga: *Rey tiene 9¢.*
Pregunte: *¿Cuánto cuesta el adhesivo?* (5¢) *¿Cómo podemos saber cuánto dinero le queda a Rey después de comprar el adhesivo?* (quitando 5 de 9)
Escriba: 9¢ – 5¢ = 4¢
Pregunte: *¿Cuánto dinero le queda a Rey?* (4¢)
Pida a los estudiantes que completen el grupo de los números relacionados, el enunciado numérico y la oración.

Elija una historia de dinero de suma o resta.
Lea la historia de dinero. Luego, haga las siguientes preguntas.
Pregunte:

- *¿Qué está pasando en esta historia de dinero?*
- *¿Qué nos dicen los números sobre la historia?*
- *¿Qué pregunta debemos responder?*

Diga: *Hablen con un compañero sobre este problema y busquen la respuesta.*
Dé tiempo para que los estudiantes lo resuelvan.
Pregunte: *¿Cómo resolvieron esta historia de dinero?*
Dé tiempo a las parejas para que compartan la estrategia que usaron para resolver el problema.
Pregunte si alguien usó una estrategia diferente y pídale que explique cómo lo resolvió. Demuestre cómo dibujar monedas de 1¢ para resolver el problema y para escribir una ecuación que represente la historia de matemáticas (ejemplo: 5¢ – 3¢ = 2¢).
Elija otra otro tipo de historia de dinero y repita el procedimiento.
Explique a los estudiantes que usarán las monedas de 1¢ que les dio antes para resolver la historia de dinero.

***NOTA:** Lo que se espera de los estudiantes al final de kindergarten es que puedan sumar y restar hasta 5 con fluidez, lo que significa que podrían resolver estas operaciones sin usar objetos. Sin embargo, proporcione objetos si es necesario. Los estudiantes usarán objetos para resolver la segunda historia de dinero de cada tipo de problema con operaciones de suma y resta hasta 10.*

Manos a la obra **LE, pág. 176**

En la tarea 1 se practica sumar dos cantidades en denominaciones de 1¢, y representar el resultado con números relacionados, un enunciado numérico y una oración.

En la tarea 2 se practica restar 1 cantidad de centavos en denominaciones de 1¢, y representar el resultado con un grupo de números relacionados, un enunciado numérico y una oración.

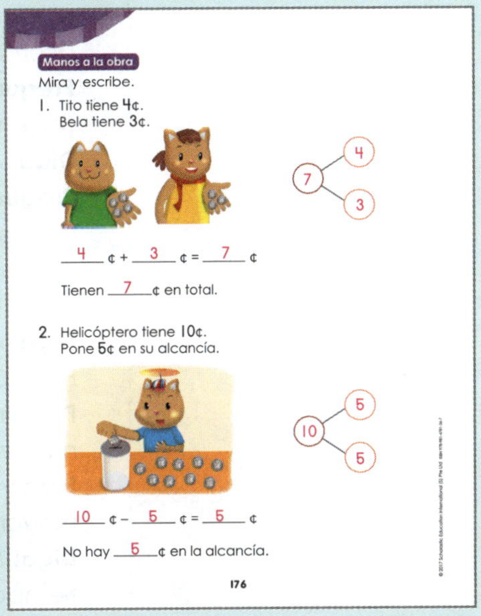
Manos a la obra
Mira y escribe.
1. Tito tiene 4¢.
Bela tiene 3¢.
7 — 4, 3
4 ¢ + 3 ¢ = 7 ¢
Tienen 7 ¢ en total.
2. Helicóptero tiene 10¢.
Pone 5¢ en su alcancía.
10 — 5, 5
10 ¢ – 5 ¢ = 5 ¢
No hay 5 ¢ en la alcancía.
176

Reforzar conceptos

Dé una bolsa con **monedas de 1¢** a cada pareja. Pida a los estudiantes que repasen cómo formar y separar 10 usando monedas de 1¢. Pida a los estudiantes que conversen y comprueben las respuestas de sus compañeros.

Actividad diaria de conclusión

Elija una **Historia de dinero** de suma o resta que no hayan usado durante la lección. Dé a los estudiantes una copia y pídales que resuelvan la historia de forma individual. Los estudiantes pueden usar dinero de juguete para resolver el problema. Explique que deben dibujar monedas de 1¢ para mostrar cómo resolvieron la historia de dinero. Anime a los estudiantes a completar los enunciados numéricos para representar su respuesta de otra forma.

Ejercicios del capítulo y actividades para los Centros de intereses

DÍA 1

Objetivos:

- Contar hasta 20 centavos en monedas de 1¢ (dispersas, en una matriz, en cuadros de 5 o cuadros de 10 y en círculos) y usar el término de vocabulario 'centavos' para describir los resultados
- Comparar dos cantidades de dinero entre 1 centavo y 10 centavos, y decir qué cantidad es mayor, menor o igual que la otra
- Sumar o restar dos cantidades de centavos en denominaciones de 1¢ (hasta 10¢) y representar el resultado con dibujos o con una ecuación

Recursos:

- LE, pág. 177

Ejercicios del capítulo LE, pág. 177

Pida a los estudiantes que miren el dibujo de la pág. 177 del LE.
Haga las siguientes preguntas para animar a los estudiantes a conversar.
Pregunte: *¿Qué están haciendo Tito, Rey y Bela?* (cuentan dinero/miran los frascos con monedas).
Pregunte: *¿Por qué creen que están contando dinero?* (Ejemplo: Quieren saber la cantidad de dinero que tienen. Quieren saber quién tiene más dinero. Quieren comprar algo).

Haga las siguientes preguntas para que conversen con mayor profundidad sobre la ilustración.
Pregunte: *¿Cuántas monedas tiene Tito?* (6) *¿Cuántas monedas tiene Rey?* (4) *¿Cuántas monedas tiene Bela?* (1)
Pregunte: *¿Cuál es el valor de **cada** moneda que tiene Tito?* (1 centavo) *¿Cuál es el valor de **cada** moneda que tiene Rey?* (1 centavo) *¿Cuál es el valor de **cada** moneda que tiene Bela?* (20 centavos) *¿Qué notan sobre el valor de las monedas que tienen Tito, Rey y Bela?* (Las monedas de Tito y Rey tienen un valor de 1 centavo cada una; la moneda de Bela tiene un valor diferente. Vale 20 centavos).
Pregunte: *¿Cuánto dinero tiene Tito?* (6 centavos) *¿Cuánto dinero tiene Rey?* (4 centavos) *¿Cuánto dinero tiene Bela?* (20 centavos)
Diga: *Ahora comparemos las cantidades de dinero que tienen Rey y Bela.*
Pregunte: *¿Quién tiene más dinero? Expliquen sus ideas.* (Bela tiene más dinero. Bela tiene 20 centavos y Rey tiene 4 centavos. 20 centavos es más que 4 centavos). *¿Quién tiene menos dinero? Expliquen sus ideas.* (Rey tiene menos dinero. 4 centavos es menos que 20 centavos).
Diga: *Ahora comparemos las cantidades de dinero que tienen Tito, Rey y Bela. Ordenen las cantidades de la menor a la mayor.*
Pregunte: *¿Quién tiene la menor cantidad de dinero?* (Rey) *¿Quién tiene la mayor cantidad de dinero?* (Bela)
Pida voluntarios para que ordenen las 3 cantidades de dinero de menor a mayor valor.
Diga: *Tito tiene 6¢. Rey tiene 4¢. Sumen las monedas de Tito y Rey.* (Dé tiempo a los estudiantes para que puedan hacerlo). *10¢ es igual a 6¢ y 4 centavos más.*
6¢ + 4¢ = 10¢. Tito y Rey tienen 10¢ entre los dos.
Pregunte: *¿Qué significa el signo de igual?* (El signo de igual significa 'es lo mismo que') *¿Qué significa el signo de +?* (Significa que se sumó 6 más 4).

Objetivo:

- Resolver situaciones de resolución de problemas que incluyen vocabulario relacionado con el dinero: valor

Materiales:

- bolsas con diez monedas de 1¢, 1 bolsa por pareja

Recursos:

- LE, pág. 178
- cinta de números (0–10) (RM 14.8), 1 por pareja

Actividad 1 **LE, pág. 178**

Pida a los estudiantes que miren la pág. 178 del LE.
Pídales que sigan el texto mientras usted lee.
Dé una bolsa con **monedas de 1¢** y una **Cinta de números (0–10) (RM 14.8)** a cada pareja.

Actividad 1
Piensa y conversa con un compañero.
¿Cuál es el valor de las monedas que están en la cartera?

¿Quién tiene razón? Bela
¿Por qué lo dices? 9¢ está entre 8¢ y 10¢.
178

Pida a los estudiantes que primero PIENSEN en cuál de los gatos tiene razón y por qué piensan eso. Luego, pida a los estudiantes que CONVERSEN con un compañero para comentar lo que piensan.
Diga: *Conversaron con su compañero sobre cuál de los gatos tiene razón. ¿Qué creen ustedes?* (Ejemplo: Necesitamos otra pista. Podría ser 8¢ o 9¢. 8¢ es menos que 10¢. 9¢ también es menos. Ambos 8¢ y 9¢ son mayores que 7¢).
Dé a los estudiantes una última pista.
Diga: *El valor de las monedas de 1¢ en la cartera está entre 8¢ y 10¢.*
Pregunte: *¿Cuál es el valor de las monedas de 1¢ que están en la cartera? Primero PIENSEN en eso. Ahora CONVERSEN con su compañero para pensar en una forma de demostrar cómo saben qué gato tiene razón.*
Pregunte: *¿Qué gato tiene razón? Expliquen sus ideas.* (Ejemplo: 9¢ está entre 8¢ y 10¢. Lo comprobamos en la Cinta de números. Es 9¢ porque decimos 9 después de contar hasta 8 y decimos 9 antes de contar 10).
Pida a los estudiantes que cuenten nueve monedas de 1¢ de su bolsa de monedas de 1¢ y comprueben que 9¢ coincida con todas las pistas.

Objetivos:

- Sumar o restar dos cantidades de centavos en denominaciones de 1¢ (hasta 10¢)
- Comparar dos cantidades de dinero entre 1¢ y 10¢, y decir qué cantidad es mayor, menor o igual que la otra

Materiales:

- bolsas con monedas de 1¢, 1 bolsa por pareja
- pegamento

Recursos:

- LE, pág. 179
- Tarjetas de historias de suma y resta (RM 18.8–18.9), 1 conjunto por pareja

Actividad 2 **LE, pág. 179**

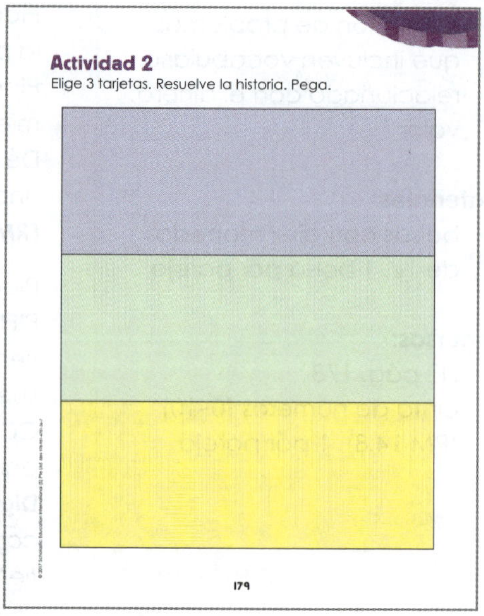

Dé una bolsa con **monedas de 1¢** y un conjunto de **Tarjetas de historias de suma y resta (RM 18.8–18.9)** a cada pareja. Pida a las parejas que mezclen las tarjetas y las pongan boca abajo en una pila. Explique cómo se desarrolla a actividad.

- El Estudiante A toma la tarjeta de arriba y lee la historia a su compañero. El Estudiante A usa monedas de 1¢ para resolver la historia de suma o resta de la tarjeta, y completa los números relacionados y el enunciado.
- El Estudiante B comprueba el trabajo de su compañero. Si el Estudiante A respondió bien, la "respuesta" de la historia de matemáticas es la cantidad de monedas de 1¢ que recibe. Si la respuesta es incorrecta, no recibe ninguna moneda.
- El Estudiante B tiene el siguiente turno y repite lo mismo.
- Los estudiantes resuelven 3 Tarjetas de historias de suma o resta cada uno y las pegan en su Libro del estudiante. Cuando hayan leído y resuelto todas las tarjetas, los estudiantes cuentan las monedas de 1¢ que acumularon en el juego.
- Luego ponen sus monedas de 1¢ en dos hileras para comparar las cantidades de dinero. Dicen qué cantidad es mayor, menor o si son iguales.

 ISBN 978-981-4822-03-9

Objetivos:

- Contar hasta 20 centavos en monedas de 1¢ (dispersas, en una matriz, en cuadros de 5 o cuadros de 10 y en círculos) y usar el término de vocabulario 'centavos' para describir los resultados
- Ordenar tres cantidades de dinero de mayor a menor y viceversa

Materiales:

- tabla con distintas monedas creada en la Lección 1

Recursos:

- LE, pág. 180

Actividad 3 LE, pág. 180

Explique a los estudiantes que tienen que contar cada conjunto de monedas de 1¢ y escribir la cantidad de dinero. Luego, comparan y ordenan las tres cantidades. Primero, de mayor a menor y luego, de menor a mayor valor.

Cuando los estudiantes completen la página del Libro del estudiante, comprueban las respuestas de su compañero.

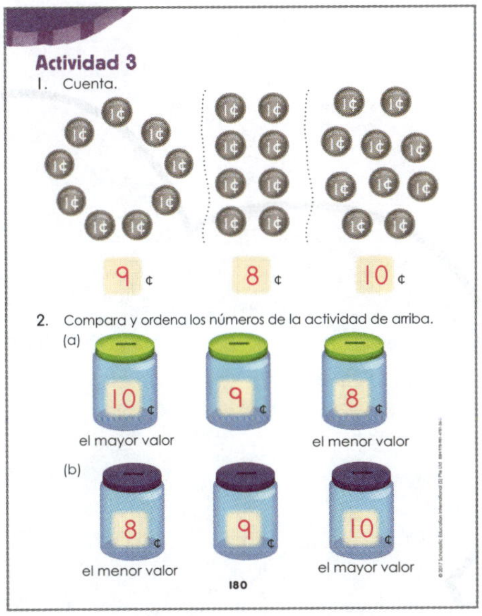

Actividad de conclusión del capítulo

Pida a los estudiantes que conversen sobre lo que aprendieron en el capítulo.

Diga: *Conversen con un compañero sobre las cosas que saben sobre el dinero.*

Dé tiempo a los estudiantes para que compartan lo que piensan en una conversación de toda la clase. (Ejemplo: Se pueden comprar cosas con dinero./Diferentes monedas tienen valores diferentes./Cuando cuentas monedas de 1¢, es como contar de 1 en 1./Puedes ordenar las monedas si miras el número que hay en cada moneda./Se puede sumar y restar dinero).

Ponga la **tabla** con la lista de monedas y sus valores frente a los estudiantes.

Pregunte: *¿Qué tipo de monedas vimos? ¿Qué más saben acerca del dinero?*

» Resolución de problemas (1 día)

Consulte los Recursos para Resolución de problemas, donde encontrará materiales y notas para la enseñanza.

 ISBN 978-981-4822-03-9

RM 10.1 Hoja con nube

 ISBN 978-981-4822-03-9

RM 10.2 Buscadores de figuras

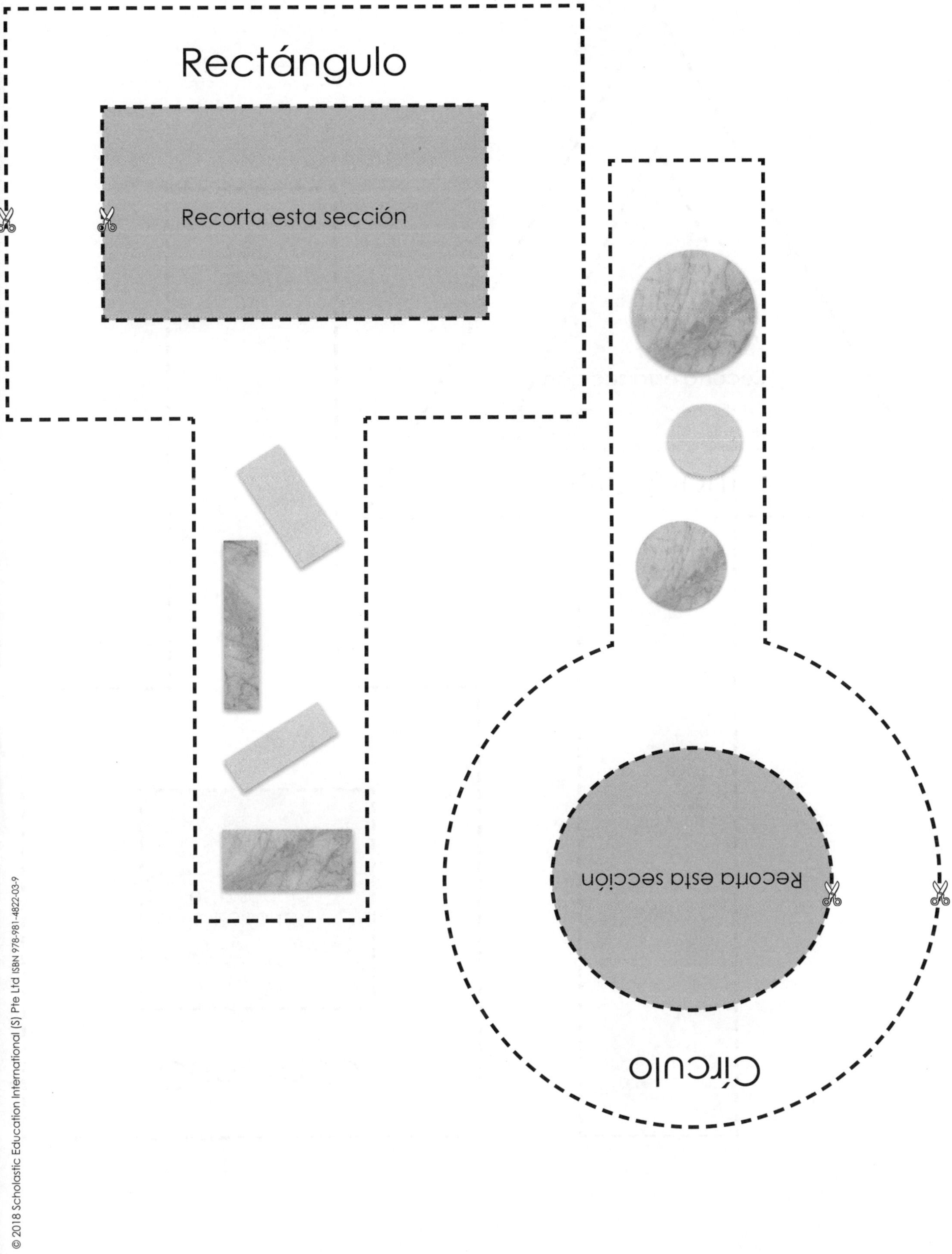

RM 10.3 Buscadores de figuras

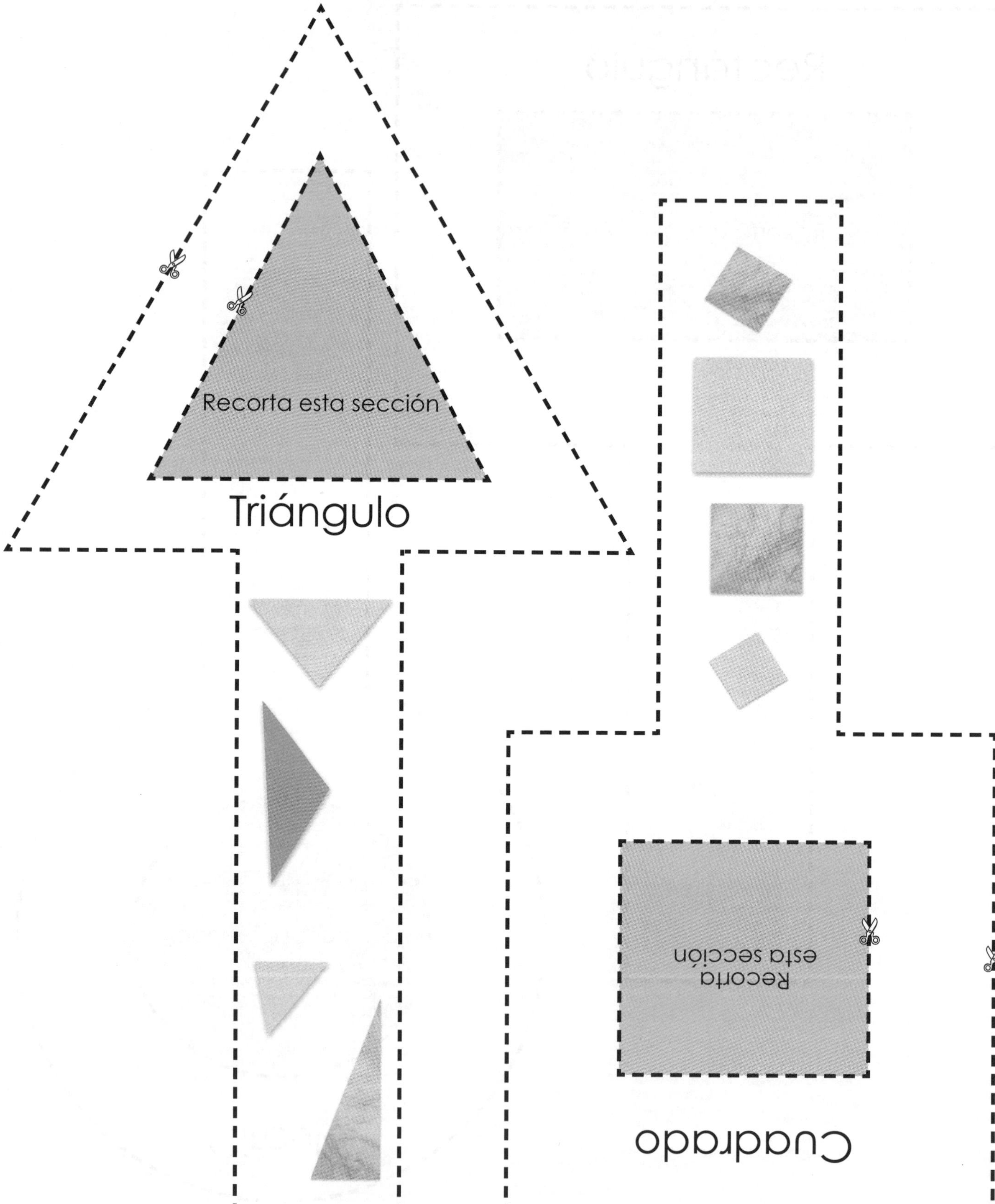

 ISBN 978-981-4822-03-9

RM 11.1 Tarjetas con patrones

 ISBN 978-981-4822-03-9

RM 11.2 Recortables de figuras
Cuadrados

 ISBN 978-981-4822-03-9

RM 11.3 Recortables de figuras
Círculos

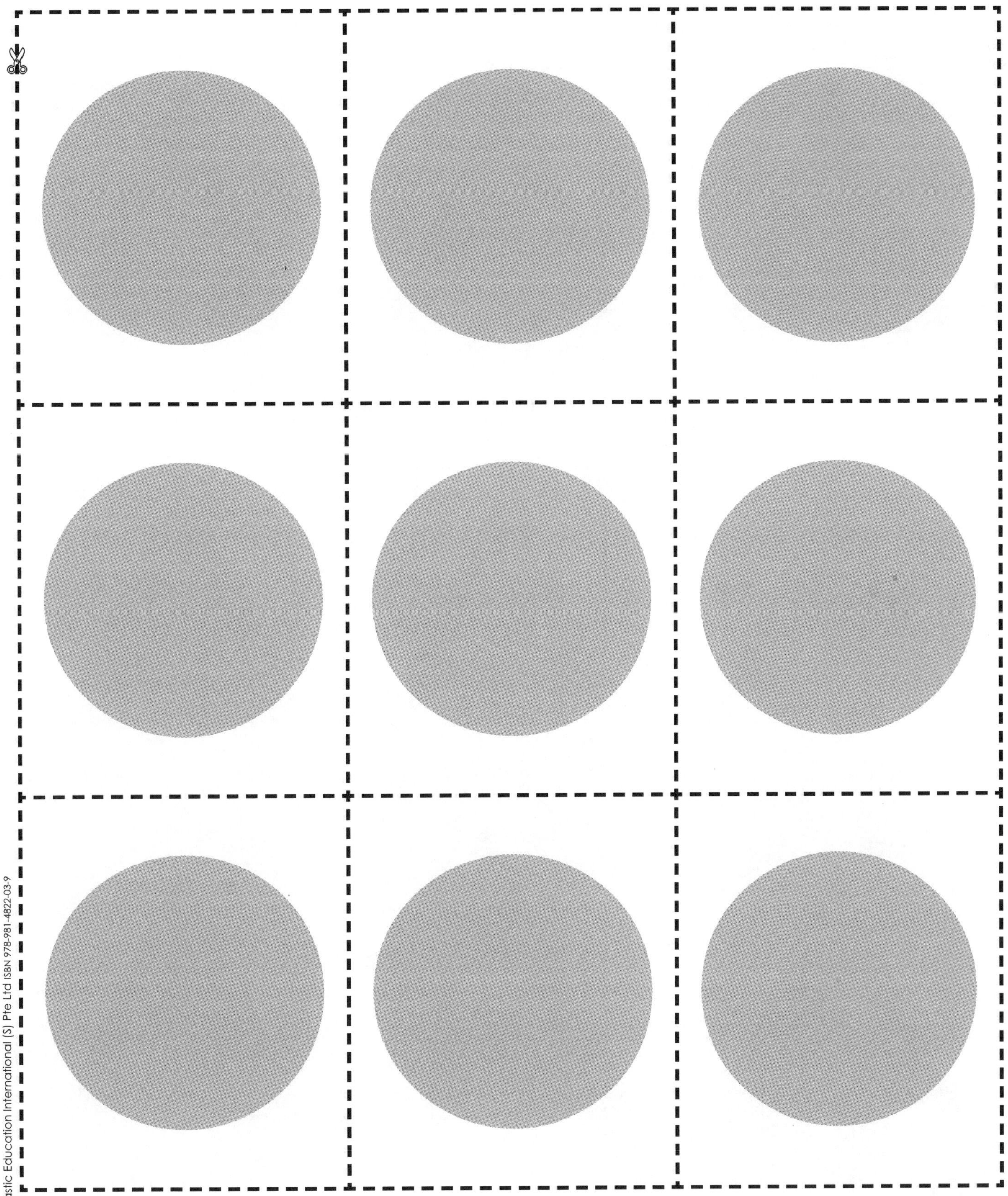

 ISBN 978-981-4822-03-9

RM 11.4 Recortables de figuras
Triángulos

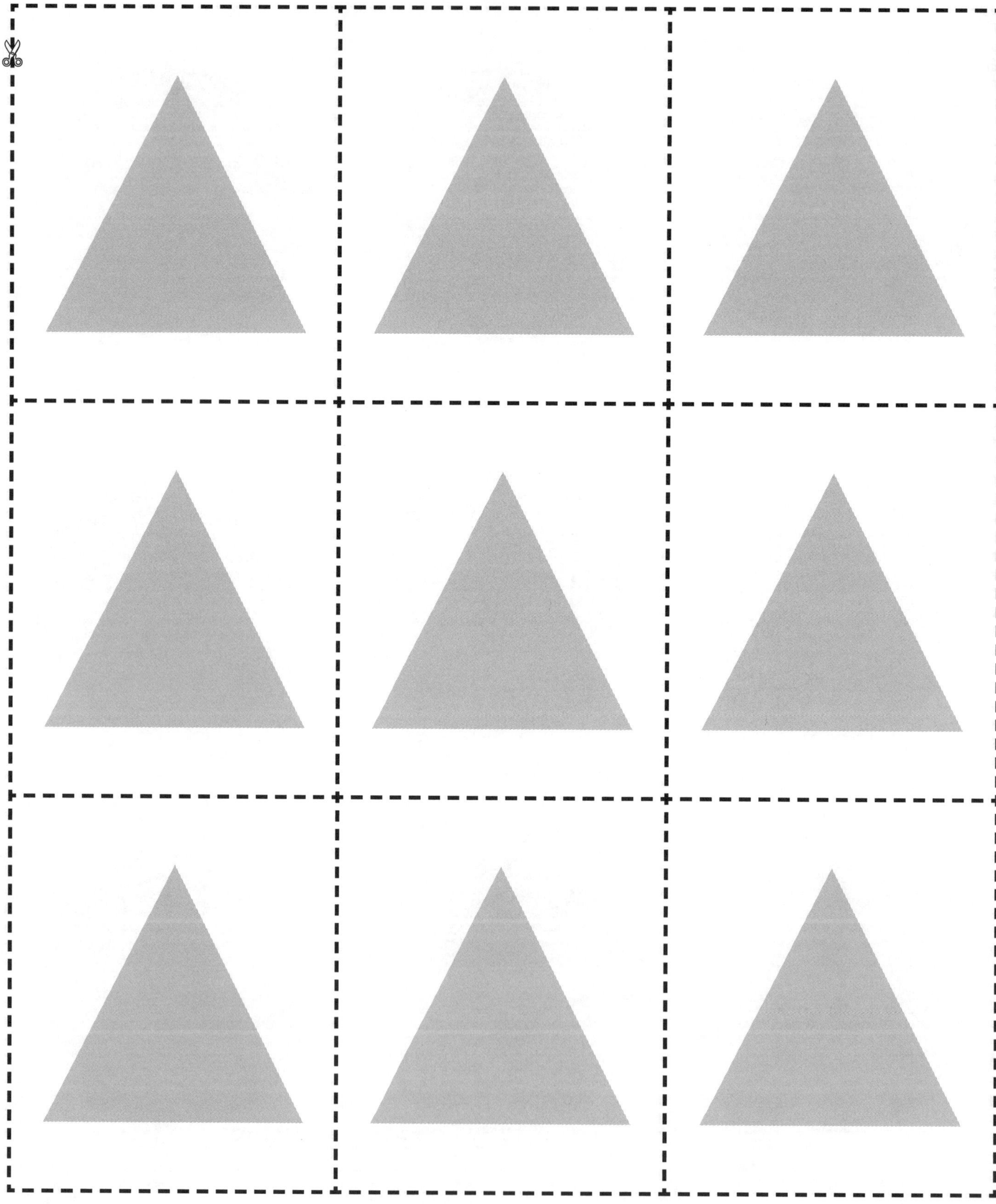

RM 11.5 Recortables de figuras
Rectángulos

 ISBN 978-981-4822-03-9

RM 11.6 Mi hoja de patrones

 ISBN 978-981-4822-03-9

RM 11.7 Cartas de patrones

→ 1

→ 2

→ 1

→ 2

→ 3

 ISBN 978-981-4822-03-9

RM 11.8 Cartas de patrones

→ 2

□ □ □ □ □ □ ____ ____

→ 1

□ □ □ □ □ ____ ____ ____

→ 2

□ □ □ □ □ □ ____ ____

→ 3

□ □ □ □ ____ □ ____

→ 1

□ □ □ □ ____ ____ ____

 ISBN 978-981-4822-03-9

RM 12.1 Hileras de 6 y 7 cuadrados

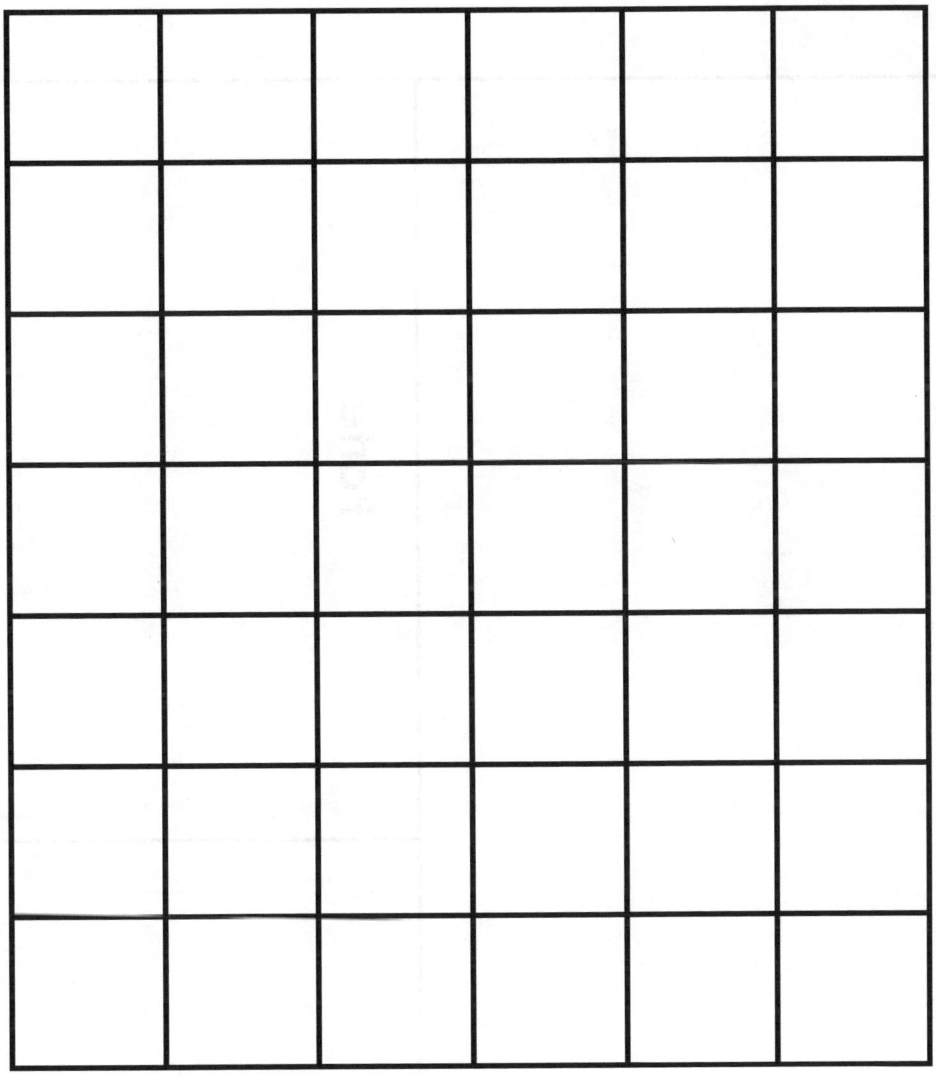

RM 12.2 Tablero de parte-parte-todo

Todo	
Parte	Parte

 ISBN 978-981-4822-03-9

RM 12.3 Hoja de registro de parte-parte-todo

Todo	
Parte	**Parte**
Podemos separar _______ en _______ y _______.	

Todo	
Parte	**Parte**
Podemos separar _______ en _______ y _______.	

RM 12.4 Hoja de registro para separar

Separar ☐

<table>
<tr><td colspan="2">Todo</td></tr>
<tr><td>Parte</td><td>Parte</td></tr>
</table>

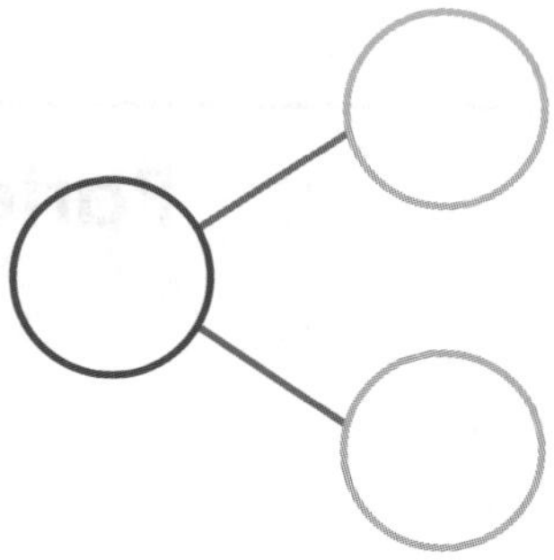

<table>
<tr><td colspan="2">Todo</td></tr>
<tr><td>Parte</td><td>Parte</td></tr>
</table>

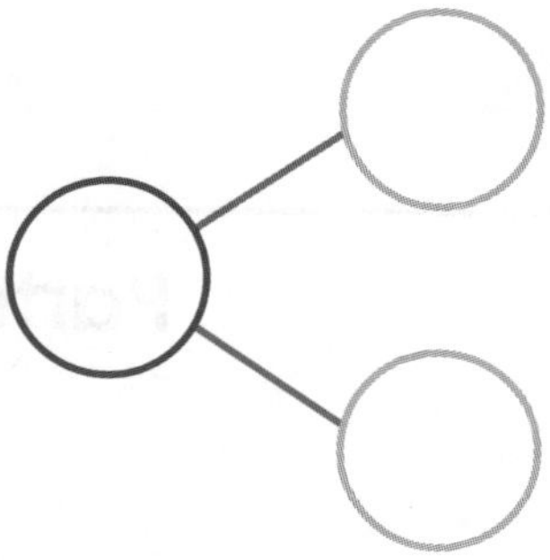

RM 12.5 Tarjetas de 3 puntos

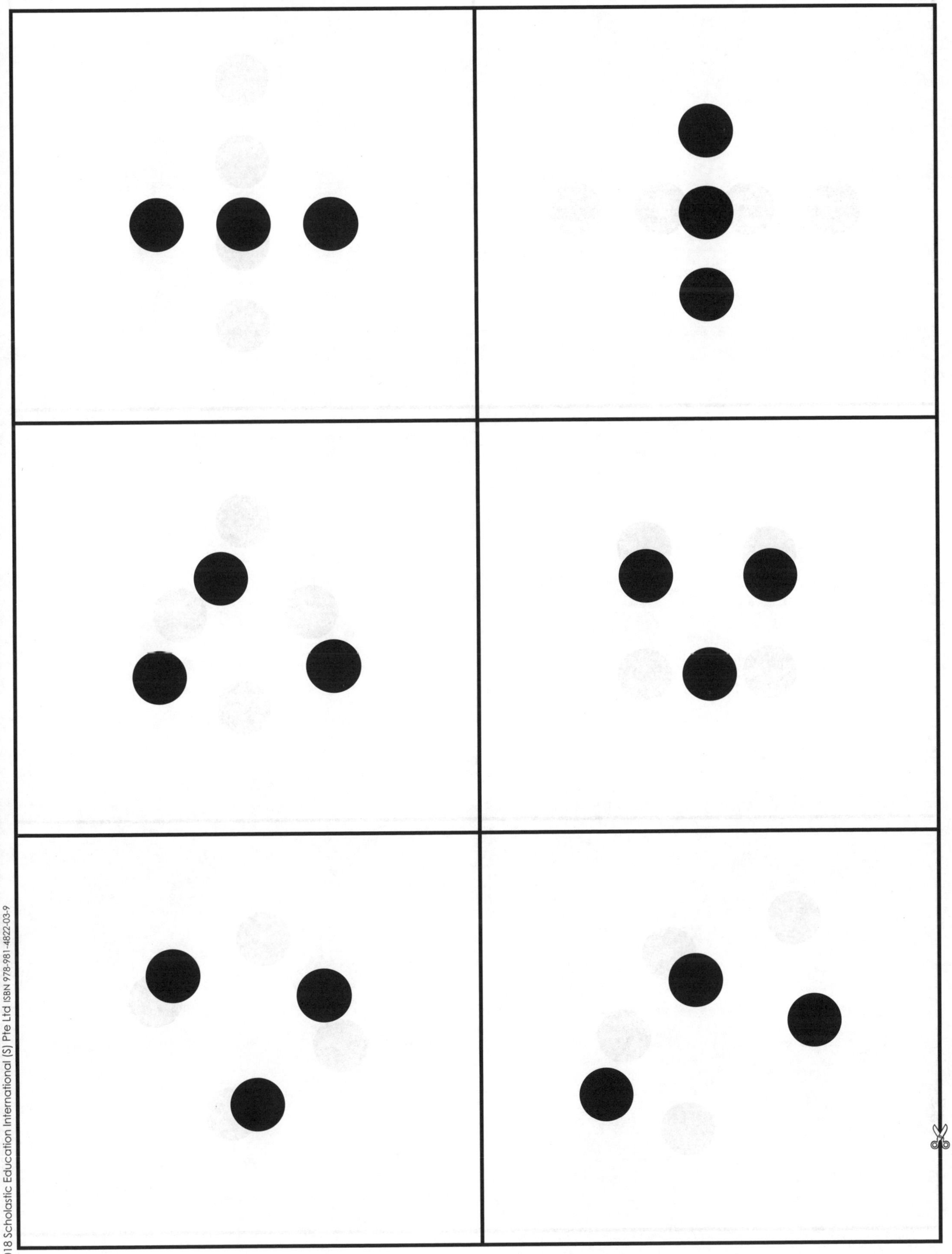

 ISBN 978-981-4822-03-9

RM 12.6 Tarjetas de 4 puntos

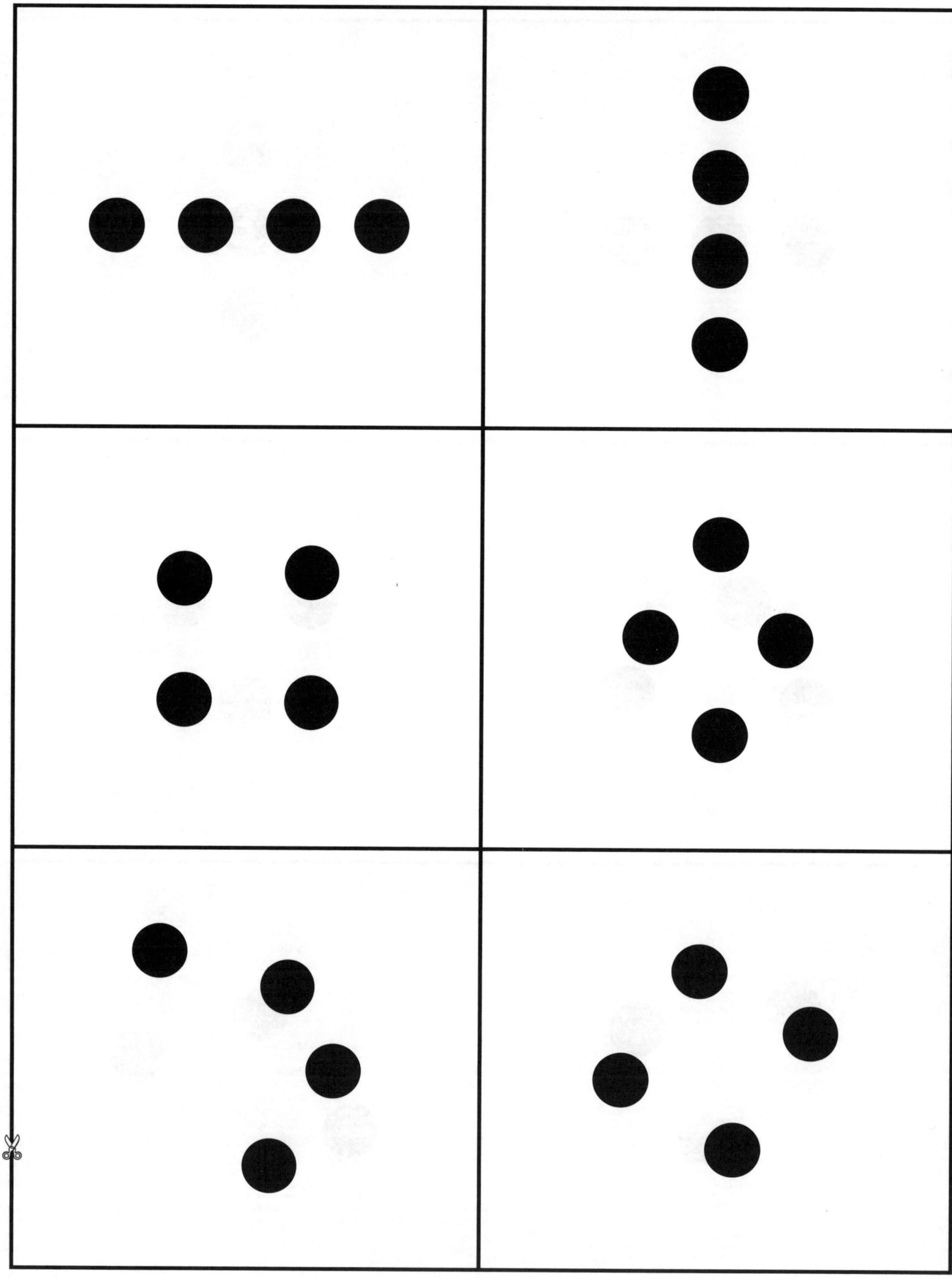

 ISBN 978-981-4822-03-9

RM 12.7 Tarjetas de 5 puntos

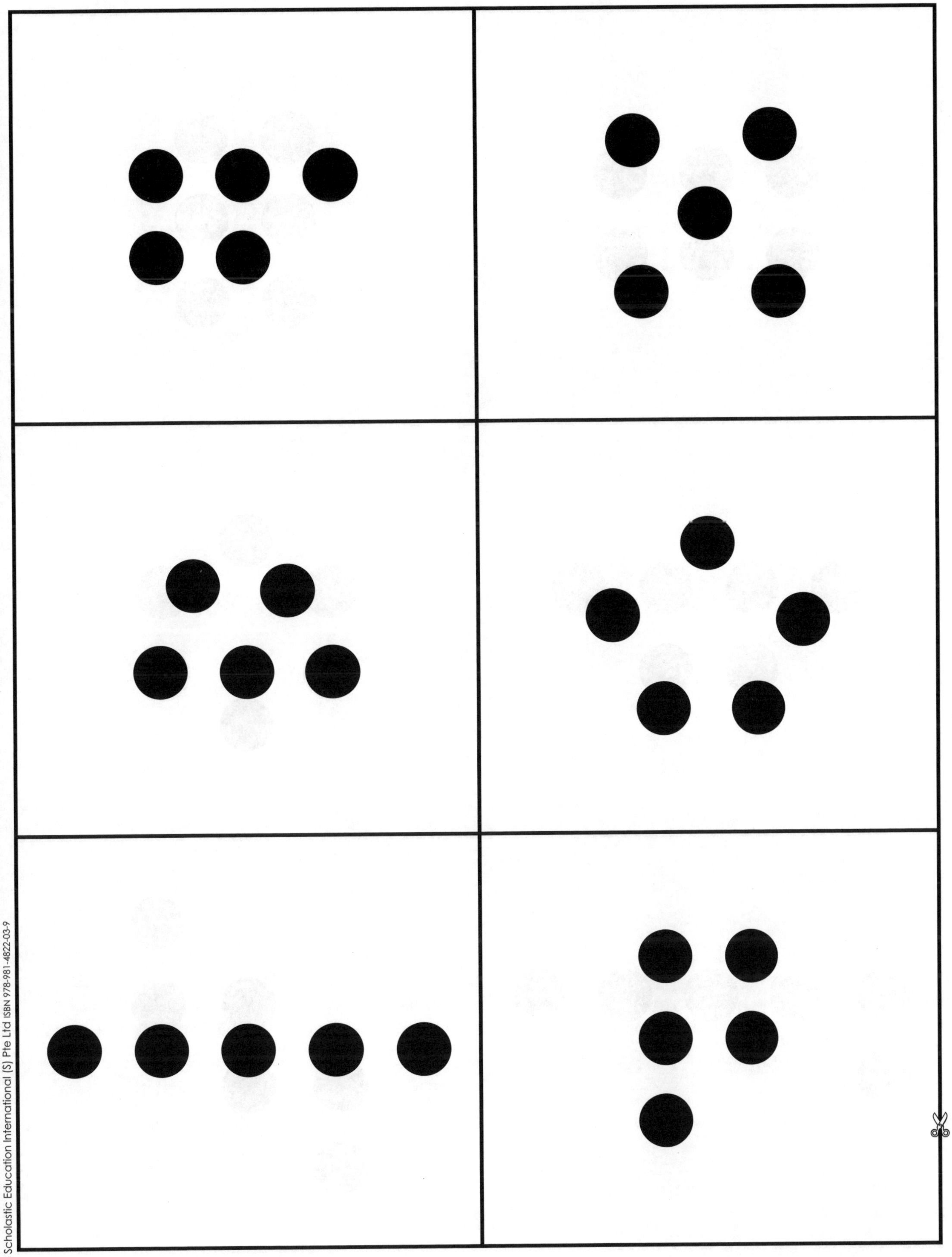

 ISBN 978-981-4822-03-9

RM 12.8 Tarjetas de 6 puntos

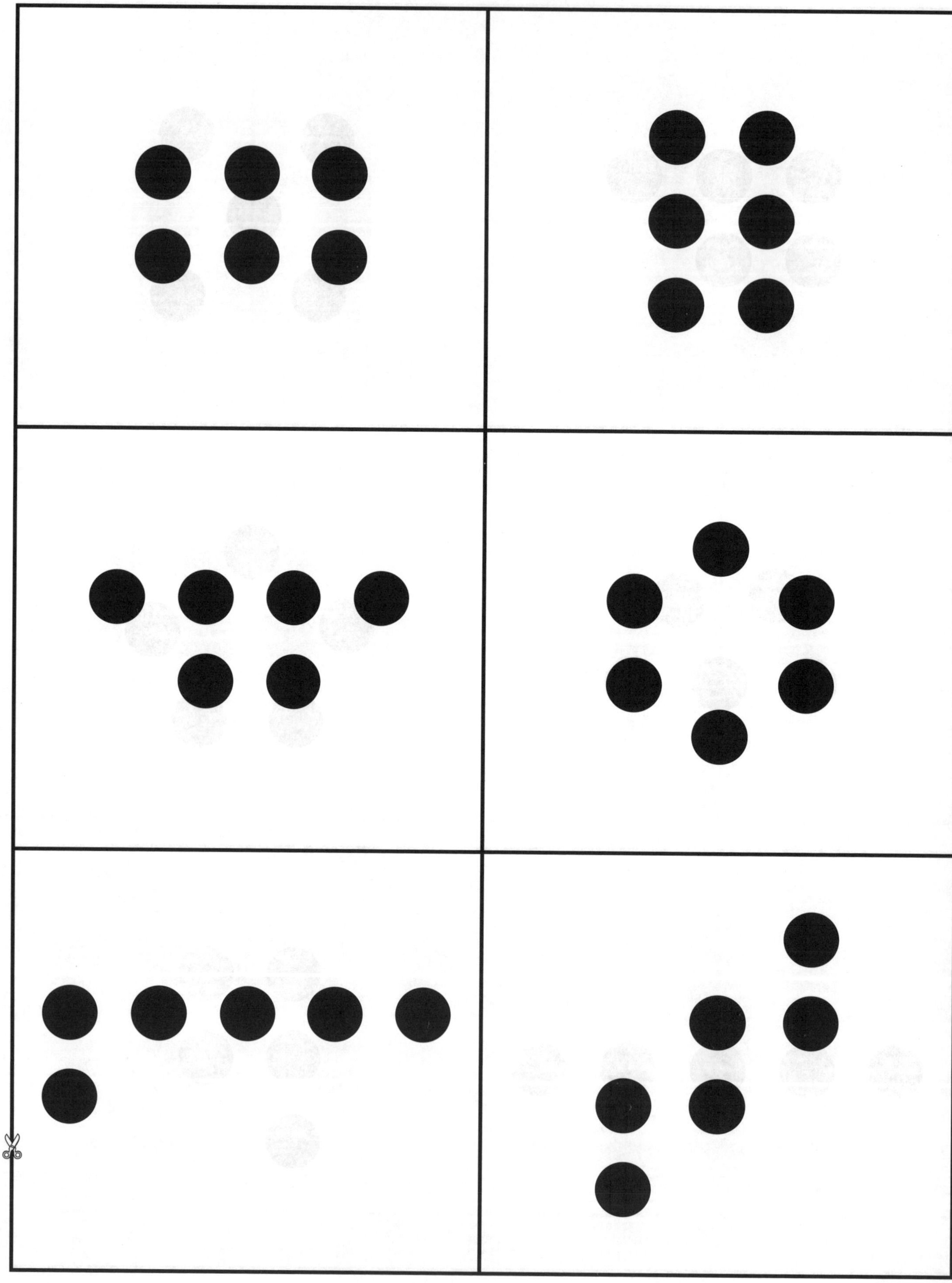

 ISBN 978-981-4822-03-9

RM 12.9 Hileras de 8 y 9 cuadrados

RM 12.10 Tablero de parte-parte-todo de 8 puntos

Todo 8 ● ● ● ● ● ● ● ●	
Parte	Parte

Todo 8 ● ● ● ● ● ● ● ●	
Parte	Parte

Todo 8 ● ● ● ● ● ● ● ●	
Parte	Parte

Todo 8 ● ● ● ● ● ● ● ●	
Parte	Parte

 ISBN 978-981-4822-03-9

RM 12.11 Tarjetas de puntos de parte-parte-todo del 0 al 10

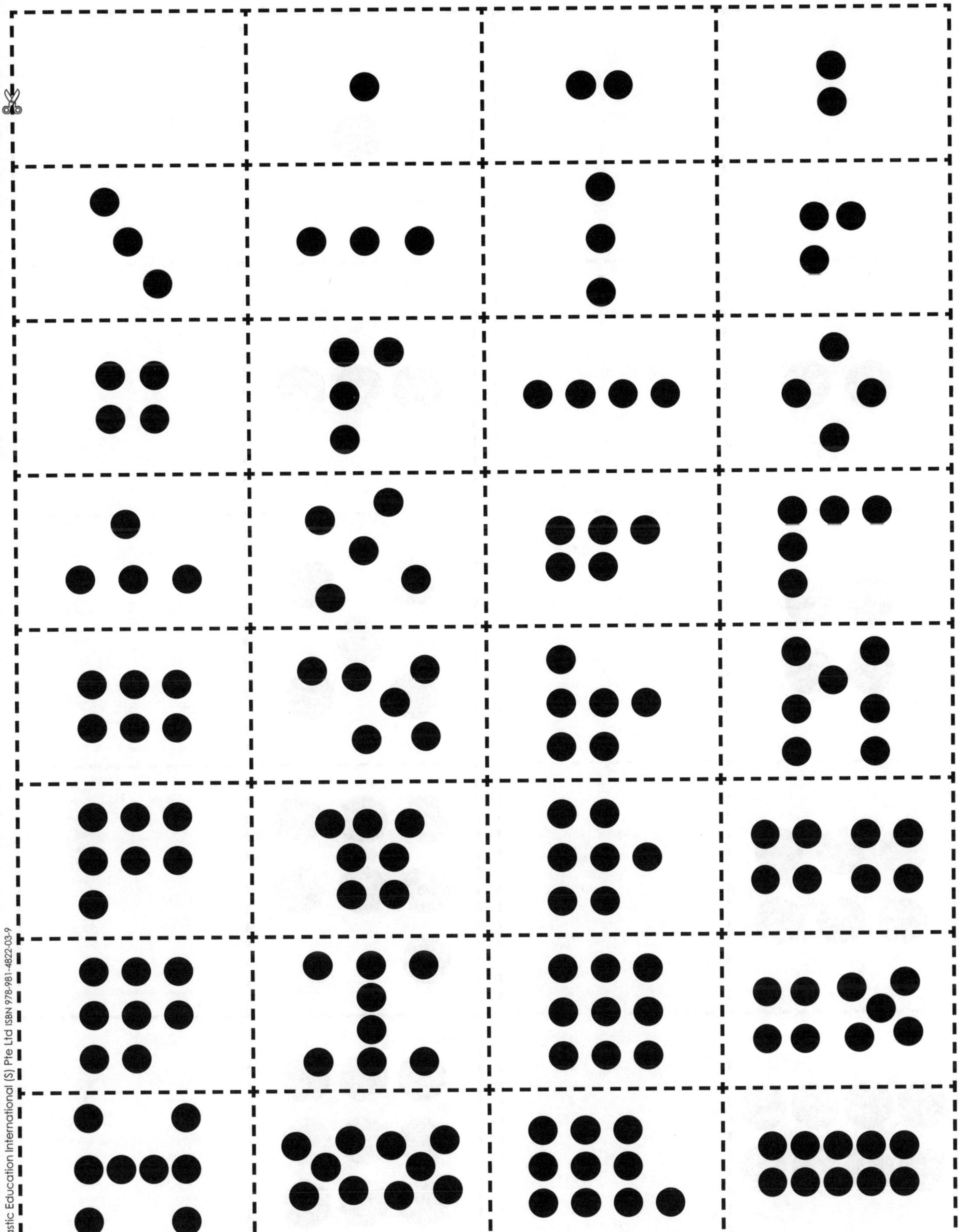

 ISBN 978-981-4822-03-9

RM 12.12 Tarjetas de dominó

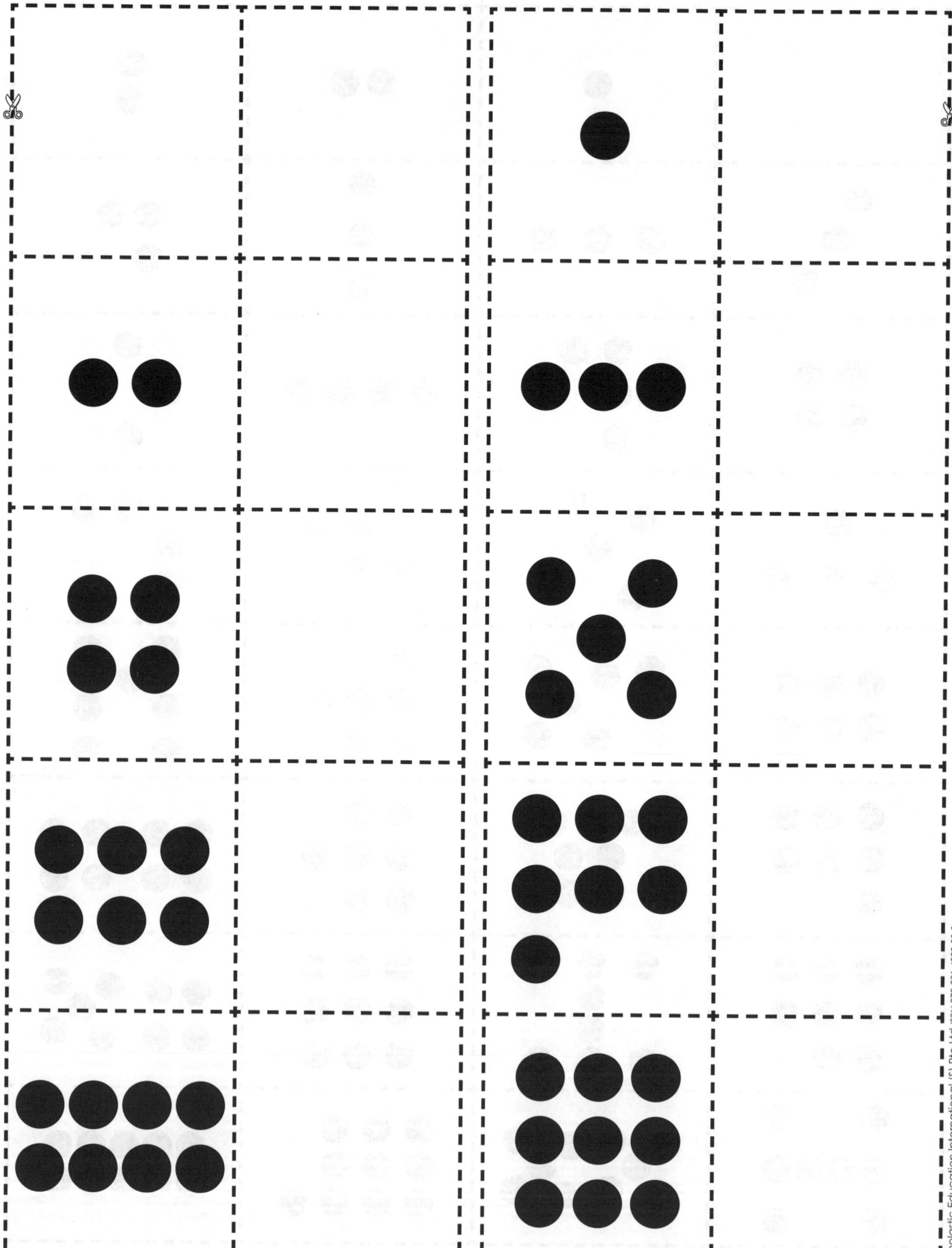

 ISBN 978-981-4822-03-9

RM 12.13 Hoja de registro de números relacionados

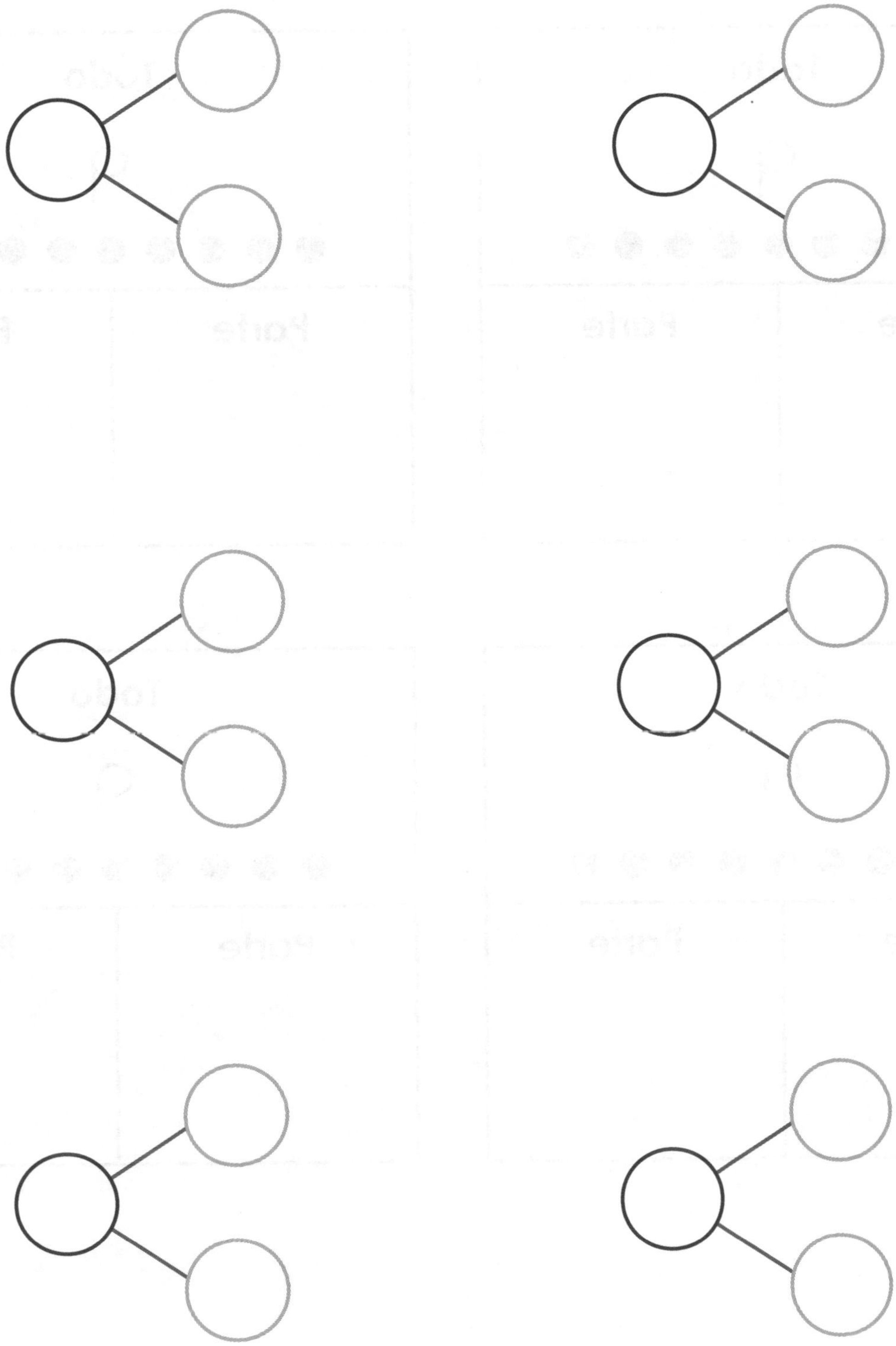

 ISBN 978-981-4822-03-9

RM 12.14 Tablero de parte-parte-todo de 9 puntos

Todo 9 ●●●●●●●●●	
Parte	Parte

Todo 9 ●●●●●●●●●	
Parte	Parte

Todo 9 ●●●●●●●●●	
Parte	Parte

Todo 9 ●●●●●●●●●	
Parte	Parte

 ISBN 978-981-4822-03-9

RM 13.1 Hileras de 10 cuadrados

 ISBN 978-981-4822-03-9

RM 13.2 Hoja de registro de números relacionados

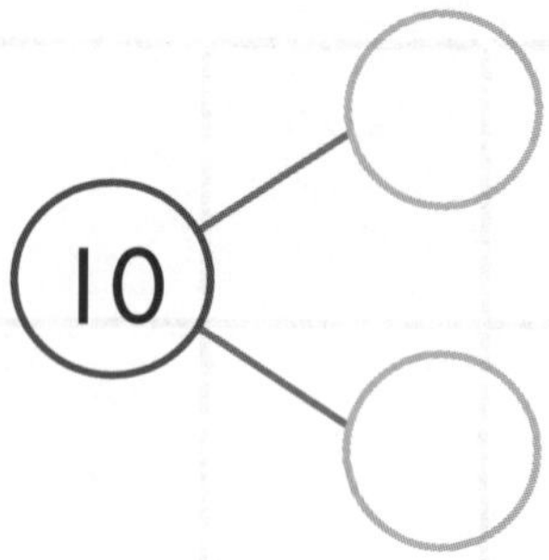

Podemos separar 10 en
_____ y _____.

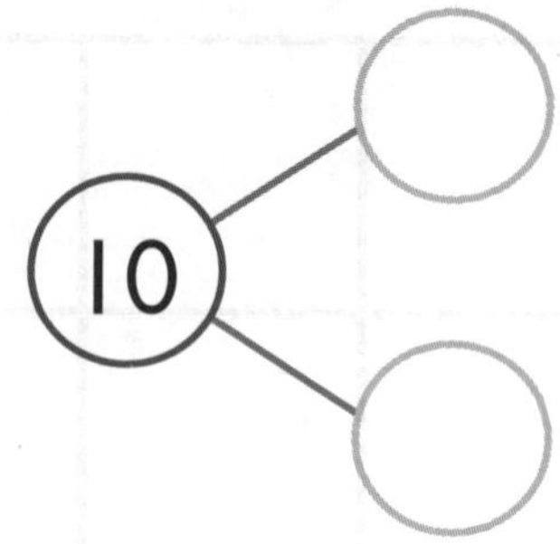

Podemos separar 10 en
_____ y _____.

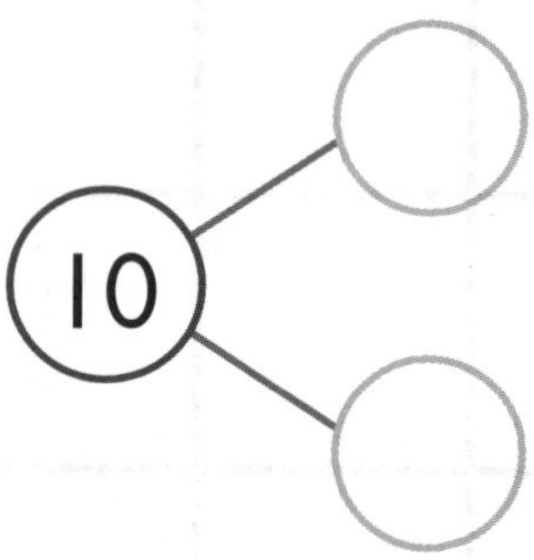

Podemos separar 10 en
_____ y _____.

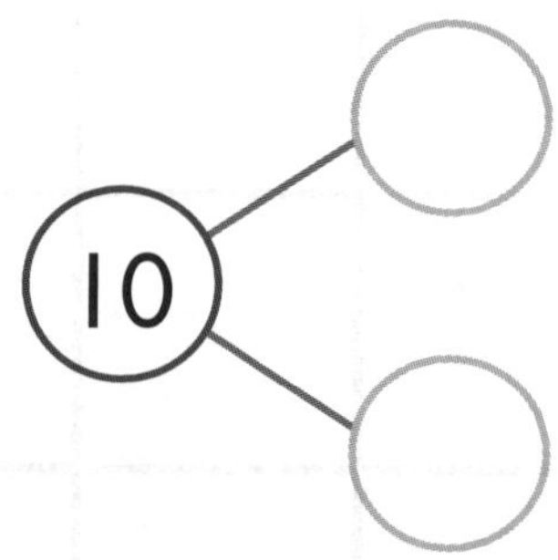

Podemos separar 10 en
_____ y _____.

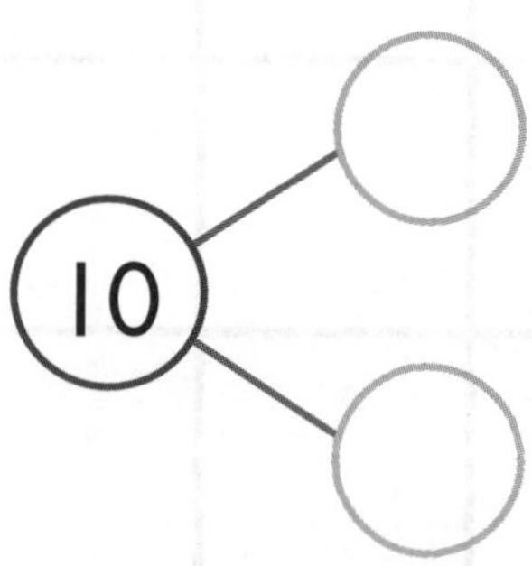

Podemos separar 10 en
_____ y _____.

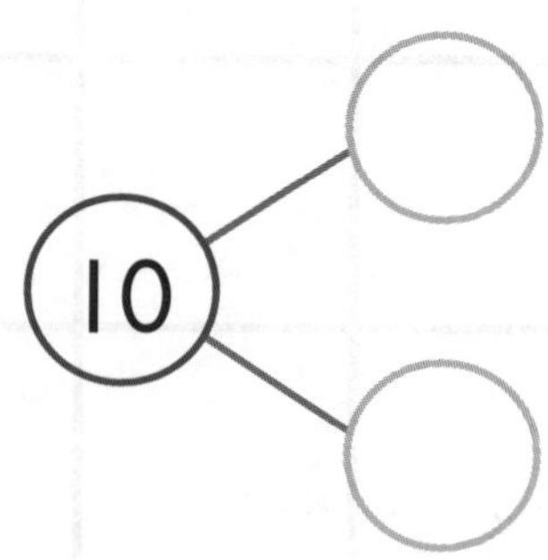

Podemos separar 10 en
_____ y _____.

RM 13.3 Tarjetas de puntos en cuadros de 10

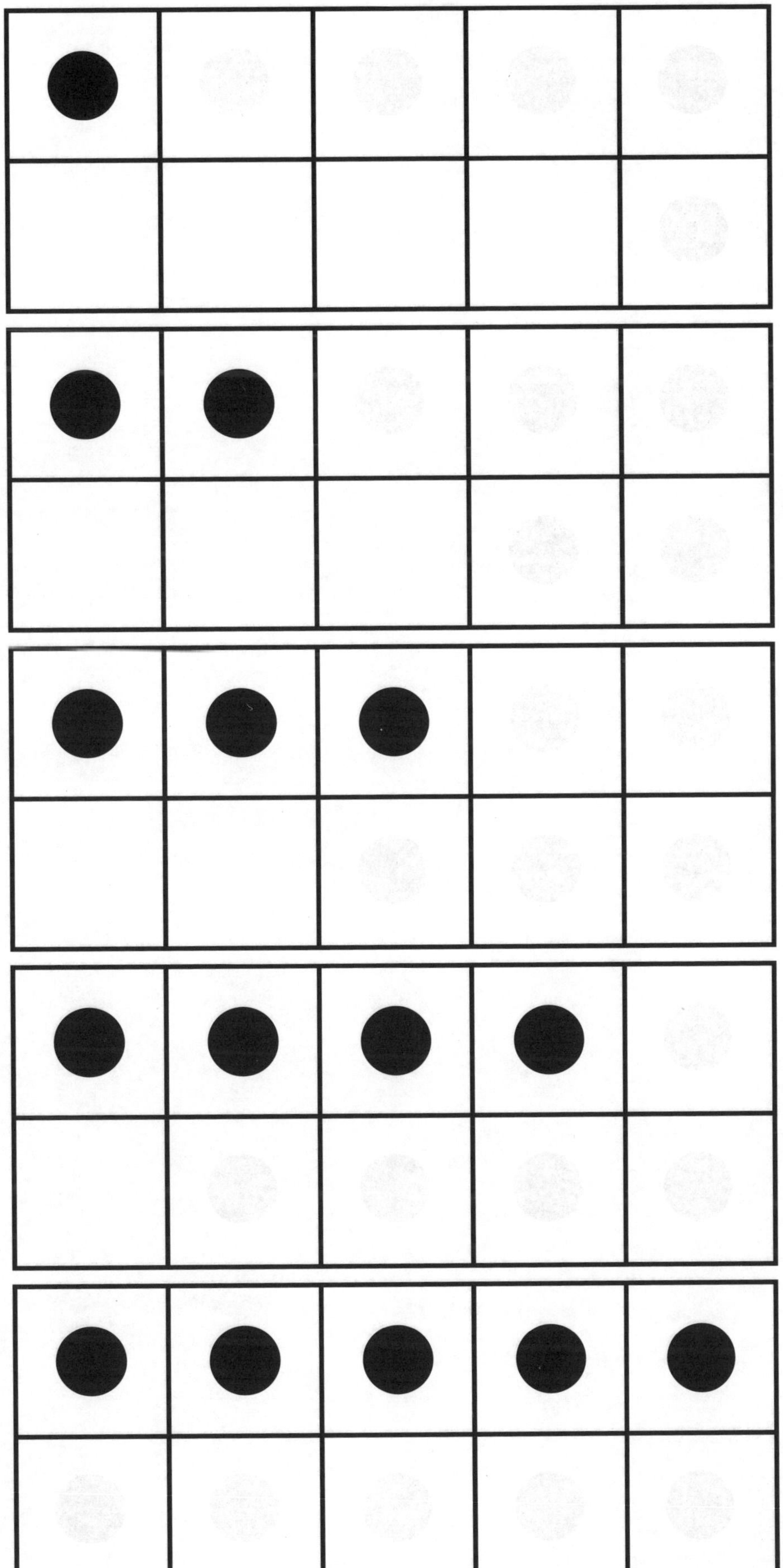

RM 13.3 Tarjetas de puntos en cuadros de 10 (Continuación)

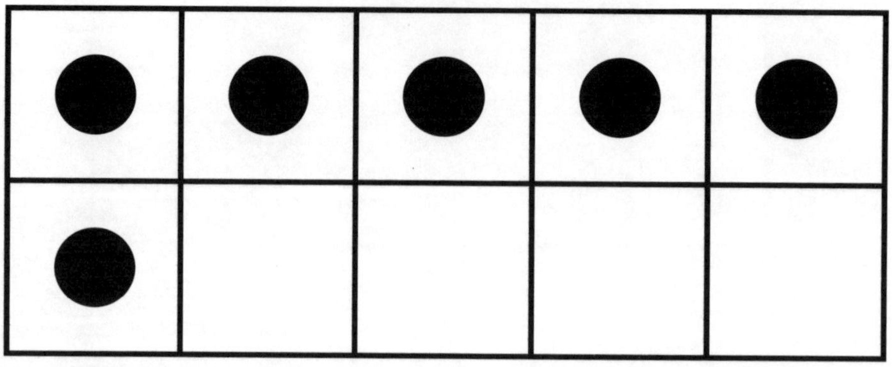

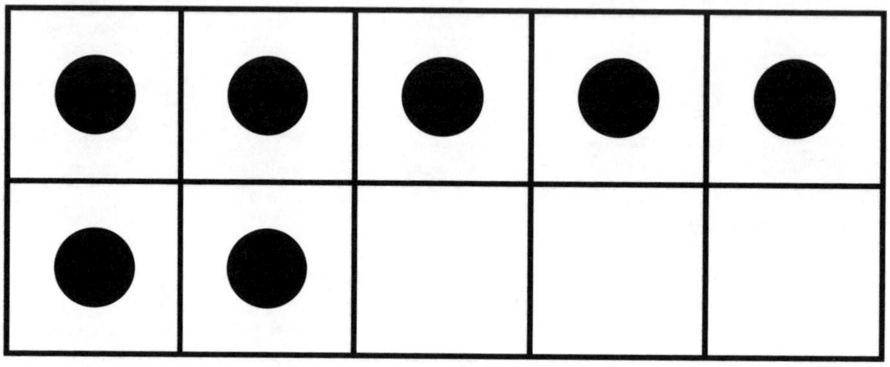

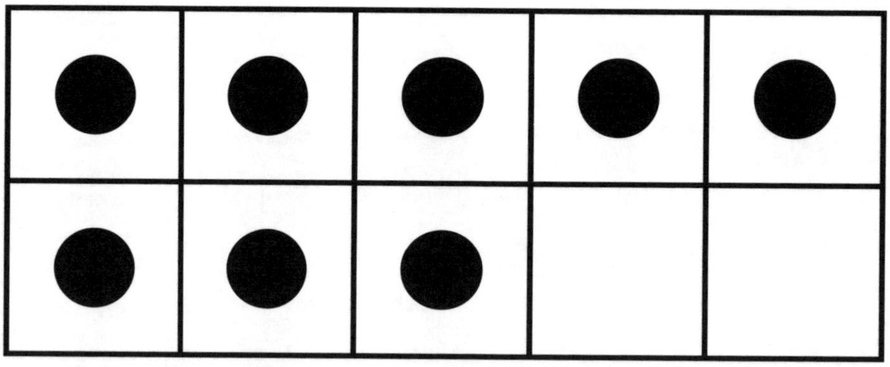

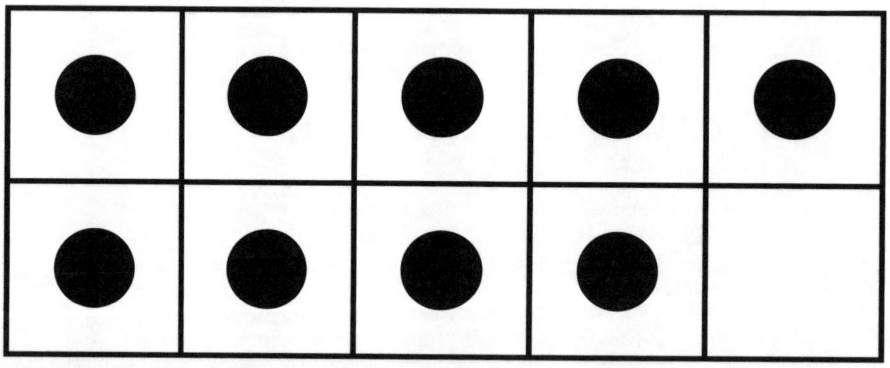

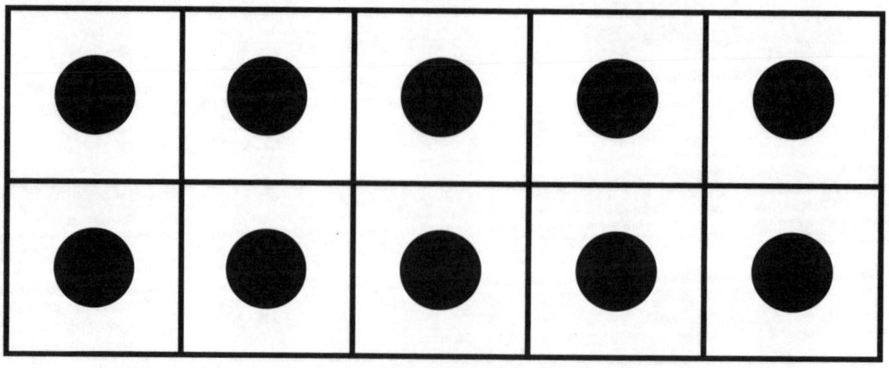

ISBN 978-981-4822-03-9

RM 13.4 Hoja de registro para formar 10

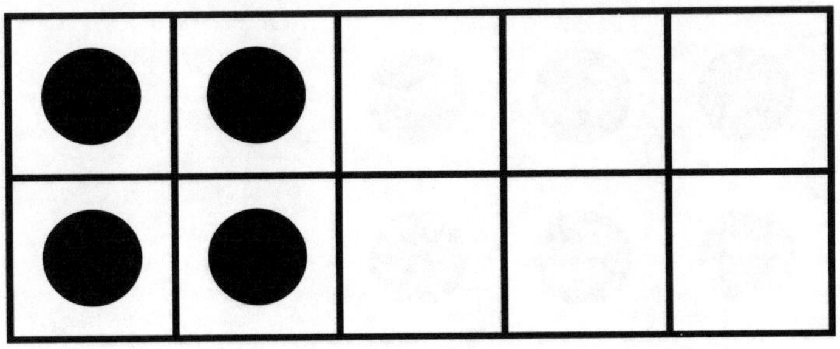

________ y ________ más forman 10.

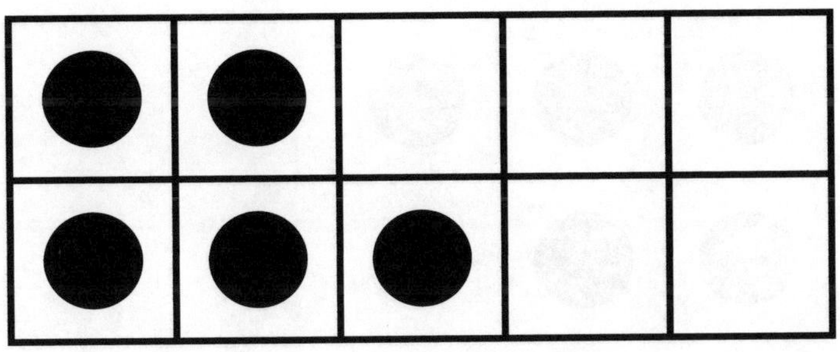

________ y ________ más forman 10.

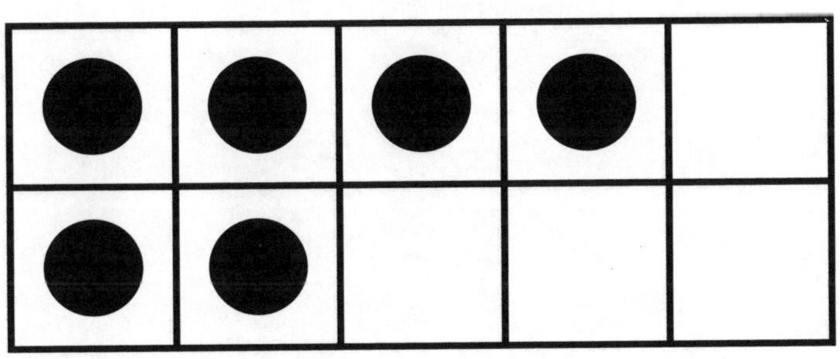

________ y ________ más forman 10.

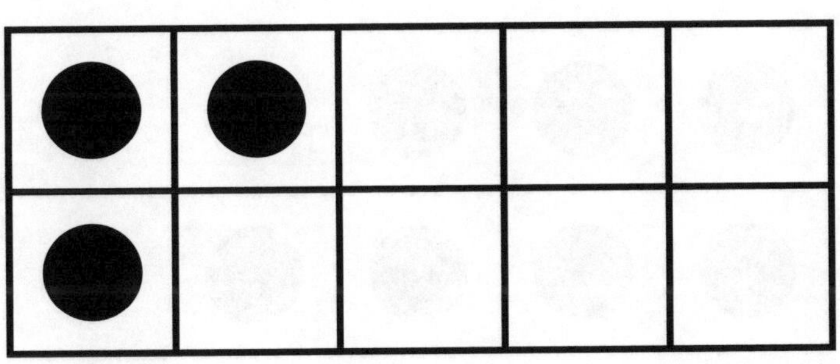

________ y ________ más forman 10.

________ y ________ más forman 10.

 ISBN 978-981-4822-03-9

RM 13.4 Hoja de registro para formar 10 (Continuación)

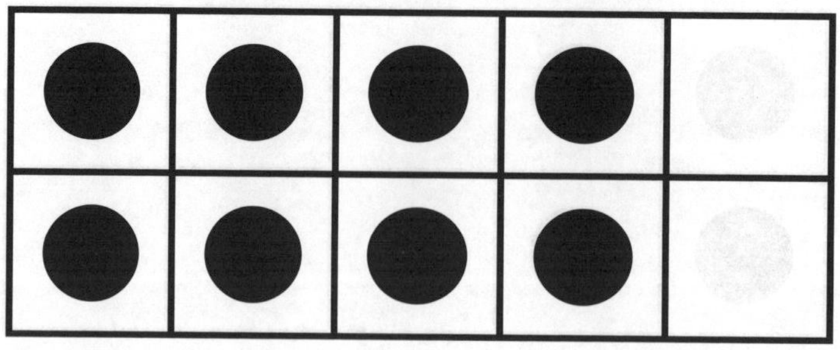

_________ y _________ más forman 10.

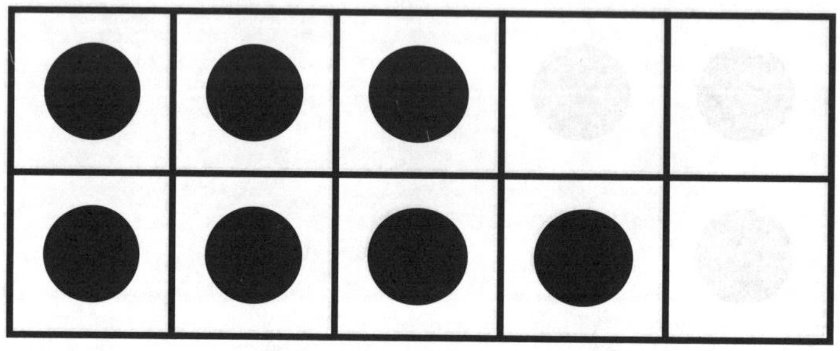

_________ y _________ más forman 10.

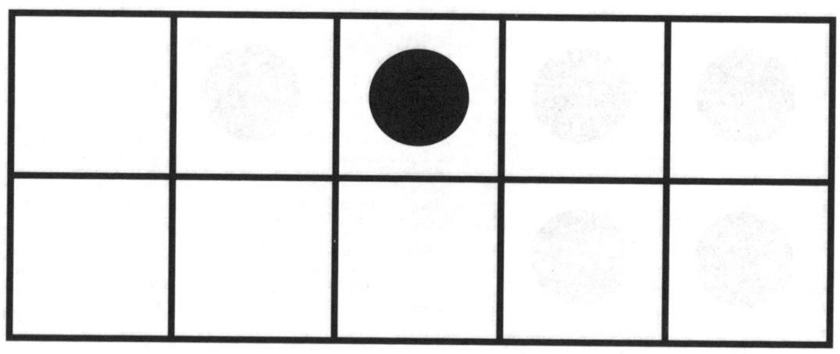

_________ y _________ más forman 10.

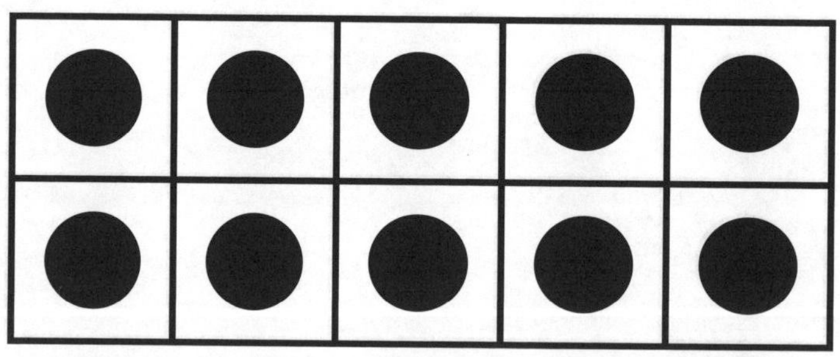

_________ y _________ más forman 10.

_________ y _________ más forman 10.

RM 13.5 Tarjetas de números relacionados

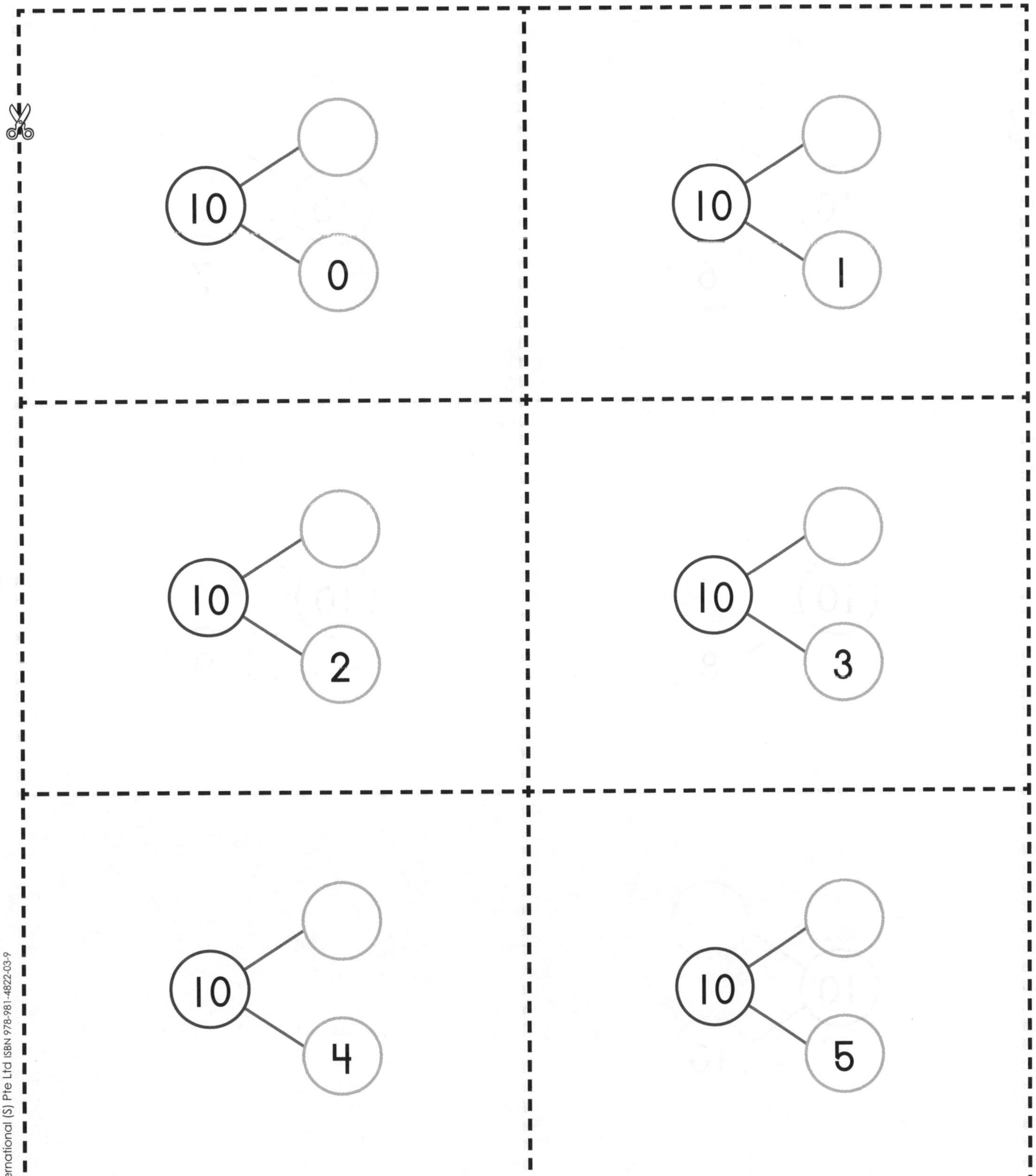

 ISBN 978-981-4822-03-9

RM 13.5 Tarjetas de números relacionados (Continuación)

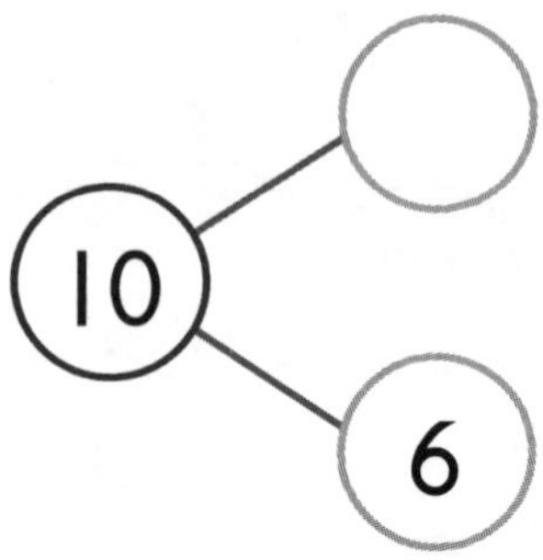

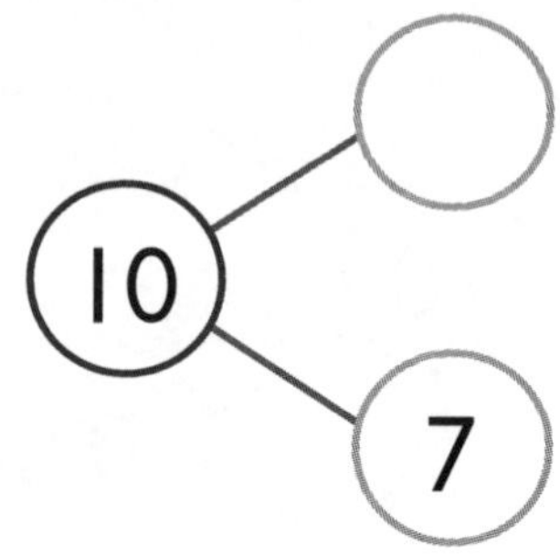

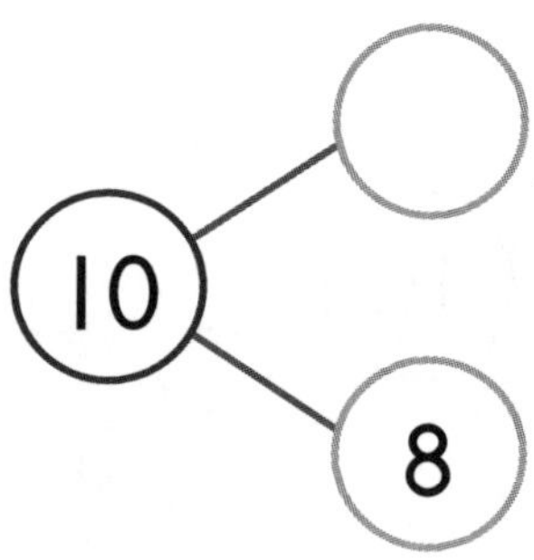

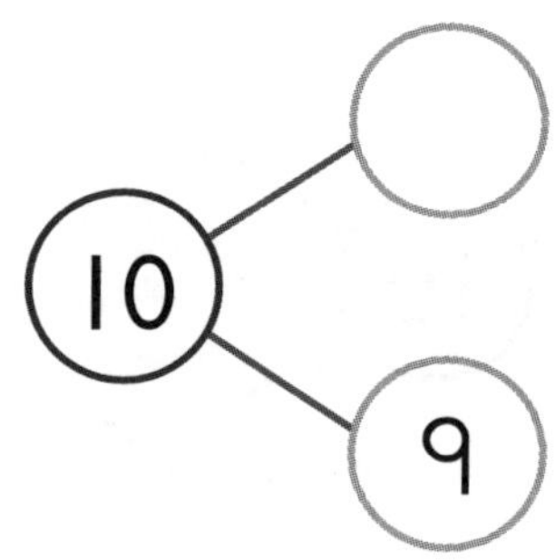

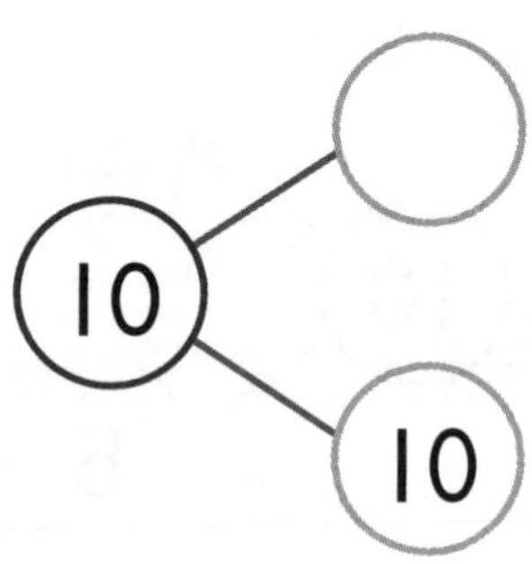

RM 13.6 Tarjetas de partes que faltan

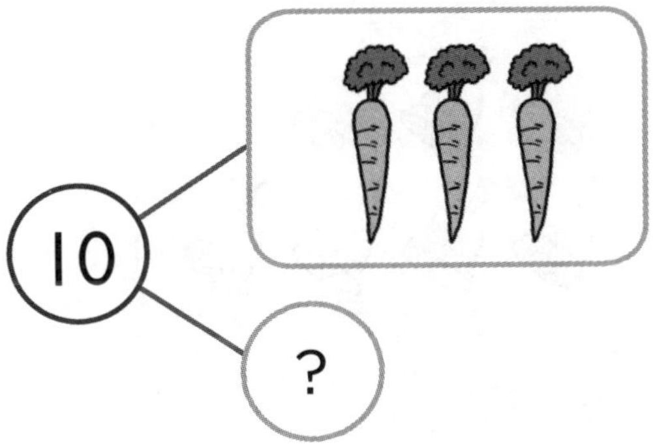

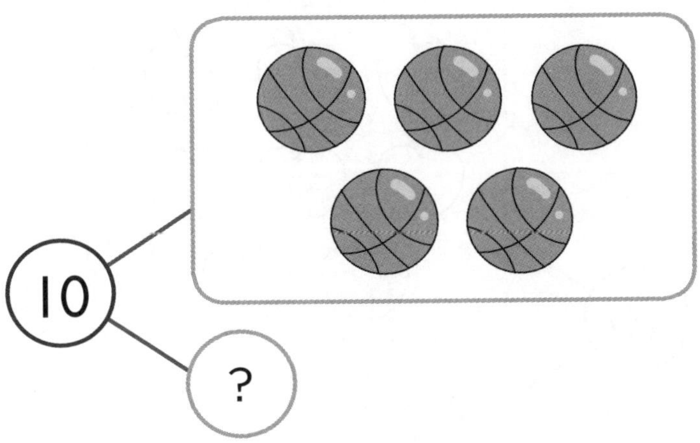

 ISBN 978-981-4822-03-9

RM 13.6 Tarjetas de partes que faltan (Continuación)

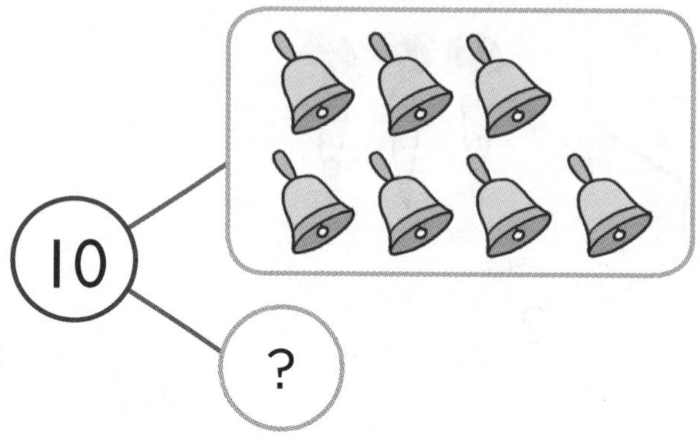

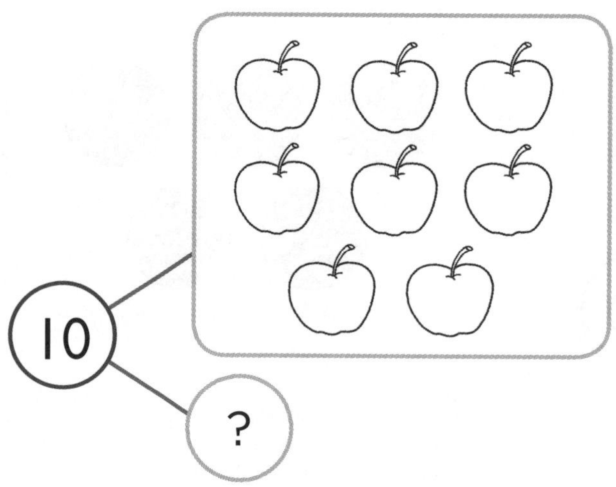

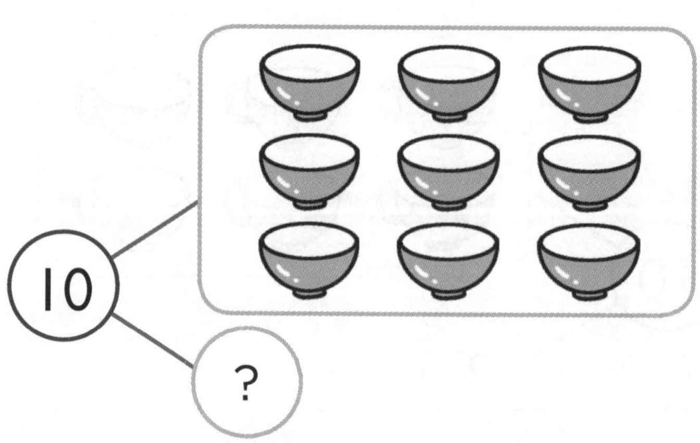

 ISBN 978-981-4822-03-9

RM 14.1 Tarjetas de números (0–5)

0	1
2	3
4	5

 ISBN 978-981-4822-03-9

RM 14.2 Ruleta de sumar 1 o sumar 0

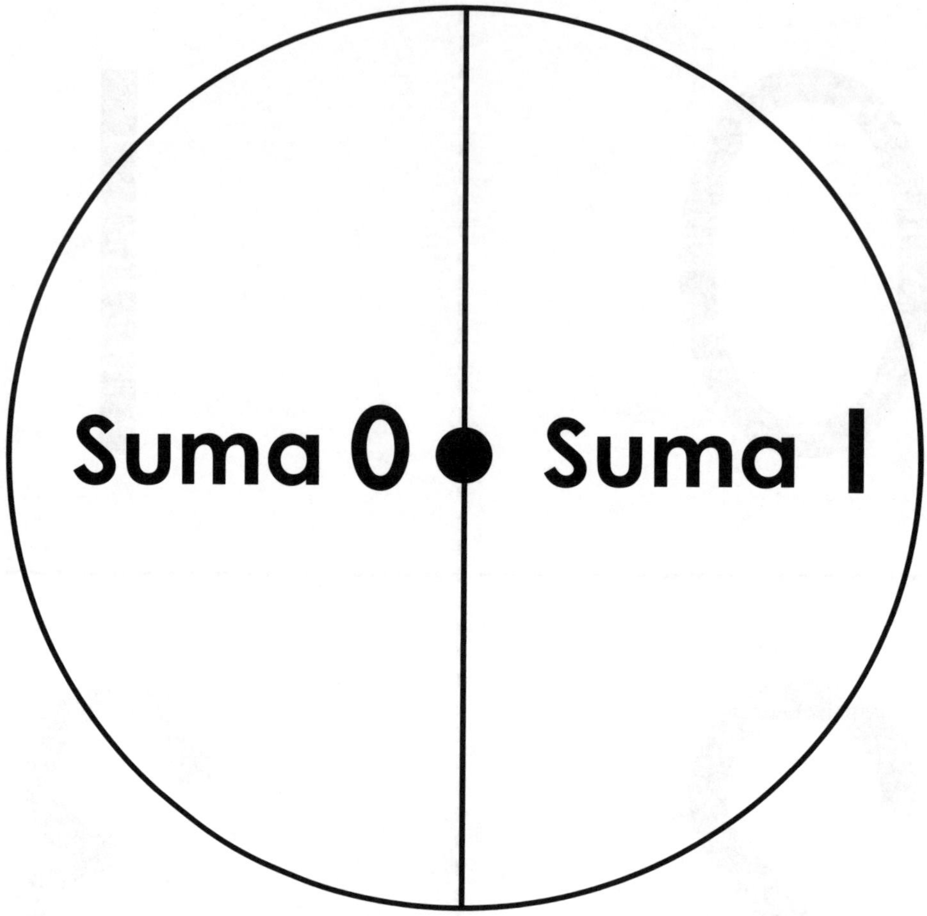

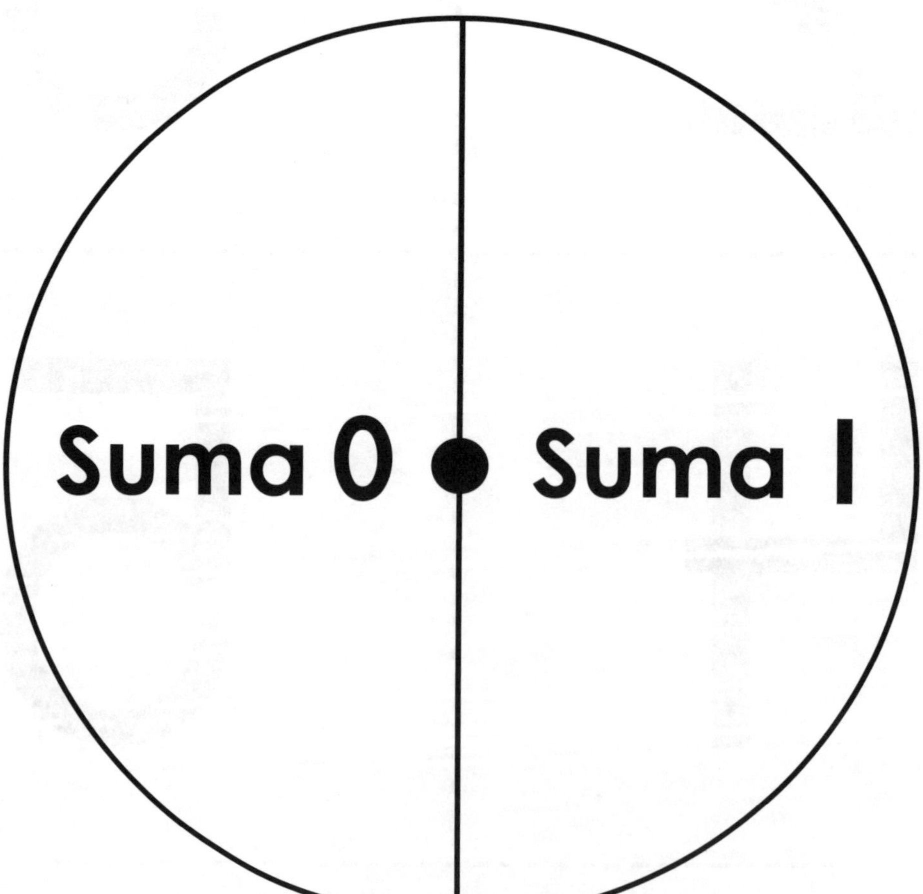

RM 14.3 Hoja de operaciones de suma del 0 al 5

Suma 0	Suma 1	Suma 2	Suma 3	Suma 4	Suma 5
0 y 0 es igual a ________.	0 y 1 es igual a ________.	0 y 2 es igual a ________.	0 y 3 es igual a ________.	0 y 4 es igual a ________.	0 y 5 es igual a ________.
1 y 0 es igual a ________.	1 y 1 es igual a ________.	1 y 2 es igual a ________.	1 y 3 es igual a ________.	1 y 4 es igual a ________.	
2 y 0 es igual a ________.	2 y 1 es igual a ________.	2 y 2 es igual a ________.	2 y 3 es igual a ________.		
3 y 0 es igual a ________.	3 y 1 es igual a ________.	3 y 2 es igual a ________.			
4 y 0 es igual a ________.	4 y 1 es igual a ________.				
5 y 0 es igual a ________.					

RM 14.4 Tarjetas de sumar hasta 5

0 y 0	0 y 1	0 y 2
0 y 3	0 y 4	0 y 5
1 y 0	1 y 1	1 y 2
1 y 3	1 y 4	2 y 0

RM 14.4 Tarjetas de sumar hasta 5 (Continuación)

2 y 1	2 y 2	2 y 3
3 y 0	3 y 1	3 y 2
4 y 0	4 y 1	5 y 0

 ISBN 978-981-4822-03-9

RM 14.5 Tablero para *combinar* parte-parte-todo

Todo	
Parte	Parte

 ISBN 978-981-4822-03-9

RM 14.6 Tarjetas de números (6–10)

6	7
8	9
10	

 ISBN 978-981-4822-03-9

RM 14.7 Tarjetas para seguir contando

Sigue contando

1

más

Sigue contando

2

más

 ISBN 978-981-4822-03-9

 ISBN 978-981-4822-03-9

RM 14.8 Cinta de números del 0 al 10

0	1	2	3	4	5	6	7	8	9	10
0	1	2	3	4	5	6	7	8	9	10
0	1	2	3	4	5	6	7	8	9	10

RM 14.9 Hoja de registro para seguir contando 1 ó 2 más

0	1	2	3	4	5	6	7	8	9	10

Mi número es ______. Sigo contando ______ más.

______ y ______ forman ______.

0	1	2	3	4	5	6	7	8	9	10

Mi número es ______. Sigo contando ______ más.

______ y ______ forman ______.

0	1	2	3	4	5	6	7	8	9	10

Mi número es ______. Sigo contando ______ más.

______ y ______ forman ______.

0	1	2	3	4	5	6	7	8	9	10

Mi número es______. Sigo contando ______ más.

______ y ______ forman ______.

 ISBN 978-981-4822-03-9

RM 14.10 Tarjetas de puntos en cuadros de 5

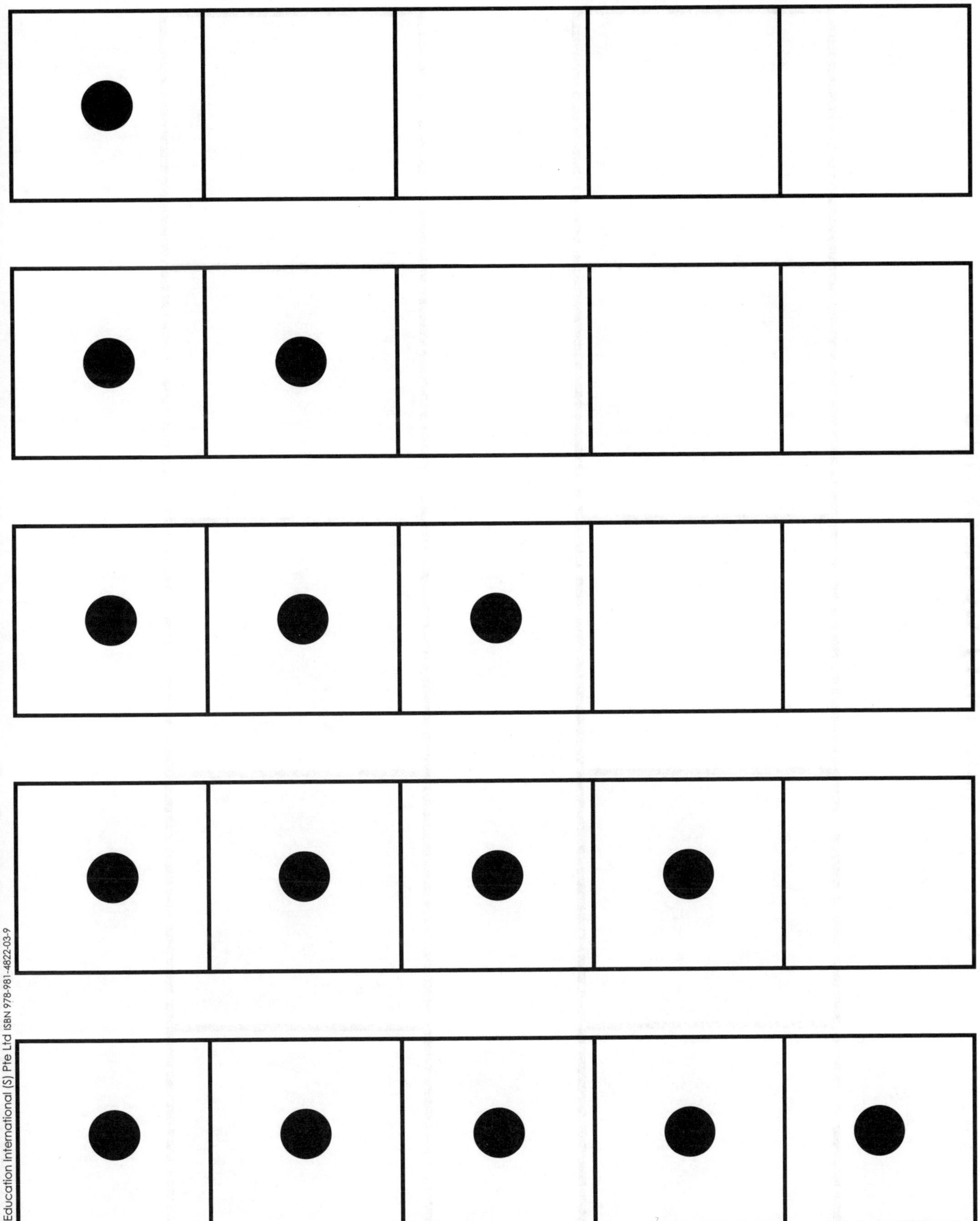

 ISBN 978-981-4822-03-9

RM 14.11 Cuadros de 5

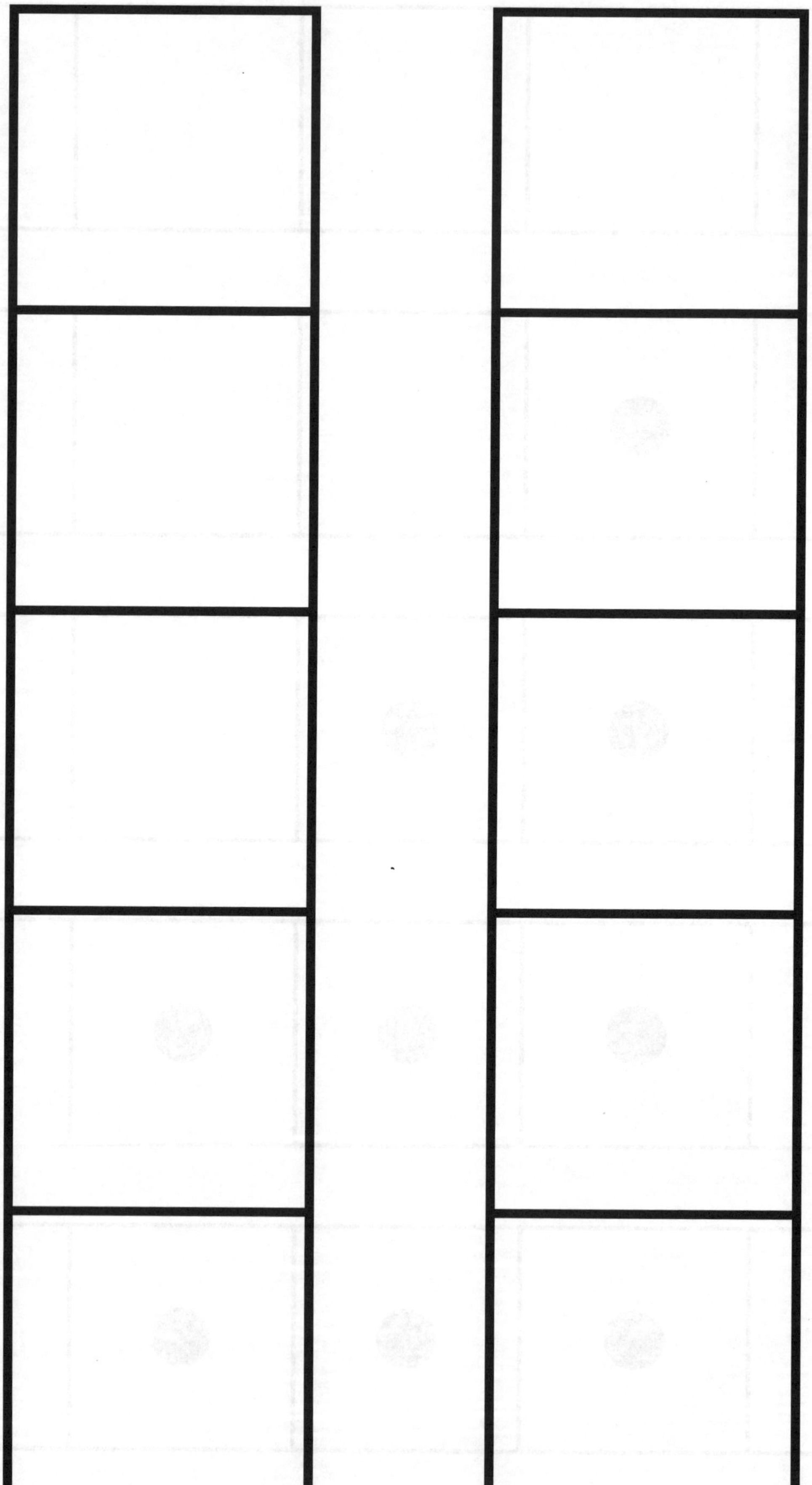

 ISBN 978-981-4822-03-9

RM 14.12 Ruleta de restar 1 o restar 0

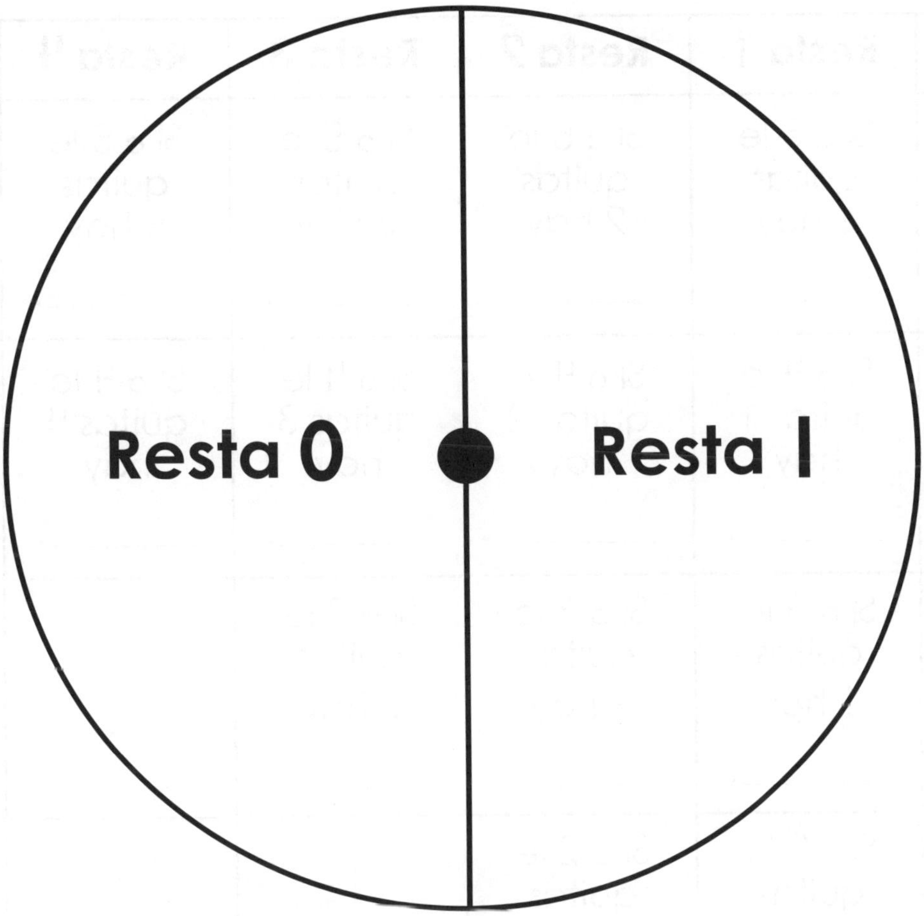

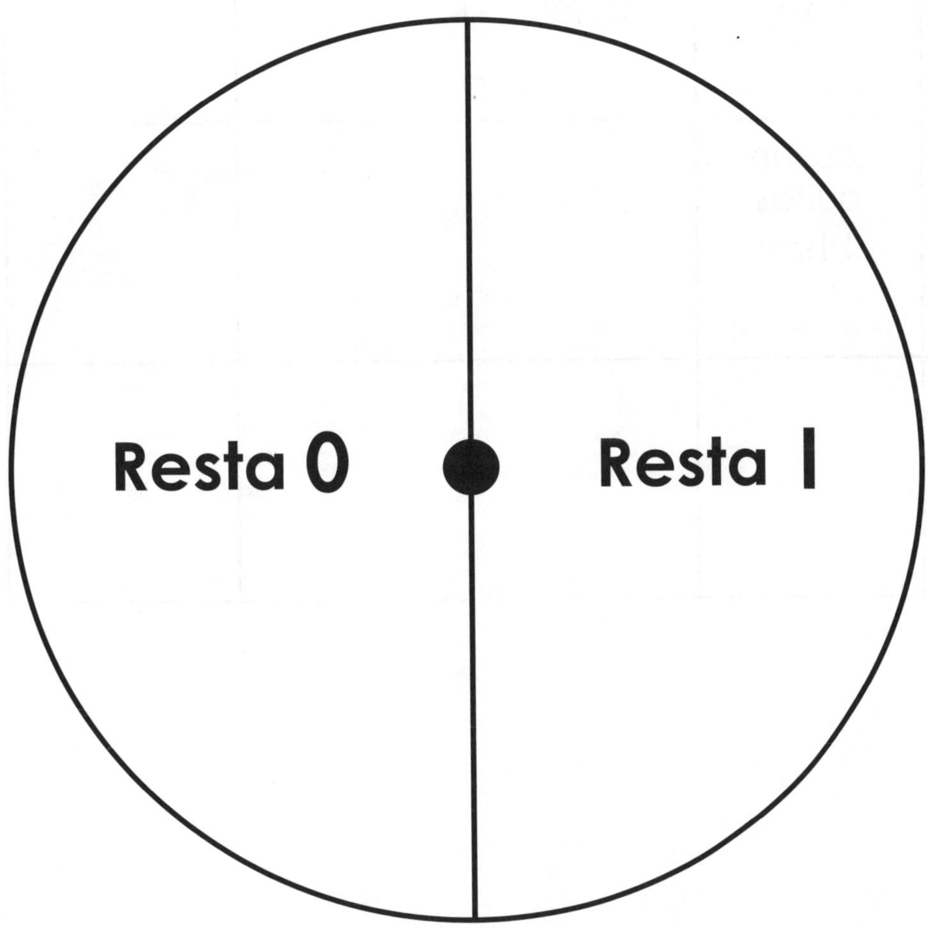

RM 14.13 Hoja de operaciones de resta del 0 al 5

Resta 0	Resta 1	Resta 2	Resta 3	Resta 4	Resta 5
Si a 5 le quitas 0 hay ______.	Si a 5 le quitas 1 hay ______.	Si a 5 le quitas 2 hay ______.	Si a 5 le quitas 3 hay ______.	Si a 5 le quitas 4 hay ______.	Si a 5 le quitas 5 hay ______.
Si a 4 le quitas 0 hay ______.	Si a 4 le quitas 1 hay ______.	Si a 4 le quitas 2 hay ______.	Si a 4 le quitas 3 hay ______.	Si a 4 le quitas 4 hay ______.	
Si a 3 le quitas 0 hay ______.	Si a 3 le quitas 1 hay ______.	Si a 3 le quitas 2 hay ______.	Si a 3 le quitas 3 hay ______.		
Si a 2 le quitas 0 hay ______.	Si a 2 le quitas 1 hay ______.	Si a 2 le quitas 2 hay ______.			
Si a 1 le quitas 0 hay ______.	Si a 1 le quitas 1 hay ______.				
Si a 0 le quitas 0 hay ______.					

RM 14.14 Tarjetas de restar hasta 5

a 5 le quitas 0	a 5 le quitas 1	a 5 le quitas 2
a 5 le quitas 3	a 5 le quitas 4	a 5 le quitas 5
a 4 le quitas 0	a 4 le quitas 1	a 4 le quitas 2
a 4 le quitas 3	a 4 le quitas 4	a 3 le quitas 0

RM 14.14 Tarjetas de restar hasta 5 (Continuación)

a 3 le quitas 1	a 3 le quitas 2	a 3 le quitas 3
a 2 le quitas 0	a 2 le quitas 1	a 2 le quitas 2
a 1 le quitas 0	a 1 le quitas 1	a 0 le quitas 0

 ISBN 978-981-4822-03-9

RM 14.15 Tarjetas de puntos con dobles

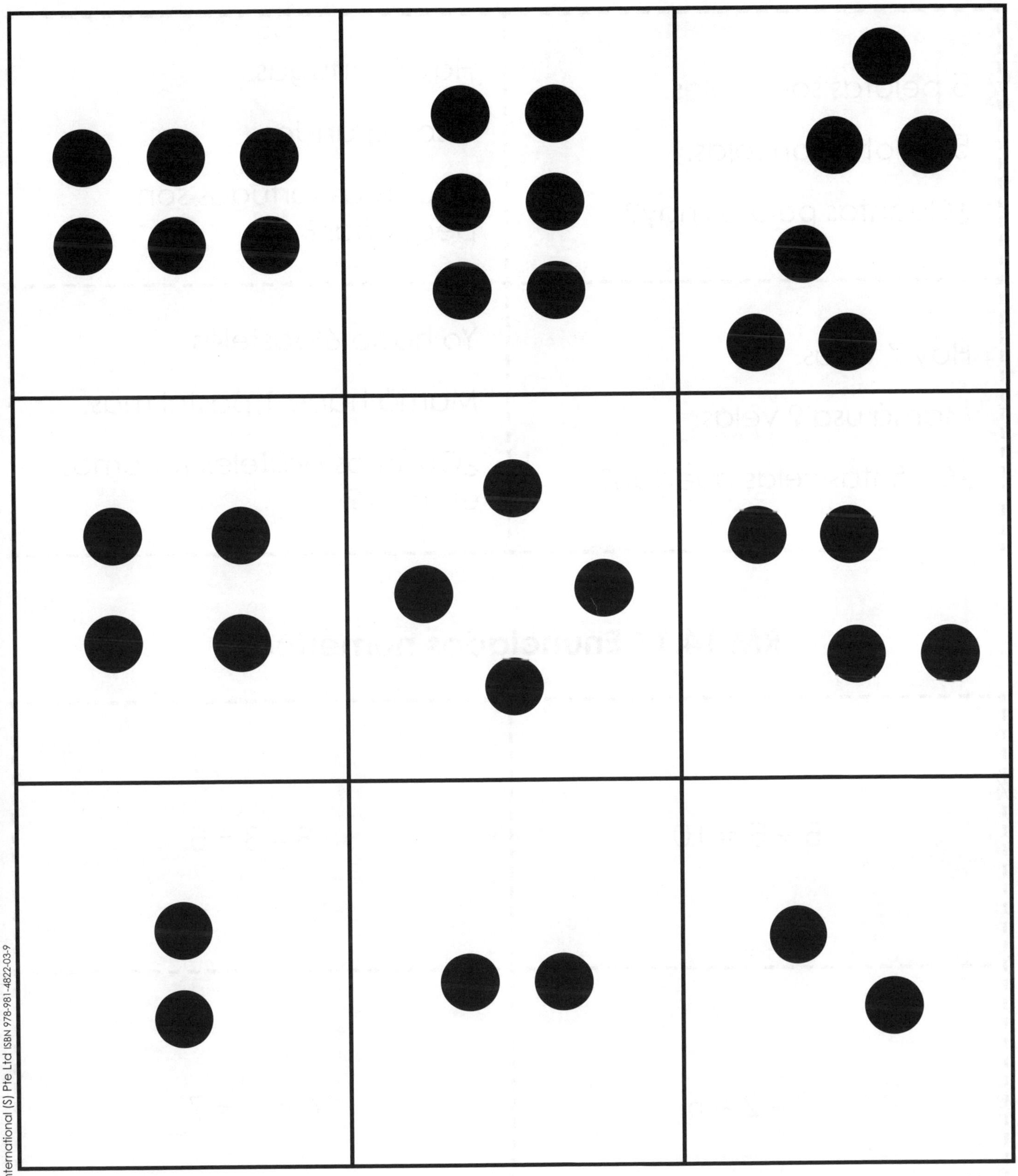

 ISBN 978-981-4822-03-9

RM 14.16 Tarjetas con problemas de matemáticas

5 pelotas son azules. 5 pelotas son rojas. ¿Cuántas pelotas hay?	Hay 8 tortugas. 3 son grandes. ¿Cuántas tortugas son pequeñas?
Hay 7 velas. Mamá usa 2 velas. ¿Cuántas velas quedan?	Yo hago 6 pasteles. Mamá hace 1 pastel más. ¿Cuántos pasteles tenemos en total?

RM 14.17 Enunciados numéricos

5 + 5 = 10	8 – 3 = 5
7 – 2 = 5	6 + 1 = 7

 ISBN 978-981-4822-03-9

RM 14.18 Recortables de problemas de matemáticas

2 globos son rojos. 5 globos son azules. ¿Cuántos globos hay en total? ______
4 barcos son amarillos. 4 barcos son verdes. ¿Cuántos barcos hay en total? ______
Tengo 7 globos. 6 son azules. ¿Cuántos son rojos? ______
Tengo 8 barcos. 2 son amarillos. ¿Cuántos son azules? ______

RM 15.1 Ruleta

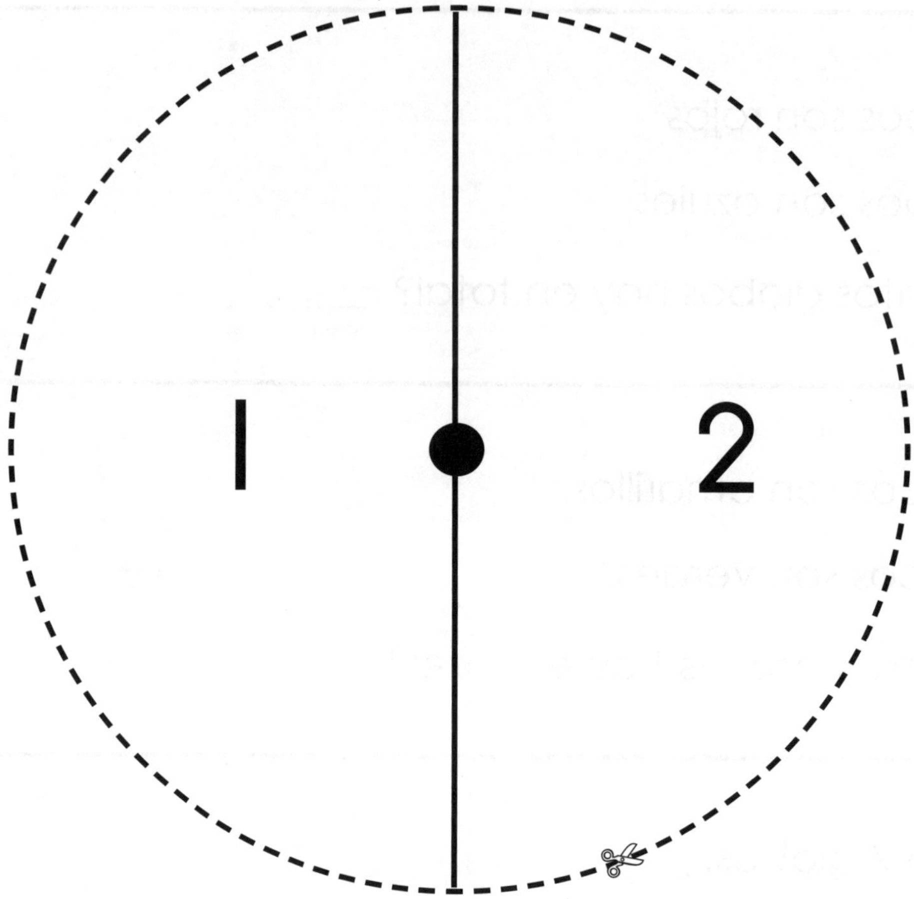

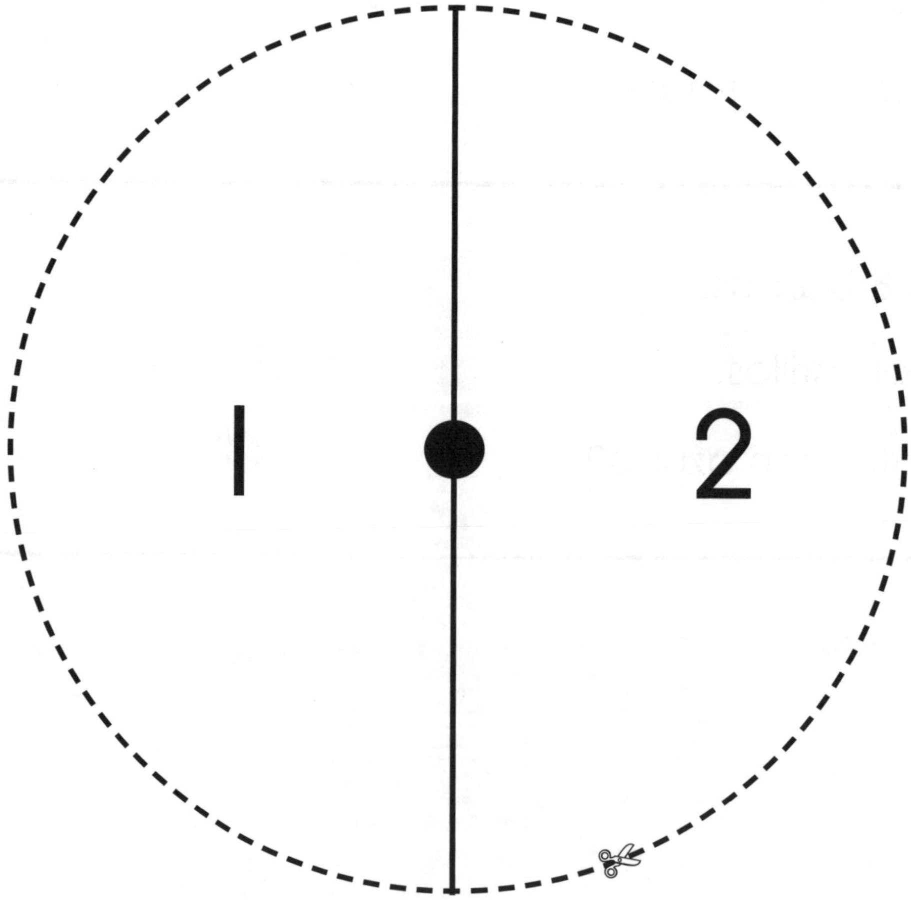

 ISBN 978-981-4822-03-9

RM 15.2 Tarjetas del juego de figuras sólidas

Apila 3 figuras. Di el nombre de las figuras.

+ 3

¿Cuál rueda?

Di el nombre de la figura.

+ 1

Cuenta los  s que hay en un . ¿Cuántos son?

+ 2

Cuenta los  s que hay en un . ¿Cuántos son?

+ 1

¿Cuál se desliza?

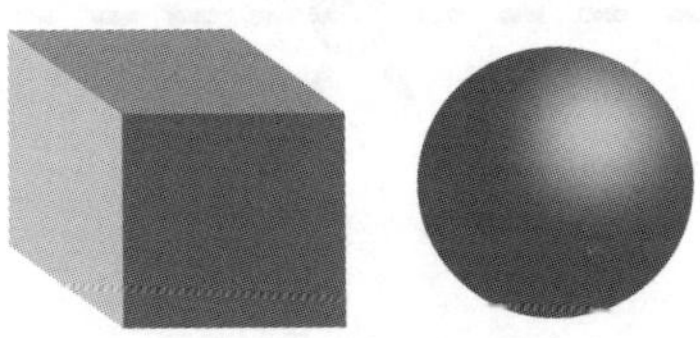

Di el nombre de la figura.

+ 1

¿Cuántas figuras planas hay en una ?

+ 1

¿Cuál se puede apilar?

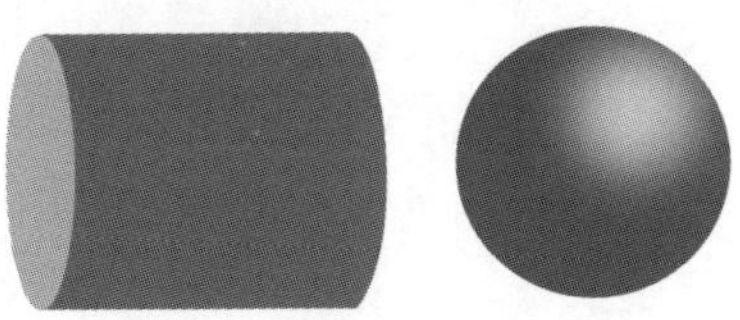

Di el nombre de la figura.

+ 1

Cuenta los  s que hay en un . ¿Cuántos son?

+ 2

Apila 5 figuras. Di el nombre de las figuras.

+ 1

RM 16.1 Ruleta para formar hexágonos

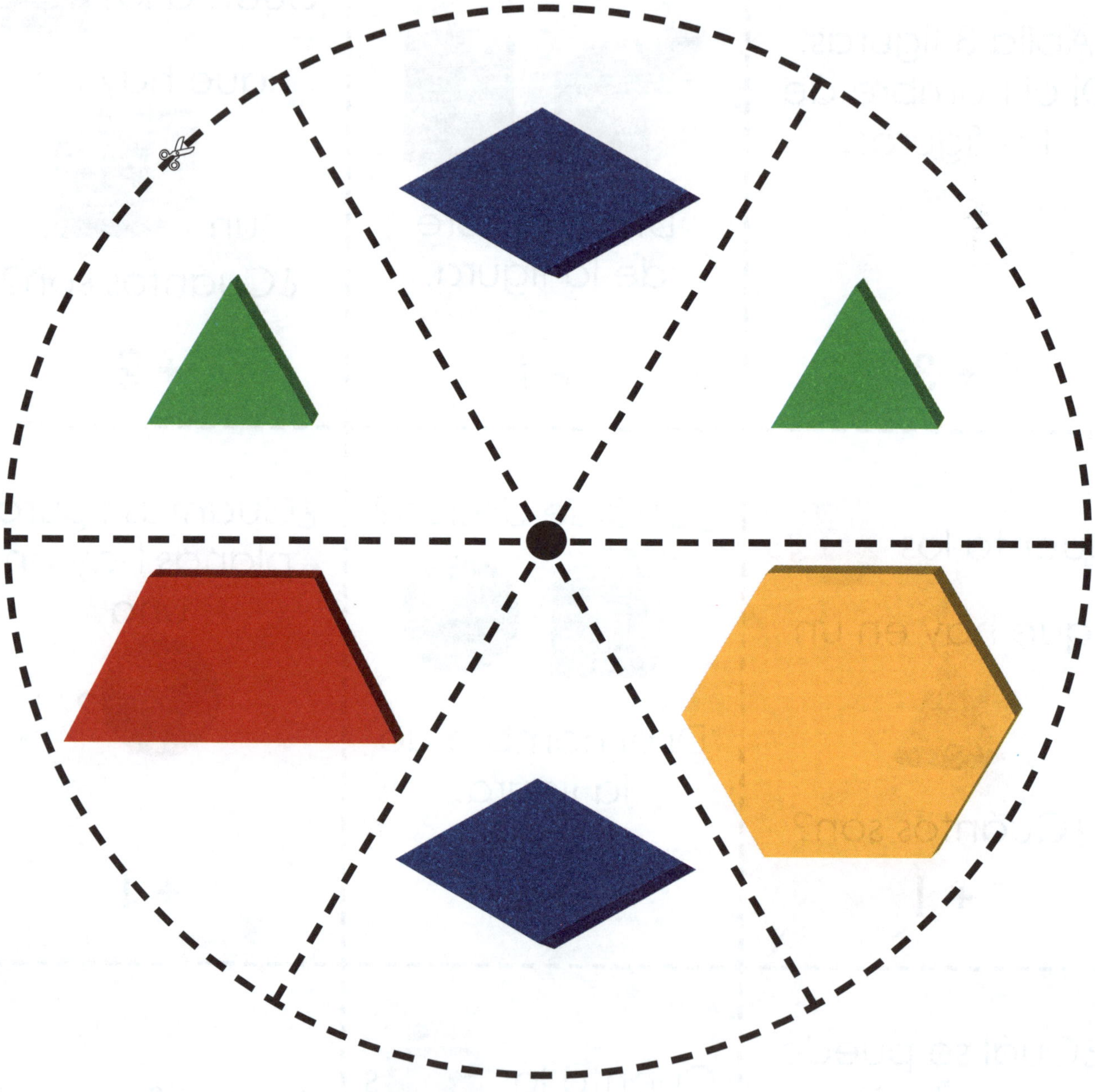

 ISBN 978-981-4822-03-9

RM 16.2 Hoja para formar hexágonos

1.

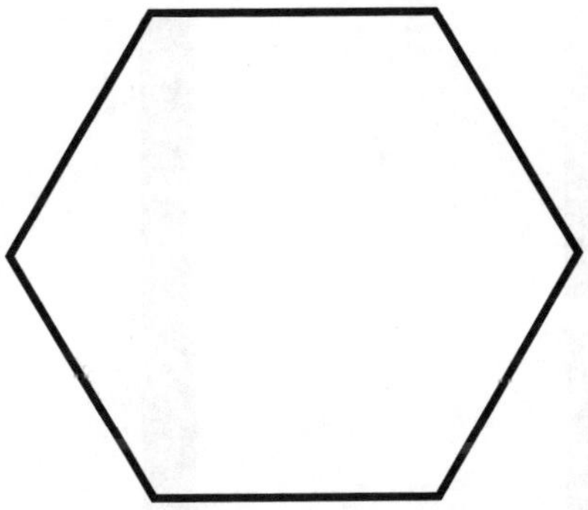

2.

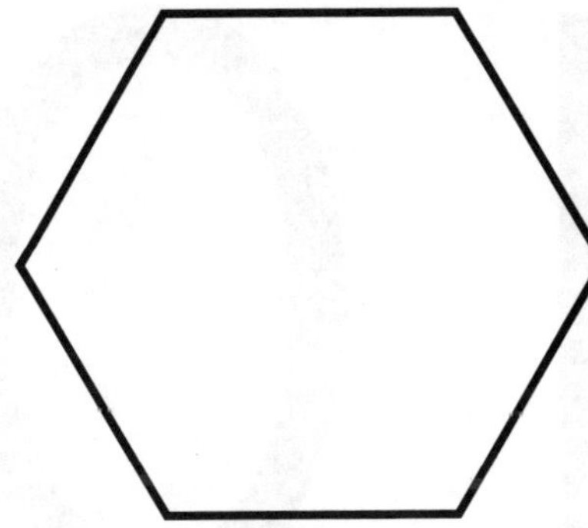

3.

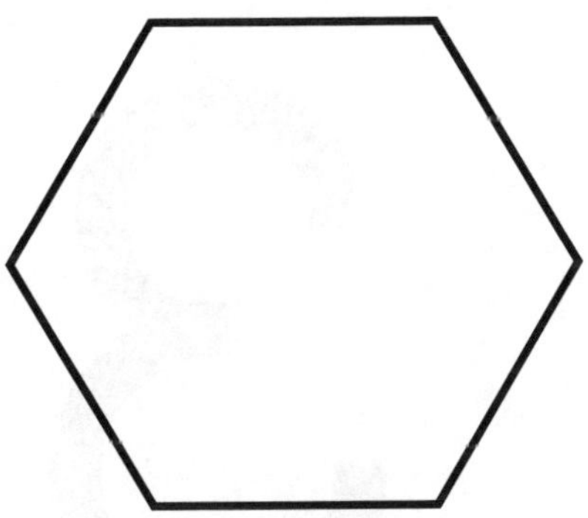

4.

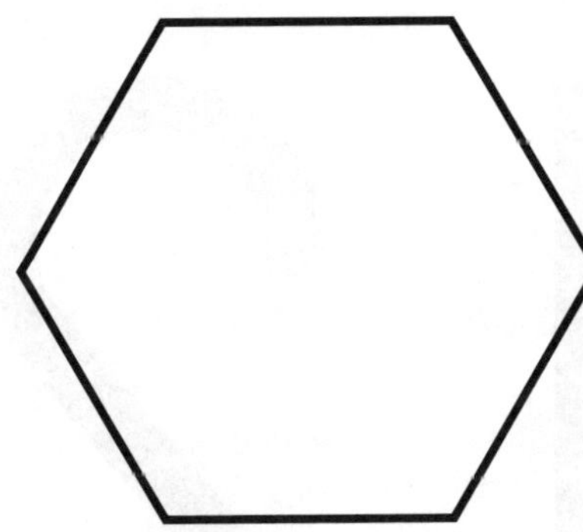

5.

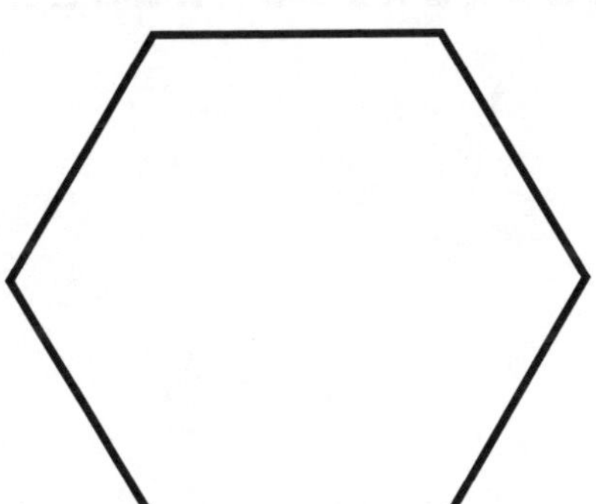

6.

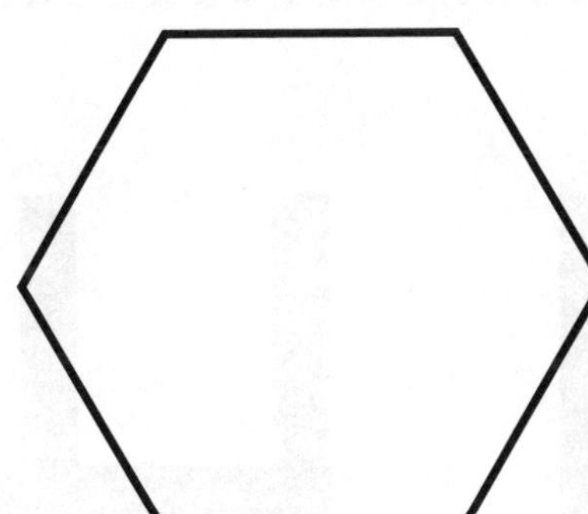

RM 17.1 Tarjetas de números (10–14)

10	11
12	13
14	

 ISBN 978-981-4822-03-9

RM 17.2 Cuadros de 10

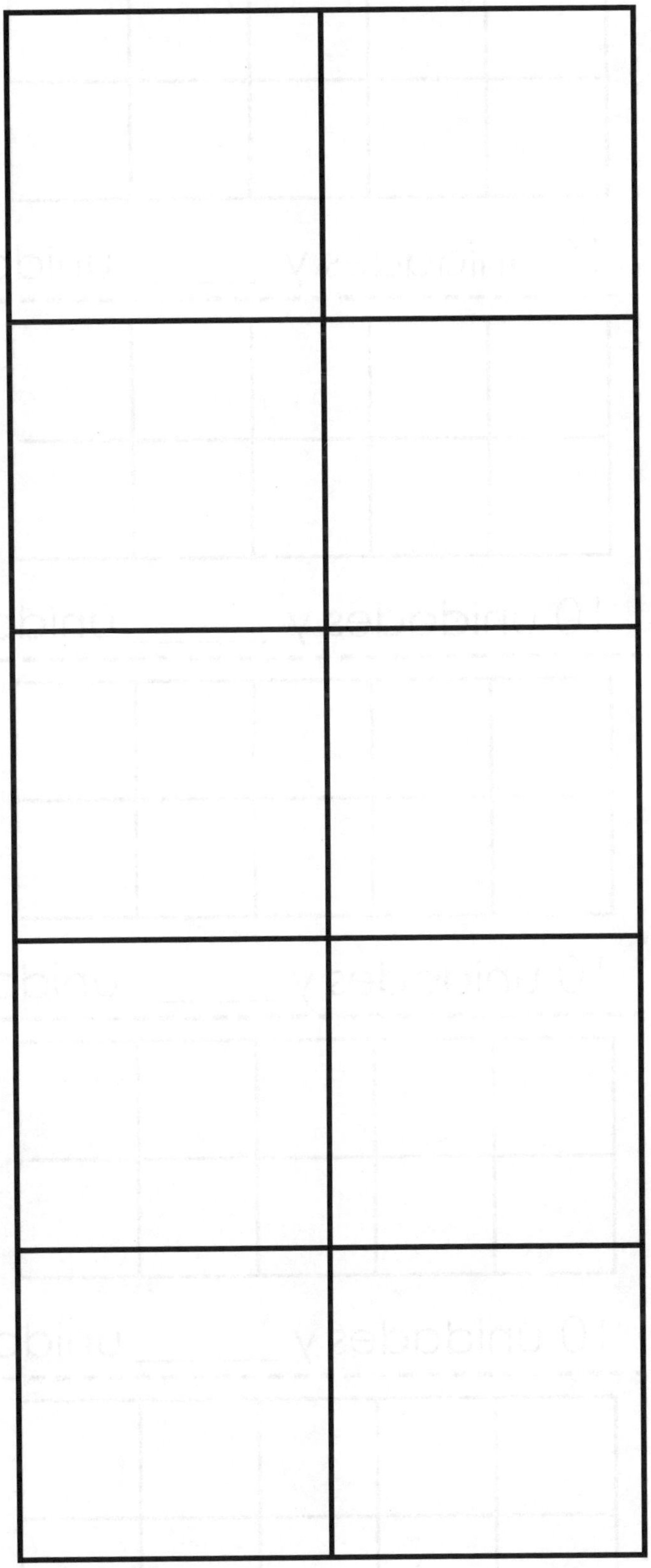

RM 17.3 Hoja de registro de 10 unidades y algunas unidades más

10 unidades y ______ unidades más es ______.

10 unidades y ______ unidades más es ______.

10 unidades y ______ unidades más es ______.

10 unidades y ______ unidades más es ______.

10 unidades y ______ unidades más es ______.

RM 17.4 Recortables para formar del 11 al 14

a)

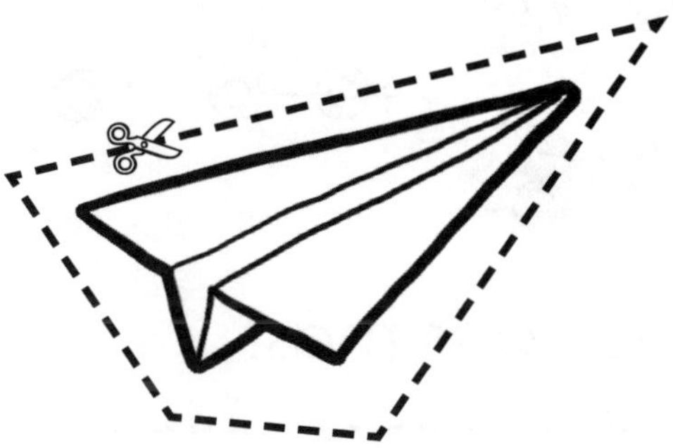

b)

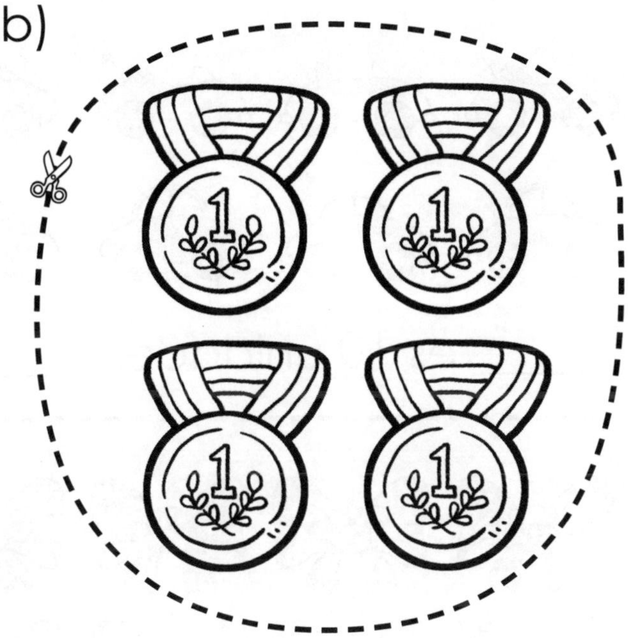

c)

d)

 ISBN 978-981-4822-03-9

RM 17.5 Tarjetas de 10 unidades y algunas unidades más (11–14)

______ es 10 unidades y ______ unidades más.

______ es 10 unidades y ______ unidades más.

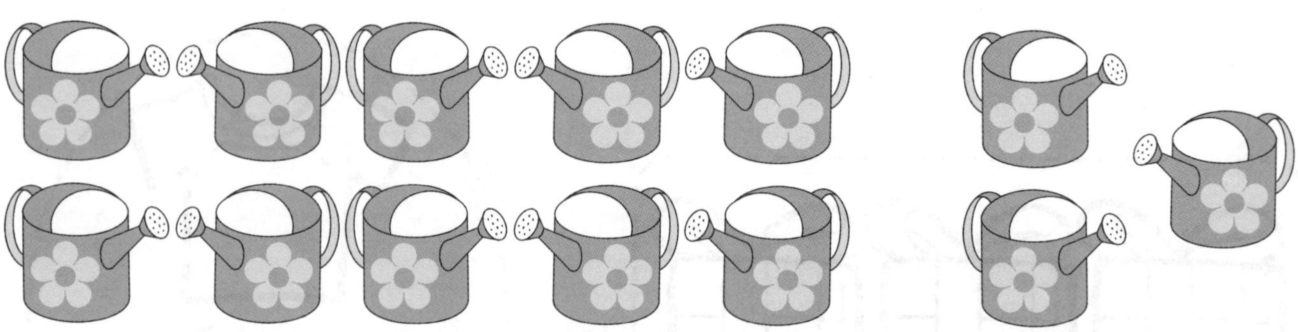

______ es 10 unidades y ______ unidades más.

______ es 10 unidades y ______ unidades más.

 ISBN 978-981-4822-03-9

RM 17.6 Tarjetas de números (15–19)

15	16
17	18
19	

 ISBN 978-981-4822-03-9

RM 17.7 Tarjetas de 10 unidades y algunas unidades más (10–19)

______ es ______ unidades y ______ unidades más.

______ es ______ unidades y ______ unidades más.

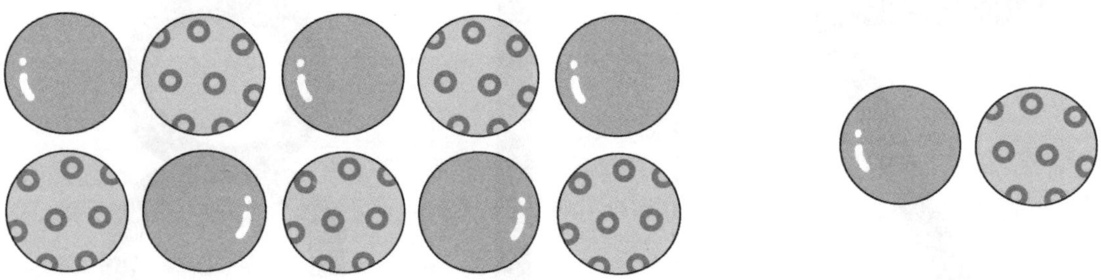

______ es ______ unidades y ______ unidades más.

______ es ______ unidades y ______ unidades más.

______ es ______ unidades y ______ unidades más.

 ISBN 978-981-4822-03-9

RM 17.7 Tarjetas de 10 unidades y algunas unidades más (10–19) Continuación

______ es ______ unidades y ______ unidades más.

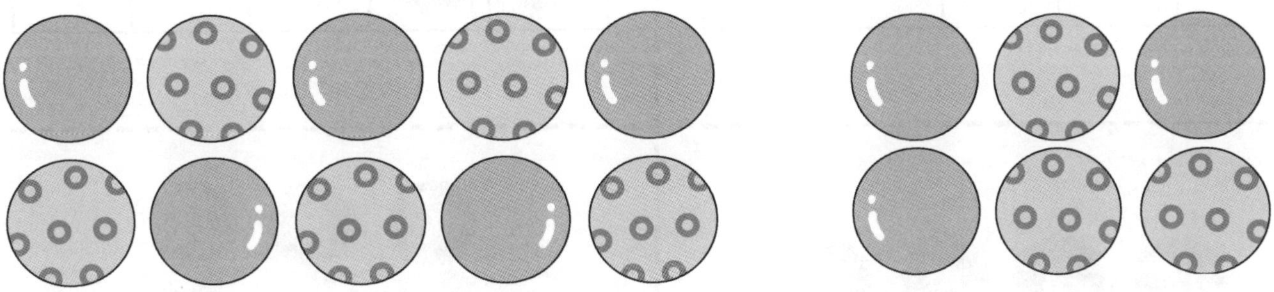

______ es ______ unidades y ______ unidades más.

______ es ______ unidades y ______ unidades más.

______ es ______ unidades y ______ unidades más.

______ es ______ unidades y ______ unidades más.

 ISBN 978-981-4822-03-9

RM 18.1 Tarjetas de monedas

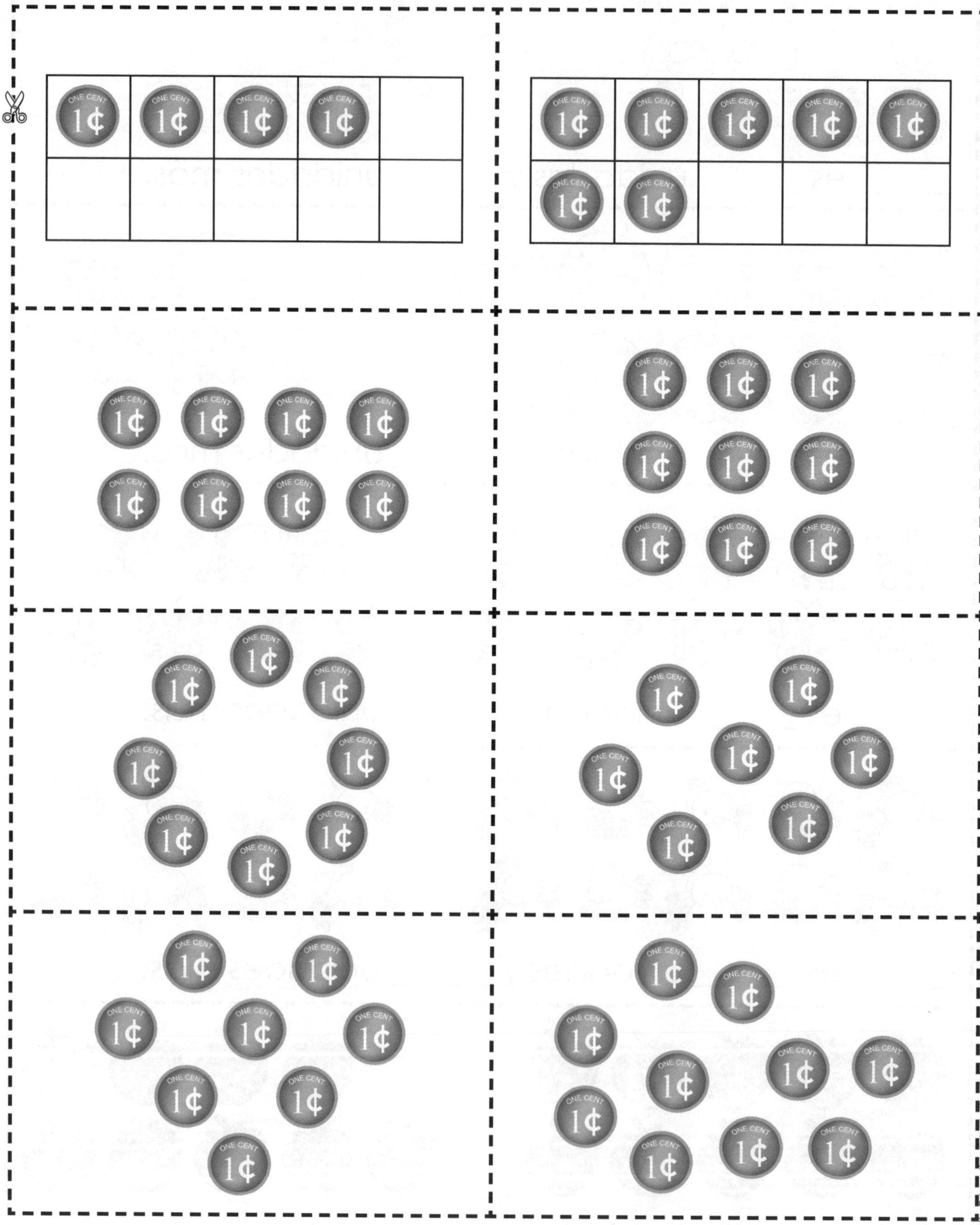

 ISBN 978-981-4822-03-9

RM 18.2 Hoja de registro de monedas

1. Cantidad: ________ ¢
2. Cantidad: ________ ¢
3. Cantidad: ________ ¢
4. Cantidad: ________ ¢
5. Cantidad: ________ ¢
6. Cantidad: ________ ¢
7. Cantidad: ________ ¢
8. Cantidad: ________ ¢

RM 18.3 Hoja de registro para comparar cantidades

(a)

	Cantidad: ______¢
	Cantidad: ______¢

(b)

	Cantidad: ______¢
	Cantidad: ______¢

(c)

	Cantidad: ______¢
	Cantidad: ______¢

(d)

	Cantidad: ______¢
	Cantidad: ______¢

 ISBN 978-981-4822-03-9

RM 18.4 Historia de dinero

Dibuja y escribe.

Helicóptero tiene 3¢.
Él halla 5¢ debajo de la cama.
¿Cuánto dinero tiene ahora?

☐ + ☐ = ☐

Helicóptero tiene ________¢ ahora.

 ISBN 978-981-4822-03-9

RM 18.5 Historia de dinero

Dibuja y escribe.

Bela pone 4¢ en su bolsillo.
Ella pone 6¢ en su alcancía.
¿Cuánto dinero tiene ella en total?

☐ + ☐ = ☐

Bela tiene _______¢ en total.

 ISBN 978-981-4822-03-9

RM 18.6 Historia de dinero

Dibuja y escribe.

Tito tiene 9¢.
Se le caen 2¢ en la calle.
¿Cuánto le queda?

☐ – ☐ = ☐

A Tito le quedan _______¢.

 ISBN 978-981-4822-03-9

RM 18.7 Historia de dinero

Dibuja y escribe.

Rey tiene 8¢ ahora.
Mamá le dio 3¢.
¿Cuánto le dio Papá?

☐ – ☐ = ☐

Papá le dio a Rey ______¢.

 ISBN 978-981-4822-03-9

RM 18.8 Tarjetas de historias de suma

Helicóptero tiene 3¢.
Papá le da 2¢.

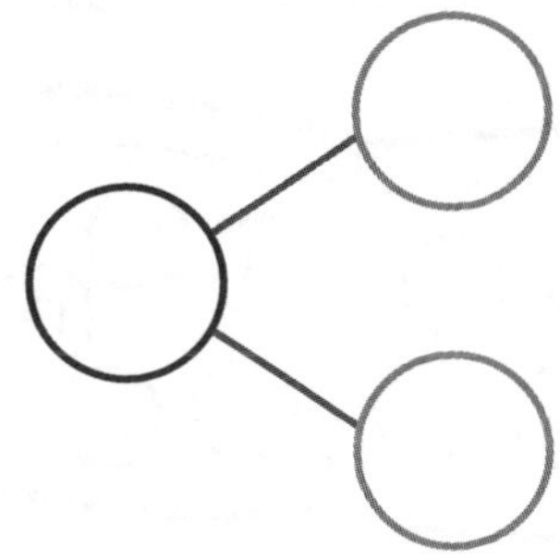

Helicóptero tiene _______¢ ahora.

Tito tiene 2¢.
Él se encuentra 1¢.

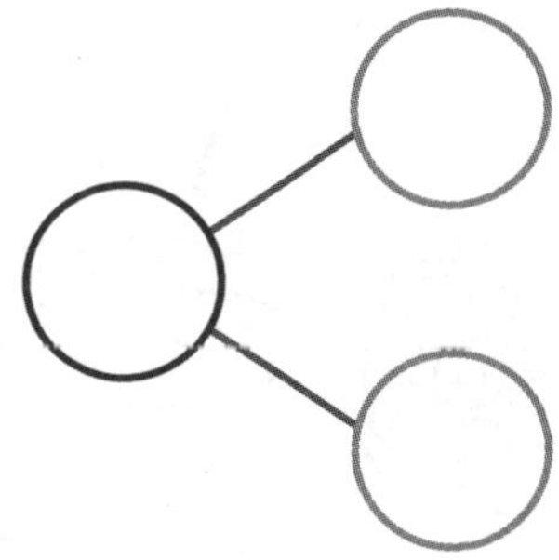

Tito tiene _______¢ ahora.

Bela tiene 1¢.
Su amiga le da 2¢.

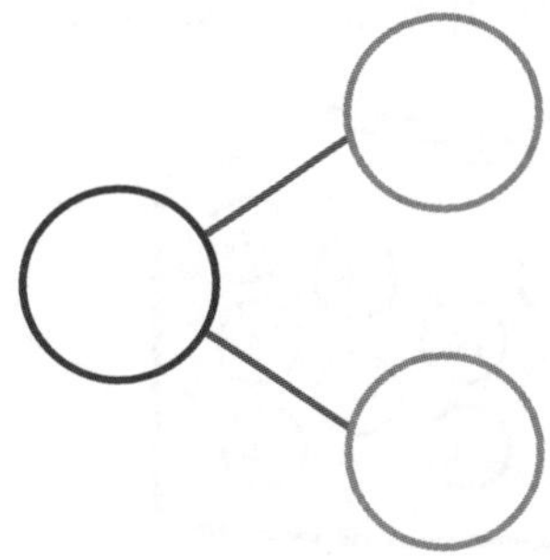

Bela tiene _______¢ en total.

RM 18.9 Tarjetas de historias de resta

Rey tiene 9¢.
Él compra un lápiz por 7¢.

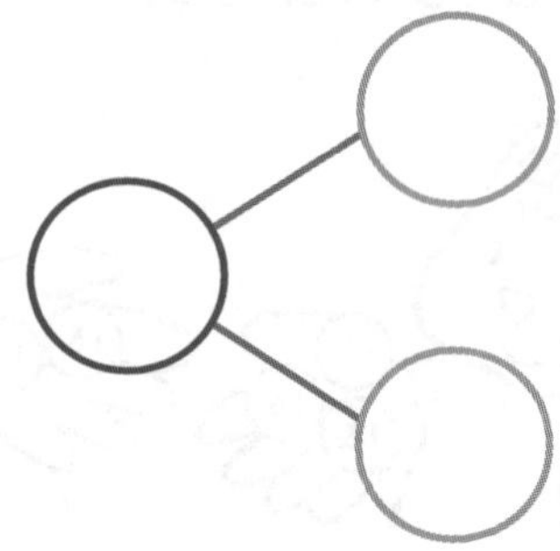

A Rey le quedan _______¢.

Bela tiene 8¢ en su monedero.
Ella saca 6¢.

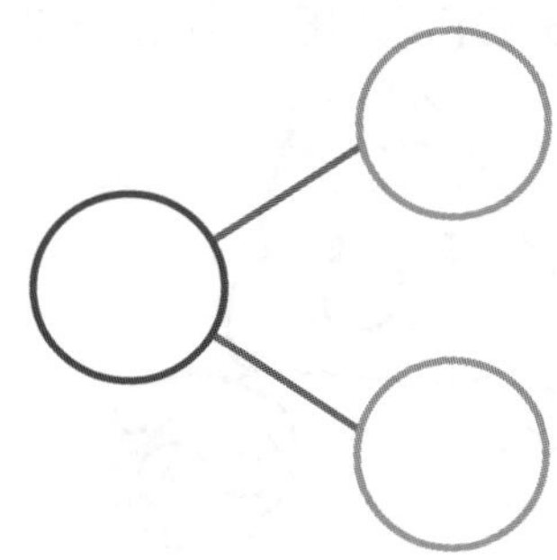

A Bela le quedan _______¢ en el monedero ahora.

Helicóptero tiene 10¢.
Él compra una canica por 9¢.

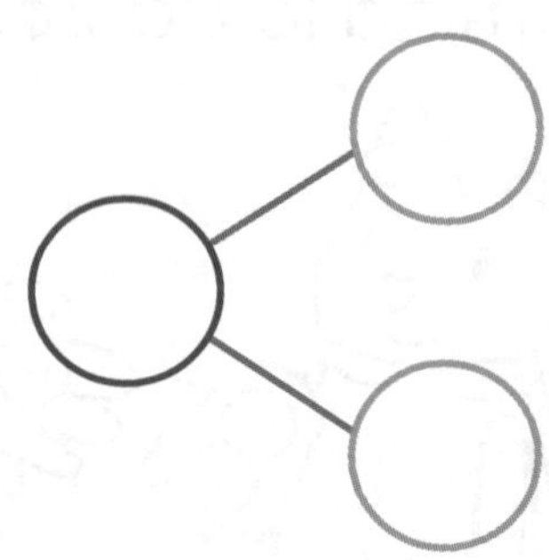

A Helicóptero le queda _______¢.

 ISBN 978-981-4822-03-9